Lothar Böhnisch

Sozialpädagogik der Lebensalter

Eine Einführung

Juventa Verlag Weinheim und München 1997

Der Autor
Lothar Böhnisch, Jg. 1944, Dr. rer. soc. habil., ist Professor für Sozialpädagogik und Sozialisation der Lebensalter an der Technischen Universität Dresden.

Die Deutsche Bibliothek - CIP-Einheitsaufnahme

Böhnisch, Lothar:
Sozialpädagogik der Lebensalter : eine Einführung / Lothar
Böhnisch. - Weinheim ; München : Juventa Verlag, 1997
  (Grundlagentexte Pädagogik)
  ISBN 3-7799-0354-7

© 1997 Juventa Verlag Weinheim und München
Umschlaggestaltung: Atelier Warminski, 63654 Büdingen
Umschlagabbildung: „Tagelöhner in Thüringen", Öl auf Leinwand/Pappe, Otto
Günther, 1975
Printed in Germany

ISBN 3-7799-0354-7

Inhalt

5

Prolog

Eine Wurzel sozialpädagogischen Denkens in Deutschland liegt im Krisenerlebnis der Jahrhundertwende vom 19. zum 20. Jahrhundert, wie es in zahlreichen pädagogischen und publizistischen Zeugnissen der damaligen Zeit und vor
allem nach dem Ersten Weltkrieg zum Ausdruck kommt. Dieses Krisenerlebnis
war antimodern und antikapitalistisch gefärbt. In ihm wurde die Befürchtung, ja
Angst laut, daß die technizistische Moderne mit ihren Rationalisierungsschüben
und ihrem Individualisierungsdruck den Menschen überrollen, die Gesellschaft
zersetzen und sozial atomisieren würde. Die Entfremdungsthematik durchdrang
die Humanwissenschaften wie eine fiebrige Krankheit, die Heilung erhoffte
man sich in der Wiedergeburt eines „neuen Menschseins". Emile Durkheims
später zum soziologischen Klassiker avanciertes Werk „Der Selbstmord" (das
in Deutschland allerdings erst nach dem Zweiten Weltkrieg rezipiert wurde), in
dem die Gefahr der „Anomie", der sozialen Desintegration und Regellosigkeit,
verursacht durch eine sich überstürzende industrielle Arbeitsteilung, beschworen wurde, verwies auf die europäische Dimension dieses Krisenerlebnisses.

In Deutschland war es vor allem die Pädagogik, die in ihrer geistesgeschicht-
lich-kulturphilosophischen Tradition die technisch-ökonomischen Umbrüche
als Kulturkrise erlebte. Die damals noch junge Soziologie dagegen sah eher
fasziniert auf die industrielle Arbeitsteilung mit ihren bisher nicht gekannten
sozialen Differenzierungen und Institutionen und konzipierte in und mit ihr ihre
Gesellschaftswissenschaft. Die Pädagogik indes, von ihrer Tradition her an den
Anspruch gewöhnt, die Gesellschaft durch den Menschen zu gestalten, sah in
den industriell-gesellschaftlichen Veränderungen die Gefahr, nicht nur der Gesellschaft, sondern auch des Menschen verlustig zu gehen. Der Verlust der
Ganzheit wurde beklagt - sowohl der Ganzheit (Integration) der sozialen Verhältnisse als auch der Ganzheit des Menschen, der sich in ökonomisierten
Funktionssegmenten aufzulösen drohte. Mit dem so atomisierten Menschen - so
die kulturkritische Pädagogik - gehe der Gesellschaft und der Geschichte der
Sinn ab. Die Suche nach dem neuen Sinn und die Suche nach dem neuen Menschen gingen also damals ineinander über.

In der Jugendbewegung um diese Jahrhundertwende herum - ausgelöst durch
den noch relativ harmlosen antimodernen und gesellschaftsabgewandten „Wandervogel", später in der freideutschen Jugendbewegung der Vorkriegszeit deutlich politisiert - fand diese Kulturkritik ihre soziale Formierung und ihren in der
neuen Jugend fleischgewordenen neuen Menschen. In der Hoffnung, daß mit
dieser neuen Jugend auch eine neue Gesellschaft heranwachsen würde und die
alte, von der technischen Kälte erstarrte, austrocknen oder sich selbst zerstören
werde, zogen Teile dieser Jugendbewegung enthusiastisch in den Ersten Weltkrieg. Sie erhofften sich von diesem Krieg das endgültige Zerreiben der hohlen

ständischen Gesellschaft des Kaiserreiches mit ihren verlogenen Phrasen gegenüber der jungen Generation, und verfielen selbst in den Irrtum vom Krieg als reinigendem „Stahlgewitter" (so ein Buchtitel von Ernst Jünger 1920).

Aus der Generation dieser kulturrevolutionären aber gesellschaftspolitisch nicht minder verhängnisvollen Jugendbewegung sind viele hervorgegangen, die nach dem Ersten Weltkrieg die Sozialpädagogik und Sozialarbeit theoretisch entwickelt und praktisch aufgebaut haben. Dieser Sozialpädagogisierung der Jugendbewegung (vgl. Böhnisch/Schröer 1997) gab das Reichsjugendwohlfahrtsgesetz der Weimarer Republik breiten institutionellen und beruflichen Raum. Die Pädagogik wollte den neuen Menschen, nun vor allem die Jugend, in ihrem lebensweltlichen Kontext - und nicht im Streben nach einem Jugend- und Menschheitsideal - begreifen und ihm zur ganzheitlichen Geltung seines Lebens - die ihm Schule und Beruf verwehrte - zumindest in der Jugendarbeit verhelfen.

Heute, zum Ausgang des 20. Jahrhunderts, sind die Sozialwissenschaftler und die Sozialpublizisten wieder in einer tiefgreifenden Krisenstimmung. Aber es ist keine soziale oder kulturrevolutionäre Bewegung in Sicht, die dieses ebenso radikal wie realitätsverachtend ausdrücken könnte, wie damals die Jugendbewegung. Nicht, daß so wie sie war, sie heute neu herauf zu beschwören wäre. Sie taugt aber heute immer noch und allemal als Metapher dafür, daß wir auch in der Gegenwart wieder radikal Halt sagen müssen - Kulturpessimismus hin oder her. Verändert gegenüber der letzten Jahrhundertwende hat sich aber, daß wir heute längst verlernt haben, Kultur- und Gesellschaftskritik so unbefangen und gesellschaftsöffentlich, aber auch menschlich glaubhaft zu machen, wie die Pädagogen vor hundert Jahren. Wir wissen über die existentiellen Gefahren eines ökologischen Super-GAU's genauso prognostisch differenziert Bescheid, wie um die nie geahnte soziale Ungleichheit in einer nun nicht minder aggressiven internationalen Klassengesellschaft. Die Entfremdungsthematik, der Verlust der Ganzheit, die Gefahr von der totalen Entmachtung und Ersetzung des Menschen ist in aller Munde, nicht mehr exklusive Kritik eines Literaten- und Publizistenzirkels. Sogar öffentliche Institutionen warnen in jener vorsichtigen Mischung aus Kulturkritik und antikapitalistischem Vorbehalt, wie wir sie von den Kulturpessimisten der vorigen Jahrhundertwende kennen. So beschwört das 1993 erschienene Grünbuch zur Sozialpolitik der Europäischen Gemeinschaft nicht nur die Gefahr einer grassierenden sozialen Ausgrenzung angesichts überproportional wachsender arbeitsvernichtender Technologien, sondern warnt eindringlich vor dem Phänomen der „Obsoleszenz" des Humankapitals: Je ungenierter die Industrie zur Börse wandert und Arbeitsinvestitionen nur noch im Kostenwettbewerb mit technischen Investitionen sieht, je globaler und je weniger sie sich an der nationalen Gesellschaft orientiert, desto mehr macht sich die Mentalität breit, das menschliche Kapital genauso wie das technische zu behandeln und abzuschreiben. So wird die Betriebswirtschaft zur Gesellschaftsphilosophie. Und da sowieso nicht vorrangig das produziert wird, was im ethischen Konsens der aufgeklärten Gesellschaft Sinn macht, sondern scheinbar nur das, was wettbewerbsfähig ist (auch wenn es sinnlos scheint), droht der Mensch neu und endgültig verloren zu gehen. Wieder und vielleicht drastischer ist uns das kulturkritische Menetekel der vorigen Jahrhundertwende - wenn der Mensch übergangen wird, dann verschwindet auch der Sinn - an die Wand gemalt.

Allerdings sind wir Menschen als Einzelne merkwürdig erstarrt vor diesem Menetekel. Obwohl wir uns doch auf keinen Fall mit der korsettsteifen Gesellschaft des Kaiserreichs vergleichen würden. Aber gerade diese, unsere fortgeschrittene Modernität, scheint uns zum Verhängnis zu werden. Was unsere Situation zur neuen Jahrhundertwende von der damaligen unterscheidet ist vor allem, daß wir nicht nur *mehr* über unsere Verhältnisse wissen als damals (und dieses Wissen medial breit gestreut ist), sondern daß wir auch sozialwissenschaftlich belegen können, *warum* wir uns nicht dagegen wehren oder auch professionell darzulegen wissen, wieso solche sozialen Bewegungen wie früher heute keinen Sinn mehr machen. Wir wissen vor allem auch, warum wir das alles so ertragen, gebildet und professionalisiert wie wir sind. Wir führen die Konsumgesellschaft an, die es damals so noch nicht gab und die uns zeigt, wie man mit den Widersprüchlichkeiten leben kann. Wir haben nicht nur erfahren, daß das sich Widersprechende und Gegensätzliche sich in der Konsumwelt zur gleichen Zeit breit macht, wir haben auch erlebt, daß wir das Gegensätzliche gleichzeitig konsumieren können. Im Konsum können wir uns - ob arm oder reich - einzig fühlen und trotzdem am allgemeinen Trend teilhaben.

Das Kapital arbeitet derweil für uns - nicht nur auf der Bank, sondern auch gesellschaftlich. „Ford, die tun was" und „Opel - wir haben verstanden" sind Werbespots, die uns auch signalisieren, daß man den Menschen für den gesellschaftlichen Fortschritt gar nicht mehr braucht. Er muß ihn nur noch konsumieren. Konsumtives Glück als kapitalwirtschaftliche Dienstleistung: Henry Ford, der Schöpfer dieser Gleichung und Erfinder des Dienstleistungsbegriffs (um den sich manche Sozialpädagogen heute so reißen), hätte wesentlich optimistischer sterben können.

Es ist also das komplexe Nebeneinander von Krisenerlebnis, professioneller Geschäftigkeit eines optimistischen Krisenmanagements und individualistischer Selbstexkulpation von den Krisenfolgen, das unser heutiges Krisenerlebnis von dem der letzten Jahrhundertwende unterscheidet. Es ist dieselbe Moderne, aber sie ist, im Gegensatz zur einfachen Moderne damals, nun „reflexiv" (U. Beck) - und gerade das ist problematisch. Denn die Kritik an der Moderne und das individualistische und professionelle „Trotzdem weiter" liegen eng beieinander. Wir leben mit uns allein glücklich im vollen Bewußtsein der Krise.

Diese neue Komplexität des Krisenerlebnisses an der Wende zum 21. Jahrhundert bringt der Sozialpädagogik und Sozialarbeit einen neuen, wenn auch ambivalenten Zugang zum Menschen. Denn wir haben heute vor allem uns und unser Leben zu bewältigen. Die Biografisierung der Lebensverhältnisse im Zuge einer gegenüber der letzten Jahrhundertwende ungleich ausgeprägteren Individualisierung hat dazu geführt, daß für die Menschen heute nicht mehr das Projekt Gesellschaft, sondern das Projekt der eigenen Biografie im privaten und öffentlichen Interesse steht. Das Individuum ist wichtig, ist zum kleinsten Nenner des Gesellschaftlichen geworden, muß aber auch alle Widersprüche selbst aushalten und mit sich selbst ausmachen. So ist das Biografische auch der Schlüssel für den Zugang zum Menschen und seinen - meist im Klammern an die subjektiv gelingen müssende Biografie *verdeckten* - Bewältigungsproblemen geworden. Diese biografische Dimension läßt sich sozialpädagogisch besonders ergiebig über die Lebensalter strukturieren und an die entsprechenden gesellschaftlichen Bezüge rückbinden. Insofern ist der Anspruch dieses Buches, einen zeitgenössischen und allgemeinen Einstieg in die Sozialpädagogik und Sozialarbeit zu ermöglichen, nicht zu hoch gegriffen.

1. Sozialpädagogik und Sozialarbeit im gemeinsamen Bezug der Biografisierung der Lebensprobleme

Diese Einführung hält die Begriffe Sozialpädagogik und Sozialarbeit erst einmal auseinander, und versucht sie aber bald im Verbindungskonstrukt Hilfen zur *Lebensbewältigung* aufeinander zu beziehen. Üblicherweise werden die Begriffe in einem gebraucht, durch einen „Schrägstrich" oder ein „und" mehr verbunden als getrennt. So wird es auch im etablierten Handbuch zur Sozialpädagogik und Sozialarbeit (Eyferth/Otto/Thiersch 1987) gehandhabt.

Daß die sozialpädagogischen und sozialarbeiterischen Arbeitsfelder inzwischen ineinander überlaufen, bedeutet aber nicht, daß ihre unterschiedlichen Wurzeln nur noch Geschichte sind. Vielmehr haben sich mit ihnen zwei unterschiedliche historische Programme des Gesellschaftsbereiches Sozialwesen - um einen gebräuchlichen institutionellen Überbegriff für beide zu nutzen - aufeinander zubewegt, bei denen es Sinn macht, ihre durchaus verschiedenen und spannungsreichen Entwicklungen zu rekonstruieren und konzeptionell - nicht nur per Nominaldefinition - zu gewichten.

Aus der Sicht der traditionellen Pädagogik kam der Sozialpädagogik vor allem die Aufgabe zu, sich um die sozialen Störfaktoren einer anthropologisch begründeten bürgerlichen Erziehung zu kümmern (vgl. dazu Winkler 1988). Die pädagogisch nicht kontrollierbaren Einflüsse seitens der sozialen Herkunftsmilieus, der Straße und der Jugendkulturen - soweit sie für abweichendes Verhalten Jugendlicher verantwortlich gemacht wurden - galten (und gelten) dementsprechend als sozialpädagogische Arbeitsbezüge. Gleichzeitig rückten - im Zuge der sozialen Folgeprobleme der Industrialisierung im ausgehenden 19. Jahrhundert - die proletarischen Jugendlichen zur bevorzugten Zielgruppe der Sozialpädagogik auf, die damit zur Pädagogik der sozialen Integration avancierte. Die Einflüsse der Jugendbewegung und die gesellschaftliche Demokratisierung nach dem ersten Weltkrieg befreiten schließlich die Sozialpädagogik - zumindest zum Teil - von ihrer Kontroll- und Disziplinierungsfunktion und brachten ihr einen eigenständigen sozialen Erziehungsauftrag ein. In dieses neue sozialpädagogische Bild gehörte nun auch die Idee der Selbsterziehung, die sich Menschen derselben Altersgruppenzugehörigkeit im Umgang miteinander explizit oder implizit zukommen lassen. Für diese Gedanken der Selbsterziehung in der Sozialpädagogik hat die Jugendbewegung mit ihrem Primat der Gleichaltrigengruppe Pate gestanden (vgl. dazu Hermann 1991). Nicht aber zu vergessen sei der dritte Strang des Erzieherischen in der Sozialpädagogik, die Konzeption der Erziehung zur Gemeinschaft (Natorp 1899), ob dies nun die lokale Gemeinschaft, die nationale Gemeinschaft oder die Betriebsgemeinschaft war. In der Volkswirtschaftslehre von A. Weber (1930) finden wir als Aufgabe der Sozialpädagogik formuliert, daß Arbeit und Kapital soweit zu versöhnen seien, daß die Arbeiter sich mit ihrem Betrieb und ihrem Produkt identifizieren können. Und es gibt heute noch an einigen deutschen Universitäten Lehrstühle für „Wirtschafts- und Sozialpädagogik", die sich in dieser betriebspädagogischen Tradition sehen.

Hier wird schon deutlich, daß sich der erzieherische Gedanke in der Geschichte der Sozialpädagogik nicht nur auf Kinder und Jugendliche, sondern auch auf Erwachsene bezog. Im modernen Prozeß des industriellen Strukturwandels und der Individualisierung mit ihrer Relativierung der Lebensalter haben alle Lebensalter - Schlagwort „Lebenslanges Lernen" - einen pädagogischen Aufforderungscharakter erhalten. Dazu mehr am Ende des Kapitels.

Mit ähnlicher Logik kann man im Falle der Entwicklung der Sozialen Arbeit - so die traditionelle Schreibweise - argumentieren. Als frühere Armenhilfe, Wohlfahrtspflege und Familienfürsorge (vgl. dazu Sachße/Tennstedt 1980, Wendt 1990) war sie trotz ihres hoheitlich-verwaltungsförmigen Zuschnitts immer implizit erzieherisch, d.h. die Hilfen waren an ein bestimmtes Menschenbild und seine Durchsetzung gebunden (vgl. dazu Sachße/Tennstedt 1980, Wendt 1990). Wir werden dies später am Beispiel der Durchsetzung des bürgerlichen Familienbildes durch die Jugendhilfe in den proletarischen Milieus des 19. Jahrhunderts kurz illustrieren. Mit der Humanisierung der Sozialhilfe und Fürsorge, d.h. mit der Orientierung an den lebensweltlichen Bedürfnissen der Klienten als Gegengewicht zum sozialstaatlichen Kontroll- und Ordnungsinteresse, wuchs auch die Bedeutung des Pädagogischen: im Sich-Einlassen auf die Persönlichkeit des Hilfesuchenden und die Vermittlung und Stärkung von Fähigkeiten zur Selbsthilfe. Somit erscheint es fruchtbar, die separaten Entwicklungslinien nachzuvollziehen und zu fragen, was beide Teildisziplinen in die heutige Verbindung gleichsam synergetisch eingebracht haben.

1.1 Die Entwicklung der Sozialarbeit in ihrer sozialpolitischen und pädagogischen Dimension

Die wissenschaftliche Sozialarbeit (wie wir sie heute nennen würden) nannte und begriff sich zu dieser Zeit als „Fürsorgewissenschaft", d.h. sie erwuchs und schöpfte aus der Tradition der Wohlfahrtspflege und Armenfürsorge in Deutschland. Hans Scherpner (1962) hat diesen Bezug in folgenden Begriffszusammenhang gebracht: Das Wesen der Fürsorge ist die gesellschaftliche Hilfetätigkeit. Der Begriff der sozialen Hilfe steht seit dieser Zeit im Mittelpunkt der Begrifflichkeit der Sozialarbeit. Neben diesem Begriff der Hilfe spielt bei Scherpner der Begriff der „Gemeinschaft" eine zentrale Rolle, d.h. der Begriff der Hilfe im fürsorgerischen Sinn kann nur gebraucht werden, wenn es sich um eine gemeinschaftsbezogene Hilfe handelt, um eine Hilfeleistung, der ein gemeinschaftlicher Sinn innewohnt. Das unterscheidet diese Art von Hilfe von den personen- und situationsgebundenen Hilfen in der Familie, in der Nachbarschaft oder im Alltag, wo man jemandem in bedrängten Situationen beispringt. Soziale Hilfe als gemeinschaftliche Hilfe wird in Angelegenheiten geleistet, bei denen in der Gemeinschaft (von der Dorfgemeinschaft bis zu größeren, dann schon gesellschaftlich verfaßten Gemeinschaften) der Konsens besteht, daß es personelle Notlagen gibt, in denen die Betroffenen nicht sich selbst überlassen werden dürfen, sondern die Gemeinschaft einzuspringen hat und zuständig ist. Dieser Konsens kann (wie in der Tradition der Armenfürsorge) religiös motiviert sein, begründet sich aber auch sozialanthropologisch aus der historischen Erfahrung, daß menschliche Gemeinschaften auf Gegenseitigkeit beruhen (vgl. Kropotkin 1904) und es Notlagen oder Verhaltensprobleme Einzelner gibt, welche die Gegenseitigkeit und damit die Gemeinschaft stören. Die soziale Stabilität der Gemeinschaft steht also im Mittelpunkt dieses fürsorgerischen Denkens. Indem Scherpner historisch darlegt, wie die Idee der Gemeinschaft in den gesellschaftlichen, rationalen Formen der öffentlichen Verwaltung aufgeht - wir sagen heute: soziale Hilfe ist zunehmend sozialstaatlich vergesellschaftet worden -, beschreibt er die Institutionalisierung der nun „öffentlichen Fürsorge". Im Mittelpunkt des fürsorgerischen Denkens steht nun der soziale Ausgleich in der Gesellschaft zum Zwecke der Erhaltung gesellschaftlicher Stabilität, die der Staat zu gewährleisten hat. In dieser gesellschafts- und staatszentrierten Fürsorge ist die Not und sind die Lebensschwierigkeiten der betroffenen Personen auch entsprechend auf diesen Gesellschaftszweck hin definiert: die Armut als zentrales fürsorgerisches Problem wird in diesem Verständnis als materielle gesellschaftliche Unangepaßtheit definiert, abweichendes Verhalten und Kriminalität gelten als kulturelle gesellschaftliche Unangepaßtheiten, die bei Jugendlichen, da sie sich noch im Entwicklungsprozeß befinden, besonders behandelt werden („Verwahrlosung"), während sie sonst mit dem Begriff der „Assozialität" gekennzeichnet sind. Die öffentliche Fürsorge, später Sozialarbeit, hat also von ihren Ausgangsbedingungen her zwei wesentliche Komponenten: eine ökonomische, materielle Komponente, die sich aus der zentralen Problemkategorie der Armut ableitet, und eine staatlich-administrative Komponente, die sich aus den öffentlichen Funktionen der Kontrolle, des Zwangs zur Gewährleistung der Einhaltung von Normen, der Aufrechterhaltung der sozialen Ordnung, speist.

Die Tradition der deutschen Fürsorgetheorie ist nach dem zweiten Weltkrieg mit der breiten praktischen Rezeption der amerikanischen Methoden des „social work" weitgehend überformt worden. Es ist aber keineswegs so, wie in manchen Lehrbüchern explizit oder implizit angenommen wird, daß nun die „Sozialarbeit" die Fürsorgetheorie abgelöst hätte (vgl. dazu Friedländer/Pfaffenberger 1976). Vielmehr meine ich, wenn man sich die impliziten gesellschaftstheoretischen Prämissen des *social work* anschaut, daß die neuen Methoden und die alte Fürsorge unter gesellschaftlich-normativen Gesichtspunkten vom selben

Geiste waren. Denn der amerikanischen Methodentriade in ihrem klassischen Gewand (*case* work = Einzelfallhilfe; *group* work = soziale Gruppenarbeit; *community* work = Gemeinwesenarbeit) lag ebenfalls die Vorstellung zugrunde, daß der Zustand der Hilfebedürftigkeit zuvörderst als Zustand sozialer Unangepaßtheit zu betrachten wäre. Oder anders ausgedrückt: daß sich in Lebensschwierigkeiten und abweichendem Verhalten Probleme des Ungleichgewichts zwischen Individuen und sozialem Gemeinwesen (community) abbilden, die an der Person zu beheben sind. So setzte die klassische Einzelfallhilfe mit ihren aus der Psychoanalyse entnommenen Methoden am Problem der Unangepaßtheit, der mangelnden Bindungsfähigkeit der Person an; die soziale Gruppenarbeit hatte die Gruppen- und Gemeinschaftsfähigkeit der Individuen im Visier und stützte sich hier auf Ergebnisse der Kleingruppenforschung; die Gemeinwesenarbeit hingegen bezog sich vor allem auf die sozialen Ungleichheiten und Brüche, in die soziale Gruppen angesichts des gesellschaftlichen Wandels gerieten (vor allem Integrationsprobleme im Zuge der beschleunigten großstädtischen Entwicklung). Festzuhalten bleibt also in diesem Zusammenhang: Die Sozialarbeit amerikanischer Provenienz konnte aufgrund eines ähnlichen Gesellschaftsverständnisses gut in die Tradition der deutschen Fürsorgewissenschaft integriert werden. Ihre eindrucksvolle Verbreitung in Deutschland brachte der Sozialfürsorge einen neuen disziplinären Schub, denn „social work" begriff sich praktisch als angewandte Sozialwissenschaft, indem sie ihre Methodik vor dem Hintergrund sozialpsychologischer und soziologischer Empirie entwickelte. Der Begriff der Sozial-„arbeit" muß dabei keine Irritationen bringen, denn er ist nicht dem deutschen Begriff der „Arbeit" synonym, sondern meint „work" im Sinne des Werkens, also des methodischen Handelns. Die niederländische Sozialarbeit kommt mit ihrem Verständnis der methodischen Begleitung dieser Dimension von „social work" nahe. Sozialarbeit nach dem Zweiten Weltkrieg begriff sich bei uns auch in diesem Sinne als „soziale Methodik" und ging dann in den 60er und 70er Jahren, in der Zeit der Verwissenschaftlichung und Professionalisierung der Sozialarbeit, in den Status einer Handlungswissenschaft über.

Wenn wir nun die soziale Hilfe- und Wohlfahrtstätigkeit als Entwicklungslinie der deutschen Sozialarbeit historisch-gesellschaftlich noch etwas genauer betrachten, können wir das Spektrum der Sozialpädagogik/Sozialarbeit gesellschaftlich wesentlich erweitern. Traditionell - vor allem in der zweiten Hälfte des 19. Jahrhunderts und in den 20er Jahren - wurde die Armen- und Wohlfahrtspflege außerhalb der Sozialpolitik höchstens im institutionell-organisatorischen, nie aber im systematischen Bezug zu ihr angesiedelt. Eduard Heimann, der mit seiner sozialen Theorie des Kapitalismus (1929) die dialektische Entwicklung des Konflikts zwischen Kapital und Arbeit auf den sozialpolitischen Begriff gebracht hat - die soziale Idee der Arbeiterbewegung und das ihr widersprüchliche Kapitalprinzip sind historisch-strukturell aufeinander angewiesen, will sich der Kapitalismus modernisieren und wollen die Arbeiter Einfluß auf ihn nehmen -, sah die Armen- und Wohlfahrtspflege nicht in diese

Dialektik eingebunden. Diejenigen, die von der Armen- und Wohlfahrtspflege versorgt würden, stünden außerhalb der Gesellschaft und die für sie erbrachten Leistungen hätten nur einen indirekten Bezug zur sozialpolitischen Interventionslogik.

Wir können diesen Zusammenhang noch heute im Abstandsgebot der Sozialhilfe finden: Sozialhilfe soll deutlich niedriger sein als der Mindestlohn, weil sie nicht über Arbeit erworben ist. Aber auch der preußische Staat als Promoter der deutschen Nationwerdung von 1870/71 hatte angesichts der besonders verflochtenen deutschen Konstellation von Nationwerdung, Industrialisierung und Erstarken der Arbeiterbewegung (vgl. dazu Böhnisch/Niemeyer/Schröer 1997) seine eigene hoheitliche Sozialpolitik entwickelt, die erst einmal nicht die deutschen Traditionen der Armen- und Wohlfahrtspflege aufgriff (vgl. Münchmeier 1981).

Daß aber die Wohlfahrtspflege bis in die Gegenwart so ausdifferenziert und näher an und mehr in die Sozialpolitik gerückt ist, als es Heimann für möglich gehalten hätte, hängt wiederum mit dem Fortgang der industriellen Arbeitsteilung und den damit verbundenen neuen Risiken zusammen, die in der Entwicklungszeit der Industrialisierung überhaupt nicht absehbar waren. Dreh- und Angelpunkt dieser neuen Sozialfürsorge waren und sind bis heute die gesellschaftliche Sorge um die Stabilität und Funktionsfähigkeit der Familie als zentraler Reproduktionsagentur dieser arbeitsteiligen Gesellschaft und das Bemühen um die soziale Abstützung der Normalarbeiterexistenz. Herausragendes Beispiel ist dabei die Erfahrung der Arbeitslosigkeit, in deren Gefolge soziale Risiken in allen Lebensaltern - von der Familienarmut über die Jugendberufsnot und die Desintegrationsprobleme im Erwachsenenalter bis hin zur Altersarmut - entstehen können. Je mehr die Marktmechanismen und Regelungsmuster im Verhältnis zwischen Arbeit und Kapital versagen, umso eher reicht die Sozialarbeit in das Zentrum der sozialpolitischen Aufmerksamkeit und erhält eine sozialintegrative Funktion: Sie soll verhindern, daß die Menschen ganz aus der Gesellschaft heraus fallen, also eingliederungsfähig bleiben.

Die Sozialarbeit hat gerade auf dieser neuen sozialpolitischen Linie eine pädagogische Dimension erhalten, die ihr so früher nie zukam. Gerade am Beispiel der Hilfen zur Arbeitslosigkeit - Jugendberufshilfe, Beratung, soziale Rehabilitation, soziale Etablierung von Umschulungen und Beschäftigungsprojekten, sowie der Sozialarbeit mit Langzeitarbeitslosen - zeigt sich, daß es nicht nur um sozialökonomische Hilfen geht, sondern vor allem auch um die psychosoziale Stabilisierung und um Angebote zur Selbstwertschöpfung auch *außerhalb* der Arbeit. Die kulturelle und soziale Wiedergewinnung des Menschseins - neben den ökonomischen Hilfen zur Lebensführung und der psychosozialen Unterstützung bei der Arbeitsuche - ist zum hauptsächlichen Programm dieser modernen Sozialarbeit geworden. Aber auch das Armutsproblem hat sich entsprechend verändert. Mit dem Aufkommen der Diskussion um die „neue" oder auch „relative" Armut, wurde gerade in den wohlfahrtlichen Industriegesellschaften erkannt, daß Armsein nicht mehr nur an deutlich niedrigem Einkommen und niederer Schichtzugehörigkeit gebunden ist. Vielmehr erleben wir, daß gerade der permanente Strukturwandel der Arbeitsgesellschaft und der unkalkulierbare Wechsel sozialer Sicherheiten *Armutsrisiken* auch für jene heraufbeschwörten, die - nach der klassischen Armutsdefinition - nicht zu der traditionell gesellschaftlich ausgegrenzten Gruppe der Armen gehören. Arbeitslosigkeit und neue Armut liegen also nicht am Rande der Industriegesellschaften, sondern sie reichen in ihre Mitte hinein. Damit hat auch die soziale Arbeit an gesellschaftlicher - und sozialintegrativer - Bedeutung gewonnen.

Wenn wir diese Zusammenhänge modernisierungstheoretisch formulieren, stoßen wir auf einen für die gesellschaftliche Bedeutung der Sozialarbeit (eben der älteren Wohlfahrts- und Armenpflege) aufregenden Zusammenhang: Im Industrialisierungsprozeß des 19. Jahrhunderts war die kapitalistische Industriegesellschaft noch durch die einfache arbeitsteilige Struktur von Produktion und Reproduktion gekennzeichnet, die von dem Konflikt zwischen Arbeit und Kapital und den sozialintegrativen Bemühungen des Staates geprägt war. Die Wohlfahrtspflege und Armenfürsorge tangierten diesen Bereich nicht. Mit der qualitativ fortgeschrittenen, komplexen industriellen und sozialen Arbeitsteilung der Industriegesellschaften des 20. Jahrhunderts - vgl. das Beispiel Arbeitslosigkeit - entstand eine völlig neue Situation: Die industriellen Rationalisierungsprozesse überformten den klassischen Konflikt. In den Vordergrund trat nun das neue Verhältnis von technologischer Dynamik und sozialen Folgen der neuen Produktionsformen. Die damit verbundene Formel heißt - seit der klassischen Erkenntnis von Emile Durkheim -: Technisch-industrielle Rationalität kann auf der Ebene des menschlichen Zusammenlebens Desintegration und Irrationalitäten (Anomien) erzeugen. In dieser „Risikogesellschaft" kann es nahezu jeden - nicht nur die klassisch Ausgegrenzten - treffen. Die Wohlfahrtspflege hatte damit einen neuen gesellschaftlichen Bezugsrahmen gefunden.

1.2 Die Sozialpädagogik in ihrer traditionellen Verengung auf die Jugendfrage

Die wissenschaftliche Sozialpädagogik, so wie sie sich in den 20er Jahren in Deutschland formiert, geht von den Personen - Kindern und Jugendlichen - aus und fragt nach den Problemen ihres Hineinwachsens in die Gesellschaft. Ihre disziplinären Nachbarn sind die Reformpädagogik und die Pädagogische Jugendkunde. Beide bezogen sich in ihren Anfängen vor allem auf die nichtbürgerlichen Jugendlichen (proletarische Jugendliche und Jugend auf dem Land) und hier vor allem auf die gefährdeten Jugendlichen im weiteren und die der staatlichen Fürsorge unterworfenen Jugendlichen im engeren Sinne. Während die Pädagogische Jugendkunde, die sich in ihrer Begrifflichkeit von der proletarischen zunehmend zur „berufstätigen" Jugend orientierte, versuchte, die empirische Wirklichkeit des Jugendlebens in die Jugendpädagogik einzubringen (vgl. ausführlich Böhnisch 1992), bemühte sich die Reformpädagogik vor allem darum, den Jugendlichen in seinem Eigenleben, seiner Entwicklungsbesonderheit und Entwicklungsformbarkeit - also in seiner pädagogischen Gestalt - gegenüber den Institutionen der Jugendfürsorge zur Geltung zu bringen. Die Erziehungs„not", der persönliche und biografische Konflikt der Kinder und Jugendlichen, wurde von der pädagogischen Seite her als zumindest gleichberechtigt neben die staatlichen Sanktions- und Verwahrinteressen gestellt. Die Sozialpädagogik sollte in dieser Begründung der Entwicklungsbesonderheit des Jugendlebens ihre pädagogische Autonomie innerhalb der administrativen Jugendhilfe der Jugendämter und Wohlfahrtsverbände bekommen. Kinder und Jugendliche haben in einem geschützten pädagogischen Raum die Chance, ihre Erziehungsdefizite und Verhaltensprobleme zu korrigieren und können damit wieder zur sozialen Teilhabe fähig werden. „Ersatzerziehung" im Sinne des Aufbaus von Erziehungsfeldern, welche die für die betroffenen Kinder und Jugendlichen ausgefallene Familienerziehung ersetzen konnten (vor allem Heimerziehung), und die Sozialerziehung im Sinne der Vermittlung der herrschenden gesellschaftlichen und politischen Werte und Normen vor allem an die nichtbürgerliche Jugend (Jugendpflege, staatsbürgerliche Erziehung), waren die beiden Hauptpfeiler dieser Sozialpädagogik. Heute sind diese Bereiche für alle Jugendlichen zuständig und damit verallgemeinert worden. Aus der Fürsorgeerziehung sind die allgemeinen erzieherischen Hilfen zur Lebensbewältigung, aus der Jugendpflege die Jugendarbeit und die kulturelle und politische Bildung hervorgegangen. Als zentrale Komponente der Sozialpädagogik halten wir aber fest: sie bezieht sich auf personale Probleme und Konflikte, die beim Hineinwachsen von Kindern und Jugendlichen in die Gesellschaft entstehen und sie vermittelt - in ihrem erzieherischen Anspruch - Fähigkeiten, mit diesen Schwierigkeiten umzugehen und eine biografische Entwicklungsperspektive aus diesen Schwierigkeiten heraus aufzubauen. Als allgemeiner außerschulischer Erziehungsbereich versucht sie, kulturelle, soziale und politische Fähigkeiten zu vermitteln, sie organisiert - wie wir heute modern sagen würden - soziales, kulturelles und politisches Lernen.

Die Ideengeschichte der Sozialpädagogik wird in der Regel mit den Werken und typischen Paradigmen zweier ihrer herausragenden Vertreter strukturiert: Paul Natorp (1899) und Herman Nohl (1965). Natorp steht für die pädagogische Durchdringung der Arbeiterfrage. Seine „Sozialpädagogik" war auf Erziehung zur Gemeinschaft und Sozialreform gerichtet und entfaltete sich vor dem Hintergrund der „sozialintegrativen" Epoche der Gesellschaft des deutschen Kaiserreichs vor dem Ersten Weltkrieg, in der es um die Versöhnung von Kultur und Ökonomie, um den modernen sozialstaatlichen Kompromiß von Arbeit und Kapital und um die Rückholung des Menschen und seiner Ganzheit in einer sozial atomisierten Welt der beschleunigten industriellen Arbeitsteilung ging (vgl. dazu ausführlich Böhnisch/Niemeyer/Schröer 1997). Auch wenn man an Natorps Sozialpädagogik heute wie damals die idealistische Schlagseite kritisiert - der gemeinschaftsbewegte Gestaltungswille des Menschen könne die Verhältnisse über die historisch-ökonomischen Strukturen hinweg verändern -, bleibt ihr breit angelegter Entwurf: Er bezog sich auf die Jugend genauso wie auf die Arbeiterbildung und - im volkspädagogischen Sinne - auf das Genossenschaftswesen. Damit setzte er den Anspruch, den Gesamtzusammenhang des sozialen Lebens zu erfassen, sowohl in der vertikalen Sicht der Lebensalter als auch in der horizontalen Dimension der Lebensbereiche um.

Mit dem Namen Nohl dagegen verbindet sich - nach dem Ersten Weltkrieg - jene für die moderne akademische und professionelle Sozialpädagogik entscheidende Zeit, in der sie sich als akademische Disziplin begründen konnte, in der ihre Ausbildungsstätten geschaffen, ihr Berufsfeld abgesteckt und - vor dem Hintergrund des Reichsjugendwohlfahrtsgesetzes der Weimarer Republik - ihr gesellschaftlicher Gestaltungs- und Interventionsbereich „Jugendhilfe" gesichert wurde. Diese institutionelle Einführung der Sozialpädagogik hin zur Jugendwohlfahrt ging mit einer thematischen Zentrierung auf „die Jugendlichen" einher. Die Sozialpädagogik Nohlscher Prägung, wie wir sie bis heute kennen, holte sich zum einen den öffentlichen Erziehungsauftrag für die Jugendlichen, die aus dem allgemeinen Schulwesen und aus der herrschenden Normalität der Gesellschaft durch ihre Lebensführung und ihr Verhalten herausfielen (dissoziale Jugendliche), zum anderen den Bildungsauftrag für die Freizeit der gesamten Jugend außerhalb von Familie, Schule und Beruf (Jugendpflege). Folgenreich für den Nohlschen Ansatz war dabei, daß in ihm zwei höchst unterschiedliche pädagogische Linien in der Pragmatik der Idee des selbständigen Berufsfeld „Jugendhilfe" zusammengeführt werden mußten: die disziplin- und kontrollpädagogische Tradition der Fürsorge- und Zwangserziehung des Kaiserreichs, in der das Feld der Jugendpflege und Jugendfürsorge aufgebaut wurde und die Reformpädagogik, die sich aus der Idee der Jugendautonomie und dem gemeinschaftserzieherischen Gestaltungsoptimismus der Jugendbewegung speiste. Beides verschmolz zu einer bewältigungsorientierten Sozialpädagogik des Jugendalters: Entscheidend ist nicht - so Nohl -, daß der Jugendliche Probleme *macht*, sondern daß er Probleme *hat*.

Die pädagogische Verengung auf die gefährdeten Jugendlichen bzw. auf die Jugendfreizeit verdeckt allerdings den gesellschaftlichen Anspruch, den die von der Jugendbewegung inspirierte Sozialpädagogik damals noch hatte. Denn im gesellschaftspolitischen Denken der Jugendbewegung - vor allem in ihrer politischen „freideutschen Phase" nach dem „Wandervogel" und kurz vor dem Ersten Weltkrieg - war es die Jugend, welche den neuen Menschen und mithin die neue Gesellschaft schuf. Die in der Gesellschaft des Kaiserreichs so zentrale und für die gesellschaftliche Integration existentielle Arbeiterfrage wurde nun - im jugendbewegten Gesellschaftsdenken - durch die Jugendfrage „abgelöst". Der Arbeiter hatte dem Kampf gegen die übermächtige Maschine verloren und war so in der kritisch durchtränkten Pädagogik zum Symbol der Entfremdung und Atomisierung in der industriellen Moderne geworden. Die Jugend dagegen, so wie sie sich in der Ideologie der Jugendbewegung darstellte und wie sie es durch ihren praktischen Auszug aus der Gesellschaft über die (wenn auch zahlenmäßig geringen) Scharen des „Wandervogels" und der „Freideutschen Jugend" demonstriert hatte, verhieß Ganzheit und wieder zu sich kommende Menschwerdung.damit hatte auch die damalige Sozialpädagogik schon einen über die Jugenderziehung hinausgehenden kulturellen Geltungsanspruch formuliert (Böhnisch/Niemeyer/Schröer 1997).

1.3 Die Verschränkung von Sozialpädagogik und Sozialarbeit

Die Verschränkung der Sozialpädagogik und Sozialarbeit war ein historischer Prozeß, der sich im Verlauf des 20. Jahrhunderts auf verschiedenen Ebenen vollzog. Die augenfälligste war wohl die programmatische Ebene, obwohl diese am wenigsten an konzeptionellen Fortschritten einbrachte. Die Beschwörungsformel von der „Einheit der Jugendhilfe", der nicht nur rechtlichen, sondern auch konzeptionellen Verbindung von Jugendfürsorge und Jugendpflege, geisterte lange durch die deutsche Jugendhilfeszenerie. Heute hat man recht pragmatisch diesen institutionellen Rahmen neu definiert: Da soziale Hilfe Teil öffentlicher Dienstleistungen geworden ist, wird für die sozialpädagogischen und sozialarbeiterischen Hilfen, die von öffentlichen oder halböffentlichen Trägern (Wohlfahrtsverbänden) gewährt werden, der gemeinsame Begriff „soziale Dienste" verwendet. Die Fachhochschulen haben ihre Fachbereiche, in denen Sozialpädagogik und Sozialarbeit gemeinsam oder getrennt gelehrt werden, als „Fachbereiche für Sozialwesen" bezeichnet.

Wir wollen uns aber den konzeptionellen Entwicklungen zuwenden, die in der Zeit nach dem Zweiten Weltkrieg in Westdeutschland zu einer Verbindung bzw. Annäherung von Sozialpädagogik und Sozialarbeit geführt haben. Wie wir oben gezeigt haben, bezog sich die Sozialarbeit historisch primär auf - wie wir heute sagen würden - soziale Probleme (s.u.): Lebensschwierigkeiten also, die von der Gesellschaft als risikoreich und die soziale Ordnung gefährdend angesehen wurden.

Die Sozialpädagogik dagegen bezog sich auf personale Entwicklungsprobleme von jungen Menschen beim Hineinwachsen in das gesellschaftliche Umfeld. Eine konzeptionelle Annäherung der beiden Bereiche konnte also nur gelingen, wenn die Sozialarbeit eine pädagogische und die Sozialpädagogik eine sozialpolitische Komponente zu entwickeln in der Lage war.

Beides - die Pädagogisierung der Sozialarbeit als auch die gesellschaftliche und sozialstrukturelle Problematisierung der Sozialpädagogik - geschah in den 60er und 70er Jahren. Hervorgehoben für die Sozialpädagogik sei hier Klaus Mollenhauers „Einführung in die Sozialpädagogik" (Weinheim/Berlin 1964), in der er von dem Leitmotiv ausging, daß die erzieherischen Hilfen der Sozialpädagogik nicht nur aus der individuellen, persönlichen Entwicklungssituation der Jugendlichen abgeleitet werden sollen, sondern genauso aus den sozialstrukturellen, mithin gesellschaftspolitisch verursachten Bedingungen. Sozialpädagogik sollte also eine erzieherische Hilfe sein, die das individuelle pädagogische Ziel der „Mündigkeit", der persönlichen Selbständigkeit, verknüpft mit dem sozialstrukturell abgeleiteten Ziel der - wie es Mollenhauer später (1968) formuliert - „Emanzipation", der Befreiung des Jugendlichen aus ihn in der Entwicklung blockierenden sozialen Abhängigkeiten.

Die Pädagogisierung der Sozialarbeit wurde konzeptionell vor allem in den Jahrbüchern der Sozialarbeit (Barabas u.a. 1976) eingeläutet. Der moderne Sozialstaat, so hieß es damals, sei nicht mehr auf die Disziplinierung und Verwahrung von Randgruppen unter dem Prinzip staatlicher Ordnungshaltung angewiesen, sondern könne nur ihre „Resozialisierung" in den allgemeinen öffentlichen Kontext der „sozialen Reproduktion" der Sozialisation der Durchschnittsarbeitskraft betreiben. Soziale Probleme und gesellschaftliche Konflikte, die sich in Lebensschwierigkeiten solcher Gruppen äußern, werden deshalb nicht mehr mit Zwangs- und Verwahrmaßnahmen angegangen, sondern mit personenorientierten, mithin auch pädagogischen Methoden. Man gebrauchte hierfür den Begriff der *Sozialtherapie*: der Umgang von Personen mit ihren Lebensschwierigkeiten sollte nun im Vordergrund stehen, ihre psychischen Dispositionen sollten verbessert, ihr Handlungsrepertoire erweitert werden. Dieser erweiterte Begriff der Sozialtherapie enthielt sehr viele pädagogische Elemente und bot sich deshalb für die konzeptionelle Verschränkung zwischen Sozialpädagogik und Sozialarbeit auf der interaktiven Ebene an.

Weitere konzeptionelle Verschränkungen ergaben sich auch in dem Maße, in dem die Sozialisationstheorie und Sozialisationsforschung als Hintergrundtheorie vor allem für die Sozialpädagogik, aber auch für die Sozialarbeit, relevant wurde. Je mehr in dieser Sozialisationsperspektive deutlich wurde, daß außerhalb der intentionalen und geplanten Erziehungsverhältnisse verschiedene soziale und kulturelle Faktoren erzieherische Wirkungen auf die Jugendlichen ausübten, desto mehr wurde in der Sozialpädagogik der engere Begriff des Erziehens durch die sozialisationstheoretisch erweiterten Begriffe der Organisation sozialen Lernens und der Lebensbewältigung abgelöst. Gleichzeitig konnte aus dieser Sozialisationsperspektive auch für die Sozialarbeit deutlich gemacht werden, daß auch materielle Probleme und soziale Risiken einen frühen und erheblichen Einfluß auf die Sozialisation haben. Die darauf bezogene helfende Intervention sei mithin auch pädagogisch, indem sie Handlungsfähigkeit und soziale Sicherheit als Voraussetzungen für das Gelingen von Entwicklungs- und Lernprozessen schaffen könne. Materielle und infrastrukturelle Hilfen der Sozialarbeit haben danach eine grundlegend sozialisatorische Bedeutung, da sie die Sozialisations*bedingungen* verändern können. Die Sozialisationstheorie und Sozialisationsforschung wurde somit zu einer Art „Metatheorie", in der sich Sozialpädagogik und Sozialarbeit konzeptionell finden und verschränken konnten.

Was allerdings blieb, war das Problem, daß sich die Sozialpädagogik traditionell nur auf die Lebensphasen der Kindheit und Jugend bezog, während die Sozialarbeit den ganzen Lebenszusammenhang von der Familie / Kindheit bis ins

Alter umfaßte. Wie die Sozialpädagogik argumentativ dieses Manko auszugleichen versuchte, hat Skiba (1977) wie folgt zusammengefaßt:

„Solange sich die Diskussion auf Heranwachsende, als - noch - zu Erziehende und damit Adressaten pädagogischer Bemühungen bezog, erhob sich kaum Widerspruch. Mit dem Versuch jedoch, die 'Pädagogik in der spezifischen Form der Sozialpädagogik' (Mollenhauer) zur Grundlagentheorie einer sozialen Arbeit zu etablieren, wuchs der Widerstand gegen eine 'Pädagogisierung' der Sozialarbeit. Die Erziehungswissenschaft sah sich in der Tat vor das Dilemma gestellt, einen Erziehungsanspruch auch an die zu rechtfertigen, die bisher als mündig, das heißt den erzieherischen Bemühungen als entwachsen, also erwachsen galten. Zur Abwehr dieses Anspruches wurde zunächst der Begriff der relativen Mündigkeit eines jeden Menschen entgegengestellt und damit implizit postuliert, daß Mündigkeit immer nur ein Annäherungswert sein kann. Zum anderen wurde unter Hinweis auf die Veränderung in der Auffassung von Erziehung in der Erziehungswissenschaft durch die Rezeption des Lernbegriffs als eine Grundkategorie der Erziehung der Anspruch doppelt abgesichert: es war praktisch keine intentionale Situation denkbar, die unter Bezugnahme auf den Lernbegriff nicht als 'pädagogisch' gekennzeichnet werden konnte. Unter Berücksichtigung dieser beiden Aspekte bleibt jeder Mensch lebenslang ein 'educandus'" (S. 13).

Indem die Sozialpädagogik also ein erweitertes Sozialisationskonzept als Metakonzept beansprucht, kann sie ihre Zuständigkeit für den Lebenslauf reklamieren. Deutlich geworden ist, daß sich aus der Sozialisationsperspektive die weitaus größte Schnittmenge zwischen Sozialarbeit und Sozialpädagogik ergibt. Unter „Sozialisation" verstehen wir dabei den Prozeß des Aufwachsens und der lebenslangen Identitätsformation in der Auseinandersetzung mit der sozialen Umwelt und mit sich selbst. Es ist aber wohlgemerkt eine metatheoretische Perspektive, die sich als solche nicht in die Dimension der individuellen Betroffenheit und des biografischen Handelns umsetzen läßt. „Nicht alle Ereignisse und Erfahrungen, die für das weitere Leben wichtig sind, können [...] im Rahmen der Sozialisationstheorie diskutiert werden" (Schefold 1993, S. 22).

Diesen Zugang aber kann das Biografiekonzept anbieten. Denn - so haben wir schon im Prolog argumentiert - die postmoderne Sozialisationsachse, um die sich der Mensch im Lebenslauf dreht und an der er sich auch *sozial* immer mehr zu orientieren scheint, ist seine Biografie. Es ist also die *Biografisierung,* welche die Zugänge der Sozialpädagogik und Sozialarbeit miteinander verschränkt. In der Rekonstruktion dieser Verschränkung sehe ich auch - falls ich danach gefragt werden sollte - meinen Beitrag zur neueren Diskussion um eine *Sozialarbeitswissenschaft* (vgl. Puhl 1996), die (wenn sie wissenschaftstheoretisch seriös bleiben will) nicht umhin kommt, eine handlungswissenschaftliche Integration der paradigmatischen und historisch-empirischen Traditionen der Sozialpädagogik, Sozialarbeit und Sozialpolitik anzustreben.

Das Biografiekonzept kann aber nicht nur die Einzigartigkeit des jeweiligen Betroffenseins erfassen, sondern ist - über die Anschlußkonzepte Lebenslauf und Lebensalter - auf die gesellschaftlichen Bedingungskonstellationen individueller Lebensprobleme bezogen. Die Biografisierung als subjektbezogene Seite des gesellschaftlichen Prozesses der Individualisierung (s.u.) hat dazu geführt, daß die Grenzen zwischen den Lebensaltern in einer biografisch früh erfahrenen und auch im späten Alter noch gestaltbaren *optionalen* Perspektive des Lebenslaufs durchbrochen sind und deshalb *Entwicklung* zum lebenslangen Thema geworden ist. Ereignisse und Themen sind nicht mehr nur je spezifisch auf die einzelnen Lebensalter beschränkt und in ihnen abgeschlossen, sondern über die Lebensalter hinweg *reversibel* geworden, treten im Vorlauf der Biografie erneut, je nach biografischem Entwicklungsstand, auf. Entwicklung und Gestaltung als pädagogische Bezüge flachen also nicht mit dem Erwerbsalter ab oder hören gar auf, sondern können bis ins Alter hinein virulent werden. Genauso kristallieren sich die sozialen Risiken und ihre psychischen Korrelate nicht erst um das Erwachsenenalter, sondern schon um die Jugendphase und können sich im Lebenslauf immer wieder neu und anders formieren. Entsprechend tritt in unübersichtlichen und kritischen Lebenssituationen, in denen sozialpädagogische und sozialarbeiterische Hilfen angezeigt sind, die biografische Dimension der Bewältigung stärker hervor und gerät in eine typische Spannung zu den gesellschaftlich vorgeformten Erwartungen, Zumutungen und Normen. Unter „kritischen Lebenssituationen" werden dabei einschneidende biografische Umbrüche, deviante Konstellationen und Verlustsituationen verstanden, deren „Folgen mit dem unmittelbar verfügbaren Ressourcen nicht bewältigt werden können" (Brandtstädter/Greve 1994, S. 52), mithin also die psychosoziale Handlungsfähigkeit bedrohen.

Diese Zusammenhänge versuche ich mit dem Konzept „biografische Lebensbewältigung/Sozialintegration" zu erfassen. So wie wir den Begriff Lebensbewältigung in die sozialpädagogische Diskussion eingeführt haben (Böhnisch/Schefold 1984, Böhnisch 1992), bezeichnet er das (biografisch vorstrukturierte) Zurechtkommen, insbesondere das Streben nach subjektiver Handlungsfähigkeit in kritischen Lebenssituationen, in denen das psychosoziale Gleichgewicht - Selbstwert und soziale Anerkennung - bedroht ist. Das Streben nach Handlungsfähigkeit steht also im Bezug zur sozialen Einbindung des Individuums. Der darauf abzielende Begriff der Sozialintegration hat eine normative und eine interaktive Komponente. Er beinhaltet die Annahme, daß das Individuum in kritischen biografischen Situationen in Problemzonen der Normbindung - in die Spannung zwischen Konformitätsdruck und abweichendem Verhalten - geraten kann und daß dabei sozialer Rückhalt und Anschluß gefährdet werden. In einer entsprechend verallgemeinerten Bedeutung wird mit dem Paradigma „Lebensbewältigung" in dieser Einführung schließlich auch dort operiert, wo sich das Individuum sozialstrukturellen Konstellationen ausgesetzt sieht, die psychosoziale Integrationsprobleme - im Sinne des Gelingens oder Scheiterns der biografischen Balance und der sozialen Teilhabe - aufwerfen können.

2. Biografische Lebensbewältigung - der allgemeine Problemzugang der Sozialpädagogik und Sozialarbeit

2.1 Individualisierung und Lebensbewältigung

Die sozialwissenschaftliche Diskussion zu Ende des 20. Jahrhunderts in Deutschland ist deutlich durch die Thematik der „Risikogesellschaft" geprägt. Dieser Begriff verweist auf einen seit dem Ende des 19. Jahrhunderts anhaltenden gesellschaftlichen Prozeß der *Individualisierung*, als Konsequenz beschleunigter ökonomischer und sozialer Arbeitsteilung, den Emile Durkheim (dt. 1988) schon damals in Ansätzen beschrieben und Ulrich Beck fast hundert Jahre später systematisch gefaßt hat (1986). Schon zu Anfang des 20. Jahrhunderts wurde die ganze Tragweite dieses Individualisierungsprozesses bewußt und in seinen Konsequenzen freigelegt. Die Individualisierung ist also eine Funktion des Modernisierungsprozesses und meint sowohl den Prozeß „der Herauslösung aus historisch vorgegebenen Sozialformen und -bindungen im Sinne traditioneller Herrschafts- und Versorgungszusammenhänge", den „Verlust traditioneller Sicherheiten im Hinblick auf Handlungswissen, Glauben und leitende Normen", als auch „die Suche nach einer neuen Art der sozialen Einbindung" (Beck 1986, S. 206).

Wichtig beim Gebrauch des Individualisierungstheorems ist also, daß man zweierlei berücksichtigt: Zum einen handelt es sich hier um eine soziologische Strukturkategorie und nicht um ein individualpsychologisches Konstrukt: „Individualisierung wurde als historisch-soziologische [...] Kategorie verstanden, [...] die in der Tradition der Lebenslagen- und Lebenslaufforschung steht und sehr wohl zu unterscheiden weiß zwischen dem, was mit den Menschen geschieht, und davon, wie sie in ihrem Verhalten und Bewußtsein damit umgehen" (Beck 1986, S. 207). Dieses „damit umgehen" werden wir in dieser Einleitung in den Begriff der „biografischen Lebensbewältigung" - im Sinne des Strebens nach psychosozialer Handlungsfähigkeit - fassen. Zum zweiten ist im Individualisierungstheorem die These enthalten, daß die Menschen in solchen Prozessen der sozialen Freisetzung immer auch nach neuen Formen sozialer Integration suchen. Denn der moderne Mensch in einer hoch arbeitsteiligen Gesellschaft ist existentiell auf andere angewiesen und kann nur existieren, wenn er sozial irgendwie eingebunden ist. Gerade auch diese sozialintegrative Dimension steht im Mittelpunkt unseres sozialpädagogischen Bewältigungsansatzes und bildet den gesellschaftlichen Bezugspunkt einer biografisch- und bewältigungsorientierten Sozialarbeit. Zum dritten ist für uns in der Sozialpädagogik und Sozialarbeit von Bedeutung, daß im Gefolge der gesellschaftlichen Individualisierung auch Tendenzen der *sozialen Segmentierung* entstehen. Individuen, die sich in ähnlicher, vom Main-Stream der Gesellschaft differierender oder abgespaltener Lage sehen, orientieren sich in ihren Lebensstilen aneinander (Selbstsegmentierung) und suchen nach eigenen Formen (segmentierter) sozialer Integration (vgl. allgemein zum Begriff der Segmentierung Held/ Horn/Marvakis 1996. Wir werden in diesem Buch sehen, wie sich diese Tendenz z.B. bei bestimmten Jugendcliquen, bei der Armut oder beim Alter entwickeln kann.

In dieser knappen gesellschaftsstrukturellen Hintergrundskizze ist also die für unsere Einführung zentrale These enthalten, daß der soziologische Befund der Risikogesellschaft im sozialpädagogischen Konzept der biografischen Lebensbewältigung seine Entsprechung findet. Ich möchte sogar behaupten, daß das Individualisierungstheorem das Bewältigungskonzept geradezu herausfordert. Mit der Individualisierung und Pluralisierung der Lebensverhältnisse ist die soziale Welt kontingent geworden, steht nicht mehr nur die unbedingte und selbstverständliche Anpassung an, bzw. die Abweichung von vorgegebene(n) Normen und tradierte(n) Sozialmuster(n), sondern die multiple Suche nach biografischer Handlungsfähigkeit im Mittelpunkt der Auseinandersetzung mit psychosozialen Problemen und in sozialen Konflikten (vgl. zur allgemeinen Thematik 'Sozialarbeit in der Risikogesellschaft' Rauschenbach/Gängler 1992). Martin Graf hat uns in seinem bildungssoziologischen Versuch über die Sozialpädagogik (1996) die Erkenntnis vermittelt, daß das Konzept der Risikogesellschaft aus sozialpädagogischer Sicht deshalb so attraktiv sei, weil es die Sozialpädagogik von der traditionellen Normbindung und der entsprechenden ideologischen Fixierung auf abweichendes Verhalten entlaste und ihr Raum für eigenständige und der gesellschaftlichen Wirklichkeit angemessene Interpretationen und Interventionskonzepte gebe. Diesen nun offenen risikogesellschaftlichen Raum kann das Konzept „biografische Lebensbewältigung / Sozialintegration" vom Menschen her strukturieren und pädagogisch besetzen. Der Bewältigungsansatz ist damit für mich *das* sozialpädagogische Konzept der Risikogesellschaft.

2.2 Biografische Lebensbewältigung und soziale Integration

Von der Gesellschaft her gesehen besteht die sozialpädagogische und sozialarbeiterische Aufgabe hauptsächlich darin, Menschen in sozial desintegrativen Situationen dissozialen Verhaltens und sozialer Ausgrenzung, die sich aus eigener Hilfe nicht mehr in die Gesellschaft einfügen können, entsprechende Integrationshilfen zu leisten. Aus der Sicht der betroffenen Individuen - eben aus der Subjektperspektive - steht aber weniger die Integrationsproblematik, sondern zuerst die Bewältigungsfrage, der aktuelle Verlust der Handlungsfähigkeit im Vordergrund. Diese Tendenz wird durch die sozial kontingente Struktur der Risikogesellschaft verstärkt, wenn nicht gar herausgefordert (s.o.). Lebensschwierigkeiten und kritische Lebensereignisse, mögen sie sich sozial immer auch als Desintegrationstendenzen darstellen, sind für die Menschen zuvörderst Anlässe, ihre Handlungsfähigkeit wieder herzustellen - um welchen Preis auch immer. Das heißt, diese Wiederherstellung von Handlungsfähigkeit muß nicht unbedingt mit einer Lösung der Integrationsproblematik einhergehen; um in Krisensituationen handlungsfähig zu bleiben, kann der Mensch durchaus zu Mitteln greifen, die normwidrig sind, die soziale Desintegration noch befördern. Am Extrembeispiel des Gewalthandelns kann dies kurz verdeutlicht werden: Ausübung von Gewalt kann auch als der letzte und extremste Versuch verstanden werden, in kritischen biografischen Situationen - wenn der Selbstwert existentiell bedroht, der soziale Anschluß gestört und soziale Mittel der Kommunikation nicht verfügbar sind - Handlungsfähigkeit (wenn auch nur für die kurze Zeit der „Gewaltsekunde") zu erlangen. Der Gewaltakt stellt subjektiv die Orientierung her (wer oben, wer unten ist) und gibt einen spektakulären Selbstwertschub des „letzten eigenen Mittels". Das soziale Desaster, das damit angerichtet wird, tritt aus subjektiver Sicht erst einmal in den Hintergrund.

Am Beispiel des Gewalthandelns sehen wir auch, daß die sozialpädagogische Grundformel Nohls (nicht die Probleme, die der Jugendliche macht, sondern die er hat, haben die Sozialpädagogik zu interessieren) nicht nur als psychosoziale Balance zu verstehen ist, sondern auch als Balance der professionellen Orientierung. Denn die nach Handlungsfähigkeit suchenden Menschen sehen und erleben meist nur das eine, eben den Druck zur Normalisierung ihres kritischen Zustandes. Deshalb ist es Strategie und professionale Kunst der Sozialpädagogik zum einen diese subjektive Sicht der Betroffenen zu verstehen, damit die betroffenen Menschen zu „akzeptieren", und trotzdem das Problem der gestörten und wiederherzustellenden gesellschaftlichen Integration im Auge zu behalten.

Wenn wir nun diese sozialpädagogischen Schlüsselbegriffe Lebensbewältigung und Sozialintegration mit dem Konzept der Biografie vermitteln, so erhalten wir die für unseren empirischen Zugang notwendigen Differenzierungen. Denn Bewältigungshandeln orientiert sich nur vordergründig an der „Handlungsfähigkeit in der Situation", denn es ist ja vor allem auch biografisch, aus der eignen Bewältigungserfahrung im bisherigen Lebensverlauf strukturiert. Jene, die seit ihrer Kindheit und Jugend Gewalt erfahren und Gewalt als selbstverständliches Mittel der Problemlösung kennengelernt haben - um bei unserem Beispiel zu bleiben - werden sie auch selbst ungehemmter anwenden, als andere, die das biografisch so nicht erfahren haben. Es wird also so gehandelt, daß es biografisch „zusammenpaßt". Allgemein werden psychosoziale Krisen und Brüche so bewältigt, daß die Biografie einigermaßen im Lot bleibt, das bisher Gelebte und Erfahrene nicht einfach abbricht oder radikal entwertet wird. Dieses biografische „Integritätsproblem" steuert also die Lebensbewältigung.

Auch die sozialintegrative Ausrichtung des Bewältigungshandelns ist maßgeblich biografisch beeinflußt. Wir haben bei der Behandlung des Individualisierungstheorems erfahren, daß die Menschen immer nach neuen sozialen Bindungen, sozialintegrativen Bezügen suchen (müssen), wenn sich die bisherigen auflösen. Diese neuen sozialinterativen Orientierungen können sowohl über den Individualisierungsschub als auch über die Erfahrung sozialer Desintegration selbst angestoßen sein. Bohnsack u.a. (1995) haben am Beispiel von Jugendcliquen gezeigt, daß allein schon die biografische Erfahrung sozialer Desintegration Zusammengehörigkeit konstituieren und habituelle Milieus (im Sinne sozialemotionaler Gegenseitigkeitsstrukturen, s.u.) schaffen kann. Der Prozeß gesellschaftlicher Entstrukturierung zeitigt also nicht nur Individualisierungsfolgen, sondern treibt auch Leute zusammen (vgl. das Kapitel Gewalt). Solche, aus desintegrativen Erlebnissen entstandene Milieus haben - wenn sie sich habituell und aktionistisch über abweichende Normorientierungen nach innen strukturieren und nach außen abgrenzen - eine sozial „regressive" Ausrichtung (vgl. Kap. 8.3.).

Auf unser Paradigma Lebensbewältigung/Sozialintegration übertragen, bedeutet das: Auch wenn das aktuelle Bewältigungshandeln auf der Suche nach Handlungsfähigkeit von den herrschenden und geltenden normativen Mustern der Sozialintegration abweicht, gegen die Regeln und gesellschaftlich einverständlichen Formen des sozialen Zusammenlebens verstößt, hat es immer auch eine subjektive (biografische) sozialintegrative Absicht. Um es wiederum an unserem Beispiel zu verdeutlichen: Gewalttätige Jugendliche - so zeigt uns die entsprechende Forschung - versuchen (unbewußt) mit ihren Handlungen sozial auf sich aufmerksam zu machen, zeigen daß sie da sind, schließen sich gewalttätigen Gruppen an, um soziale Bindung und Integration auf diese Weise zu erlangen. Wir können deshalb annehmen, daß sich im gesellschaftlichen Individualisierungsprozeß auch die Formen sozialer Integration entstrukturiert haben, die sozialpädagogische Theorie also nicht mehr zwangsläufig auf das traditionelle Modell systemkonformer sozialer Integration festgelegt ist. Die sozialintegrative Perspektive bezieht sich nun nicht mehr primär auf die unbedingte gesellschaftliche Anpassung, sondern auf das Sich-Zurecht-Finden in einer sozial unübersichtlich gewordenen Gesellschaft (vgl. Kap. 2.5) und auf die Chancen, konstruktive Sozialbezüge von sich aus aufbauen und gestalten zu können (vgl. Kap. 8.2).

Wir werden diese paradoxe - für das sozialpädagogische Verstehen aber wichtige - Form sozialer Integration im Abschnitt über das Normalisierungshandeln weiter thematisieren. Wenn wir nun im folgenden die Balance von biografisch strukturierter Lebensbewältigung und Sozialintegration dimensionieren, so tun wir das ebenso aus dieser sozialpädagogisch-professionellen Perspektive des intersubjektiven Verstehens und Akzeptierens, bei gleichzeitiger sozialintegrativer Vergewisserung, heraus.

Wir können nun das Paradigma der Lebensbewältigung/Sozialintegration als sozialpädagogische Grundkonstellation zusammenfassend wie folgt skizzieren: Sozialpädagogische Kontexte sind von den Klienten und Adressaten her dadurch typisch gekennzeichnet, daß Menschen unterschiedlicher Lebensalter versuchen, in biografischen Krisensituationen durchzukommen und dabei in die prekäre Spannung von Suche nach eigener Handlungsfähigkeit und Sozialintegration geraten. Die eigene Handlungsfähigkeit kann auch auf Kosten der Sozialintegration wieder hergestellt sein, formale Integration kann dagegen auch bei Verlust der Handlungsfähigkeit institutionell gewährleistet werden (Zwangserziehung, Stillstellen von älteren Menschen im Altersheim etc.). Sozialpädagogik und Sozialarbeit haben also Hilfen dort zu leisten, wo biografische Handlungsfähigkeit und Sozialintegration so bedroht sind, daß sie nicht mehr von den Betroffen allein wieder hergestellt und ausbalanciert werden können.

2.3 Biografie und Lebenslauf

Wir wollen nun in einem zweiten Schritt versuchen, das mit dem Bewätltigungsansatz verbundene *Biografiekonzept* zu entwickeln. Dabei wird der gesellschaftliche Bezug dadurch gewahrt, daß wir es in den gesellschaftlich strukturierten *Lebenslauf* einbinden.

„Lebensgeschichten haben ihre soziale Ordnung und ihren individuellen Verlauf. Unter dem Konzept des Lebenslaufs wird die institutionalisierte, also sozial geregelte Abfolge und Entfaltung von sozialen Zugehörigkeiten, Positionen, Rechten und Pflichten u.a. eines durchschnittlichen Erwachsenenlebens in der modernen Gesellschaft verhandelt - also die 'soziale Tatsache' der Ordnung des Lebens entlang der Achse der Lebenszeit. [...] Über das Konzept der Biografie wird das Geschehen entlang der Lebenszeit aus der Binnenperspektive des sich erinnernden, erzählenden oder seine Zukunft entwerfenden Subjekts gesehen. [...] Die biografische Ebene betont die Handlungs- und Deutungsabhängigkeit dieses Geschehens, bringt somit in hohem Maße die Offenheit, prinzipielle Unabschließbarkeit des Horizonts sozialer wie individueller Entwicklung zum Ausdruck." (Schefold 1993, S. 22)

Das Konstrukt Biografie weist also auf das biografisch handelnde und immer wieder dem sich wandelnden gesellschaftlichen Prozeß ausgesetzte Subjekt im Lebenslauf hin. Da sich die Sozialisationseffekte über die lange Lebensspanne verteilen - wobei freilich signifikante Kristallisationspunkte im Kindes- und Jugendalter in Statuspassagen und Übergängen zwischen den Lebensaltern bleiben - wird der Einzelne zum Pfadsucher in einem gesellschaftlichen Sozialisationsrahmen, der unterschiedlich hervor- und zurücktritt. So - und nicht rein individualistisch - ist wohl auch Daniel Offers Formel vom „producer of his own biography" (1981) zu verstehen. In der Ausdifferenzierung des Biografie- und Lebenslaufkonzeptes, wie sie H.R. Müller (1992) vorgeschlagen hat, wird dann auch seine sozialpädagogische Fruchtbarkeit deutlich: In der Entstrukturierung des Lebenslaufs - bei bleibender Spannung von *Individualisierung* und *Standardisierung* (Beck, 1986*)* - können sich *individuelle Biografien* entweder an der Normbiografie entlang oder abweichend davon entfalten. Das biografische Steuerungsmedium ist nun die Selbstthematisierung und nicht mehr die traditionalisierte Rollenübernahme. In diesem Spannungsfeld strukturiert sich als psychosozialer Prozeß, den wir später *biografische Lebensbewältigung* - im Kontext einer kontinuierlichen oder diskontinuierlichen Lebensführung im Lebenslauf - nennen werden (s.u.).

Lebenslauf und Biografie sind miteinander verschränkt. Die Individualisierung der Lebensverhältnisse hat eine zunehmende Biografisierung des Lebenslaufes mit sich gebracht. Die Kernstruktur des Lebenslaufes wird zwar weiter durch Bildung und Arbeit gelegt, die Verläufe differenzieren sich aber biografisch. Aus sozialpädagogischer Sicht - wir werden es später präzisieren - können wir sagen: In der Biografie ist die Bewältigung des Lebenslaufs strukturiert. Dieser Lebenslauf ist gleichermaßen vorgezeichnet wie gestaltbar. Dabei wird in der neueren Lebenslaufdiskussion (vgl. zusammenfassend Schmechtig 1996) darauf hingewiesen, daß sich sozialstrukturelle Hintergründe und soziale Ungleichheiten im Verlauf des Lebenslaufes immer wieder durchsetzen können, auch wenn sie aktuell-situativ verdeckt scheinen. Für die Sozialpädagogik ist dieser Hinweis deshalb wichtig, weil sie zumeist aktuell-biografisch auf die Klienten trifft, die nicht in Richtung ihres herkunftsgesteuerten Lebenslaufes, sondern in ihrer aktuellen individuellen Befindlichkeit - die von der Lebenslaufprognose abweichen kann - denken und agieren: Weil sie im Augenblick „gut drauf" sind, diese Befindlichkeit auch in Konsum umsetzen können und von diesem widergespiegelt bekommen und nicht daran glauben, daß von der Gesamtanlage des Lebenslaufs her alles - (z.B. bei prekären Arbeitsverhältnissen) - riskanter und gefährdeter werden kann.

Diese Beobachtung aus der Praxis der Sozialarbeit läßt sich theoretisch in die Biografie-Lebenslauf-Diskussion rückbinden. Dort wird davor gewarnt, gesellschaftliche Individualisierung als sozialnivellierende Verteilung von Chance und Risiko zu sehen. Auch wenn man nicht mehr an Milieus und vorgegebene Laufbahnen gebunden ist wie früher, spielt doch die soziale Herkunft und ihr Rückhalt im Verlauf des Lebens eine wichtige Rolle. Gerade bei vielen unserer Klienten, die in der Regel unzureichende Bildung und Ausbildung genossen haben, ist - trotz augenblicklicher biografischer Hochs - immer wieder eine Deklassierung zu erwarten, wenn sie keine psychosoziale Stützung in den -Übergängen erfahren. Jugendliche mit sozial höherem Herkunfts- und Bildungsstatus mögen zwar aktuell „einbrechen", finden aber in der Regel - dank der Stützung durch das Elternhaus und erworbenen kulturellen Ressourcen - Möglichkeiten, ihre Biografie in einen sozial gesicherten Fluß des Lebenslaufes zu bringen, auch wenn sie auf andere Berufe oder Lebensbereiche umsteigen. Dieser „lange Atem der Herkunft" (Blossfeld/Mayer 1990) holt den Menschen gerade bei risikoreichen biografischen Einbrüchen oder krisenhaften Lebensereignissen immer wieder ein, auch wenn die individuellen Chancen, soziale Herkunft zu überwinden, *innerhalb* der verschiedenen biografischen Konstellationen (Schule, Ausbildung, Berufskarriere) gestiegen sind.

Wenn wir also über den allgemeinen sozialisationstheoretischen Rahmen hinaus das Zusammenspiel von Lebenslauf und Biografie als erkenntnisleitendes Bezugssystem sozialpädagogischer Analysen bevorzugen, dann vor allem auch deshalb, weil es uns die empirische Ambivalenz unseres Arbeitsfeldes strukturieren kann. Bei unseren Adressaten beobachten wir täglich subjektiv-individualistisches und gegenwartsorientiertes Verhalten und Handeln und wissen gleichzeitig, daß damit der soziale Zusammenhang sozialer Ungleichheit zwar situativ übergangen, aber nicht aus der Welt geschafft ist. Wir können also mit diesem paradigmatischen Zugang das (biografisch) Einzigartige des persönlichen Handelns mit den sozialen Bedingungsstrukturen verbinden, auch wenn sie aktuell-situativ in den Hintergrund getreten sind. Gleichzeitig erhält uns das Paradigma Biografie/Lebenslauf aber auch die Offenheit, zu erkennen, inwieweit und unter welchen Umständen sich der Einzelne dennoch von seiner benachteiligten sozialen Herkunft lösen, seine Benachteiligung biografisch überwinden kann. Darauf zielen ja auch die sozialpädagogischen und sozialarbeiterischen Hilfe- und Unterstützungsmechanismen ab.

In der „Sozialpädagogisierung" des Lebenslaufkonzeptes, so wie sie Schefold vorgenommen hat, wird die Biografie an den offenen Übergängen des Lebenslaufs betrachtet, an denen sich die sozialpädagogische Grundfrage des Zusammenspiels von (biografieorientierter) Lebensbewältigung und (lebenslauf- und gesellschaftsorientierter) Sozialintegration besonders stellt. Seit der Geburt, über die Übergänge von der Herkunftsfamilie, in die Partnerschaft, an den Wendepunkten der Einschulung, Arbeitsuche, Heirat, Berufsumschulungen und Altersübergänge, sowie bei lebensverändernden kritischen Lebensereignissen, ist der Lebenslauf in der biografischen Erfahrung und ihrer jeweiligen Bilanzierung auch subjektgebunden. Allerdings meint diese Subjektdimension im Begriff der Biografie nicht ein konkretes Individuum, sondern ein *Konstrukt*, welches (im Anschluß an N. Luhmann) die „Subjektivität als Grundprinzip eigenverantwortlicher Steuerung innerhalb verschiedener, funktional differenzierter Systeme" (Schmechtig 1996, S. 26) in den Vordergrund rückt. „Die Biografie ist in diesem Sinne eine Art selbstständige Integrationsinstanz von vielfältig zerstreuten Lebenssequenzen" (ebd., S. 28). Damit wird das *biografische Gewordensein* in der individuellen Erfahrung des Lebenslaufs mit zunehmendem Lebensalter zur entscheidenden Bezugsdimension für die Bewältigungsarbeit.

2.4 Lebensalter und Generation

Aus der Perspektive der Lebensalter erhalten wir nun weiteren Aufschluß über die typische Struktur des Zusammenspiels von Biografie und Lebenslauf, weil sie von der gesellschaftlichen Seite des Lebenslaufregimes her allgemeine gesellschaftliche Erwartungen (die Jugend lernt, während des mittleren Erwachsenenalters wird gearbeitet etc.) ebenso wie Abfolgen und Hierarchien (z.b. im Stereotyp Alter als Defizit- und Restzeit) vermitteln. In die Lebensalter sind also allgemein Definitionen der Lebensführung, des gesellschaftlichen Status und des sozialen „Spielraums" eingelassen. Die Lebensalter haben aber auch eine subjektiv-biografische Seite: diese kann mit dem Konzept des „Generationerlebens" (als lebensalterbezogenem Zeitverständnis) gefaßt werden. Jugendliche verstehen sich in derselben äußeren gesellschaftlichen Zeit anders als Erwachsene und ältere Menschen. Generationsverbundenheit und Generationskonflikte sind im Zusammenhang „der Generationenlagerung" (Mannheim 1929) zu sehen. Dasselbe Ereignis wird von Jungen und Alten - aufgrund ihrer verschiedenen Lebensalter und damit anderen Zeiterlebnisse - unterschiedlich interpretiert. Bei den Jungen ohne Rücksicht auf das Vergangene, bei den Älteren meist im Vergleich zum Vergangenen oder im Gefühl bzw. der Integration des Gegenwärtigen als des Gewordenen. In diesem Zusammenhang ist es auch wichtig, ob die gesellschaftlichen Bilder von Lebensalter, Lebenslauf und das subjektive Lebensempfinden in der jeweiligen Lebensphase miteinander konvergieren oder auseinanderfallen. Dies kann zu typischen Bewältigungskonflikten - besonders in der Jugend oder im Alter - führen, aber auch zu Differenzen, die Lernen und Bewältigungsanstöße in Gang setzen.

Schließlich dürfen wir in unserem ersten Rahmenkonzept - Zusammenspiel von Lebenslauf, Biografie und Generation - nicht außer acht lassen, daß die Vergesellschaftung des Lebenslaufs nicht nur auf struktureller Ebene abläuft, sondern daß die Institutionen, die diesen Lebenslauf begleiten, auch aktiv versuchen, ihre Deutungen und Definitionen einzubringen, durchzusetzen. Biografische Bewältigung ist auch wiederholte Auseinandersetzung mit diesen institutionellen Definitions- und Interpretationsangeboten oder -zumutungen. Im Bereich der Sozialarbeit werden diese besonderen interaktiven Bewältigungsprozesse ins Konzept der abweichenden (devianten, kriminellen) Karrieren erfaßt (vgl. dazu Lamnek 1994). Das Verhalten wird von der Institution typisiert (wer aus diesem Milieu kommt kann ja nur so sein; oder „typisch für Frauen" etc.) und wenn es sich wiederholt, bestätigt es sich für die Institution, auch wenn es nun in einem ganz neuen biografischen Kontext steht. Schließlich kann sich ein Bild vom Klienten verfestigen (z.B. in der Akte) und wird institutionell fortgeschrieben. Der Betroffene kann sich nicht mehr dagegen wehren. Um die biografische Dissonanz auszugleichen übernimmt er es und verhält sich dann auch so. Dieser Zusammenhang wird uns im Interventionsteil dieser Einführung weiter beschäftigen.

Der Lebenslauf ist durch die Lebensalter strukturiert und gegliedert, die Biografie durch die selbstbezogene Erfahrung und Verknüpfung dieser Lebensalter: Jungsein, Älterwerden, Altsein. Schon in dieser Unterscheidung stehen Bewältigungsprobleme, auf die wir immer wieder treffen werden: Ältere Menschen werden dem Alter zugerechnet, fühlen sich aber noch nicht alt. Jugendliche kommen in ihrem Lebensgefühl nicht mit den gesellschaftlichen Definitionen von Jugend zurecht, wie sie in das gesellschaftliche Berechtigungswesen oder in die Schule eingelassen sind.

Schon hier wird uns deutlich, daß Kindheit, Jugend, Erwerbsalter und Alter mehr sind als nur Bezeichnungen für Altersgruppen, daß in ihnen vielmehr eine gesellschaftliche Vorstellung und Ordnung steckt, nach der Menschen in einer modernen Gesellschaft ihr Leben in Einklang mit den gesellschaftlichen Erwartungen organisieren. Daß Kinder sich noch relativ eigensinnig entwickeln dürfen, daß Jugendliche lernen, Erwachsene arbeiten und alte Menschen sich sozial bescheiden müssen, beinhaltet so viel an gesellschaftlichen Vorgaben, daß wir ruhig sagen können, daß sich über diese Definitionen der Lebensalter Gesellschaft massiv in die individuellen Lebenswelten vermittelt. Alt und jung war man zu allen Zeiten, aber wie wir heute das Alter, die Jugend, den erwerbsbezogenen Erwachsenenstatus erleben, ist typisch für unsere Zeit, denn die heutigen Lebensalter sind Konstrukte der modernen Industriegesellschaft. Deshalb werden wir auch in einem eigenen Kapitel (3.) diese historische Gewordenheit der Lebensalter (als Bewältigungskonstellationen) thematisieren und sehen, daß vieles, was heute die Lebensalter strukturiert, Resultat eines typischen geschichtlichen Entwicklungsprozesses der Moderne ist.

Die Lebensalter sind also so angeordnet und nach der Logik der modernen Gesellschaft strukturiert, daß wir über sie unser Leben planen können und uns gleichzeitig immer wieder vergewissern oder in Lebenskrisen damit konfrontiert werden, ob wir diese Planung überhaupt einhalten können, ob wir diesem Leben überhaupt gewachsen sind. „Dieses Leben" meint dann meist den „Lebenslauf" in dem wir seit unserer Kindheit hinein manövriert werden und uns mit dem Alter zunehmend ständig zurechtfinden müssen. Wenn es in der Alltagssprache heißt „jemanden für das Leben vorbereiten", oder „wie soll er/sie denn einmal sein/ihr Leben sein/bestehen", oder „welches Leben erwartet denn unsere Kinder und Jugendlichen angesichts ökonomischer und ökologischer Ungewißheiten", dann ist damit immer zweierlei ausgedrückt: Zum einen, daß es gesellschaftlich bedingte und vorstrukturierte Muster des Lebenslaufs gibt, die - zum zweiten - von den einzelnen Menschen je individuell - biografisch - bewältigt werden müssen.

In dieser Spannung zwischen Lebenslauf und Biografie, zwischen dem „soziologischen Leben", das über die gesellschaftliche Definition der Lebensalter strukturiert ist und seiner privaten, individuellen Bewältigung, erschließen sich die für die Sozialpädagogik und Sozialarbeit typischen Zugänge der Hilfe und Erziehung. Als „soziologisch" kann man diesen Lebenslauf deshalb bezeichnen, weil die in ihm enthaltenen Verhaltenserwartungen und Zumutungen als „Rollen" sukzessive auf den Menschen in seiner biografischen Entwicklung und im Zuge des Hineinwachsens in dieses gesellschaftliche Leben zukommen. Er muß sie übernehmen, sich mit ihnen auseinandersetzen. Mit diesem Bild des Hineinwachsens in die Gesellschaft, der Übernahme von Rollen, ist auch die gesellschaftliche Erwartung verknüpft, daß die Menschen in den sozial relevanten Bezügen ihrer Lebensführung mit den geltenden gesellschaftlichen Normen tendenziell übereinstimmen, d.h. sich an ihnen orientieren und vor allem für sich auch einen Sinn darin sehen, sich danach zu verhalten. Diesen Zusammenhang bezeichnen wir allgemein mit dem Begriff der „Sozialintegration".

Wie die Menschen sich in ihrer persönlichen Befindlichkeit mit diesen sozialintegrativen Erwartungen auseinandersetzen, wie sie sich dabei fühlen, erleben und davon betroffen sind, macht ihr „Sein" aus. Dieses „Sein" ist eng geknüpft an das Geschlecht und die Generationen, denen man jeweils angehört. Mannsein und Frausein beinhalten in diesem Sinne typische psychsoziale Erlebens- und Bewältigungsmuster, genauso wie das Generationserleben dafür ausschlaggebend ist, wie ich mich in der historischen Zeit fühle und befinde. Geschlecht und Generation werden in diesem Sinne als Schlüsselkonstellationen der Lebensbewältigung diese Einführung durchziehen. Diese biografische Dimension der Lebensbewältigung angesichts der gesellschaftlichen Integrationsaufforderungen, welche die Sozialpädagogik der Lebensalter in den Vordergrund stellt, hat in der Moderne des zwanzigsten Jahrhunderts bis zur gegenwärtigen Jahrhundertwende zunehmend an Bedeutung für den Menschen in der Industriegesellschaft gewonnen. Die industrielle Arbeitsteilung mit ihrer Aufspaltung der Lebensbereiche und -vollzüge hat den Menschen aus selbstverständlichen Sozialzusammenhängen und der kollektiven Lebensführung der vorindustriellen Zeit herausgerissen und die soziale Integration zur maßgeblichen gesellschaftlichen und individuellen Aufgabe werden lassen. In dem Maße, in dem die Menschen nicht nur eingebunden sind in tradierte und überkommene Lebensvorgaben, die wenig biografische Spielräume aufweisen, sind sie auf sich selbst gestellt, dem Risiko ausgesetzt, den Anschluß an die Gesellschaft nicht zu bekommen oder zu verlieren. Gleichzeitig zeigen sich aber auch neue Chancen, biografisch - für sich selbst - aus den gesellschaftlich „angebotenen" Lebenslaufperspektiven etwas zu machen. Dabei spielt natürlich eine Rolle, ob und wie man mit entsprechenden Herkunfts- und Bildungsressourcen ausgestattet ist. Der Unterschied zwischen den kollektivierten Sozialzusammenhängen der vor- und frühindustriellen Zeit und der individualisierten Szenerie der industriellen Moderne ist deutlich geworden: Während man „früher" in der Regel mit seinem (vorbestimmten) Lebenslauf auf die Welt kam und sich dem schicksalhaft sicher sein konnte - aber vom Leben auch nicht mehr zu erwarten hatte - handelt es sich heute nicht mehr um unabänderliche Lebensschicksale, sondern um Lebenslaufoptionen, die die Gesellschaft bereithält und die zu erreichen Chance und Risiko gleichermaßen bedeutet. Die Chance, Lebensziele zu erreichen, die einem nicht in die Wiege gelegt werden, ist heute tendenziell gegeben. Das Risiko aber, an den gesellschaftlichen Hürden zu scheitern, in ein soziales Abseits zu geraten und keinerlei sozialen Rückhalt und Auffang mehr zu haben, wie er für die vorindustriellen Sozialkollektive selbstverständlich war (wenn auch damit die Individualität ausgeschaltet wurde) ist auch gestiegen.

Diese Ambivalenz von sozialer Integration und Desintegration, welche die moderne industrielle Arbeitsteilung hervorgebracht hat, bildete und bildet bis heute auch den epochalen Hintergrund, von dem aus sich die Sozialpädagogik professionell entwickelte, in dem sie entstanden ist. Insofern ist die Sozialpädagogik eine Konsequenz, eine Funktion der arbeitsteiligen Moderne. Sozialpädagogische Institutionen werden strukturell notwendig, weil der arbeitsteilige Industriekapitalismus das Dauerproblem, die Dauerkrise seiner potentiellen Desintegration zu managen, sozial so zu regulieren hat, daß die Individuen Bewältigungschancen erhalten können und Bewältigungsrisiken gegenüber tendenziell abgesichert sind.

Die industriekapitalistische Integrationskrise hat bis heute eine Struktur, die sich durch die Lebensalter hindurchzieht, vor allem aber an der Jugend ihren augenfälligen Ausdruck findet. Historisch wurde das zum erstenmal in der Symbolik der Jugendbewegung und in den dahinter liegenden massiven Generationskonflikten deutlich. In ihnen drückte sich die strukturelle Integrationskrise der modernen Gesellschaft pädagogisch aus. Die Generationsgestalt der Jugend, die selbst Produkt dieser arbeitsteiligen Moderne ist, führt uns die Gleichzeitigkeit von sozialer Integration und Desintegration und in ihrer Unausweichlichkeit vor. Allerdings darf die Tatsache, daß sich die Sozialpädagogik über die sozialen Integrationsprobleme des Jugendalters profilierte und schließlich auch gesellschaftlich institutionalisiert wurde, nicht den Blick dafür verstellen, daß sich die industriegesellschaftliche Integrations- und Desintegrationsthematik durch alle Lebensalter zieht. An der Jugend aber war sie ohne gesellschaftliches Risiko thematisierbar, und deshalb dient die Jugend bis heute gleichsam als Bühne, auf der die gesellschaftliche Integrationskrise zelebriert wird. Die gesellschaftlichen Klagen über die Jugend, wie sie zur Jahrhundertwende vom neunzehnten aufs zwanzigste Jahrhundert oder in den zwanziger Jahren angesichts einer Jugend geführt wurden, die scheinbar nicht mehr die gesellschaftlich sanktionierten Normen und Lebensperspektiven teilt, sich neben die Gesellschaft stellt, unterscheiden sich nur in Ausdruck und Form von den Klagen über die Gruppen der „Aussteigerjugend" und der „Normverweigerer" zur Jahrhundertwende vom zwanzigsten zum einundzwanzigsten Jahrhundert. Deshalb dürfen wir angesichts der traditionellen Jugendzentriertheit der Sozialpädagogik und ihrer entsprechend professionellen Ausrichtung nicht den historischen Blick dafür verlieren, daß das moderne Strukturprinzip aller Sozialpädagogik, nämlich ihre industriegesellschaftliche Funktionsbestimmung, weitaus mehr beinhaltet, als es die professionelle und fachlich-disziplinäre Engführung seit Nohl (s.o.) festgelegt hat.

Dennoch bleibt die Jugend in dieser Sozialpädagogik der Lebensalter herausragend, weil sich an ihr immer auch das Verhältnis der Lebensalter zueinander, das Generationenverhältnis, gesellschaftlich entzündet hat. Denn in der damaligen Jahrhundertwende wurde die Jugend nicht nur in ihrer Integrations- und Desintegrationssymbolik, sondern auch in ihrer Generationsgestalt freigesetzt. Der Begriff der „jungen Generation" hat seitdem für die Sozialpädagogik eine mehrfache Bedeutung. Zum einen signalisiert er ein typisches strukturelles Integrationsproblem der modernen Jugend beim Hineinwachsen in die Gesellschaft (Mannheim 1926): Die junge Generation tritt gleichsam „neu" in die jeweilige gesellschaftliche Kultur ein und braucht deshalb - strukturell, nicht intentional gesehen - keine Rücksicht auf die bisherigen gesellschaftlichen Traditionen zu nehmen, was zu typischen Generationskonflikten führt. Gleichzeitig verweist der an der Jugend orientierte Generationsbegriff auf ein bestimmtes Verhältnis der Generationen untereinander und mithin darauf, in welche Hierarchie die Lebensalter in der Moderne zueinander gebracht sind. Denn wachstumsorientierte moderne Industriegesellschaften sind von der Idee besessen, daß das jeweils Neue auch immer das Bessere ist. Wir können das tagtäglich an der Werbung beobachten, die sich geradezu überschlägt im Vorbringen und Anbieten immer wieder neuer und besserer Produktgenerationen („die/das Beste ..., die/das es je gab"). Insofern verbindet sich mit „Jugend" ein höherer Wert als mit „Alter", auch wenn die Jugendlichen selbst in ihren sozialen und beruflichen Lebensperspektiven wenig davon spüren.

Wir sehen hier auch, daß - über die Jugend hinaus - für alle Lebensalter in der Generationenlagerung (Mannheim) eine besondere Dimension des Verhältnisses von Individuum und Gesellschaft vermittelt ist. Wir können diese als gesellschaftliches Zeitbewußtsein bzw. Zeitverständnis bezeichnen. Die über die Lebensalter gruppierten unterschiedlichen Generationen sind in unseren individualisierten Industriegesellschaften längst nicht mehr in tradierten Generationsordnungen aufeinander bezogen und haben nicht mehr das konvergente Zeitverständnis der vorindustriellen Gesellschaft, sondern drohen im raschen gesellschaftlichen Wandel auseinander zu driften, weil sie zu keinem gemeinsamen Zeitverständnis mehr finden können und sich deshalb untereinander immer weniger verstehen. Die Herstellung „verständnisvoller" Intergenerationenbeziehungen - vor allem was das Verhältnis zum Alter betrifft - gehört deshalb inzwischen zu den zentralen Aufgaben der modernen Sozialpädagogik.

In den Lebensaltern ist also eine - so können wir zusammenfassen - bestimmte Spannung von Lebensbewältigung und Sozialintegration aufgehoben. Diese Spannung erwächst aus der Logik und Typik der arbeitsteiligen Industriegesellschaft und beschreibt die Zugangsthematik der Sozialpädagogik.

2.5 Grunddimensionen der Lebensbewältigung

Da wir uns im ersten Hauptteil dieser Einführung vor allem auf die Adressaten- und Klientenseite schlagen, wollen wir nun fragen, wie denn diese sozialpädagogische Konstellation im Erleben und Handeln der Menschen vermittelt ist. Meine These - als eigene Bündelung der sozialpädagogischen Forschung der letzten fünfundzwanzig Jahre und der Erkenntnisse sozialpädagogischer Praxiserfahrung - ist dabei, daß wir in jeder Konstellation der Bedrohung von biografischer Handlungsfähigkeit und sozialer Integration vier psychosozial strukturierte Grundsegmente unterscheiden können, die von den Menschen - bewußt oder unbewußt - zur Behebung ihrer biografischen Krise aktiviert werden. Professionelle Aufgabe der Sozialpädagogen ist es, diese Dimensionen vor dem Hintergrund sozialwissenschaftlicher Konzepte aufzuklären und in Bezug darauf Handlungskonzepte zu entwickeln. Solche psychosozialen Dimensionen der Spannung von Lebensbewältigung und Sozialintegration und die dazugehörigen sozialwissenschaftlichen Konzepte sind:

1. Die Erfahrung des *Selbstwertverlusts* und die Suche nach Wiedergewinnung des Selbstwerts. Dieser Zusammenhang berührt die personalen Tiefenbereiche der Befindlichkeit und der Betroffenheit genauso wie die sozialen Bezüge der Anerkennung durch andere. Wir werden versuchen, diese Tiefendimension mit den sozial-wissenschaftlichen Konzepten der Emotion, der Integrität, des Mann- und Frauseins und der Generationsbefindlichkeit aufzuklären.

2. Die Erfahrung der *sozialen Orientierungslosigkeit,* des Sich-nicht-mehr-zurecht-finden-könnens und die entsprechende Suche nach unbedingter Orientierung bzw. der Verfall in Rückzug und Apathie. Wir werden diesen Zusammenhang mit dem Konzept der Anomie angehen.

3. Die Erfahrung des fehlenden *sozialen Rückhalts* angesichts einer personal nicht mehr überschaubaren biografischen Risikosituation und die entsprechende Suche nach Halt und Unterstützung. Wir werden diese Dimension mit dem Milieukonzept zu erschließen suchen.

4. Die Sehnsucht nach *Normalisierung*, nach der Möglichkeit, aus dem Streß der Handlungsunfähigkeit und Desintegration herauszukommen und eine Balance von Handlungsfähigkeit und Integration zu erreichen. Wir wollen diesen Zusammenhang durch das Konzept Normalisierungshandeln strukturieren.

Zu betonen ist, daß diese vier Grunddimensionen des sozialpädagogischen Spannungsverhältnisses von Lebensbewältigung und Sozialintegration in der sozialen Wirklichkeit miteinander verwoben sind und nur zum Zwecke der sozialpädagogischen Analyse auseinandergehalten werden. Wir werden auch im Verlauf dieser Einführung sehen, daß in unterschiedlichen Lebensschwierigkeiten und Lebensaltern die einzelnen Dimensionen in einem unterschiedlichen Verhältnis zueinander stehen, unterschiedliche Betonungen und Verstärkungen erfahren.

Im Schlußteil dieser Einführung werden dann diesen vier Grunddimensionen entsprechende sozialpädagogische Arbeits- und Interventionsprinzipien „zugeordnet". So werden wir sehen, daß der Zugang zu den personalen Seinszuständen der Betroffenheit, Befindlichkeit und Integrität eine besondere professionelle Kunst des *Wahrnehmens und Verstehens* verlangt. Dem Problem der Orientierungslosigkeit in psychosozialen Bewältigungskonstellationen wiederum versuchen wir von der Sozialpädagogik und Sozialarbeit her mit situativen und personalen *Strukturierungsangeboten* zu begegnen. Sozialen Rückhalt kann sozialpädagogisches Handeln über *milieubildende* und *soziale Räume* öffnende Konzepte den Kontext sozialer Hilfe und pädagogischer Angebote strukturieren. Das krisenfixierte Normalisierungshandeln selbst kann hingegen durch

Strategien des „Empowerment", der *Netzwerkschaffung* und *Netzwerkstärkung* entlastet und sozial ausbalanciert werden. All diese auf die Grundsegmente psychosozialer Bewältigungskonstellationen bezogenen Interventionsansätze haben aus der für die Sozialpädagogik der Lebensalter typischen Sicht die Funktion, die Biografie wieder in Fluß zu bringen. Sie lassen sich übrigens auch gut auf die Prinzipien „lebensweltorientierter" Jugendhilfe des Achten Jugendberichts (1990) beziehen. Diese Hinweise auf den Interventionsteil sollen an dieser Stelle genügen, um den Leserinnen und Lesern zeigen zu können, daß in dieser Einführung die diagnostischen Zugänge und die Hilfeansätze in einer deutlichen Problementsprechung aufeinander bezogen sind. Wir werden im Verlauf des nächsten Hauptteils - Lebensalter als Bewältigungskonstellationen - zudem schon sehen, wie bestimmte sozialbiografische Konstellationen entsprechende Anforderungsstrukturen an sozialpädagogische und sozialarbeiterische Hilfen ausbilden.

Selbst und Befindlichkeit, Mannsein und Frausein als Dimensionen der Betroffenheit

Der spätmoderne Industrialisierungsprozeß hat offensichtlich die Tendenz mit sich gebracht, daß die Menschen soziale Herausforderungen und kritische Lebensereignisse im Verlauf ihrer Biografie nicht mehr so selbstverständlich als allgemeines Schicksal oder tradiertes Zukommnis hinnehmen, sondern eher als je individuelles Betroffen-"Sein" empfinden. Dieses *Sein* meint jenen emotionalen, leibseelischen Zustand im Sinne eines „Zustandsbewußtseins" (Kapfhammer-Ulich 1991), das den Menschen auf sich selbst - losgelöst von seiner sozialen Umwelt -, auf sein Selbstsein verweist. Dieses wird in kritischen Lebenssituationen zu einem *Betroffensein*, verbunden mit Gefühlen der Hilflosigkeit, des Ausgesetztseins und des auf sich Zurückgeworfenseins. Sozial gesehen bedeutet dieser Zustand, daß man sich nicht mehr über soziale Rollen und Verhaltensmuster, sondern über diese leibseelischen Zustände definiert. Den Ausdruck „Zustände bekommen" kennen wir aus der Alltagssprache und er beschreibt Situationen, in denen sich Menschen emotional über soziale Konventionen hinwegsetzen, „sich nicht mehr kennen", „aus der Rolle fallen". Dieser alltagssprachliche Verweis läßt uns auch ahnen, daß der moderne Mensch als soziales Wesen gar nicht so gut ausgerüstet ist, mit seinem Selbst umzugehen.

Nun haben wir bislang ein solches Betroffensein als leibseelische Zustandsgewißheit nur beschrieben, aber noch nicht in seinen psychosozialen Gesetzlichkeiten aufgeschlossen. Diese Strukturierung ist aber notwendig, wenn wir Zugang zu diesem Betroffensein finden wollen. Dazu müssen wir wissen, wie und wo dieses scheinbar nur dem Inneren der Person Zugehörige und mithin uns im sozialen Alltag Verschlossene - aber auch von den Betroffenen nicht so ohne weiteres Verfügbare und Darstellbare - sozial - eben z.B. in pädagogischer und helfender Interaktion mit den Betroffenen - erfahrbar und verstehbar sein kann. Wenn wir uns von den sozialpädagogischen Konzepten der Persönlichkeit aus an diesen innerpersonalen Seinszustand herantasten, so treffen wir in den sozialpädagogischen Alltagstheorien immer wieder und zuerst auf das Konzept der Identität, wie es im Symbolischen Interaktionismus entwickelt wurde. Hier scheint die Verbindung von personaler Befindlichkeit und sozialem Standort der Person am plausibelsten thematisiert zu sein. Die Rollentheorie des symbolischen Interaktionismus macht uns in diesem Sinne eine Identitätsgleichung auf, in der ein Zusammenspiel von gesellschaftlichen Verhaltenserwartungen und individueller personeller Selbstäußerung zu jener psychosozialen Balance führt, die wir mit Identität als einem „Mit-sich-und-anderen-im-Einklang-Sein" bezeichnen. Im Mittelpunkt in dieser von G.H. Mead (1932) entwickelten Rollentheorie der Identität steht der „generalisierte Andere", in den das Ich sich über sprachliche Interaktion hineinzuversetzen hat, um seinen Platz und seine Zustandsgewißheit, sein Selbst im Sozialen zu finden (vgl. dazu ausführlich Böhnisch 1996). Indem ich lerne mich sozial zu verhalten, bin ich und gewinne ich meine Sicherheit des Selbst. Das bedeutet nicht, daß ich mich den sozialen Rollenerwartungen, wie sie über die Gesellschaftsordnung, Erziehung und Alltagskommunikation an mich herangetragen werden, einfach *anpasse*. Vielmehr wird in der Meadschen Identitätstheorie davon ausgegangen, daß ich mich mit meinen personalen Eigenheiten und meinem Eigensinn in der Interaktion mit anderen damit auseinandersetze; daß ich mir ein Bild von mir über die anderen mache, allerdings in der mir eigenen Personalität und Individualität der Interpretation.

Diese Gegenseitigkeit, so wurde in der späteren Ausformung des Identitätsbegriffs weiter argumentiert, entwickelt sich als gegenseitige Wertschätzung und soziale Anerkennung. Sich selbst wertschätzen, indem man andere wertschätzt und dies von ihnen zurückgespielt bekommt, wird damit zum qualitativen Strukturmuster selbstwertschöpfender und zugleich sozial solidarischer Identitätsbildung. Im Zuge der moralischen Weiterentwicklung der Biografie von der Primärerfahrung hin zum Gesellschaftlichen (vgl. Kohlberg 1974) muß sie sich aber von den konkreten Gegenseitigkeiten lösen und prinzipiell auf der Anerkennung menschlicher Integrität (Menschenrechte) überhaupt gründen (Honneth 1992). Diese soziale Identitätsbestimmung ist für die Sozialpädagogik wichtig, denn sie setzt Maßstäbe für die Einschätzung der sozialintegrativen Dimension. Wir werden das beim Milieuaspekt (s.u.) deutlicher machen, wenn wir zwischen regressiven Milieus (gegenseitige Wertschätzung in der Gruppe bei gleichzeitiger Abwertung anderer) und offenen Milieus (Respekt vor der Würde und den Rechten anderer außerhalb der Gruppe) unterscheiden. Für die Erfassung des Insgesamts der Befindlichkeitsdimension der Lebensbewältigung reicht aber das Identitätskonzept nicht aus. Denn schon bei Mead bleibt ungeklärt, ob und wie das vor- oder asoziale Ich, das er ja im sozialen Me aufgehen läßt, seine vorsoziale Kraft verloren, oder vielleicht doch teilweise behalten hat, d.h. nur sozial übergangen ist: „Mead's Gedanken zur Identität fügen sich zu einem Interpretationsmodell, in dem die Identität vor allem durch die Erwartung und Haltung der anderen gebildet wird. Wegen der großen Bedeutung, die das Lernen von Sprache und die kognitive Dimension menschlichen Daseins in ihm haben, kann man auch von einem Wissensmodell sprechen. Von der Triebnatur des Menschen wird von ihm also abgesehen" (Gottschalch 1988, S. 117).

Mit diesem Triebhaftem, weil sozial nicht Erklärbaren und der sozialen Vernunft Gegenläufigen, haben wir es aber immer wieder beim Klientel der Sozialpädagogik und Sozialarbeit in Bewältigungssituationen zu tun. Unsere Adressaten und Klienten erleben wir nur allzu oft „unvernünftig", asozial, selbstzerstörerisch in ihrem Verhalten, aus unserem Alltagsverständnis heraus „widersinnig". Wir merken nur zu gut, das abweichendem Verhalten nicht allein mit sozialen Erklärungsmodellen beizukommen ist. Wir können noch so plausibel soziale Lebensumstände für Gewalthandeln verantwortlich machen und dennoch ratlos und deprimiert vor der Erscheinung stehen, daß z.B. Jugendlichen Gewalt Spaß macht und ihnen leibseelischen Lustgewinn bringt. Wir beobachten fassungslos, wie z.B. bei konflikthaften Scheidungen, vordem sozial überschaubare und gegenseitig kalkulierbare Beziehungsmuster, Familien- und Gruppenstrukturen „ausrasten" und Einstellungen und Verhaltensausbrüche frei werden, die man bei diesen Personen und in diesen Konstellationen nicht für möglich gehalten hätte. Andererseits wundern wir uns längst nicht mehr, wenn Klienten, die sich aus der Gesellschaft ausgeschlossen fühlen, sich auch demonstrativ als „outcasts" verhalten. Wir können dies sozial erklären, den Betroffenen aber mit dieser Erklärung nicht helfen.

Außerdem ist in der Sozialpädagogik und Sozialarbeit das soziologische Konstrukt der Identität auch deshalb mit Vorsicht zu gebrauchen, weil es ein Hintergrund gelungener sozialer Integration und entsprechend erworbener Sprachkompetenz voraussetzt, dem ein Großteil unseres Klientels kaum genügen kann. Davon abgesehen hat die Kritik insgesamt bezweifelt, ob dieses „bürgerliche Identitätsideal" des zugleich rationalen und empathischen Menschen angesichts der inneren Widersprüchlichkeit der sozialen Menschheitsgeschichte überhaupt erreichbar und nicht eher ideologieverdächtig ist. Als ideologisches Konstrukt solchermaßen der sozialen Wirklichkeit entzogen, taugt es aber wenig für die sozialpädagogische Intervention, die an den Problemen, die der Klient „hat", also an seiner Befindlichkeit und Betroffenheit ansetzen sollen.

Die Problematik einer soziologischen Annäherung an das Selbst - auch wenn man die „Emotionen" für die soziologische Analyse freigegeben hat (vgl. Gerhardts 1992) - besteht also im Grunde darin, daß sich trotz entsprechendem Anspruch der Moderne die „vorsozialen" Strukturen, welche die „erste Natur" des Menschen bilden, nicht rational und linear von der „zweiten Natur", dem Sozialen, substituieren lassen. Die sozialwissenschaftlichen Zivilisationstheoretiker - allen voran Norbert Elias (1976) - haben uns gezeigt, daß der ökonomische Fortschritt und die soziale Strukturierung der modernen Industriegesellschaften mit der Unterdrückung und Kanalisierung der menschlich-kreatürlichen Triebstrukturen einher gegangen ist. Jede soziale Regel, jedes Recht und jede Institution - so zitiert Wilfried Gottschalch den Soziologen Helmut Plessner - „artiku-

liert, kanalisiert und unterdrückt die entsprechenden Triebregungen"
(Gottschalch 1988, S. 114). Und in der Anomietheorie E. Durkheims, die wir an
späterer Stelle noch eingehender beleuchten werden, wurde zum erstenmal sozialwissenschaftlich auf den Begriff gebracht, daß der gesellschaftliche Fortschritt in Gestalt der industriellen Arbeitsteilung und Rationalisierung auch soziale Desintegration, „asoziale" Räume hervorbringen kann, welche die Menschen triebhaft bewältigen, indem sie an ihnen leiden oder sich außerhalb der
Norm zu widersetzen versuchen.

„Wo es gesellschaftliche Normierung gibt, gibt es auch abweichendes Verhalten und damit verbunden: Leiden an der Gesellschaft. Die Leiden an der
Gesellschaft können milder und gerechter verteilt werden als bisher. Voll-
ständig beseitigen kann man sie nicht. Unsere Triebe, die aus unbekannten
Tiefen stammen, lassen sich nie ganz zähmen und befriedigen. Schmerzhaft
drängend erinnern sie an unterdrückte Möglichkeiten. In ihrer Widerständigkeit gegen gesellschaftliche Zwänge spornen sie jedoch auch an zum Kampf
um Befreiung, der zwar nie sein Endziel erreicht, ohne den aber Unterdrük-
kung total werden könnte" (Gottschalch 1988, S. 114).

Mit dieser gesellschaftshistorischen Verortung menschlicher Triebstrukturen
hat Wilfried Gottschalch, der sich wohl wie kein anderer um den sprichwörtli-
chen „Tiefgang" im sozialpädagogischen Bewältigungs- und Hilfediskurs be-
müht hat, uns zwei entscheidende Fingerzeige gegeben. Zum einen weist er
nachdrücklich daraufhin, daß es nie um menschliche Triebe allein, sondern immer um die Spannung und Konfrontation von Triebstruktur und sozialen Kontexten geht. Uns interessiert also die Dimension, in der Triebhaftes durch Soziales freigesetzt (ausgelöst wird) und in der es auf Soziales trifft.

Das soziale Moment des Triebes - nicht das Triebhafte an sich - macht das
Triebhandeln für uns so bedrohlich. So reden wir z.B. sehr leicht darüber - zivi-
lisationstheoretisch aufgeklärt - daß in unserer modernen Gesellschaft „archaische" Muster der Aggression und Gewalt weiter existieren, sind aber erschrok-
ken und gelähmt, wenn diese archaischen Muster als (sozial ungültige und ge-
ächtete) Mittel „urplötzlich" ins soziale Spiel gebracht werden. Die Erkenntnis
der Verbindung sozialer Entwicklung und Triebunterdrückung hilft uns aber,
dieses „urplötzlich" zu entmythologisieren und aufzuklären. Das „Asoziale",
„Dissoziale" oder „Sozial Desintegrative", auf das Sozialpädagogik und Sozialarbeit gesellschaftlich angesetzt sind, erstreckt sich also nicht nur auf das sozial abweichende Verhalten, sondern genauso auf das sozial induzierte
Triebverhalten. Das dieses aber nicht negativ zu besetzen und zu bewerten ist,
darauf bezieht sich nun der zweite Hinweis Gottschalchs: Eben wegen der sozialen Spannung, in der das Triebverhalten steht, stecken in ihm auch Widerständigkeit, Eigensinn und Protest gegen Verdrängung und Entmündigung des
Menschen durch die gesellschaftlichen Entwicklungsmuster und ihren Zwangscharakter. Auflehnung und Ohnmacht liegen im asozialen Verhalten eng beieinander. Natürlich wird der/die Sozialarbeiter/in Gewalttäter nicht zuvörderst

als Protestler positiv würdigen können, aber diese Dimension doch in ihre verallgemeinernde, sozialpolitische Deutung einbeziehen müssen.

Der sozialpädagogische Zugang über Lebensalter und Lebenslauf ist nun besonders geeignet, um die Spannung und Gebrochenheit von sozialer Entwicklung und zurückgedrängtem oder in kritischen Situationen freigesetztem Triebhandeln als Grundsegmente des Bewältigungshandelns aufzuschließen. Wir werden dies an den Integrationskonflikten im Jugendhalter genauso demonstrieren können, wie an den Verlust- und Trennungstraumatas, dem Arbeitslosenschock oder den Integritätskrisen im Erwachsenenalter. Immer wenn Menschen ausgesetzt sind, erleben wir, auf welchem dünnen Eis des Sozialen wir uns in unserer hochzivilisierten modernen Welt bewegen.

Diese Herleitung mag genügen, um uns die Notwendigkeit vor Augen zu führen, das emotionale Bewältigungssegment des „Betroffenseins" in seiner Tiefenstruktur - allerdings nicht losgelöst vom Sozialen - zu bearbeiten. Das bedeutet nicht, daß wir Mead ganz verworfen haben: Was uns von seiner Identitätstheorie erhalten und theoretisch wie praktisch aufgegeben bleibt ist die Erkenntnis, daß das Selbst(wert)gefühl immer gekoppelt ist an soziale Anerkennung und Geltung, aber gleichzeitig auch, daß diese Definition als Zugang zur inneren Befindlichkeit des Menschen nicht hinreichend ist.

Wenden wir uns deshalb jenen sozialwissenschaftlichen Konzepten zu, welche die Spannung von Triebstruktur und sozialem Handeln in der biografischen Entwicklung des Menschen einzufangen versuchen. Gottschalch nennt hier vor allem Erikson und Winnicott.

„Was Erikson vor allem von Mead unterscheidet ist, daß er die menschlichen Triebschicksale und ihre Bedeutung nicht verkennt. Nicht nur Unzulänglichkeiten der Gesellschaft sind es, die zu Identitätskrisen führen, sondern auch Unzulänglichkeiten der menschlichen Natur" (Gottschalch 1988, S. 118).

Diese „Unzulänglichkeiten der menschlichen Natur" steuern die Identitätskrisen, welche an Entwicklungskrisen die Übergänge in der menschlichen Sozialisation, vor allem im Kindes- und Jugendalter strukturieren. Bindung an und Verlust von primären Bezugspersonen bilden dabei die Grammatik dieser Spannung von Triebhaftem und Sozialem. Soziales wird durch Triebabwehr gebildet und immer wieder durch Triebausbruch herausgefordert. Von der ödipalen Krise im frühkindlichen Alter bis zur Pubertätskrise im Jugendalter (zu beiden Konstellationen ausführlicher im Kindheits- und Jugendkapitel) führt eine Triebspur durch die Sozialisation, an deren Ende Ich-Identität steht: Als Zustand, in dem ich mich sozial zugehörig weiß und gleichzeitig fähig bin, mich als einmaliges Individuum zu fühlen und zu wissen. Dieses „definierte Ich innerhalb einer sozialen Realität" (Erikson), die damit verbundene Selbstbejahung in der Spannung zum Sozialen (alltagssprachlich vielleicht: ich stehe zu dem was ich getan habe, auch wenn ihr es nicht plausibel findet), koppelt die

Eriksonsche Ich-Identität stärker an die erste Natur des Menschen als der soziologische Ansatz Meads.

Aus Eriksons Klassiker „Identität und Lebenszyklus" (1959) erhalten wir auch Grunderkenntnisse darüber, wie sich die Identitätsentwicklung in der Spannung zwischen erster (triebhafter) und zweiter (sozialer) Natur des Menschen über die Lebensalter und den Lebenslauf hinweg erstreckt. Wenn wir ihm in der Zweiteilung folgen, daß im Kindes- und Jugendalter der Prozeß der Identitätsgewinnung und Identitätsbildung, im Erwachsenenalter und im Alter aber der Prozeß der Stabilisierung, Behauptung und Erneuerung der erworbenen Identität im Vordergrund stehen, bedeutet das noch lange nicht, daß im Erwerbsalter und im Alter die Spannung zwischen Triebhaftem und Sozialem nachgelassen hat. Nicht nur, daß sich die Lebenssphasen prägenden und triebunterdrückenden Sozialmuster - Familie, Arbeit, Trennung von öffentlich und privat - im Vergleich zu Eriksons Zeit umstrukturiert und ihre allumfassende Selbstverständlichkeit, ihren hohen Tabuwert eingebüßt haben. Augenfällig ist vielmehr, daß die Spannung zwischen menschlicher Natur und sozialer Zivilisation größer und explosiver geworden ist und *neben* dem modernen Menschen der archaische Mensch existiert. Nichts anderes verbirgt sich hinter der Erkenntnis zu Ausgang des zwanzigsten Jahrhunderts, daß wir, je mehr wir über die Zivilisation und ihre Bedrohung wissen, um so mehr Angst haben und nach Mythen genauso und gleichzeitig suchen, wie nach rationalisierenden Erklärungen.

Trotzdem können wir auch heute noch den Begriffsball der „Integritätskrise", den uns Erikson zuwirft, auffangen, obwohl uns nun klar ist, daß das Integritätsspiel des Lebens unübersichtlicher geworden, nicht mehr so einfach spielbar ist wie früher. Erikson hatte noch von der Integritätskrise des Erwachsenenalters und Alters in folgendem Sinne gesprochen: Im Erwachsenenalter gibt es Einschnitte, in denen den Menschen bewußt wird, daß das was er aktuell erreicht hat - in seinem Beruf, in seinen sozialen Beziehungen, in seiner Partnerschaft, seinen Erziehungserfolg etc. - nicht mit dem übereinstimmt, was er/sie sich vorgestellt, erträumt, erwartet hat. Die Bewältigung dieser Integritätskrise im Erwachsenenalter endet in der Regel mit einem realistischen Selbstbild: Ich gebe mich zufrieden, mit dem was ich bin und erreicht habe. Bewältigungsproblematisch wird es hingegen, wenn ich anders sein möchte, als ich geworden bin, wenn Alltagswirklichkeiten und biografische Träume auseinanderklaffen. Zwar hilft der Konsum, die Kluft abzumildern, das führt aber in der Regel meist dazu, daß die Integritätskrise sich hinter demonstrativem Verhalten verbirgt. Solche Identitätsprobleme ziehen sich bis in das Alter hinein und münden schließlich in die große Integritätskrise des Alters, die uns vor die existentielle Herausforderung stellt, angesichts des Ahnens der eigenen Endlichkeit ein dennoch selbstbejahendes und eigenes Leben zu führen.

Wir werden übrigens im nächsten Kapitel den Begriff der Integrität wieder aufgreifen und zeigen, daß seine Verwendung, über die hier thematisierte tiefenpsychische Dimension der Befindlichkeit hinaus, auch in einem erweiterten sozialbiografischen Verständnis Sinn macht. Die mit der gesellschaftlichen Individualisierung zusammenhängende Biografisierung der Lebensbezüge läßt das Integritätsstreben auch zum sozialen Orientierungsmuster werden. An dieser Stelle verbleiben wir aber noch bei dieser Tiefenstruktur des Bewältigungshandelns. In diesem Zusammenhang hat Erikson auch darauf aufmerksam gemacht, daß sich die Spannung zwischen Triebverhalten und Sozialentwicklung im frühen Kindesalter und vor allem im Verhältnis zu den primären Bezugspersonen in der Sozialisation entwickelt. Haß und Liebe, Lust und Unlust, Gewalt und Unterwerfung spielen sich im Leben viel mehr privat - in der Familie, im Verhältnis zu Partnern und Freunden - denn öffentlich ab. Und viele der öffentlichen „asozialen" Handlungen werden als Projektionen und Abspaltungen vor dem Hintergrund sozial gestörter Primärbeziehungen interpretiert. Wir können also annehmen, daß sich der emotionale Zustand des Betroffenseins, die Befindlichkeit des Selbst - sowohl in der Balance von Trieb und Sozialem als auch in ihrer Zerrissenheit und Gespaltenheit - in den frühkindlichen Primärbeziehungen der Konstellation von Bindung und Verlust aufbauen und von dieser Grundstruktur ausgehend sich über den Lebensverlauf hinweg entwickeln.

Ein Grundmodell für diese Primärkonstellation, in der sich die basalen Ausgangsbedingungen für die spätere biografische Handlungs- und Bewältigungsfähigkeit des Menschen entwickeln, finden wir im Werk des Schweizer Psychoanalytikers Arno Gruen. Er entwirft ein Modell der personalen „Autonomie" als Vermögen, positiv mit der Natur und der darin enthaltenen Hilflosigkeit des Menschen umzugehen, seine Endlichkeit nicht zu tabuisieren, sondern als vorsozialen und natürlichen Teil seines Selbst anzuerkennen und im Bezug zum Sozialen nicht zu leugnen. Damit ist Gottschalchs Forderung, bei der sozialpädagogischen Betrachtung des Menschen die menschliche Natur nicht aus dem Spiel zu lassen, grundsätzlich erfüllt. Unter „Autonomie" versteht Gruen eine emotionale Befindlichkeit, in der der Mensch in Übereinstimmung mit seinen eigenen Gefühlen und Bedürfnissen ist: Autonomie beinhaltet die Fähigkeit, ein Selbst zu haben, das auf dem Zugang zu den eigenen Gefühlen und Bedürfnissen gründet (Gruen 1992, S. 17/18).

Dieses Autonomiemotiv des „Bei sich selbst sein könnens" finden wir auch im Werk von Donald Winnicott (1974). Gottschalch faßt Winnicotts Autonomiemodell des *Alleinseinkönnens* wie folgt zusammen:

„Unter günstigen Umständen, so können wir mit Winnicott folgern, erlernt das Kind im Umgang mit der Mutter die Fähigkeit, allein zu sein. Anfangs muß die Mutter noch anwesend und verfügbar sein, aber sie muß dem Kind auch die Gelegenheit bieten, eigene Gefühle, Wünsche und Interessen zu entwickeln. Geschützt und unterstützt von der Mutter lernt das Kind diese psychischen Eigenschaften zu integrieren, gewissermaßen eine 'innere Umwelt' zu errichten. [...] Die Fähigkeit zum Alleinsein scheint mir nicht nur eine unentbehrliche Voraussetzung für eine gute Intimbeziehung zu sein, sondern für gute Partnerbeziehungen überhaupt" (Gottschalch 1988, S. 235/236).

Von der soziologisch aufgeschlossenen Psychoanalyse erhalten wir also die Auskunft, daß die Grundthematik menschlichen Bewältigungshandelns in der früherfahrenen Konstellation von Bindung und Ablösung enthalten ist. Diese Thematik von Bindung und Ablösung, zieht sich - so werden wir in unserer Einführung immer wieder sehen - über die frühkindliche Phase hinaus, über die Jugend und das Erwachsenenalter bis in das Alter hinein. Die Spannung von Nähe und Distanz spielt im Jugendalter genauso eine große Rolle wie in den Partner- und Sozialbeziehungen des Erwachsenenalters. Und erst recht im Alter wird uns bewußt, wie wichtig die biografisch erworbene Fähigkeit des Zugangs zum Selbst, des Alleinseinkönnens, ohne dabei die anderen verlieren zu müssen, für die Integritätsproblematik des späteren Lebensalters ist.

Das Aufregende an dieser Autonomiethese ist wohl, daß sie eine Dialektik von Bindung und Abstoßung, von Alleinsein und Sozialbilität annimmt. Nur wenn ich Zugang finde, wenn ich versuchen kann mit mir eins zu sein, gelingt es mir auch, mich in andere hineinversetzen zu können, mit ihnen so umgehen zu können, daß meine und ihre persönliche Integrität gewahrt bleiben. Dieses Motiv finden wir übrigens auch in der neueren sozialwissenschaftlichen Diskussion zum Gemeinschaftshandeln wieder (vgl. Honneth 1993).

Gruen geht aus von der frühkindlichen Sozialisation, in der alles was aus dem kindlichen Selbst kommt, erst einmal Hilflosigkeit ist und die Gefühlsäußerungen des Kindes steuert. Die Grundfrage für ihn ist nun, ob diese aus dem Kind herauskommenden Gefühle sozial anerkannt in eine Balance mit dem Sozialen zunehmend gebracht werden können, oder ob sie als „Feinde der sozialen Anpassung" abgestempelt und zurückgedrängt werden. Diese ambivalente Interaktionskonstellation in den sozialen Beziehungen - das Schwanken zwischen Gefühle zulassen und sozial zurückweisen - begleitet uns durch alle Lebensalter hindurch. In der frühkindlichen Phase werden dabei die ersten Entscheidungen getroffen. Das Eingehen auf die Bedürfnisse, die ein Kind von sich aus entwickelt - vor allem auch aus seinen naturgebundenen Zuständen heraus - wird zum zentralen sozialisatorischen Problem. Denn je mehr gelernt wird, daß im Grunde nichts in einem selbst ist und nichts aus einem selbst kommt, desto eher beginnt man diese inneren Gefühle zu unterdrücken und zu fürchten. Es entsteht - so Gruen - die Angst vor der Lebendigkeit der eigenen Bedürfnisse, die als bedrohliche Feinde erlebt werden. Wer zur Erfahrung gezwungen wird, daß nichts aus ihm selbst geschieht, wird in eine emotionale Leere getrieben. Aber die damit verbundene „Hilflosigkeit sowie daraus entstehender Schrecken und Wut werden von der Umwelt [...] vehement abgelehnt". So „muß Hilflosigkeit zum Objekt der Ablehnung und des Hasses werden". Sie ist es, die einen bedroht, und nicht die Situation, die sie verursacht hat. Deshalb wird Hilflosigkeit bei anderen auch nicht verstanden und in der Folge sozial verachtet. Dieses Verachten verbirgt die dahinter stehende eigene Angst und fördert zugleich die

„Haltung des Verachtens" und die Notwendigkeit einer kompensierenden „Ideologie der Macht und des Herrschens" (Gruen 1991, S. 26). In dem Maße, wie uns die Grunderfahrungen menschlicher Hilflosigkeit sozial verwehrt werden, sind wir gezwungen, diese Hilflosigkeit sozial abzuspalten, in Abstraktionen aufgehen zu lassen. Abstraktionen - Ideale, Vorurteile, Ideologien - erlauben es uns, unser persönliches Involviertsein von den jeweiligen Resultaten abzutrennen: „Indem Ideen Vorgänge vertreten können, ohne die wirklichen Beweggründe in Betracht zu ziehen, verlieren wir den Zugang zu ihnen, und unsere Sichtweise wird eine reduzierte und eine eingeschränkte, ohne daß wir uns ihnen bewußt sein müssen" (Gruen 1992, S. 49). Für die Gesellschaft dagegen bedeutet die Abstraktion von menschlicher Hilflosigkeit Fortschritt. Die Grundlage unserer Gesellschaft ist die Abspaltung unseres „Fühlens". „Unsere Normalität ist deshalb nichts anderes, als der Wahnsinn der abgespaltenen Gefühle" (Gruen 1992, S. 129).

Personale Autonomie und psychosoziale Handlungsfähigkeit stehen damit in einer Gebrochenheit zueinander, welche das Individuum in seinem Normalisierungsstreben nie zur Ruhe kommen läßt. Der „getriebene" Mensch der modernen Industriegesellschaft wird also gleichermaßen zwischen sich und seinen Abstraktionen hin- und hergehetzt.

Wir können hier unschwer erkennen, daß der tiefenpsychologische Ansatz Gruens in jene zivilisations- und modernisierungskritische Argumentation einbringbar ist, wie wir sie oben in Anschluß an Elias, Gottschalch u.a. aufgemacht haben. Damit ist die Spannung und Balance zwischen der vorsozialen Naturgebundenheit des Menschen und seiner Entfaltung als sozialem Wesen hergestellt, der gleichermaßen psychische und soziale Hintergrundskontext für die theoretische Bestimmung des Betroffenseins entwickelt. An dieser Stelle können wir auch schon deutliche Bezüge zur Interventionsdimension zur Sozialpädagogik und Sozialarbeit annoncieren: Indem wir fragen, wieweit Sozialpädagogik und Sozialarbeit mithelfen können, zumindest in ihren Interventionsbereichen soziale Strukturen zu schaffen, in denen Hilflosigkeit sozial anerkannt und thematisierbar ist. In der Methode der „Selbstthematisierung" wird diese Dimension dann auch ihren praktischen Bezug erhalten.

Aber Gruens Autonomiemodell geht noch weiter. Zwar geht er davon aus, daß die soziale Unterdrückung der menschlichen Hilflosigkeit als Vewehrung des Selbst ein Phänomen ist, das Mann und Frau gleichermaßen erfaßt. Er zeigt aber auch, daß Jungen und Männer dem damit verbundenen Dilemma der Autonomie stärker ausgesetzt sind als Mädchen und Frauen. Dies wird von Gruen damit begründet, daß der Mann dem gesellschaftlichen Anpassungszwang im Sinne des Verwehrens der eigenen Gefühle in der patriarchalischen Gesellschaft geplanter und sozial nachhaltiger ausgesetzt ist, als die Frau. Jungen müssen von Vätern und Müttern auf spätere, konkurrente und Gefühle unterdrückende zurückweisende Positionen vorbereitet werden. Die Frau dagegen ist dagegen durch ihre Nähe zur Natur - sie kann Leben gebären - dem Eingeständnis der menschlichen Hilflosigkeit, das notwendig ist für die Entwicklung sozialer Autonomie, näher und damit nach innen selbstsicherer als der zwanghaft nach außen agierende, außen Selbstsicherheit suchen müssende, also externalisierte Mann (vgl. dazu das Kapitel 6.2.).

Damit bekommt das Problem des Betroffenseins eine signifikant geschlechtstypische Struktur, die im stärkeren Zwang zur Außenorientierung (Von-sich-selbst-weg-Orientierung) beim Mann und der höheren Chance zur Innenorientierung (zu sich und seinen naturbezogenen Gefühlen finden können) bei der Frau ihre polarisierenden Idealtypen findet. Natürlich ist das in der biografischen und sozialen Wirklichkeit nicht so polar ausgeprägt, vermischt sich, tritt bei Männern und Frauen - in Abhängigkeit von den jeweiligen Sozialisationsbedingungen und sozioökonomischen Lebensverhältnissen - unterschiedlich auf. Frauen weisen in diesem Sinne genauso „männliche Anteile" auf, wie Männer „weibliche Anteile". Dennoch werden hier geschlechtstypische Tendenzen erkennbar, welche auch die Handlungsfähigkeit und Bewältigungskompetenz entsprechend vorstrukturieren können. Der geschlechtsspezifische Befund ist für die sozialpädagogische Orientierung umso wichtiger, als sich die Grundstrukturen der Betroffenheit (s.o.) schon früh über die Herausbildung der Geschlechterbeziehungen und der Suche nach Geschlechteridentität entwickeln. Die Thematik des Zulassens und Verwehrens der eigenen Gefühle in der Dialektik von Bindung und (Ab)Lösung wird zentral als Geschlechterthematik erfahren. Mannsein und Frausein sind deshalb innerpsychische Grundbefindlichkeiten, in denen sich aber auch soziale Bezüge im System der geschlechtshierarchischen Arbeitsteilung der Gesellschaft spiegeln. Die gelungene oder gestörte Balance zwischen Zugang zum Selbst und sozialer Anerkennung oder Verwehrung von Hilflosigkeit findet also im Geschlechterverhältnis ihren Mittelpunkt. So wie die Geschlechterthematik über den Lebenslauf hinweg immer wieder biografisch erneut als Selbst- und Sozialbezug freigesetzt wird, ist sie zu *dem* dominanten Thema geworden und damit zum Schlüsselkonzept biografisch strukturierter Sozialpädagogik und Sozialarbeit.

Die Geschlechterthematik wird sich deshalb auch quer und grundlegend durch diese Einführung in die Sozialpädagogik der Lebensalter ziehen. Dabei werde ich - wie bereits angedeutet - einen *sozialkonstruktivistischen* Zugang wählen, in dem aufgezeigt werden kann, wie männliche und weibliche Geschlechterrollen und -stereotype in unserer Gesellschaft und ihrer Geschichte gemacht („konstruiert") worden sind und daß die Möglichkeiten ihrer praktischen und wissenschaftlichen Dekonstruktion Voraussetzung sind für eine über die unbewußte Bewältigung hinausgehende Gestaltung des Mann- und Frauseins. Helga Bilden (1991) hat diesen Zugang für die Geschlechterforschung in der Weise formuliert, indem sie den herrschenden Geschlechterdualismus als „soziale Konstruktion" charakterisiert, die „materialistisch" (geschlechtshierarchische Arbeitsteilung und entsprechende ökonomisch-politische Machtstrukturen), „sowie kultur- und symboltheoretisch (Kultur als Einheit von materieller und symbolischer Produktion in sozialen Praktiken, Symbolisierung von Männlichkeit und

Weiblichkeit auf gesellschaftlicher und psychodynamischer Ebene) fundiert ist" (S. 280). Wir sehen hier aber, daß der Begriff der sozialen Konstruktion gesellschaftlich-historisch gefaßt, und nicht auf die interaktiven Konstruktionen des Alltags beschränkt ist. Wir reproduzieren die Geschlechtsmuster in unseren Alltagspraktiken und konstruieren damit im gewissen Sinne die Geschlechtertypik immer wieder („neu"), diese Konstruktionen sind aber eingebettet in alltagsübergreifende und sich systemisch verselbständigende historisch-gesellschaftliche Strukturen. Deshalb spreche ich lieber von einem *Konstitutionsprozeß,* um diese gesellschaftliche Seite nicht zu übergehen, bin aber auch der Auffassung, daß die Dimension der sozialen Konstruktion (wir werden zu Männern und Frauen gemacht, indem wir die Zuschreibungen übernehmen) und damit der dekonstruktivistische Blick stärker gewichtet werden muß.

Einen weiteren Zugang zur Dimension des Betroffenseins können wir - gerade im Hinblick auf die verschiedenen Lebensalter - im Konzept des Generationengefühls und Generationenbewußtseins finden. Der Generationenbegriff besagt, daß lebensalterbezogene Altersgruppen ein gemeinsames Zeiterleben und somit ein Verbundenheitsgefühl in der gleichartig erlebten historischen Zeit aktivieren. Jugendliche haben zu „ihrer Zeit" ein untereinander geteiltes Bild von Erwachsenen und Alten, so wie auch Ältere von der jüngeren Generation usw. Dieses Generationsgefühl kann sich auch später einstellen, wenn man sich angesichts der aktuellen sozialen Entwicklung an früheren Erfahrungen orientiert: „Zu unserer Zeit war es anders", die vorgängig erlebte Zeit wird damit zum Wertmaßstab für die Einschätzung der gegenwärtigen Verhältnisse. Das Generationsempfinden ist also zum einen eine psychohistorische Orientierungskategorie nach außen, aber auch ein Befindlichkeitsparameter des Selbst: Wie ich mich in der jetzigen Zeit erlebe, ob ich bestimmte Entwicklungen nicht mehr verstehe, nicht mitkomme, dies sind alles alltagsbekannte Probleme, die mit einer solchen Generationsbefindlichkeit zusammenhängen. Dieser Generationenbegriff, wie er von Karl Mannheim in den zwanziger Jahren für die moderne Zeit geprägt wurde, ist also nicht nur als sozialer Begriff - in den Dimensionen der Generationsverbundenheit, des Generationenverhältnisses und des Generationenkonflikts - für eine Sozialpädagogik der Lebensalter interessant, sondern vor allem auch als Seinskategorie in der Befindlichkeits- und Betroffenheitsdimension der Lebensbewältigung. Generations- und Selbstwertgefühl hängen - besonders in historischen Umbrüchen und in Krisen, in denen früher biografisch Erlebtes allgemein entwertet oder „überholt" scheint - eng zusammen.

Mit dem Generationsempfinden ist auch die Identitätsdimension der Erinnerung verknüpft. Gottschalch weist darauf hin, daß es einen tiefenpsychologischen Zusammenhang zwischen Geschichtsbewußtsein und Ichstärke im Sinne der Autonomie des Selbst gibt. Er spricht vom „unhistorischen Menschen", dessen Identifikationsspektrum gegenwartsabhängig und damit dem unmittelbar historischen Wechsel ausgesetzt ist. So kann sich keine Autonomie des Selbst in der historischen Zeit ausbilden, eine Autonomie, die notwendig ist, um historische Umbrüche im Alltag biografisch zu überstehen. Wir müssen hier allerdings zwischen den Erwachsenen und der Jugend unterscheiden, da jene per Generationendefinition erst einmal „unhistorisch" ist, weil sie neu in die gesellschaftliche Kultur eindringt und auf das Traditionelle strukturell keine Rücksicht nimmt. Deshalb wird die Erinnerungslosigkeit als Bewältigungsproblem und die Erinnerungsarbeit als Bewältigungskompetenz vor allem in den mittleren und späteren Lebensaltern sozialpädagogisch interessant.

Seinszustand und Befindlichkeit als Konfrontation mit dem eigenen Selbst werden uns aber nicht nur in kritischen Lebensereignissen, sondern in vielen alltäglichen Situationen, mit denen wir uns sozial auseinandersetzen, bewußt. So spüren wir immer wieder, wie Institutionen tagtäglich unsere Befindlichkeit übergehen, indem sie Rollenerwartungen und Zumutungen an uns richten, die am institutionellen Funktionieren und nicht an den Befindlichkeiten und Bedürfnissen der Person ausgerichtet sind. Als Beispiel hierfür werden wir uns in dieser Einführung die Schule und die Arbeitswelt, aber auch die gesellschaftlich definierten Familienrollen ansehen. Rollen sind Konstrukte von institutionellen Verhaltenserwartungen und -zumutungen, die außerhalb der konkreten Person existieren und dennoch strukturellen Zwang auf sie ausüben. Wir lernen zwar Rollen übernehmen, sich mit ihnen identifizieren, auf eine gewisse Distanz zu gehen, aber Rollen können nicht unsere innere Befindlichkeit, unser Sein erfassen, da sie in ihren gesellschaftlichen und institutionellen Funktionszuschnitt überindividuell, verallgemeinernd angelegt sind.

Sozialer Rückhalt, Milieubezug und soziale Sicherheit

Das Sein als Zustandsbefindlichkeit des Menschen ist in der modernen Industriegesellschaft eng gebunden an den psychosozialen Rückhalt, den ich angesichts einer sich ständig wandelnden Industriegesellschaft habe. Schon als Jugendliche - und bis ins Alter hinein - sind wir der *Janusköpfigkeit* der modernen Sozialisation ausgesetzt. Auf der einen Seite sollen wir den wechselnden Anforderungen der Arbeits- und Konsumgesellschaft gegenüber offen und flexibel, risiko- und optionsbereit, mobil und aufgeschlossen sein, *gleichzeitig* gelingt diese offene, riskante Haltung aber nur, wenn man bei sich, mit sich identisch ist, genug psychosozialen Rückhalt hat, um sich dieser offenen Gesellschaft einigermaßen stabil aussetzen zu können. Das eine ist nicht ohne das andere möglich: Wir machen gerade zu Ende des 20. Jahrhunderts täglich die Beobachtung, daß die Menschen sich sowohl ideologisch (in der Neigung zu entsprechendem emotional aufgeladenem Kulturkonsum), aber auch lebenspraktisch (in der Suche nach engen privaten Bindungen und Beziehungsrückversicherungen) um solche Rückhalte bemühen. Die lokale und vor allem private Beziehungswelt soll es bringen, wenn die Arbeitswelt entfremdend und die gesellschaftspolitische Lage unübersichtlich geworden sind.

Diese Suche nach einem und dieses Angewiesensein auf einen psychosozialen Rückhalt wird durch den modernen Individualisierungsprozeß verstärkt. Wir sind bereits darauf eingegangen, daß Individualisierung als Herauslösung und

Freisetzung aus traditionalen Bindungen auch ein neues sozialintegratives Bemühen, eine Suche nach sozialem Anschluß freisetzt. Der Individualisierungsdruck ist gesellschaftlich, die Suche nach neuen sozialintegrativen Mustern eher vom Subjekt und seiner Befindlichkeit her, also biografisch strukturiert. Es kann - da die Notwendigkeit einer sozialen Einbindung und eines Rückhalts für den Menschen als soziales Wesen unausweichlich ist - eine Suche nach sozialem Anschluß um *jeden Preis* sein. Dies spiegelt sich gerade dort - um ein scheinbar paradoxes und extremes Beispiel zu nennen - wo Jugendliche und Erwachsene soziale Bindungen und Rückhalt über Gewalthandeln oder die Mitgliedschaft in gewalttätigen Gruppen suchen. Seit den 90er Jahren sind die Jugendforscher erschrocken darüber, daß sich Jugendliche rechtsextremen - vor allem ausländerfeindlichen - Gruppen anschließen, weil sie Geborgenheit und Rückhalt (durch autoritäre Unterwerfung) suchen, da sie soziale Bindungen über andere Bezüge nicht aufbauen können. Gewalt in den Familien oder den Partnerbeziehungen ist nicht selten dadurch gekennzeichnet, daß die Täter „mit aller Gewalt" Zuneigung (als Unterwerfung) und Bindungen zu erzwingen trachten. Wir wollen an dieser Stelle dem Umstand nicht weiter nachgehen, daß der gesellschaftliche Individualisierungsdruck zu sozialintegrativ gemeinten subjektiven Reaktionsmustern führt, welche aus gesellschaftlicher Sicht sozial desintegrativ und destruktiv wirken können. Aber wir sehen, wie ambivalent diese Zusammenhänge sind. Die Leute suchen emotional hoch besetzte und intime Milieus, in denen sie sich - zumindest subjektiv - geborgen und dem, was auf sie zukommt, gewachsen fühlen können. Wenn man einmal das Phänomen, daß in Deutschland dauernd neue geselligkeitsorientierte Vereine gegründet werden, oder daß das Oktoberfest 1996 in München wegen Überfüllung geschlossen werden mußte, unter diesem Vorzeichen betrachtet, wird einem erst gewahr, wie verbreitet die Sehnsucht nach Beieinandersein und geselliger Geborgenheit ist.

„Milieubindung" und „Sicherheitsgefühl" sind deshalb auch die Bedeutungen, die wir im Kontext der Thematik des sozialen Rückhalts theoretisch strukturieren und sozialpädagogisch-praktisch dimensionieren müssen. Unter „Milieu" verstehen wir dabei ein sozialwissenschaftliches Konstrukt, in dem die besondere Bedeutung persönlich überschaubarer, sozialräumlicher Gegenseitigkeits- und Bindungsstrukturen - als Rückhalte für soziale Orientierung und soziales Handeln - auf den Begriff gebracht ist. Milieustrukturen sind durch intersubjektive biografische und räumliche Erfahrungen charakterisiert und als solche hoch emotional besetzt. Ihr Vorhandensein, ihre psychosoziale Dichte und Geschlossenheit, aber auch die in ihnen vermittelte Spannung zwischen Individualität und Kollektivität entscheiden über die Art und Weise, wie sich Individuen der Gesellschaft gegenüber (ausgesetzt oder zugehörig) fühlen. Milieubeziehungen steuern also die Lebensbewältigung, strukturieren das Bewältigungsverhalten bei psychosozialen Belastungen und in kritischen Lebensereignissen. In Milieubezügen formiert sich aber auch Normalität und soziale Ausgrenzung, entwickeln sich Deutungsmuster über das, was als konform und was als abweichend zu gelten hat. Milieus steuern also auch die alltägliche Stereotypenbildung und die Bilder vom Fremden und Anomalen. Insofern braucht der Milieuaspekt, weil er strukturell zwangsläufig ambivalent ist, eine normative und mithin eine pädagogische Gewichtung: Milieugeborgenheit und -zusammenhalt darf nicht auf Kosten Anderer gehen, also nicht auf auf der integritätsverletzenden Abwertung von (mit Schwächeren) Menschen gegründet sein.

Wir werden deshalb - besonders dann später im Interventionsteil - zwischen offenen, demokratischen und regressiven, autoritären Milieubezügen unterscheiden. Bei all dem ist immer darauf zu insistieren, daß „Milieu" ein theoretisches Konstrukt ist, das nicht - wie in der Alltagssprache - verdinglicht werden darf. Wenn wir von Milieubezügen sprechen, meinen wir eine typische, von anderen Sozialbezügen abgrenzbare Struktur und besondere Qualität sozialen Zusammenlebens. Wir verbinden dabei aber nicht die Vorstellung von konkreten Sozialmilieus, wie z.B. das Dorf- oder Arbeitermilieu.

Der Milieubegriff ist - von seiner Begriffsgeschichte her - ein Begriff der Moderne mit bezeichnend wechselnden Konnotationen (vgl. dazu ausführlich Böhnisch 1994). Während dieser Begriff - auch in der Sozialpädagogik - zu Beginn des 20. Jahrhunderts eher negativ besetzt war, ist er erst im letzten Drittel dieses Jahrhunderts zum positiven Begriff geworden (vgl. Hradil 1992). Dies hängt unzweifelhaft mit dem Bewußtseinswandel in der späten Moderne - hin zur Postmoderne - zusammen. Während früher Milieubindung als Hemmschuh für den gesellschaftlichen Fortschritt galt - man sprach z.B. von „milieugeschädigt" und „Milieubarrieren", wenn es um die Beurteilung der Lern- und Anpassungsfähigkeit bei Kindern und Jugendlichen ging - wird heute gesehen, daß Milieubindung notwendig ist, um dem Sog der wechselnden Fortschrittsturbulenzen überhaupt standhalten zu können. Der Milieupol ist also in dem Maße wichtig geworden, in dem die technologische Beschleunigung der Arbeitsgesellschaft mit ihren Individualisierungs- und Rationalisierungsschüben mehr soziale Desintegration als arbeitsteilige Integration freizusetzen droht. Überdies können wir in der Sozialpädagogik auf eine positive Verwendung des Milieubegriffs dort zurückblicken, wo versucht worden ist, den sozial Ausgegrenzten nicht mit Disziplinierung, sondern mit lebensweltlichen Angeboten des Wieder-Vertrauen-Findens zu sich und anderen zu begegnen. Im Bereich der Heimerziehung aber auch im Bemühen um einen humanen Strafvollzug, wurde dafür der Begriff des „therapeutischen Milieus" geprägt. Allerdings ist dieser Begriff zu eng auf das innerdisziplinäre Konzept der „Alltagswende" (vgl. Thiersch 1986) in der Sozialpädagogik und Kriminologie gebunden und hat deshalb nur eine begrenzte Reichweite. Der Milieubegriff des Lebensbewältigungskonzepts, wie wir ihn hier verwenden, ist dagegen breiter - eben sozialisationstheoretisch - gefaßt.

Allerdings macht der Milieubegriff nur Sinn, wenn man auf seiner sozialräumlich-lokalen Bindung besteht. Er ist deshalb primär für jene soziale Gruppen von Bedeutung, die in ihrer Lebensbewältigung auf den sozialen Nahraum angewiesen sind. Das trifft sicher für einen großen Teil der Klientel der Sozialarbeit zu. Besonders für Jugendliche und junge Erwachsene (s.u.) scheint dieser nahräumliche Milieubezug sozialisatorisch wichtig zu sein. Wenn es dagegen um vom Nahraum relativ unabhängige Formen des Suchens nach sozialem Anschluß bzw. der alltagskulturellen Abgrenzung von anderen geht, benutzen wir den Begriff des „Lebensstils":

> „Die Vergesellschaftungsmechanismen des Lebensstils beinhalten gegenüber den traditionellen Integrationseinheiten einen eigenständigen Regulierungsmodus von sozialer Zugehörigkeit und Abgrenzung, der vor allem auf den Ausweis von sozialer Distanz ausgerichtet ist. Die Herstellung gemeinsamer Lebensstile kann räumlich sehr dissoziiert erfolgen, basiert aber auf einer hohen Vergleichzeitigung von Problemlagen" (Hörning/Michailow 1990, S. 504).

Lebensstilorientierungen finden wir bei Menschen, die der Janusköpfigkeit der modernen Sozialisation nicht so prekär ausgesetzt sind, weil sie die Anforderungen der offenen Gesellschaft - Mobilität, rationale Lebensführung, Flexibilität - personal integrieren, zu „ihrem" Lebensstil machen und damit eine gewisse Balance der Spannung von gesellschaftlicher Verfügbarkeit und personalem Bei-sich-sein halten können. Dazu gehören natürlich biografisch akkumulierte Ressourcen und Kompetenzen: Gehobener Bildungsstand, raumunabhängige Kommunikationsfähigkeit und Vermögen sozialer Imagination. P. Bourdieu (1982) hat diesen Zusammenhang auf den Begriff des „kulturellen Kapitals" gebracht. Natürlich gibt es Bereiche der Sozialpädagogik und Sozialarbeit, in denen mit dem Lebensstilbegriff sinnvoll gearbeitet werden kann. So hat alle sozialpädagogische Bildungsarbeit mit Jugendlichen und Erwachsenen - vornehmlich aber die Bildungsaktivitäten der Jugendverbände - damit zu tun, Lebensstilbildung zu begleiten und so kulturell zu qualifizieren (im Kontrast zu den Konsumstilen). Auch im Kapitel über das Alter werden wir ausdrücklich wieder auf den Lebensstilbegriff zurückkommen. Zwar sind alte Menschen in der Regel lebensweltlich sehr auf nahräumlichen Rückhalt angewiesen und der Milieubegriff ist auch hier fruchtbar. Gleichzeitig gibt es hier - im Vergleich zu den anderen Lebensaltern - wenig Vorbilder für öffentliche Formen eigenständigen Alterns. Alten Menschen wird ja in unser arbeitszentrierten Gesellschaft bislang kein eigener gesellschaftlicher Beitrag zugebilligt. Das führt einerseits dazu, daß sie der Gesellschaft nicht so ausgesetzt sind, sie haben aber andererseits auch keine Öffentlichkeit, sondern müssen ihren gesellschaftlichen Raum und die darauf bezogenen Lebensstile erst suchen und finden. Das Lebensstilkonzept hat also hier eine andere Konnotation und kann durchaus parallel zum Milieukonzept verwendet werden.

Während Milieu und Lebensstil auf die subjektive Lebenswelt im Kontrast und in der Spannung zu den gesellschaftlichen Zumutungen verweisen, ist im Konzept der *Sicherheit* ein besonderes Zusammenspiel gesellschaftlicher (hier sozialstaatlicher) und subjektiver Bezüge formuliert. Unter „Sicherheit" verstehen wir dabei ein lebensweltliches Zustandsbewußtsein, wie es in der Moderne als „soziale Sicherheit" über den Sozialstaat vermittelt ist. Der Sozialstaat garantiert und organisiert nicht nur sozialpolitische Leistungen beim Eintreten sozialer Risiken in der Arbeitsgesellschaft. Er schafft ein typisches kulturelles Klima der Verläßlichkeit und Normalität: Man muß nicht jeden Tag neu um seine Existenz bangen und immer wieder selbst individuelle Sicherungen aufbauen, man kann sich darauf verlassen, daß man nicht so ohne weiteres aus der Gesellschaft herausfällt. Das Vertrauen in diese sozialstaatliche „Grundwelt" und Normalität ist aber immer dann gefährdet, wenn sich die technisch-ökonomischen Wachstumsprozesse ohne Rücksicht auf tradierte soziale Zusammenhänge verselbständigen und die Wirtschaft vom Sozialstaat - um ungehinderter auf dem internationalen Markt agieren zu können - eine Rücknahme sozialer Sicherheitsgarantien verlangt. Die Unternehmen sehen dabei die Sozialaufwendungen nur marktborniert als „Lohnnebenkosten" und übergehen die für die sozialstaatliche (nationale) Gesellschaft so wichtige sozialintegrative Funktion der sozialstaatlichen Sozialpolitik.

Diese lebensweltliche Sicherheitsdimension spielt vor allem im Erwachsenen- und Erwerbsalter eine alltags- und biografiestrukturierende Rolle und hat eine hohe Relevanz für die Lebensbewältigung. Der Institutionentheoretiker Arnold Gehlen hat einmal vom „Hintergrundsgefühl des einer Lage Gewachsenseins" gesprochen. So könnte man die lebensweltliche Funktion sozialstaatlich vermittelter sozialer Sicherheit sehen. Die darin enthaltene Bewältigungsthese ist unverkennbar: Menschen sind in der Lage und bereit, soziale Herausforderungen anzunehmen und sich sozial zu engagieren, wenn sie sich sozial abgesichert fühlen und in ihrem sozialen Handeln nicht immer gleich ein Existenzrisiko befürchten müssen. Wir haben allerdings zur Genüge erfahren, daß die These von der sozialen Aktivierung vor dem Hintergrund ausreichender sozialer Sicherheit beileibe nicht von allen geteilt wird und die Kontroverse in der Tat sich darum dreht, ob das Netz sozialer Sicherung wirklich ein Hintergrundnetz für soziale Aktivität oder nur eine „soziale Hängematte" ist, die zur Passivität verführt. Aus dieser Kontroverse läßt sich aber auch die Konsequenz ziehen, daß soziale Sicherheit nicht nur sozialstaatlich gewährt, sondern immer auch lebensweltlich aktiviert und gestaltet werden muß (Selbsthilfe).

Wenn wir bisher nur von der sozial aktivierenden Seite sozialer Sicherheit gesprochen haben, so dürfen wir bei unserer Grundlegung des Lebensbewältigungskonzepts nicht die andere, für die Sozialarbeit mindest ebenso wichtige, wenn nicht gar typische Seite vergessen: In einer verläßlichen Grundwelt sozialer Sicherheit können Menschen auch darauf vertrauen, daß sie nicht gleich verdrängt und ausgegrenzt werden, wenn sie als sozial Schwache und Benachteiligte sozial nicht mithalten können oder wenn krisenhafte Lebensereignisse zu sozialem Abstieg führen. Die Grundwelt der sozialen Sicherheit bietet auch denen die Möglichkeit, als Menschen zu gelten und ihren Selbstwert nicht zu verlieren, die sich auf der Verliererseite der Konkurrenzgesellschaft wiederfinden. Hier liegt eine aufschlußreiche Verbindung zwischen dem psychosozialen Problem, mit der eigenen menschlichen Hilflosigkeit umgehen zu können (wie wir diesen im Anschluß an A. Gruen entwickelt haben), und dem Unvermögen einer auf soziale Durchsetzung, Verdrängung und Auslese ausgerichteten Gesellschaft, Hilflosigkeit und Schwäche zulassen zu können. Davon, ob und wie diese wohlfahrtliche Balance gelingt, hängt schließlich auch die gesellschaftliche Anerkennung der Sozialarbeit ab.

Sich-zurechtfinden in anomischen Strukturen: Das soziale Orientierungsproblem

An der Grunddimension des sozialen Rückhalt wie sie sich im Milieu- und Sicherheitskonzept erschließt, ist uns bereits die enge Verbindung von personaler Befindlichkeit und gesellschaftlichen Zuständen bewußt geworden. Sie wird uns in ihrer Relevanz für die Bewältigungsproblematik noch deutlicher, wenn wir von der Ebene der personalen Befindlichkeit auf die der sozialen Orientierung übergehen. Das einer-Lage-Gewachsensein und das sich im Sozialen zurechtfinden bedingen einander umso mehr, als wir erkennen, daß der Mensch in einer hocharbeitsteiligen Gesellschaft nur als soziales Wesen existieren kann, das heißt auf andere und die Gesellschaft angewiesen ist. Niemand hat den Zusammenhang in der damaligen der Sozialwissenschaft stärker hervorgehoben und durchgearbeitet als - Ende des 19. Jahrhunderts - der französische Soziologie Emile Durkheim (dtsch. 1973 u. 1988), der deswegen durchaus auch als sozialpädagogischer Klassiker gelten kann. Seine Grundthese lautet, daß das Vermögen der Menschen mit sich selbst zurechtzukommen davon abhängt, wie sie sich in der Gesellschaft zurechtfinden. Dies wiederum ist davon beeinflußt, wie in sich ausbalanciert die Sozialstruktur der Gesellschaft ist. „In sich ausbalanciert" bedeutet, daß eine Gesellschaft das, was sie ihren Mitgliedern zentral verheißt - soziale Teilhabe und biografische Realisierung eines befriedigenden sozialen Status - auch für diese erreichbar werden läßt. Ist dies dagegen nicht möglich, kann der Zustand der *Anomie*, der sozialen Regellosigkeit eintreten, dem die Menschen unterschiedlich ausgesetzt sind. Dieses Grundproblem sozialer Integration - so würden wir es heute nennen - hat Durkheim als *das* soziale Krisen- und Bestandsproblem moderner Industriegesellschaften erkannt.

Als das Anomiekonzept zur letzten Jahrhundertwende formuliert wurde, konnte Durkheim natürlich noch nicht ahnen, daß der Prozeß der industriellen Arbeitsteilung nicht nur zur psychosozialen Verunsicherung des Menschen (eben des der Lage nicht gewachsen Seins) führen, sondern den Menschen als solchen auch radikal von der gesellschaftlichen Entwicklung abschneiden und somit sozial entwerten kann. Anomische Zustände, so formulierte Durkheim damals, treten ein, wenn sich - in der heutigen modernen Sprache der Soziologie formuliert - lebensweltliche und systemische Prozesse zunehmend entkoppeln. Die ökonomischen Systeme - und in ihrem Sog und Gefolge partiell auch die politischen - machen ohne Rücksicht auf die lebensweltliche Erfahrung weiter, weil sie sich selbstreferentiell entwickeln und diese Selbstreferentialität sich in den modernen Schüben der Arbeitsteilung überproportional verdichtet und somit auch gesellschaftlich „selbstläufig" wird. Die Systeme entwickeln sich in der modernen Arbeitsteilung zu schnell, als das sie ihre lebensweltliche Umwelt als Problem empfinden könnten. Dies um so mehr, als die Systeme in einem internationalen Systemwettbewerb getreten sind, der ihnen bedrohlicher und systemgefährdender erscheint, als die Abkopplung von den Lebenswelten in ihren Gesellschaften.

Das moderne Anomieproblem besteht also nicht mehr nur darin, daß die Menschen - so wie von Durkheim formuliert - in Zeiten überzogener Prosperität oder unerwartet tiefgreifender Krise die Orientierung, vielleicht sogar den Lebenssinn verlieren oder verschiedene Strategien des Normalisierungs- und Anpassungsverhaltens einschlagen. Heute, Anfang des 20. Jahrhunderts und damit hundert Jahre nach Durkheim, kommt ein weiteres hinzu: Die Menschen entwickeln im Alltag sozialintegrativen Gestaltungssinn, aber die sozialen Systeme nehmen das lebensweltliche Kapital nicht auf. Dennoch appellieren die Repräsentanten der Systeme an die Menschen, der Gesellschaft doch sozialintegrative Angebote zu machen, ohne ihnen aber dafür gesellschaftliche Anhaltspunkte und Anreize zu geben, auf die sie ihre lebensweltlichen Erfahrungen praktisch beziehen könnten.

Wir müssen weiterhin unterscheiden zwischen *manifesten* Anomieproblemen, die von den Menschen lebensweltlich erfahrbar sind und ihre aktuelle soziale Orientierung, ihr Verhalten und ihr soziales Handeln unmittelbar beeinflussen, und *strukturellen* Anomieproblemen, die nicht direkt lebensweltlich erfahrbar und damit aktuell verhaltensbestimmend sind, die aber indirekt auf die Lebenslage, die sozialen Spielräume und biografischen Entwicklungshorizonte der Menschen wirken.

Lebensweltlich erfahrbare Anomieprobleme treten heute vor allem dort auf, wo in gesellschaftlichen Umbrüchen die individuelle Existenz und biografische Integrität der Menschen direkt berührt wird. So haben wir nach der deutschen Wiedervereinigung und dem Zusammenbruch der DDR-Gesellschaft, angesichts der lebensweltlichen Konfrontation mit einer neuen Gesellschaftsordnung (die den Alltag radikal veränderte) erlebt, wie Menschen in Orientierungs- und Handlungsdilemmata gerieten. Die Menschen, die eine gewisse ökonomische und soziale Gleichstellung gewöhnt waren und in der Erreichung der gesellschaftlichen Ziele sich des Zugangs zu den entsprechenden (allerdings nicht immer sofort verfügbaren) Mitteln sicher wußten, erfuhren nun, daß die neuen Ziele von Wohlstand und sozialer Sicherheit nicht mehr selbstverständlich und erreichbar und die Mittel zunehmend sozialstrukturell ungleich verteilt oder gar verwehrt waren. Das gravierendste Anomieproblem lag aber in der für die Ostdeutschen radikal neuen Erfahrung der Arbeitslosigkeit. Nicht nur, daß sie aus einer arbeitszentrierten Gesellschaft kamen; auch die neue Gesellschaft ist durch den zentralen gesellschaftlichen und biografischen Wert von Arbeit und Beruf gekennzeichnet; neu war für sie aber, daß der Zugang zur Arbeit nun gerade auch für die erschwert ist, die qualifiziert und motiviert sind. Sie verstehen die Welt nicht mehr (auch so könnte man Anomie alltagssprachlich ausdrükken). Aber nicht nur Wohlstand und Arbeit - gesellschaftlich hochgehalten aber sozialstrukturell verwehrt - auch die neuen Formen der Armut erzeugten anomische Konstellationen.

Anomische Erfahrungen machen die Menschen auch dann, wenn sie in Armutsrisiken geraten, obwohl sie vom Einkommen und der sozialen Herkunft her nicht unter die klassische Arbeitsdefinition fallen dürften. Ihre finanziellen und sozialen Belastungen als Alleinerziehende, Dauerarbeitslose oder an kritischen Lebenssituationen Gescheiterte sind aber so hoch, ihre Lebenssituation so gravierend mit sozialen Kontaktverlusten verbunden, daß sie von der gesellschaftlichen Entwicklung abgeschnitten werden. Damit sind sie in denselben Status sozialer Deklassierung und Isolation geraten, der Armen zugeschrieben wird, ohne daß sie sich arm fühlen. Sie wollen um keinen Preis als Arme gelten, werden aber sozialstrukturell in die Armut gedrängt.

Dieses Anomieproblem der „neuen Armut" ist in westdeutschen und europäischen Industriegesellschaften genauso - wenn nicht schon verstetigter - zu beobachten, wie in der ostdeutschen und den osteuropäischen Nachwendegesellschaften, in denen sich diese Erfahrung erst allmählich lebensweltlich einnistet, nachdem sie die Menschen erst nicht wahrhaben wollten und konnten. Ähnlich verhält es sich auch mit der überall aufflackernden „anomischen Gewalt", wie sie vor allem von einigen Jugendlichen öffentlich ausgelebt wird. Die anomische Dimension dieser Gewalt läßt sich auf den Individualisierungsdruck der modernen Arbeitsteilung zurückführen, der seit Durkheim eine sich qualitativ überschlagende Steigerung erfahren hat. Die Jugendlichen erfahren früh eine Gesellschaft, welche individuelles Durchsetzungsvermögen und „Dabeisein" verlangt, manchen aber die Mittel verwehrt, um sich im Rahmen der gegebenen Normen soziales Durchsetzungsvermögen und Selbstwert zu verschaffen. In der ausgeübten Gewalt steckt dann nicht selten der (unbewußte) Versuch, auf sich aufmerksam zu machen, Selbstwert und Handlungsfähigkeit (zumindest in der Gewaltsituation) zu erlangen, weil einem die biografischen Ressourcen und sozialstrukturellen Zugänge für „normgerechte" Formen der Selbstwertschöpfung und des erfolgreichen sozialen Handelns fehlen. Natürlich sind die einzelnen Menschen diesen anomischen Konstellationen unterschiedlich - mehr oder weniger stark - ausgeliefert und verfügen über entsprechend differentielle Ressourcen, damit umzugehen. Sicher aber finden wir im Klientel der Sozialarbeit zuvörderst die, die der technisch-ökonomischen und gesellschaftlichen Entwicklung aus unterschiedlichsten Gründen nicht gewachsen sind.

Handlungsfähigkeit und Normalisierungshandeln

Durkheim hatte nicht nur die Strukturanalyse der Anomie geliefert, sondern auch den Bezug zu den Menschen, die sich dieser modernen anomischen Gesellschaft ausgesetzt sehen, hergestellt. Wie sie sich in dieser Situation zurechtfinden versuchen, sie bewältigen, das heißt ihre Handlungsfähigkeit zu erhalten trachten, hat im Anschluß an Durkheim der amerikanische Soziologe Robert K. Merton (1968) in einer Typologie des Anpassungsverhaltens an anomische Strukturen darzustellen versucht (vgl. Lamnek 1993). Aus ihr wird erkennbar, daß die Menschen auf gleiche anomische Konstellationen ganz unterschiedlich reagieren. Die Durkheimsche Grundidee, daß sich das gesellschaftliche Phänomen der Anomie aus einem spezifischen Zusammenhang von Sozialstruktur und menschlichem Verhalten konstituiert und das abweichendes Verhalten integraler Bestandteil einer modernen arbeitsteiligen Gesellschaft ist, wird von Merton dahingehend operationalisiert, daß er fragt, wie es kommt, das in sozialen Strukturen gleichzeitig nebeneinander abweichendes und konformes Verhalten bestehen können. Mertons diesbezügliche Grundthese ist uns inzwischen schon von Durkheim her bekannt: Wenn in einer Gesellschaft die kulturell definierten allgemeinen Ziele und die Zugänge zur Erreichung der legitimen Mittel zur Verwirklichung dieser Ziele auseinanderklaffen, dann entsteht ein Zustand der Desintegration (Anomie), den die Menschen durch unterschiedliche Formen des Anpassungsverhaltens zu bewältigen versuchen, um - unter der Bewältigungsperspektive - handlungsfähig bleiben zu können. Grundproblem ist, daß die Mittel zur Erreichung der gesellschaftlichen Ziele, wie z. B. Wohlstand, in der Sozialstruktur ungleich verteilt sind. Ziele und die Mittel zu ihrer Erreichung klaffen also auseinander. Merton unterscheidet zwischen verschiedenen Anpassungstypen, wobei für uns von Bedeutung ist, daß Konformität (man setzt seine Ansprüche herunter, um zur Zielmittelbalance zu kommen) und Abweichung (man greift zu illegitimen Mitteln), nebeneinander bestehen, sich also in *einem Bewältigungstyp* gegensätzliche Anpassungsmuster ausprägen können. Wir sehen also, daß Menschen strukturell gleiche anomische Konstellationen von ihren *biografischen* Ressourcen her unterschiedlich bewältigen.

Bezüglich der Bestimmung und Aufklärung des subjektiven Handelns in solchen anomischen Konstellationen hat sich seit Merton in der kriminologischen Diskussion viel getan. Für ihn steht noch die Aufklärung des Phänomens der sozialen Abweichung im Vordergrund und die subjektiv handelnden Personen erscheinen in ihrem Anpassungsverhalten sehr mechanisch (auch wenn wir für uns die Bewältigungsperspektive schon hineinassoziiert haben). Die kriminologische Diskussion der achtziger Jahre (vgl. Böhnisch 1994) hat nun aber die Erkenntnis gebracht, daß Bewältigungshandeln und soziale Abweichung auseinandergehalten werden müssen. Damit wurde die sozialwissenschaftliche Begründung des Lebensbewältigungskonzepts geliefert. Die Erkenntnisperspektive richtet sich nun auf die Subjektivität der Handelnden, ohne freilich dabei die gesellschaftsdefinierte Konstellation der Abweichung zu vernachlässigen. Der aus herrschender gesellschaftlicher Sicht als abweichendes Verhalten etikettierte Vorgang wird entstrukturiert, in drei Dimensionen „zerlegt": Wir betrachten nun zum einen den individuellen Versuch, in den anomischen Situationen handlungsfähig zu bleiben. Dieser Versuch ist - zum zweiten - sozialintegrativ angelegt, denn der Mensch als soziales Wesen ist auf andere angewiesen und auch z.B. die Gewalthandlung kann ein sozialintegrativ gemeintes Muster sein (auf sich aufmerksam machen). Das Normalisierungshandeln steht schließlich - drittens - im Kontext der gesellschaftlich herrschenden Normalitäts- und Konformitätsdefinitionen. Probleme entstehen nach diesem Modell dann, wenn die sozialintegrative Absicht des Handelnden und die sozialintegrativen Normen der Gesellschaft auseinanderklaffen. Aus dieser Lücke ergibt sich übrigens - so haben wir bereits angedeutet - die fachliche Begründung und gesellschaftliche Legitimation sozialpädagogischer und sozialarbeiterischer Intervention.

Wir sind jetzt an dem Punkt angelangt, an dem diesem soziologischen Befund zum Bewältigungshandeln im sozialstrukturellen Kontext die psychodynamische Konkretisierung der personalen Bewältigungsantriebe folgen muß. Denn die Soziologie kann den Menschen nur in seinem sozialen Abbild, nicht aber in seinem Selbst und Selbstsein erfassen. Diese personale Dimension des Bewältigungshandelns haben wir aber schon ausführlich thematisiert. Es kommt nun darauf an, diese unterschiedlichen Strukturmuster (der Suche nach) personaler und sozialer Handlungsfähigkeit aufeinander zu beziehen. Personale Handlungsfähigkeit - so haben wir argumentiert - ist strukturiert durch die Problematik des bedrohten Selbst und durch das Dilemma des Umgangs mit der eigenen menschlichen Hilflosigkeit. Soziale Handlungsfähigkeit dagegen ist gekennzeichnet durch gelungene Reduktion von Anomie und damit verbundener sozialer Orientierungslosigkeit. Das ergibt - bezüglich des Bewältigungsantriebs - einen Spannungsbogen, der vom psychischen Auslöser des gestörten Selbst bis zum sozialstrukturellen Auslöser des anomischen Bewältigungsdrucks reichen kann. Immer aber sind personaler Selbstwertpol und sozialstruktureller Anomiepol wie in einem erdmagnetischen Feld aufeinanderbezogen, das heißt jede Bewältigungskonstellation weist unterschiedliche Anteile der Selbstwert- und Anomieproblematik auf. Die emotionale Dimension des psychosozialen Rückhalts ist in diese Spannung eingebunden, denn die Suche nach sozialer Anerkennung und sozialer Orientierung ist in krisenhaften Bewältigungskonstellationen, die ja eine Bedrohung des Selbst mit sich bringen, *emotional* strukturiert (s.o.).

In diesem mehrdimensionalen Strukturierungsversuch des Bewältigungshandelns steckt unverkennbar die theoretische Anlehnung an das aus der Streßforschung stammende *Coping-Konzept* (vgl. Haan 1977, Lazarus 1981, Oerter 1985, Stark 1996). Die Coping-Theorie geht von dem Befund aus, daß die Bewältigung von Streßzuständen bei Problembelastungen und kritischen Lebensereignissen so strukturiert ist, daß der Mensch aus psychophysischen Antrieben heraus nach der Wiedererlangung eines homöostatischen (Gleichgewichts-) Zustandes strebt. Diese strukturelle Logik ist nun in unserem handlungstheoretischen Konzept *Handlungsfähigkeit* abgebildet. Dabei habe ich versucht, der Forderung Kohlis (1982) Rechnung zu tragen, das Coping-Modell über seine psychologische Begrenztheit hinaus so zu erweitern, daß das „Ineinandergreifen von sozialen Strukturen und individuellen Handlungen" (S. 40) im passiven und aktiven Reagieren des Menschen auf ungleichgewichtige psychosoziale Zustände erfaßbar wird. Dies strebe ich an, indem ich die handlungstheoretischen Reformulierung des Anomie- und Devianzkonzepts mit dem tiefenpsychologischen Autonomiekonzept verknüpfe.

Das Normalisierungshandeln selbst, dessen psychosozialen Hintergrund und dessen Struktur wir nun herausgearbeitet haben, hat - zieht man entsprechende Erfahrungen und Fallberichte aus der sozialarbeiterischen Praxis heran - eine typische Zeit/Raumstruktur. Dem Ausnahmezustand der inneren oder äußeren Krisensituation entsprechend, ist es meist gegenwartsbezogen. Ähnlich wie es sich zuvörderst an der subjektiven Handlungsfähigkeit und erst in zweiter Linie an der sozialen Norm orientiert (s.o.), kalkuliert es nicht zuerst die späteren sozialen Folgen des Handelns, sondern ist an der situativen Wiederherstellung der Handlungsfähigkeit aus der aktuellen biografischen Befindlichkeit heraus orientiert. Es liegt dann vor allem an der sozialpädagogischen Intervention, den Bezug zum Lebenslauf und damit zu den prognostizierbaren biografischen Folgen herzustellen.

Mit dieser akzidentiellen und affektiven Gegenwartsorientierung des Handelns korrespondiert der räumliche Bezug der Bewältigung. Gerade am Extrembeispiel des Gewalthandelns haben wir erfahren, wie sich Täter über (in Rollen und Kommunikationsverfahren) institutionalisierte Verständigungsmuster hinwegsetzen und räumlich - daß heißt ohne normative und institutionelle Vorbehalte - agieren (den Raum durch das gewalttätige Auftreten „für sich" besetzen). Im entgegengesetzten Sinne, aber unter der selben sozialräumlichen Logik, ist auch ein anderes Bewältigungsmuster, das Rückzugsverhalten in Krisensituationen, zu sehen. Generell läßt sich aus den bisherigen Erfahrungen in der sozialen Arbeit schließen, daß auf Handlungsfähigkeit gerichtetes Bewältigungsverhalten nach „noch verfügbaren" Räumen drängt: Es kann der Privatraum der Familie genauso sein, wie der individuelle Rückzugsraum oder ein akzidentiell besetzter öffentlicher Raum für die kurzzeitige Demonstration von Handlungsfähigkeit, die dann meist von der eigenen psychischen Situation der Hilflosigkeit abgespalten wird.

Insgesamt ist es wohl nun deutlich geworden, wie die vier Grunddimensionen der Bewältigung im allgemeinen Spannungsverhältnis von biografischer Lebensbewältigung und Sozialintegration zusammenspielen: Aus der geschlechtstypischen Grundbefindlichkeit eines bedrohten Selbst heraus werden psychosozialer Rückhalt und soziale Orientierung so gesucht, daß Normalisierungshandeln als kurzfristig akzidentielle oder als längerfristig biografische, immer aber als subjektiv erfahrbare Wiederherstellung der Handlungsfähigkeit, möglich wird. Auch wenn die einzelnen Dimensionen in den Lebensaltern je unterschiedlich gewichtet sind, so werden wir doch immer wieder auf diesen Grundriß der Lebensbewältigung stoßen, auf dessen Kenntnis die Sozialpädagogik und Sozialarbeit ihre Interventionen aufbauen kann. Dabei haben wir bisher aber nur die Logik des Bewältigungshandelns systematisiert. Wie es als „biografische" Konstellation der Lebensbewältigung eingebunden ist in den Zusammenhang der Biografisierung (als der Subjektseite der sozialstrukturellen

Individualisierung, s.o.) wollen wir uns im nächsten Kapitel erarbeiten. Dabei soll deutlich werden, daß die situative und biografische Handlungsfähigkeit nicht nur der allgemeine Antrieb für das Bewältigungshandeln ist, sondern typisch durch die Lebensalter hindurch eine *eigene* Lebensperspektive, das „eigene Leben" (Beck u.a. 1996) im Fluß hält. Wozu brauchen wir dann noch die Orientierung an den Lebensaltern?

2.6 Relativierung oder Biografisierung der Lebensalter?

Die Frage lautet also: Inwieweit sind unsere Lebensperspektiven noch von den Lebensaltern und ihren Begrenzungen bestimmt, oder richten wir nicht vielmehr unser Leben nach eigenen und wechselnden biografischen Bedürfnissen aus? Mit dieser Frage "age or need" (Neugarten 1982) wurde Anfang der 80er Jahre in den USA die Diskussion um die "age-irrelevant-society" eröffnet. Demgemäß wurde behauptet, daß die heutige Industriegesellschaft dadurch gekennzeichnet ist, daß die Lebensalter zunehmend an sozial prägender Bedeutung verlieren. In der Bundesrepublik wurde dieses Buch bezeichnenderweise ausführlich im Vierten Familienbericht (1987), der sich mit den Lebensverhältnissen der alten Menschen beschäftigte, rezipiert und gewürdigt.

Für diese Tendenz der sozialen Nivellierung und Relativierung der Lebensalter wird eine Vielzahl von sozialökonomischen und soziokulturellen Entwicklungen, welche seit den 70er Jahren zur Verwischung der Grenzen zwischen den durch die Lebensalter strukturierten Lebensbereichen geführt hätten, verantwortlich gemacht. Vor allem die zunehmende Nivellierung des Konsumverhaltens, das kaum noch besonderen lebensalterspezifischen Gesetzlichkeiten zu folgen scheint, ist dabei am augenfälligsten. Lebensstile und Lebensgefühle haben sich von den einzelnen Lebensaltern abgelöst und werden nahezu durchgehend von allen Altersgruppen beansprucht. Am deutlichsten wird dies wohl am Attribut der "Jugendlichkeit". Werbung und Marketing haben längst die Suggestion durchgesetzt, daß sich das Attribut "Jugendlichkeit" endgültig von der Gruppe der Jugend gelöst hat und anderen Lebensaltern zugänglich geworden ist, ohne daß sie in eine direkte Generationenkonkurrenz zur Jugend treten müßten.

Nicht nur der Habitus "Jugendlichkeit", auch die Jugendkultur im engeren Sinne gehört nicht mehr den Jugendlichen. War es in Westdeutschland bis in die 70er Jahre hinein so, daß subkulturelle Jugendgruppen - vor allem in den Großstädten - Stile kreierten und die Konsumindustrie (erst nach einer Schamfrist der Referenz gegenüber dem gesellschaftlichen Durchschnittsgeschmack) mit der Vermarktung und Verbreitung der entsprechenden Accessoires folgte (natürlich entschärft von der subkulturellen Aggressivität), so wartet die Konsumindustrie heute in der Regel nicht mehr auf das Ereignis der subkulturellen Kreation. Jugendkultur mit ihren Accessoires wird vielmehr in den Marketingetagen der Konsumindustrie *hergestellt* und *dann* vermarktet. Jugendkultur ist dadurch nicht mehr durch die Dialektik von unten (Jugendkreationen) und oben (vermarktendes Aufgreifen) geprägt. Sie ist vielmehr einseitig synthetisch geworden und folgt in ihrem symbolischen Gehalt einer Produktlinie, die sich um den Habitus Jugendlichkeit gruppiert, die auch anderen Altersgruppen zugänglich ist.

In diesem Sinne hat es die Konsumindustrie längst verstanden, die traditionellen kulturellen Vorstellungen von den Lebensaltern und die überkommenen Bilder des Generationenverhaltens durcheinanderzuwürfeln und je nach Markterfordernissen neu zu ordnen. Es werden immer wieder neue Vebrauchergruppen - Konsumlebensalter - kreiert und mit Etiketten der Marketingsprache belegt: die Yuppies, die Perspektivensucher, die Nachkarrieristen, die jugendlichen 60er, die aktiven 70er (entnommen aus dem Handelsblatt vom 06.04.1986). Als *Yuppies* werden karrieorientierte Aufsteiger zwischen zwanzig und vierzig Jahren bezeichnet, die sich vom Durchschnittsbild der saturierten Mittelgeneration der Angestellten und Beamten bewußt absetzen wollen. Hoher Verdienst und demonstrativer Konsum suggerieren ein Generationsgefüge gemeinsam gelebter Markenexklusivität. Als *Perspektivensucher* wiederum gelten im Marketingjargon die 45-60jährigen, die dem Etikett "konsum-, kontakt- und erlebnisfreudig" nahekommen. Sie sind eine zahlenmäßig große, wachsende Gruppe, die nach einem aktiven Status der zweiten Lebenshälfte sucht und diesen Status durch entsprechend bewußten Konsum, der ihr körperliches und geistiges Aktivitätspotential erhalten und fördern soll, kennzeichnen will. Es sind Leute, die durch ihr Verhalten das von der Karrierekurve her monotone Generationsbild der erwerbstätigen Erwachsenengeneration aufbrechen, und dort nach neuen biografischen Höhepunkten suchen, wo sie die traditionelle Vorstellung vom Normallebenslauf nicht mehr vermuten läßt. Die *Nachkarrieristen* wiederum befinden sich im Übergang von der Lebensmitte zum Lebensabend, haben ihre Hauptkarriere beendet und wollen sich neue Betätigungsfelder erschließen. Diese Gruppe überschneidet sich oft - vom Alter her - mit der Gruppe der Perspektivensucher, ist aber an mehr interessiert als nur am Fitbleiben; ihr Bestreben geht vielmehr tiefer in Richtung auf Persönlichkeitsentwicklung, Erweiterung und Veränderung der Lebensperspektive. Schließlich gliedert das Konsummarketing auch das Alter in die jugendlichen 60er und in die aktiven 70er, die mit ihrer Nachfrage nach Angeboten in den Bereichen Gesundheit, Gruppenreisen und Erholung und dem damit verbundenen aktiven Verhalten das Altersbild von Passivität und Rückzug korrigieren. Gerade ältere Menschen verfügen heute über mehr Zeit und Geld denn je, sind genußfreudiger und selbstbewußter geworden. Entsprechend sind die Alterseitkette „inaktiv" und „hilfsbedürftig" in der Konsumdiskussion verschwunden, die alten Menschen gelten als kommerzieller Aktivposten.

Über den Freizeit- und Konsummarkt wird schließlich auch das Gelingen einer modernen Frauenrolle suggeriert, die über die traditionelle Familienrolle hinausweisen soll, sich aber dennoch nicht von ihr verabschieden muß: Junge Frauen, die - trotz hoher Qualifikation - ihre Selbständigkeit nicht über einen Beruf verwirklichen können, suchen Eigenständigkeit im konsumtiven Habitus: In der Mode, in der gehobenen Gesellingkeit, im Wohnambiente. Aber auch den Frauen, die nach dem Auszug ihrer Kinder wenig Chancen haben, in ihren erlernten Beruf zurückzukehren, wird ein eigenständiger Konsumstatus außerhalb der Familie angeboten: Im Freizeit-, Bildungs- und Kulturkonsum, in der sozialen und kulturellen Ehrenamtlichkeit.

Aber nicht nur das Generationengefüge und die Lebensalter werden durch das Verhalten der Altersgruppen differenziert und pluralisiert, auch die Grenzen der Generationen und Lebensalter untereinander - vor allem in den Altersgruppen zwischen 20 und 30 und zwischen 40 und 60 - sind fließender geworden. Die Zunahme von Lebensformen außerhalb des klassischen Familienmodells befördert die Durchlässigkeit der Generationengrenzen. Vor allem die *Singles*, deren Anteil an der Erwachsenenbevölkerung inzwischen auf über ein Sechstel geschätzt wird, sind auf diese Durchlässigkeit angewiesen, können sich nicht an dem klassischen Dreigenerationenmodell orientieren. Auch die kinderlosen *dings* (dopple income no kids) gestalten ihr Leben nicht nach dem Rhythmus der Familienentwicklung, sondern am individuellen Projekt ihrer Biografien entlang.

Auch die traditionell lebensaltertypische Struktur gesellschaftlicher Bildungs-, Ausbildungs- und Karrieresysteme ist in ihren Hierarchien und Abgrenzungen inzwischen längst durchbrochen. Die Berufsfindung geht inzwischen weit über das Jugendalter hinaus, Weiterbildung und Umsteigen in andere Karrieren sind im gesamtem Berufsleben häufiger geworden. Wie erheblich ist eigentlich noch das soziale Merkmal Lebensalter, wenn man 35-40jährige Akademiker, die erst in diesem Alter nach einer Zeit ungesicherter und oft berufsfremder Arbeitsverhältnisse, nach Umschulungen und Warteschleifen, einen gesicherten Beruf als Lebensmittelpunkt erreicht haben, mit 20-25jährigen vergleicht, die ein eigenes Datenverarbeitungsgeschäft oder eine Versicherungs- oder Vertriebsagentur als Selbständige betreiben? Was unterscheidet den 50jährigen Schichtarbeiter bei Opel in puncto Lebenserfahrung von seinem 30jährigen Kollegen, wenn angesichts der Rationalisierung und Digitalisierung der Arbeitswelt die Berufs- und Betriebserfahrung an öffentlicher (wenn auch nicht biografischer) Bedeutung verloren hat? Die Erfahrungsvorsprünge, welche die Älteren traditionell gegenüber den Jüngeren für sich in Anspruch genommen haben, haben sich doppelt relativiert: Zum einen lernen und erlernen die Jungen heute augenscheinlicher mehr Neues, das die Älteren nicht kennen und deshalb auch nicht weitergeben können, als dies zu früheren Zeiten noch der Fall war. Zum andern ist vieles von dem, was die Älteren früher gelernt haben - zumindest unter industriegesellschaftlichem Verwertungsaspekt - heute wert- oder belanglos geworden. Gerade auch die Massenmedien - Funk und Fernsehen - wenden sich mehr und mehr an *alle* Zuhörer und Zuschauer. Es ist eine deutliche Tendenz zu weniger lebensaltertypischen Sendungen zu beobachten: die Sendungen sind so gemacht, daß sie alle - über die Altersgruppen hinweg - ansprechen können.

Dieses bunte und vor allem konsumtiv gesteuerte Bild der Relativierung der Lebensalter bringt uns natürlich zu der Überlegung, ob man eine Sozialpädagogik der Lebensalter überhaupt noch nach den traditionellen Bereichen - Kindheit, Jugend, Erwerbsalter, Alter - gliedern kann. Wäre es nicht sinnvoll, nach der Vielfalt der neuen Lebensformen, Zwischenalter und Stile zu differenzieren? Natürlich fällt auf, wie wechselnd und schillernd die Differenzierungen sind. Deshalb ist man sich auch nicht sicher, ob man zur endgültigen Festlegung "neuer Lebensalter" kommen soll, wo sich - wie am Beispiel der jungen Erwachsenen oder jungen Alten am ehesten ersichtlich - Übergangsformen zu verselbständigen scheinen. Es ist aber nicht nur diese Unübersichtlichkeit, die mich dazu veranlaßt hat, es in dieser Einführung bei der uns geläufigen Struktur und dem tradierten Aufbau der Lebensalter zu belassen. Es ist vielmehr die strukturelle Erkenntnis, daß es Sinn macht, auf der einen Seite wie bisher mit den überkommenen Lebensaltern zu operieren und gleichzeitig den Blick für ihre biografische Relativierung offen zu halten. Dabei hilft uns die bereits im Anomiekapitel angedeutete soziologische Unterscheidung zwischen Sozialintegration und Systemintegration (Habermas 1973) weiter: Systemintegrativ betrachtet strukturieren die traditionellen Lebensalter weiterhin den Lebenslauf, auch wenn ihre Grenzen untereinander fließend sind und sich oft verwischen. Erziehung, Bildung und Ausbildung (Kindheit und Jugend), Erwerbstätigkeit (Erwachsenenalter) und Entberuflichung (Alter) sind aber weiterhin die Kristallisationspunkte, an denen sich die Lebensperspektiven im Lebenslauf - von welchem Lebensstil und welcher Lebensform aus auch immer - ausrichten und an die die gesellschaftlichen Rollenerwartungen gebunden sind. Aus der sozialintegrativen Perspektive des jeweils biografischen Lebenssinns, der Normbindung und der zwischenmenschlichen Lebensgestaltung (so auch das sozialpädagogische Verständnis von Sozialintegration), haben sich dagegen Perspektiven entwickelt und werden konsumtiv und alltagskulturell gefördert, welche diese tradierte Struktur der Lebensalter relativieren und nivellieren. Das Relativierungspostulat macht also nur im biografisch-sozialintegrativen, nicht aber im gesellschaftsstrukturellen und systemintegrativen Bereich Sinn.

Deshalb werden wir im weiteren nicht von einer Relativierung, sondern von einer *Biografisierung* der Lebensalter sprechen: Je unterschiedliche Biografien entwickeln sich vor dem Hintergrund der historisch gewordenen Struktur der Lebensalter, auf die sie sich im Lebenslauf - auch wenn sie sich von ihr immer wieder entfernen, sie umgehen oder ihre Grenzen durchbrechen - doch immer wieder beziehen müssen. In dieser Spannung will auch diese Einführung geschrieben sein. Deshalb ist es auch sinnvoll, die systemisch vorgegebene Hintergrundstruktur der Lebensalter als Grundgliederung dieses Buches zu behalten.

Die soziapädagogische Argumentation als solche - in der Spannung zwischen Lebensbewältigung und Sozialintegration - ist in diesem Buch dagegen von der sozialintegrativen Seite der Biografisierung geprägt. Zwar muß aus der systemintegrativen Perspektive der Stabilität und des Funktionierens der Gesellschaft weiterhin erzogen und ausgebildet (Kindheit und Jugend), nach den Vorgaben der Arbeitsgesellschaft gearbeitet (Erwerbsalter) und in den entberuflichten Ruhestand (Alter) gegangen werden. Aus der Perspektive der Sozialintegration erweisen sich aber die in den Lebensaltern vorgegebenen Menschenbilder und Lebensmuster oft als kulturell überholt oder aber auch als nicht verläßlich, macht es für viele Menschen - aus unterschiedlichen Motiven heraus - keinen Sinn, eine genormte Erwerbs- und Altersbiografie einzugehen. Systemintegrative und sozialintegrative Bezüge des Lebenslaufs können also mehr oder weniger gravierend auseinanderdriften. Aus der dadurch entstehenden Spannung ergeben sich die sozialpädagogisch relevanten Bewältigungsprobleme.

Sozialisationstheoretisch gesehen wird in dieser biografischen Spannung auch jener *janusköpfige* Sozialisationsmodus stärker freigesetzt, in dem die Menschen - im Sog des Wandels der Arbeitsgesellschaft - gesellschaftlich offen und verfügbar, *gleichzeitig* aber bei sich und mit sich identisch sein müssen. Denn auch dieser Sozialisationsmodus liegt inzwischen quer zu den in den Lebensaltern eingeschriebenen Sozialisationsmustern. Wir werden an späterer Stelle sehen, daß das tradierte gesellschaftliche Jugendbild das „heute etwas lernen, damit du morgen etwas hast und wer bist" nicht mehr der Lebenswirklichkeit einer großen Anzahl Jugendlicher entspricht, deren berufliche und soziale Zukunftsperspektiven ungewiß sind. Bei ihnen heißt es: „Wir wollen heute etwas vom Leben haben, uns heute etwas leisten können, heute wer sein, weil wir nicht so richtig überblicken können, was später mit uns sein wird". Ebenso ist der einmal erreichte Erwerbsstatus keineswegs mehr so stabil und verläßlich, wie er im systemintegrativen Verständnis der gesellschaftlichen Institutionen immer noch definiert ist.

Damit aber hat sich die Bewältigungsthematik weiter kompliziert: Die Menschen müssen nicht nur sehen, wie sie ihr Jungsein, Erwachsensein und Altsein in der Spannung zu den gesellschaftlichen Lebensaltern und den in ihnen enthaltenen Erwartungen selbst bewältigen und gestalten; sie sind auch gehalten, selbst für ihre psychosozialen Bindungen und Rückhalte zu sorgen, ohne dabei den Anschluß an die gesellschaftliche Entwicklung zu verlieren. In dieser doppelten biografischen Bewältigungsthematik gleicht die Biografie als Medium der subjektbezogenen Steuerung und Selbstthematisierung einem ungeraden und nicht absehbaren Weg durch einen Lebenslauf, der institutionell zwar vorgegeben scheint, der aber an Übersichtlichkeit und Kalkulierbarkeit eingebüßt hat. Deshalb ist es auch konzeptionell nicht mehr sinnvoll von gleichsam stufenförmigen Übergängen der jeweiligen Lebensalter zu sprechen, oder von „neuen" Lebensaltern, die sich „dazwischenschieben", wie zum Beispiel die „jungen Erwachsenen" oder die „jungen Alten". Dafür hat sich in den Biografien viel zu viel an unterschiedlichen Lebensaltersbezügen vermischt (z.B. Anhalten der Jugendlichkeit, frühe Konsumorientierung bei Verlängerung der Jugendphase, Uneindeutigkeit des Alterns etc.)

Die Erkenntnis, daß der sozialpädagogisch aufschlußreichste Zugang zu den Lebensaltern der der Biografisierung ist, muß aber nun im weiteren konzeptionell strukturiert, d.h. auf das sozialpädagogische Paradigma Lebensbewältigung bezogen werden. Wir haben zu Anfang des Buches schon den Begriff der *biografischen Lebensbewältigung* gebraucht. Ich will nun im folgenden zeigen, welche Bewältigungsqualität diese biografische Dimension hat und wie in ihr die vier Grunddimensionen der Lebensbewältigung - Befindlichkeit, Orientierung, Rückhalt und Handlungsfähigkeit - vermittelt sind.

Mit dem Begriff der *Biografisierung* ist auch die Tendenz gemeint, daß Menschen in allen Lebensphasen versuchen, die Dinge so zu tun und zu lassen, daß man sich einigermaßen dabei wohl fühlt, daß man gut über die Runden kommt und daß die biografische Bilanz einigermaßen stimmt. Auch Arbeitslose lassen sich heute nicht mehr so einfach in irgendwelche Arbeitsstellen verschieben, sondern wollen ihre Selbstachtung und ihren Selbstwert behalten. Die entsprechenden sozialpädagogischen Hilfen sind ja auch darauf ausgerichtet, ihnen Möglichkeiten zur Selbstwertschöpfung auch außerhalb der Arbeit zu geben. Dieses Streben nach einer guten biografischen Bilanz beginnt schon in der Jugendphase, wenn zum Beispiel - wir werden das im Jugendkapitel näher beleuchten - in den oberen Klassen der Schule Schüler und Schülerinnen versuchen, Schule für sich so zu managen, daß sie durchkommen und sich eine passable Plattform für später bauen - oft neben den oder ungeachtet der schulischen Bildungsziele. Vor allem die Berufssoziologie hat in den letzten zehn Jahren empirisch zeigen können (vgl. Bolte/Voss 1988), daß die meisten Menschen sich in ihrer Lebensorientierung weniger an dem Sinn orientieren, den die Arbeit hat (Ist das, was ich produziere überhaupt sinnvoll?), sondern daran, ob sie sich bei der Arbeit wohlfühlen. Und wenn sie sich nicht wohlfühlen, dann suchen sie sich dieses Wohlbefinden *außerhalb* der Arbeit. Wichtig dabei ist: Sie fühlen sich nicht *entfremdet*, wie das die klassische kritische Theorie interpretieren würde, sondern sie definieren die an sich unbefriedigende Arbeit einfach für sich um: Sie brauchen das Einkommem, um - schlechte Arbeit hin oder her - „Mensch sein", sich was leisten und sich wohlfühlen zu können. Die Berufssoziologen schließen daraus, daß es sich hier weniger um einen Wertewandel, sondern um eine biografische Verschiebung des Wertehorizonts handelt, denn die Leute wollen ja weiterhin arbeiten: Es steht aber nicht mehr die Erwerbsarbeit im Mittelpunkt, sondern das biografische Insgesamt der *Lebensarbeit*. Die Metapher der Lebensarbeit verweist auf die *Biografisierung* der Lebensformen und Lebensperspektiven in unseren Industriegesellschaften. Nicht *was* ich erreichen, *wo* ich mich einfüge und was ich gesellschaftlich *Sinnvolles* tun will steht für zunehmend mehr Menschen im Vordergrund, sondern was *ich für mich* erreiche, wie *ich mich* wohlfühle und durchschlage, was *für mich* dabei herausspringt. Ich kümmere mich dabei wenig um Vergangenheit und Zukunft. „Das war vor meiner Zeit", ist heute zum geflügelten Wort geworden. Der zeitgenössische deutsche Sozialphilosoph Peter Sloterdijk hat dies in ein radikales Bild gefaßt: „Sie leben im Gefühl der Nicht-Wieder-Kehr, das zuende individualisierte Individuum will das Erlebnis, das sich selbst belohnt; es führt das Leben als Endverbraucher seiner selbst und seiner Chancen" (1993, S. 70).

In diesem dramatischen Bild wird uns deutlich, daß die Biografisierung - pädagogisch gesehen - zwei Seiten hat. Einerseits wissen wir bereits, daß die Menschen, sollen sie soziale Herausforderungen bewältigen und sich immer wieder neuen Lernprozessen aussetzen, ein stabiles Selbst haben, das Neue biografisch integrieren müssen. Für Schule, Berufsausbildung, Weiterbildung, Umschulung und Beratung ergibt sich daraus die Maxime, daß der Mensch nicht einfach in etwas eingepaßt werden kann, sondern sein Selbst, seine Befindlichkeit darüber entscheidet, was er von dem Angebotenen übernimmt und was er damit anfangen kann. Zum anderen aber machen wir auch die Erfahrung, daß Menschen nur sich sehen und ohne Rücksicht auf die Bedingungen und Folgen ihres Tuns nur sich selbst irgendwie einigermaßen durchbringen oder in sich selbst verwirklichen wollen. Was wir aus dieser Ambivalenz zu lernen haben ist folgendes: Bevor wir in der Sozialpädagogik und Sozialarbeit vorschnell subjektiv-biografische Konzepte entwerfen, müssen wir uns auch rückversichern, was es mit dem Trend zur Biografisierung denn gesellschaftlich auf sich hat.

In der Dimension der Biografisierung erfassen wir ja - soziologisch gesehen - die Subjektseite des gesellschaftlichen Individualisierungsprozesses. Wie gehen die Menschen mit dieser Individualisierung um, wo und wie orientieren sie sich, wenn die traditionellen Sozialbezüge und Rollenmuster nicht mehr verläßlich und selbstverständlich sind, wie bauen sie neue Sozialbezüge auf? Im biografischen Zugang nun sehen wir, daß das, was den Menschen an konkreter, faßbarer und verläßlicher Orientierung in individualisierten Gesellschaften bleibt, letztlich sie *selbst sind*. Sie werden zum Mittelpunkt des Sozialen, von ihrem biografischen Sein und Selbst aus ordnen sie, ordnen wir die Welt, bauen neue Sozialbeziehungen auf. Die soziale Welt ist dann in Ordnung, wenn es bei einem selbst stimmt oder: Egal wie die Welt objektiv, aussieht, wenn es bei mir stimmt, dann ist die Welt ok., ob sie nun sozial gerecht oder ungerecht, ökologisch intakt oder bedroht ist. Ich richte mich nicht nach der Welt, die Welt hat sich nach mir zu richten. Im Mittelpunkt steht meine, in soziale Ansprüche gefaßte, *biografische Integrität*.

Dieser sozial erweiterte Begriff der Integrität ist für mich ein Schlüsselbegriff der Biografisierung. Wir haben in dem Kapitel über die Grunddimensionen der Lebensbewältigung diesen Begriff noch tiefenpsychologisch - so wie ihn Erikson geprägt hat - gebraucht. Sein Begriff der Integritätskrise verweist darauf, daß die Menschen - vor allem, wenn sie im Erwachsenenalter mit biografischen Brüchen konfrontiert sind - sich mit dem arrangieren müssen, was sie bisher in ihrer Biografie geworden sind, um darauf das weitere Leben realistisch (und nicht auf nichterfüllten Träumen) aufbauen zu können. Der Begriff der Integrität verweist also auch auf das Sich-Selbst-Sein im Sozialen. Angesichts der gesellschaftlichen Individualisierung und Biografisierung der Lebensverhältnisse ist diese selbstbezogene Integrität zum Bezugspunkt biografischer Handlungsfähigkeit geworden. Damit können wir das Konzept der Lebensbewältigung biografisch transformieren. Lebensarbeit ist von dieser biografischen Bewältigungsseite her gesehen vor allem *Integritätsarbeit*.

Wenn wir an anderer Stelle die Biografie als Medium subjektiver Steuerung im Lebenslauf begriffen haben, so wird uns nun angesichts dieser Integritätsthematik deutlich, daß dieses Steuern weniger nach einem rationalen Lebensplan verläuft, sondern von der Befindlichkeit des Selbst geprägt ist. Deshalb ist es fragil und kontigent und muß immer wieder neu nach Handlungssicherheit suchen, also *bewältigt* werden. Im gesellschaftlichen Individualisierungsprozeß ist der Mensch ausgesetzt, Chancen und Risiken sind nicht so einfach kalkulierbar, und in dieser Verunsicherung klammert er sich immer wieder an sich selbst. Dieses Selbst als Steuerungsmedium ist in vielem irrational, die Tiefenschichten der Persönlichkeit - so haben wir es in der ersten Grunddimensionen der Lebensbewältigung beschrieben - machen sich in der biografischen Integritätsarbeit bemerkbar: Vor allem die Art und Weise, wie ich als Mann oder Frau geworden bin, wie ich mit meinem Mann- oder Frausein umgehen konnte, wird damit zu einem Dreh- und Angelpunkt der biografischen Selbstthematisierung.

Biografisierung meint also nicht nur die Notwendigkeit und die Chance, die soziale Welt von sich aus zu thematisieren, sondern auch das Risiko, dieser Welt ausgesetzt zu sein. Die Hilflosigkeit ist der Schatten dieser Biografisierung. In der Hilflosigkeit wird die Selbstthematisierung zum Klammern an sich selbst. Die meisten lavieren zwischen Chance und Risiko, dem sich Sich-Enfalten und Wohlfühlen und dem Bloß-über-die Runden-Kommen. Sie können dies leidlich, weil sie sich in unserer sozialstaatlichen Gesellschaft einigermaßen sozial gesichert fühlen: Im Sinne einer Hintergrundsicherheit, die das Gefühl erzeugt, einer Lage gewachsen zu sein. Die gesellschaftliche Individualisierung und Pluralisierung erhöht also nicht nur die Risikobereitschaft, sie erhöht auch die Sensibilität für soziale Sicherheit. Dies ist nur ein scheinbares Paradox. Wenn wir die sozialpolitischen Auseinandersetzungen der 90er Jahre in Europa anschauen, wird uns sehr schnell deutlich, daß die Angst grassiert, diese Sicherheit zu verlieren und abzustürzen. Das bedrohte Selbst steht den streikenden Arbeitern und Angestellten auf den Straßen stärker ins Gesicht geschrieben denn je. Biografische Integrität und soziale Sicherheit sind heute eng verwoben, die Frage des sozialen Rückhalts ist in die Selbstthematisierung eingegangen.

Dieses biografische Ausgesetztsein, die Hilflosigkeit, die in kontingenten Lebenssituationen immer wieder eintreten kann, das Klammern an das Selbst zehrt die biografischen Ressoucen auf, engt die eigenen Möglichkeiten auf sich selbst ein, läßt wenig Überschüsse für andere, für die selbstlose Gestaltung des Sozialen übrig. Biografisierung trägt immer das Risiko der Entsolidarisierung in sich. Ich muß *auch* schauen, wo ich bleibe. Aber mir bleibt nicht nur wenig Energie für die anderen, sondern auch wenig Raum, um darüber nachzudenken, welche politische Qualität das hat, was ich arbeite, mit wem ich mich umgebe, was ich mir leiste und wie ich mich durchschlage. Biografisierung trägt also immer auch das Risiko der *Entpolitisierung* in sich.

Biografische Integritätsarbeit als Lebensarbeit hat also eine einfache und erweiterte Dimension. Diese Begrifflichkeit soll deutlich machen, daß biografische Integritätsarbeit psychosoziale *Überschüsse* braucht, soll sie nicht nur an der Selbsterhaltung um jeden Preis (egal was um mich herum passiert), sondern auch an der Gestaltung des Sozialen orientiert sein.

Sozialisatorisch gesehen ist biografische Bewältigung mehr am Projekt der Selbsterfüllung und nicht so sehr an der Erreichung gesellschaftlich vorgegebener und über die Lebensalter vermittelten Entwicklungsaufgaben orientiert. Deshalb ist diese biografische Orientierung prinzipiell lebensalterübergreifend. Die in die Lebensalter eingeschriebenen Erwartungen und Definitionen - Jugendliche sind noch nicht fertig, Erwachsene haben das ihre erreicht, im Alter hat man nichts mehr zu erwarten - laufen dem biografischen Projekt der lebenslangen Selbsterfüllung zuwider. Entscheidend sind die dominanten Themen der Integrität, die sich durch die Lebensalter ziehen. Dennoch ist die Struktur dieser dominanten Themen durch das Problem der *Vereinbarkeit* zwischen der Orientierung am Selbst und den über die Lebensalter vermittelten gesellschaftlichen Erwartungen geprägt. Diese Vereinbarkeitsthematik finden wir schon bei den modernen Kindern (Spannung zwischen Erziehung und Eigenleben), sehen sie bei Jugendlichen (Balance zwischen jugendlichem Experimentieren und frühem Zwang zur Bewältigung sozialer Probleme), erfahren sie bei den Erwachsenen (eben in der Spannung der Lebensarbeit und den damit zusammenhängenden Vereinbarkeiten) und erkennen sie auch im Alter, in dem biografische Orientierung und gesellschaftliche Altersdefinition zunehmend auseinanderfallen. Mit dem Konzept der integritätsbezogenen biografischen Lebensbewältigung - *in der Spannung zu den Lebensaltern* - haben wir nun also einen konzeptionellen Bezugsrahmen gefunden, von dem aus wir die sozialpädagogischen Zugänge zu den Lebens- und Bewältigungsproblemen von Kindern, Jugendlichen, Erwachsenen und älteren Menschen organisieren können.

Vor diesem Hintergrund sind die folgenden Kapitel entlang der Abfolge und der Struktur der Lebensalter aufgebaut. Die Grunddimensionen der Lebensbewältigung - Betroffenheit, Suche nach Orientierung und Rückhalt, Normalisierung - scheinen dabei unterschiedlich durch. Im Kindes- und Jugendalter sind sie immer wieder entwicklungsüberformt, im Erwerbsalter und Alter dagegen deutlich freigesetzt. Entsprechend implizit oder explizit wird auch darauf eingegangen.

3. Die Lebensalter als historisch gewordene Bewältigungskonstellationen der Moderne

Wir haben bereits (im Kapitel 2.4.) die Lebensalter in ihrer Bedeutung als biografisch-gesellschaftliche Konstellationen der Moderne allgemein thematisiert. Dabei wurde vor allem auf die gesellschaftlichen Erwartungen und Sozialmuster verwiesen, die in die herrschenden Definitionen der Lebensalter eingelassen sind. Deshalb sind die Lebensalter als gesellschaftlich vorstrukturierte Lebensphasen zu betrachten, die biografisch gestaltet werden können, aber auch bewältigt werden müssen. Im postmodernen Zeitalter der Biografisierung der Lebensverhältnisse sind die Lebensalter nicht mehr nur Phasen, in die man hineinwächst oder die man durchläuft, sondern mit deren Aufforderungsstrukturen und Begrenzungen man sich auseinandersetzen muß, wenn man „auf seine Weise" - also biografisch - jung oder erwachsen sein und altern will/muß. Die historische Rekonstruktion der Entwicklung dieser Lebensalter als bis heute gültige Grundstrukturen des Lebenslaufs in der Moderne hilft uns dabei, ihren gesellschaftlichen Charakter zu verstehen. Daß in diesem Zusammenhang die Familie am Anfang steht, soll nicht nur bedeuten, daß Kindheit ohne Familienbezug nicht verstehbar ist, sondern darüber hinaus dem Umstand Rechnung tragen, daß biografische Lebensbewältigung im Lebenslauf immer wieder - bis ins Alter hinein - in die Spannung zur Herkunfts- und Eigenfamilie gerät.

3.1 Die Herausbildung der bürgerlichen Familie

Die Familie scheint uns heute eine so selbstverständliche und zeitübergreifende Sozialform, daß wir uns gar nicht vorstellen können, daß der Begriff sich erst im Laufe des 18. Jahrhunderts in der deutschen Sprache einbürgerte. Er wird seitdem als Bezeichnung für die moderne Kernfamilie - als abgegrenzte Eltern-Kind-Gruppe - gebraucht. Davor, in der vorindustriellen Gesellschaft, gab es verschiedenartige familiale Sozialformen, von denen die bäuerliche und handwerkliche Großgemeinschaft des „Ganzen Hauses" die verbreitetste war. Sie unterschied sich in ihren Funktionen und Formen des Zusammenlebens so gravierend von der industriegesellschaftlichen Kernfamilie, daß wir die Struktur unserer modernen Familie in der Regel in Absetzung zum vorindustriellen „Ganzen Haus" beschreiben (vgl. dazu ausführlich Lenz/Böhnisch 1997).

Der Aufstieg der modernen Kernfamilie zur beherrschenden Familienform in Westeuropa geschah nicht über Nacht, sondern vollzog sich seit der Mitte des

19. Jahrhunderts über längere Zeiträume hinweg. Diese Familienform ging vom Bürgertum als kulturellem und sozialem Träger der frühindustriellen Moderne aus und wurde im Verlauf des 19. Jahrhunderts gesellschaftlich strukturbildend und eigenständig.

Die Familien der vorindustriellen Agrar- und Handwerkergesellschaft bestanden nicht - wie in der heutigen Form der Kernfamilie - für sich, sondern waren aufgegangen in der typischen Sozialform des „Ganzen Hauses" oder auch der „Gesamten Haushaltung". In diesem erweiterten Sozialverbund fielen Wohnen und Arbeiten zusammen (Einheit von Produktion und Haushalt) und Gesinde und blutsverwandte Mitbewohner wurden gleichermaßen als Mitglieder der Hausgemeinschaft betrachtet. Allerdings darf man sich unter dem „Ganzen Haus" nicht - wie in der volkstümlichen Überlieferung kolportiert - eine Drei- oder sogar Mehrgenerationenfamilie vorstellen. Spätes Selbständigwerden und damit aufgeschobene Heirat, sowie im Vergleich zu heute viel niedrigere durchschnittliche Lebenserwartung ließen dies allgemein gar nicht zu. Entscheidend war vielmehr das horizontale Kriterium des häuslichen Produktions- und Wohnverbundes. Da auch das Gesinde gleichberechtigt war, führte dies in der Regel dazu, daß die Knechte oft mehr galten als die eigenen leiblichen Kinder, solange diese noch nicht oder nur bedingt einsatzfähig für die Arbeit waren. „Kindererziehung" als ausgegliederte familiale (vor allem elterliche) Funktion im heutigen Sinne gab es eben damals noch nicht. Die Kinder waren bis zu ihrer Arbeitsfähigkeit eher in der Obhut des Gesindes bzw. liefen in der Hauswirtschaft einfach mit (s.u.).

Sozial strukturiert war das „Ganze Haus" vor allem durch „die Herrschaft des Hausvaters über alle Angehörigen des Hauses" (Rosenbaum 1982, S. 116). Mit dem Herrschaftsprinzip des „Pater Podestas" war eine enge Verbindung von Familienstruktur und Gesellschaftsstruktur symbolisch und materiell gesichert. Dem Hausvater entsprach der nur gottverantwortliche „Landesvater", somit war die patrimonale Macht auch in den familialen Hausgemeinschaften nicht von der jeweiligen Person des Vaters abhängig, sondern von oben legitimierte Selbstverständlichkeit, die von allen Hausangehörigen internalisiert und per Tradition und Gewohnheit befolgt wurde. Maria Rerrich hebt in diesem Sinne den Institutionencharakter der Vaterschaft - im Kontrast zur Beziehungsvaterschaft der modernen Kleinfamilie - hervor:

> „In dieser [vorindustriellen - L.B.] Zeit war Vaterschaft also nicht ein individuelles Attribut, sondern daß Paternale war zentrales gesellschaftliches Ordnungsprinzip, eine auf der oeconomia cristiana beruhende Einheit von sittlichen, rechtlichen und alltagspraktischen Vorgaben. [...] Die Elemente des Paternalen, die sich in der Folgezeit auf unterschiedliche gesellschaftliche Bereiche, Institutionen und Personen ausdifferenzierten, prägten im „Ganzen Haus" nicht nur die Beziehung zwischen Hausvater und Kindern, sondern bildeten als Einheit das normative und strukturelle Ordnungsprinzip für das Leben aller Mitglieder der Hausgemeinschaft". (Rerrich 1988, S. 31/32).

Die Frauen waren in dieser geschlechtshierarchischen Familienstruktur zwar untergeordnet und galten auch in der geschlechterpolaren Anthropologie und Gesellschaftsphilosophie des Mittelalters als nicht fähig, gesellschaftliche Macht auszuüben und überfamiliale Verantwortung zu tragen. (Frauen als natur- und gefühlsnahe und somit rationalitätsferne Wesen, vgl. dazu Pretzschner 1997). In der sozialen Praxis des Ganzen Hauses hatten sie aber durchaus sozialökonomische Macht, die sich auf ihren integrierten Arbeitsplatz (Stich 1988) und damit die in der Hausgemeinschaft mindestens gleichberechtigte ökonomische Stellung und die ebenfalls integrierten innerhaushaltlichen Kontrollfunktionen gründete. Die Frau war zwar der überhäuslich abgeleiteten Machtstellung des Hausvaters untergeordnet, aber diese Abhängigkeit und Unterwerfung war im Binnenbereich der gesamten Haushaltung wesentlich durchbrochen, in dem sie dort ihre eigene, gesellschaftlich durchaus anerkannte wirtschaftliche Basis hatte. Sie war so auch vor der Willkür des Hausvaters einigermaßen geschützt, da ihre Position an die Gesamtheit und Öffentlichkeit des Ganzen Hauses gebunden war. Wir können uns diese Situation vielleicht heute noch ganz gut vergegenwärtigen, wenn wir an die Lage von Frauen in türkischen Migrantenfamilien - vor allem aus den ländlichen Regionen Anatoliens - denken, die in die Bundesrepublik eingewandert sind. Sie waren zuhause in Familienstrukturen, die noch den partiell vorindustriellen Charakter des Ganzen Hauses haben. In der Bundesrepublik sind sie - vor allem dann, wenn sie nicht mehr in ausgeprägten Großfamilien leben konnten - ihres häuslichen Wirtschafts- und Schutzraumes und des überfamilialen weiblichen Solidarzusammenhangs der Haussippen beraubt und der privaten Willkür der Männer eher ausgesetzt.

Wir können uns deshalb durchaus auch vorstellen, welche einschneidenden Auswirkungen der Übergang in die industrielle Moderne - vom Ganzen Haus zur bürgerlichen Kernfamilie - für die Familienstruktur und die familialen Geschlechterbeziehungen hatte. Mit der Auflösung des Ganzen Hauses durch die nun industrielle Trennung von Produktion und Reproduktion, von Öffentlichkeit und Privatheit des Lebens, von Wohnen und Arbeiten ging eine Entmachtung der Frau einher, während die Macht des Mannes blieb, nun aber privat wurde, keiner öffentlichen Kontrolle mehr zugänglich war, aber auch einer neuen Legitimation bedurfte. Wohlgemerkt: Die patriarchale Macht des Mannes und die Unterdrückung der Frau gab es auch zur vorindustriellen Zeit, nur war sie eingebunden in ein kulturelles Legitimations- und Ordnungssystem.

„Nun ist die Benachteiligung von Frauen bekanntlich keine Erfindung der Moderne. Im Gegenteil, in früheren Jahrhunderten waren Frauen oft weit mehr noch der Herrschaft und Kontrolle des Mannes unterworfen. Und dennoch gewinnt diese Hierarchie der Geschlechter in der Gegenwart neue Explosivkraft und Dynamik. Denn zum einen ist die Ungleichheit heute nicht mehr im gleichen Maße wie früher legitimiert, selbstverständlicher Bestandteil der göttlichen Ordnung, sondern steht im Gegensatz zur neu aufkommenden Norm, wie sie etwa das Grundgesetz vorschreibt: 'Männer und

Frauen sind gleichberechtigt'. Darüberhinaus setzt das Ehemodell der Moderne, die persönliche und personenbezogene Gemeinschaft, auf die innere Zustimmung beider Partner. [...] Im Gegensatz [zu früher - L.B.] soll die neue Form persönlicher Gemeinsamkeit, die die Hoffnung der Moderne ausmacht, sich auf 'Liebe' gründen. Aber deren Inhalte sind viel vager, von den sich wandelnden, unterschiedlichen Definitionen abhängig. Dies stiftet Verwirrung, setzt Mißverständnisse in Gang, und es bedarf eines ständigen Dialogs, um zu übereinstimmenden Definitionen von Liebe, Ehe, Partnerschaft zu kommen" (Beck/Gernsheim 1988, S. 30).

Diese Entstrukturierung der vorindustriellen Geschlechterhierarchie hat aber für die Frauen nicht nur Unübersichtlichkeit, sondern auch allzu oft nicht kalkulierbare Willkür gebracht, der sie bis weit ins 20. Jahrhundert - und teils auch noch heute - ausgeliefert waren. Vor allem der Verlust der praktischen Sozialmacht, der die Frauen im Übergang in die industrielle Gesellschaft getroffen hat, wirkte lange nach. Mit der Auflösung des Ganzen Hauses verloren sie die Möglichkeit, die feminine Macht der von ihnen beherrschten „inneren Haushaltung" auf das gesamte Haus und seine Außenbeziehungen ausstrahlen zu lassen. Zudem waren sie der nun privaten Macht der Männer ausgesetzt, und wenn man bedenkt, daß in der (alten) Bundesrepublik die Frau erst seit der Reform des Ehe- und Familienrechts 1977 (!) ohne Erlaubnis des Ehemanns berufstätig sein kann und daß die öffentliche und gesetzgeberische Diskussion um die Strafbarkeit von Vergewaltigung in der Ehe erst in den neunziger Jahren verbindlich eingesetzt hat, kann man ermessen, wie prinzipiell abhängig Ehefrauen in den letzten hundertfünfzig Jahren waren.

Die moderne Kernfamilie hat also in ihrer bisherigen Geschichte vor allem ein inneres, privates und geschlechtshierarchisches Funktions- und Rollenmodell ausgebildet. Beim Vater in der außerhäuslichen definierten Arbeits- und Ernährerrolle (die Frauen sollten höchstens „dazuverdienen") laufen die außerhäuslichen Sozialkontakte der Familie zusammen, die Mutter ist an die über den Haushalt definierte Reproduktionsrolle gebunden. Sie soll den Vater und die Kinder so versorgen, daß sie arbeits- und schulfähig sind, sie soll die Familie zusammenhalten und außerhäusliche Konflikte innerfamilial ausgleichen. Dabei soll sie sich als Frau in den eigenen Interessen zurücknehmen. So ist eine spannungsreiche Grundstruktur der bürgerlichen Kleinfamilie entstanden, die aus sich heraus eine ganze Reihe von Bewältigungsproblemen erzeugt, die bis heute das durchschnittliche Familienleben prägen, auch wenn viele Männer reproduktionsorientierter und viele Frauen - auch nach außen hin - selbständiger geworden sind. Vor allem bei Familienkonflikten, kritischen Lebensereignissen oder aber in der Vereinbarkeitsproblematik von Kindern und Beruf bricht dies immer wieder durch.

Die Sozialpädagogik und Sozialarbeit ist mit der Entwicklung dieser bürgerlichen Familie in ganz typischer, nämlich in ambivalenter Weise verstrickt. Einerseits entstand in der zweiten Hälfte des 19. Jahrhunderts ein bis heute ausgedehnter sozialpädagogischer Funktionsbereich, die Familienhilfe (früher Familienfürsorge), damals mit dem gesellschaftlichen Auftrag, die bürgerliche Familienform im proletarischen Milieu durchzusetzen und ihr Funktionieren zu überwachen. Gleichzeitig gab es zu dieser Zeit auch Kritik an der Widersprüchlichkeit, Überforderung und inneren Ungleichheit dieser bürgerlichen Kernfamilie. So hatte die bürgerliche Frauenbewegung zu Ende des 18. Jahrhunderts, aus der ja später viele Frauen der helfenden Berufe hervorgingen, den gesellschaftlichen und politischen Ausschluß der Frauen, ihre Ausgrenzung im und Nichtteilhabe am Modernisierungsprozeß angeprangert (vgl. Sachße 1986).

In der wissenschaftlichen Sozialpädagogik wiederum wurde die Abgeschlossenheit und die Privatheit der Familie als Hemmschuh für die gesellschaftliche Entfaltung, als risikoreicher Bruch zwischen Privatheit und Öffentlichkeit erkannt. Paul Natorp plädierte deshalb für kollektive, einzelhaushaltsübergreifende Formen familialer Erziehung, welche die „Starrheit des Familienbegriffs" zu überwinden in der Lage wären. Er sprach von „Familienverbänden" und „Nachbarschaftsgilden". Er wollte also private familiale und gesellschaftliche Sozialformen miteinander verbinden. Er dachte dabei vor allem an die Arbeiterschaft, denen er ihre familienübergreifenden, offenen Sozialformen und solidarischen Milieustrukturen erhalten wissen und die er nicht in die apolitische Privatheit der bürgerlichen Kleinfamilie treiben wollte. Gleichzeitig sollten mit der Einmündung des Familienprinzips in solche übergreifenden Sozialformen auch öffentliche Erziehungsformen entstehen, „welche den Segen familienhafter Erziehung nach dem sozialen Ideal den Kindern der arbeitenden Klassen, die sie jetzt fast ganz entbehren müssen, allgemein sichern würde" (Natorp 1899, S. 705).

Natorps Ideen haben sich damals gesellschaftlich nicht durchgesetzt. Das Gegenteil war der Fall: Die staatliche und kirchliche Familienfürsorge erfuhr ihre Institutionalisierung und ihren Aufschwung im letzten Drittel des 19. Jahrhunderts, vor allem in der *Durchsetzung* der bürgerlichen Familie in der Arbeiterschaft, und hier insbesondere im großstädtischen Proletariat. Nicht die Verbindung der Familien mit den proletarischen Sozialformen, sondern deren Zerschlagung war die sozialpädagogische Maxime von oben. Die moderne Familienhilfe trägt bis heute - trotz inzwischen hoher Akzeptanz - an dieser historischen Hypothek, wenn ihr Tätigwerden in Unterschichtmilieus von traditionellem Mißtrauen begleitet ist. Dies bleibt aber verständlich, wenn man die Art und Weise betrachtet, mit der die Familienfürsorge hoheitlich-disziplinierend in die großstädtischen Arbeitermilieus einbrach.

Aus der Sozialgeschichte wissen wir, wie im Deutschland des 19. Jahrhunderts die Bevölkerungsmassen aus den ländlichen Regionen in die sich urbanisierenden und industrialisierenden städtischen Zonen strömten. Sie waren im doppelten Sinne entwurzelt: Zum einen verließen sie ihre dörflich-sozialen Gemeinschaftsformen mit ihren Unterstützungssystemen, Normen und Gewohnheiten, aber auch die Kontexte dörflichen Schutzes (vor allem für die Frauen) und dörflicher Kontrolle, und gerieten in die industrielle Auftrennung, die Zerstük-kelung des Lebens, die Trennung von Wohnen und Arbeiten, in den die Famili-en zerschneidenden Zyklus der Betriebsschichten. Kein Wunder, daß sie sich in diesem für sie unübersichtlichen Arbeitschaos immer noch an die zurückgelasse-sene Praxis ihrer dörflichen Gemeinschaftsformen - auch in den nun erbärmli-chen Quartieren und Haushalten der Großstadt - klammerten. Gegenseitige Hilfe, Verläßlichkeit und Widerständigkeit entwickelten sich so zu historisch neuen Formen des pauperisierten proletarischen Milieus, in dem familiale Ein-zelhaushalte, Gemeinschaftsflure und quartierräumliche Zusammenhalte in den Hinterhöfen und Straßen mit deutlichen und für das Bürgertum oft bedrohlichen Abgrenzungen nach außen ineinander übergingen. In diesem Milieu braute sich für die bürgerliche Gesellschaft und den Staat der damaligen Zeit viel Aufrüh-rerisches und Sittenwidriges zusammen und wurde grell hochgespielt und poli-tisiert. Das „Miliöh" wurde zum häuslichen Gegenbild der bürgerlichen Familie des ausgehenden 19. Jahrhunderts. Dieses Stigma hat auch in die Pädagogik und Entwicklungspsychologie der Jahrhundertwende und der zwanziger Jahre Einzug gehalten. Das Milieu wurde als Gefahr für die bürgerliche Familie und Gesellschaft angesehen. Der Wohlfahrtshistoriker Rudolf Bauer schreibt in die-sem Zusammenhang:

> „Deshalb hat das städtische Besitz- und Bildungsbürgertum auch nichts un-terlassen, um der vom Land in die Stadt kommenden lohnarbeitenden Bevöl-kerung diejenigen Vorstellungen von Heim und Heil, auf denen sein Selbst-verständnis und die Sinngebung der bürgerlichen Lebensweise beruhte, nahe zu bringen bzw. aufzuzwingen: Missionarisch, pädagogisch, wissenschaft-lich und wohltätig oder gegen den Widerstand und 'Eigensinn' der Lohnar-beiter - mit den Mitteln der rechtlich- und polizeilich-öffentlichen Gewalt." (Bauer 1988, S. 20f.).

Aber auch das zivile bürgerliche Fürsorge- und Gesundheitswesen, das damals in den Städten eingerichtet wurde, entwickelte sich neben seiner offiziellen Funktion der Hilfe und der „sozialen und kulturellen Hebung und Befriedung der unteren Klassen" zum verdeckten, aber oft auch offenen Instrument der Mo-ralkontrolle und Sozialdisziplinierung. Man fand ja auch allerhand in diesen „Millöhs". Denn so politisch und sittlich grell sie hochstilisiert wurden, so er-bärmlich war die Wirklichkeit des Lebens in diesen Quartieren, die, aus der Entwurzelung geboren, immer neue alltägliche Wechselbäder von Zusammen-hang und Entwurzelung, Verzweiflung und Widerstand gegen die bürgerliche Moral durchmachen mußten (vgl. dazu Kusczinsky 1982, S. 410ff.). Die Prole-tarierfamilien standen unter ständigem Streß, der durch die kommunale und staatliche Moral- und Sittenkontrolle noch erhöht wurde, die ja den bürgerli-chen Familientypus der sozial einzelnen Kleinfamilie gegen das unübersichtli-che Milieu durchsetzen wollte:

> „Eine besondere Rolle spielten das Gesundheitswesen und die Ärzte, letztere vor allem nach Einrichtung der Krankenversicherung Ende des 19. Jahrhun-

derts. Besonders übten sie ihren Einfluß aus auf die Behandlung der Neuge-
borenen und Kinder durch die Mütter, auf Stillen und Ernährung, Reinlich-
keit und frühkindliche Erziehung. Den Frauen vermittelten sie die Pflicht zur
Gleichsetzung von Häuslichkeit, Hygiene und Moral. Neben den Kirchen er-
hoben sie sich zu den säkularisierten Hütern des weiblichen Gebärzwangs
und des gesetzlichen Verbots der Abtreibung." (Bauer 1988, S. 22).

In diesem Zusammenhang von Milieustreß und Moralkontrolle konnte sich kein
sozial und kulturell produktiver Milieuzusammenhang entfalten. So nimmt es
nicht Wunder, daß sich die proletarische Familie selbst - bestärkt durch die an
bürgerlichen Privatzuständen orientierte Volks- und Arbeiterbildung - an dem
Ideal der bürgerlichen Familie orientierte. Die ökonomische Wirklichkeit
durchkreuzte und verzerrte immer wieder diese Aspirationen und machte sie zur
Idylle. So erhalten wir aus der Geschichte der proletarischen Familie ein oft ei-
gentümliches und groteskes Bild eines Nebeneinanders von Milieuresten und
Kleinfamilienidylle, aus dem wenig eigene soziale Kraft geschöpft werden
konnte. Diese Lähmung und Immobilität - vor allem bei Familienkrisen - beobachten auch heute noch SozialarbeiterInnen der Familienhilfe bei ihrem Unter-
schichtsklientel.

3.2 Die Entdeckung der Kindheit

So ähnlich wie wir bei der Familie und der Jugend von einer „Erfindung" der
Moderne sprechen, so reden wir auch von „Entdeckung" der Kindheit im Übergang vom vorindustriellen zum industriellen Zeitalter. Philipp Ariès spricht in
seiner berühmten „Geschichte der Kindheit" (1975) explizit und sinnlich-
symbolisch von dieser Entdeckung, wenn er uns darstellt, wie Kinder „als Kinder" - und nicht länger als „kleine Erwachsene" - erst zu einem bestimmten historischen Zeitpunkt von den Menschen gesehen und als solche - vor allem in
der bildenden Kunst und Malerei - dargestellt wurden:

> „Bis zum 17. Jahrhundert kannte die mittelalterliche Kunst die Kindheit ent-
> weder nicht oder nahm jedenfalls keinen Versuch sie darzustellen. [...]. Eine
> ottonische Miniatur des 11. Jahrhunderts gibt uns auf eindrucksvolle Weise
> einen Begriff davon, daß der Künstler den kindlichen Körper in einer Weise
> deformierte, die unserem Empfinden und unserer Anschauungsweise gänz-
> lich unvertraut sein muß. Gegenstand der Miniatur ist die Szene aus dem
> Evangelium, wo Jesus die Kindlein zu sich kommen läßt [...] Doch umgibt
> der Miniaturaler Jesus mit acht normalen Männern, die nicht das geringste
> kindliche Merkmal aufweisen: Es sind einfach verkleinerte Ausgaben von
> erwachsenen Männern. Lediglich hinsichtlich ihrer Größe unterscheiden sie
> sich von ihnen [...]. Das 13. Jahrhundert hat zwar mehr Sinn für die Darstel-
> lung der Kindheit, doch bleibt es dieser Darstellungsweise treu. In der illu-
> minierten Bibel des heiligen Ludwig werden die Darstellungen von Kindern
> zwar zahlreicher, doch sind sie immer noch durch nichts anderes gekenn-

zeichnet als durch ihre Größe. (S. 92) [...] die Vorstellung, daß solch ein Kind bereits eine vollständige Persönlichkeit verkörperte, wie wir heute allgemein glauben, kannte man nicht." (S. 99).

Man machte sich deshalb auch keine Gedanken über die „Entwicklung" einer solchen Persönlichkeit und damit die Entwicklung der Kinder überhaupt. Es herrschte auch deshalb gegenüber den Kindern eine gleichgültige Haltung, da man ja nicht wußte, ob sie sich überhaupt zu menschlichem Leben entwickeln würden. Ariés verweist in diesem Zusammenhang auf die Tradition der Kindesaussetzungen in der römischen und chinesischen Gesellschaft. Das Kind war also in der vorindustriellen Zeit in einer Zwischenzone von naturbestimmtembiologischem zu sozialem Leben angesiedelt.

Allerdings wurden die Kinder früh als Besitz benutzt, gebraucht und mißbraucht. Da sie oft weniger wert waren als das Gesinde (vgl. dazu die Ausführungen im Familienkapitel zum „Ganzen Haus") konnte man an ihnen am ehesten Gewalt auslassen. Der französische Sozialhistoriker de Mause stellt diesen Aspekt in seiner Geschichte der Kindheit in den Vordergrund und hat dabei auch eine spektakuläre Kontroverse zu Ariés ausgelöst. Dieser meinte ja, daß - wenn die Kinder am Leben blieben - sie in der Gesellschaft der Erwachsenen sich entfalten konnten und ihnen ihre Eigenheit nicht früh durch Erziehung ausgetrieben wurde. De Mausse dagegen fragt anklagend: „hört ihr die Kinder weinen" und nennt seine Geschichte der Kindheit „psychogenetisch" (1977):

„Die Geschichte der Kindheit ist ein Alptraum, aus dem wir gerade erst erwachen. Je weiter wir in der Geschichte zurückgehen, desto unzureichender wird die Pflege der Kinder, die Fürsorge für sie und desto größer die Wahrscheinlichkeit, daß Kinder getötet, ausgesetzt, geschlagen, gequält und sexuell mißbraucht werden." (S. 12).

Vor allem die bereits erwähnte Gleichgültigkeit und Indifferenz gegenüber Kinderkrankheit und Kindestod wird in der Sozialgeschichte der Kindheit breit und intensiv diskutiert, weil sie zeigt, daß vor allem die frühe Kindheit nicht als „menschliche Lebensphase" begriffen und die von uns heute so hoch besetzte Mutter-Kind-Beziehung und Mütterlichkeit nicht schon immer während Beziehungs- und Sozialmuster waren, sondern sich erst als solche in der Neuzeit entwickelten und mit ihnen historisch geworden sind. E. Shorter schreibt in seiner Sozialgeschichte der Kindheit (1986) dazu:

„Wir haben so stark die liebevollen Verhaltensweisen gegenüber Kindern verinnerlicht, daß wir uns unfähig erweisen, uns eine andere Verhaltensweise vorzustellen. Dem entsprechend nehmen wir oft an, daß das Einfühlungsvermögen zwischen Eltern und Kindern, insbesondere dasjenige zwischen Mutter und Kind, in gewisser Weise eine universale Konstante sei. In der Tat ist oft behauptet worden, daß die feurige Mütterlichkeit irgendwo in der biologischen 'Natur' der Frau liege." Shorter bestreitet deshalb, „daß die Behandlung der Kleinkinder durch Frauen immer eine geschichtliche Konstante gewesen sei oder daß die Sozialisation, so sie durch Kinder selbst erfahren wird, jede universale Gleichartigkeit besessen habe, welche die Entwicklungspsychologie als gegeben anzusehen scheint." (S. 503).

Shorter geht sogar so weit, in die damalige Selbstverständlichkeit des Kindertodes die Möglichkeit des Kindesmordes mit einzubeziehen: „ein erschreckend weiter Abgrund gähnt zwischen uns und den Menschen, die vor zweihundert Jahren lebten, für die das Aussetzen kleiner Kinder, damit sie Engel im Himmel würden, ein akzeptabler Weg war, um mit dem Ungewollten zurechtzukommen" (S. 518). Bei Kindern war einfach „nichts zu machen", es war eine „Unbekümmertheit" gegenüber Krankheit und Tod von Kleinkindern verbreitet, der Kindertod galt als etwas Selbstverständliches, als Erlösung (Kinder als vorbestimmte Engel).

Über diese spektakuläre, für uns heute unfaßbare Haltung gegenüber Kindern hinaus lassen sich aber auch weitere Faktoren dafür aufführen, daß die Mutter-Kind-Beziehung und Mütterlichkeit keine universalen festen Größen, sondern historisch different und variabel sind. Diese Erkenntnis ist für uns in der Sozialpädagogik wichtig, weil sie uns zu den Brüchen und Spannungen führt, welche bis heute und heute wieder Bewältigungskonstellationen im Eltern-Kind-Verhältnis, in der Kindererziehung und im öffentlichen Umgang mit Kindern berühren. Wir können dann sehen, daß sozialpädagogische Konflikt- und Bewältigungsprobleme in ihrer Grundstruktur historisch rückgebunden und wandelbar sind. So hat uns zwar die Moderne eine gesellschaftliche Wertschätzung des Kindes, eine familiale Hinwendung zum Kind und die Institution der Mutterliebe gebracht und idealisiert, gleichzeitig hat aber die moderne Entwicklung gewaltförmige Triebstrukturen in den Primärbeziehungen nur unterdrückt und kanalisiert. Deshalb sind wir umso erschrockener und entsetzter, wenn wir zunehmend von Gewalt gegen Kinder in Familien hören, wenn wir über Ausbeutung und Mißbrauch von Kindern lesen und uns gleichzeitig in moderner Distanz der Vorstellung entziehen wollen, daß Kinder vor zweihundert Jahren der Gewalt anheim fielen, wobei die Gesellschaften damals - dies soll nicht zynisch klingen - kindzugewandtere Rationalisierungsmechanismen des Kindstodes hatten als es bei der heute im Privaten ausgeübten nackten Mißbrauchs-Gewalt der Fall ist.

Immer wenn wir etwas als historisches Konstrukt begreifen, wissen wir, daß das historisch Gewordene sich auch in der Gegenwart wieder in der Veränderung befinden kann. Dies scheint auch bei der Mutter-Kind-Beziehung in verschiedener Weise der Fall zu sein. I. Hardach-Pinke weist darauf hin, daß in der heutigen Zeit der Individualisierung und der Veränderung der Familienformen das Kinderhaben kein absoluter Wert mehr ist, sondern daß der Kinderwunsch meistens in Relation zur individuellen Lebensplanung gesetzt und damit relativiert wird.

Gleichzeit hat aber der gesellschaftliche Individualisierungsprozeß auch dazu geführt, daß Mütter sich mit Kindern vor allem auch über ihre Kinder verwirklichen wollen:

„Es ist nicht mehr die frühkindliche Mutterentbehrung, die zum Leiden am Leben führt, sondern es sind die Fixierungen der Mutter auf das Kind, die neurotische Überbetreuung der Mutter, das Zuviel an Liebe, die zerstörerisch wirken. [...] Das Kind wird zum Schicksal der Mutter, es darf nicht mißraten, weil es sonst mütterliche Persönlichkeitsdefekte enthüllen könnte." (Hardach-Pinke 1993, S. 25).

Dennoch - und trotz deutlich zunehmendem Anteil der Vaterliebe - bleibt die Mutterrolle als Verbindung von ökonomischem Strukturelement der Arbeitsteilung und sich verselbständigender und internalisierter Idee bis heute erhalten. Empathie und Fürsorglichkeit als Fähigkeit der Frauen sind daraus erwachsen und haben sich kulturell institutionalisiert. Dadurch - und nicht durch die Natur und Universalität der Fähigkeit des Bemutterns - sind sie für Männer und Frauen bis heute so tabuisiert.

Aber kehren wir zurück zu Ariés und seiner Geschichte der symbolisch-bildhaften Darstellung der Kindheit - nun aber im Übergang zur Moderne. Das Kind wird - etwa im 17. Jahrhundert - als etwas Eigenes und Besonderes entdeckt und dargestellt:

„So wurden beispielsweise Einzelporträts von Kindern im 17. Jahrhundert zahlreich und üblich. Auch beginnen im 17. Jahrhundert die Familienporträts, die ja viel älter sind, sich um das Kind herum zu organisieren: Es wird zum Mittelpunkt der Komposition. Diese Konzentration auf das Kind fällt besonders auf bei jenem Familienporträt von Rubens, auf dem die Mutter dem Kind die Hand auf die Schulter legt, während der Vater es an der Hand hält, aber auch bei Franz Hals, van Dyck oder Lebron auf deren Bildern die Kinder sich küssen, umarmen und die Gruppe der ernst blickenden Erwachsenen durch ihre Spiele und Zärtlichkeit beleben. [...] Auch räumt die Genreszene des 17. Jahrhunderts der Kindheit einen bevorzugten Platz ein: So finden wir unzählige Kindheitsszenen konventionellen Charakters, wie etwa die Lesestunde [...] oder auch die Musikstunde, lesende, zeichnende, spielende Jungen und Mädchen." (Ariés 1975, S. 529).

Gesellschaftliche Umwälzung findet dann - nach Shorter - im 18. Jahrhundert unter den verschiedenen sozialen Schichten, ausgehend von den Mittelschichten der Kleinstadtgesellschaft, statt. Es entsteht eine „Kristallisierung der mütterlichen Zuneigung". Alles änderte sich: „Die Art in der Kinder gekleidet wurden, in der sie nach der Geburt gewickelt, gefüttert und gehätschelt wurden und Weihnachten erlebten" (Shorter S. 521). Das Kind wird als Individuum und als Mensch entdeckt. Gesellschaftliche Antriebskräfte für diese Entdeckung der Kindheit sind vor allem die Entwicklung der bürgerlichen Kleinfamilie und das Fortschreiten der industriellen Arbeitsteilung, die vom Geist der sozialen Differenzierung und Entwicklung getragen die Kindheit zu einer eigenständigen Entwicklungsphase im Vergleich zu anderen Entwicklungsphasen des industriellen Lebenslaufs machte. Natürlich war dies - wie wir das bei der Entwicklung der bürgerlichen Familie im 19. Jahrhundert gesehen haben - vorerst auf die bürgerlichen Schichten beschränkt. Zum Proletarierschicksal dagegen gehörte lange noch die Kinderarbeit, an der augenfällig wurde, daß die Anerkennung der Kinder als Individuen und Menschen klassenspezifisch verteilt war. Erst die technologisch strukturierten Phasen der Modernisierung seit Ausgang des 19.Jahrhunderts haben Erziehung und Bildung in der Kindheit als Grundfundament industrieller Qualifikation in den Vordergrund gerückt. Das von Ellen Key (1908) ausgerufene „Jahrhundert des Kindes" drückte aus, daß die Kindheit zum Symbol menschlicher Entwicklungsfähigkeit geworden ist. Ausgehend von der darwinistischen Entwicklungslehre wird das Kind bei Ellen Key als Entwicklungsphänomen, in dem sich die Potentialität des Menschlichen verbirgt, dargestellt. Im Kind ist Menschsein in genetischer Sicht angelegt. Die volle Ausbildung der Menschheit wird danach nur dann möglich, wenn man Potentiale im Kind ausbildet, indem man das Kind zum Menschen macht. Kindheit wird damit zur Grundtatsache der Gesellschaft im evolutionistischen Sinne. Alle Entwicklungspsychologen und Pädagogen des 20. Jahrhunderts haben dieses Bild übernommen und ihre Entwicklungskonzepte in diesem Geiste angelegt (z.B. Montessori, Piaget). Dieser Entwicklungsbegriff wird vor allem in der Reformpädagogik des beginnenden 20. Jahrhunderts pädagogisch übersetzt: Kinder „entwickeln sich". Die Spannung von Erziehung und Eigenleben, die wir als konstitutiv für den sozialpädagogischen Zugang zur Kindheit darstellen werden, war somit historisch angelegt. Wo Rousseau die eigene Qualität des Kindes lediglich als Idee formuliert hatte, wird sie nun im Übergang zum 20. Jahrhundert unter der Dynamik der individualisierenden und arbeitsteiligen Modernisierung lebensphilosophisch und pädagogisch transformiert.

Damit wurde auch die Tür für eine wissenschaftliche Beschäftigung mit dem Kind zum Zwecke des Erkennens der Gesetzlichkeiten dieser kindlichen Entwicklung weit aufgestoßen. Otto Rühle (1925) sieht die mit Beginn der 90er Jahre des 19. Jahrhunderts einsetzende Entwicklung der Kinderpsychologie zur selbständigen Disziplin und zentralen Hilfswissenschaft der Pädagogik, aber nicht nur als Ergebnis pädagogischer Nachfrage nach der Erforschung des kindlichen Gedankenkreises, des Gedächtnisses, der psycho-physischen Entwicklung, der Sprache und Motorik, aber auch der pathologischen Erscheinungen, sondern vor allem auch als Konsequenz der industriellen Rationalisierung: „Mit dem Vordringen der Amerikanisierung und dem Umsichgreifen der Taylorie auf den verschiedensten Gebieten des Wirtschaftslebens wird man immer mehr dazu übergehen, mittels der Einsicht in den Mechanismus der menschlichen Seele dem Produktionsprozesse die rationellste Methode zu sichern, um ihm die höchste Ergiebigkeit abzugewinnen" (Rühle 1925, S. 19/20).

Hier scheint schon früh ein Motiv auf, das uns ausgangs des 20. Jahrhunderts wieder neu und weiter beschäftigt: Die Mediatisierung der Kindheit über die moderne Industriegesellschaft, der Verlust des kindlichen Eigenlebens und seine frühe Vergesellschaftung, die eben nicht kindlichen Entwicklungsprozessen, sondern steigenden Rationalisierungsanforderungen und kapitalistischer Marktausdehnung und Marktdifferenzierung folgt. Insofern liegen Otto Rühles These von der Rationalisierung der Kindheit vom Anfang des 20. Jahrhunderts und Neil Postmans These vom Verschwinden der Kindheit in der Medien- und Konsumgesellschaft (1983) zu Ausgang des 20. Jahrhunderts gar nicht so weit auseinander. Sie markieren in diesem „Jahrhundert des Kindes" gleichsam die sozialpädagogischen Zugänge zum Problemkomplex der Bewältigung von Kindheit, und damit zu den frühen Bewältigungsleistungen von Kindern, die auf Vergesellschaftung angewiesen und ihr zugleich ausgesetzt sind.

Diese, sich im modernen Vergesellschaftungsprozeß des 20. Jahrhunderts freisetzende Spannung von Eigenentwicklung der Kinder und ihrer zunehmend offensichtlichen rationalen Vergesellschaftung, löst die - wie wir heute sagen würden - sozialisationstheoretische Phase der Betrachtung der Kindheit aus. Das Kind wird nicht mehr nur länger im Bannkreis der Erziehung - sei sie nun traditionell erwachsenenzentriert oder reformpädagogisch entwicklungszentriert - betrachtet, sondern genauso als soziales Wesen, das sich früh mit seiner Umwelt auseinandersetzen und diese bewältigen muß. Damit waren die Anfänge zu modernen sozialpädagogischen Zugängen zur Kindheit, wie sie bis heute weiter tragen, gelegt.

Es war vor allem die pädagogische Kinder- und Jugendkunde der zwanziger Jahre in Deutschland und Österreich, die sich mit dem außerfamilialen Sozialleben des Kindes befaßte. Die Wiener Kinderpsychologin Hildegard Hetzer hat in ihrer großen Untersuchung über „Kindheit und Armut" (1929), zu der sie das Material der Wiener Erziehungsberatungsstellen benutzte, ein erstes soziales Porträt der modernen Kindheit unter dem Aspekt der Bewältigung gegeben. Sie zeigt auf, wie Kinder vor allem in der mittleren Kindheit früh ihre eigenen sozialen Bezüge außerhalb des Elternhauses suchen:

> „Während das Kleinkind mit einigen wenigen Spielkameraden vollauf zufrieden ist, bedeutet es für das sechsjährige und ältere Kind einen großen Nachteil, wenn es nicht reichlich Gelegenheit findet, mit recht viel Gleichaltrigen beisammen zu sein. [...] Das Kind, das vom Erwachsenen lange nicht mehr so abhängig ist wie früher, beginnt diesen Erwachsenen auch mit ganz anderen Augen zu betrachten. Im Umgang mit Kameraden macht es täglich die Erfahrung, daß soziale Beziehungen sich verändern können [...][und] daß sich seine Beziehung zu Eltern, Erziehern, Familie von der Beziehung zu den Kameraden wesentlich unterscheidet." (Hetzer 1929, S. 205 - 209).

Die sozialpädagogische Bewältigungsdimension bringt Hildegard Hetzer dort ins Spiel, wo sie von den kindereigenen Kompetenzen der *Lebensbeherrschung* spricht. An empirischen Studien zur „Lebenstüchtigkeit" von Kindern zeigt sie, wie sich die Kinder selbst ihre Alltagsroutine und Verläßlichkeiten, ihre Normalität schaffen. Gleichzeitig wird aber auch aus den Ergebnissen deutlich, daß der dauernde Kampf um die Sicherung dieser Alltagsverläßlichkeiten bei armen Kindern „zur Verengung des Gesichtskreises" (unter der Bewältigungsperspektive würden wir sagen: zur Einschränkung der Handlungsfähigkeit) führen kann. Im Mittelpunkt der fürsorglichen Hilfe für Kinder steht für sie deshalb die Förderung der Fähigkeiten der Lebensbeherrschung, also der Bewältigungskompetenzen.

In Hetzers „Kindheit und Armut" scheint aber auch schon jenes typisch sozialpädagogische Grundproblem durch, das wir als Spannung von Lebensbewältigung und Sozialintegration in den Mittelpunkt dieses Buches gestellt haben und in der sich die Eigendynamik des Normalisierungshandelns ausdrückt. Sie beobachtete, daß sich die Kinder in der Suche nach ihrer Alltagsnormalität anders verhielten, als dies die ErzieherInnen angesichts der objektiven Tatsachen der Armut erwarteten. Sie zieht daraus den Schluß, daß das Hilfeverhalten der ErzieherInnen eine Balance zwischen dem subjektiven Erlebnis der Kinder und den objektiven Lebenstatsachen suchen muß (vgl. das moderne Problem der sozialpädagogischen Balance zwischen Akzeptanz der Subjektivität des Normalisierungshandelns und sozialintegrativer Beeinflussung). Sie kann sogar eindrücklich - an zahlreichen empirischen Beispielen aus Erziehungsberatungsstellen - zeigen, daß Hilfebedürftigkeit bei Kindern subjektiv nicht gegeben ist und überhaupt entwicklungs- und altersbedingten Ausprägungen und Schwankungen unterliegt. Hier klingt schon das immer wiederkehrende Dilemma sozialpädagogischer und sozialarbeiterischer Intervention an: Kann die erziehende und helfende Verantwortung, die sich maßgeblich aus der Erkenntnis der objektiven Hilfebedürftigkeit ableitet mit der subjektiven Befindlichkeit der Betroffenen - vor allem dann, wenn sie sich subjektiv nicht hilfebedürftig fühlen - überhaupt in Einklang gebracht werden?

Neben dieser zentralen Frage der Eigenständigkeit und Bewältigungskompetenz der Kinder klingt in „Kindheit und Armut" auch schon die zweite sozialpädagogische Schlüsselthematik des sozialen Umgangs mit Kindern und ihrer selbstständigen Entwicklung in der Spannung zum familialen Erziehungsgeschehen an: Die Gleichaltrigengruppe und die von ihr gelebten Räume werden als Medien der sozialen Selbständigkeit des Kindes erkannt: Die Kameraden, mit denen es Umgang hat, wählt es selbst aus, wie sich letztenendes das Verhältnis zu ihnen gestaltet, hängt von der eigenen Erfahrung, die man mit ihnen macht, ab. Mit den Autoritätspersonen, mit denen es zu tun hat und mit den Familienangehörigen ist es anders. Sie sind ohne eigenes Zutun da, man wird nicht gefragt, ob man mit ihnen in Beziehung treten will oder nicht und die Art der Beziehung zu ihnen ist von vornherein schon festgelegt (Hetzer 1929, S. 210).

Diese Erfahrungen zum sozialen Eigenleben des Kindes hat Martha Muchow (zusammen mit H.H. Muchow) Anfang der dreißiger Jahre in ihrem Klassiker „Der Lebensraum des Großstadtkindes" (1935/1978) systematisch aufgezeichnet. Sie hat dabei schon das formuliert, was wir in dieser Einführung das sozialräumliche Prinzip der Sozialpädagogik vor allem im Kindes- und Jugendalter nennen werden: Die Erfahrung, daß Kinder und Jugendliche sich eher sozial-räumlich orientieren, während Erwachsene sich vornehmlich an ihren Positionen und Rollen ausrichten:

„Das Kind ist ganz allgemein, auch im Ernstverhalten, unendlich viel intensiver an die Dinge der Welt gebunden, verströmt sich selbst, seine Affekte und Wünsche, viel intensiver in die Dinge hinein als der Erwachsene, der ein ganzes System denkgesetzlicher Formen an die Dinge heranbringt, durch deren Anwendung sie vom Ich abgerückt und dem Ich gegenübergestellt werden". (S. 91). Deswegen ist für sie auch das Kinderspiel Ausdruck einer typischen Kinderkultur, in der dieses sozialräumliche Ausleben aufgehoben ist: „Spiel ist notwendig die Form des Lebens beim Kinde dieser Altersstufe, weil die Möglichkeit objektivierender Auseinandersetzung noch nicht hinreichend entwickelt ist, sondern sich erst nach und nach aus jener stark subjektivierenden, gefühls- und affektgedrängten Auffassungsweise der Umwelt, wie wir sie beim kleinen Kinde finden, heraus entfaltet." (1978, S. 91).

In diesem Sinne konnte sie auch die sozialräumliche Eigenwelt der Kinder herausarbeiten: Sie zeigte, daß Plätze, Gebäude, Flächen eine ganz andere Bedeutung für die Kinder als für die Erwachsenen haben, die sie eher unter funktionalen Gesichtspunkten ihres Berufs- und Wohnalltags sehen. Die Spannung von auf gesellschaftliche Funktionen gerichtete Erziehung und sozialräumlichen Eigenleben der Kinder ist hier abgebildet. Für unsere sozialpädagogische Bewältigungsperspektive ist die Erkenntnis bis heute wichtig, daß das sozialräumliche Verhalten von Kindern und Jugendlichen im Alltag darauf abzielt, ihre Handlungsräume und damit ihre Möglichkeiten durch die Erfahrung von sich selbst in der räumlichen Umwelt zu erweitern und ihre Bewältigungskompetenz zu variieren. Die Muchowsche Sozialraumperspektive bildet somit die Grundlage für die theoretische Entwicklung der Bewältigungsdimension Aneignung, wie wir sie in dieser Einführung in ihrer Bedeutung für die Sozialpädagogik des Kindes- und Jugendalters vorstellen werden.

3.3 Die Erfindung und Konstruktion des Jugendlichen

Die Geschichte der sozialpädagogischen Jugendhilfe beginnt mit der „Erfindung des Jugendlichen". Damit war der Typ des schulentlassenen männlichen, in der Großstadt beheimateten proletarischen Jugendlichen gemeint, der nicht (mehr) in der bürgerlich gelenkten Schule bzw. in geordneten Lehr- und Arbeitsverhältnissen integriert war, sondern seine Zeit ungeregelt auf der Straße verbrachte. Ihn konnte man deshalb auch nicht pädagogisch und disziplinarisch kontrollieren; er drohte zu verwahrlosen. Dieser Begriff der Verwahrlosung, dessen Schatten die Sozialpädagogik des Jugendalters bis in die 70er Jahre begleitet hat, bildet sich in dieser Zeit und in diesem Sinne heraus. Er ist ein diffus-normativer Begriff, nicht bezogen auf die realen Lebensverhältnisse dieser Jugendlichen, sondern auf die Einhaltung des durchschnittlichen Norm- und

Sittenkodex der damaligen bürgerlichen Gesellschaft. Er war ein Begriff, der für die Obrigkeit, aber nicht für die Sozialpädagogen handhabbar war, den sie aber vorgesetzt bekamen und mit dem sie operieren mußten. Die Jugendhilfe entstand also nicht im Erziehungsgedanken, sondern aus dem obrigkeitsstaatlichen Mißtrauen heraus, daß ein Teil der Jugendlichen auf der Straße sich der öffentlichen Kontrolle entziehen könnte.

„Anstoß war die Entdeckung jener 'Kontrollücke zwischen Schulbank und Kasernentor', in der sich vornehmlich die männlichen, schulentlassenen, gewerblich tätigen, städtischen 'Jugendlichen' einer anstößigen Freizügigkeit erfreuten. Bürgerliche Gleichheit vor dem Gesetz, soziale Mobilität, industrielle Beschäftigungsverhältnisse und Verstädterung hatten die alten Kontrollmechanismen gelockert und das Vertrauen in deren sozialisatorische Kraft gegenüber der jungen Generation zerstört. In der pädagogischen und juristischen Literatur häufen sich die Klagen über 'jugendliche Arbeiter', die der Aufsicht des ländlichen oder handwerklichen Dienstherren entbehrten, und über 'jugendliche Kriminelle', die die Aufsichtslosigkeit zur 'Zuchtlosigkeit' und 'Aufsässigkeit' nutzten. Erst in den 1880er Jahren entstand aus diesem Schrifttum der Neologismus 'der Jugendliche' und reiften Konzepte einer zwangserzieherischen Korrektur des abweichenden Verhaltens solcher Jugendlicher sowie bald darauf der jugendpflegerischen Hebung der noch nicht Gefährdeten [...]. Aus diesem Impuls entwickelte sich in den 1890er Jahren jene Skala von öffentlich geförderten Angeboten zur Freizeitgestaltung zunächst nur für den männlichen, städtischen, gewerblich tätigen Jugendlichen [...], die seit dem preußischen Erlaß von 1911 als 'Jugendpflege' bezeichnet wurde, und die sich in Konkurrenz zu den autonomen Gruppen des Wandervogels wie der sozialistischen Arbeiterjugend in klarer Anbindung an vaterländische und paramilitärische Erziehungsziele auf alle Gruppen von Jugendlichen noch in der Vorkriegsgesellschaft ausweiteten." (Münchmeier/Peukert 1990, S. 6).

Der Begriff des Jugendlichen war also ein Kunstbegriff, der signalisieren sollte, daß es im bürgerlichen Verständnis der damaligen Zeit Gruppen von Jugendlichen gab, die aus dem bürgerlichen Konzept Jugend herausfielen und, da das bürgerliche Konzept Jugend ein genuin pädagogisches Konzept war, auch aus der Pädagogik herausfielen.

Die bürgerliche Jugend war insofern eine pädagogische Jugend, weil es als Inbegriff dieser Lebensphase galt, daß die jungen Leute des städtischen Bürgertums aus dem Prozeß des Arbeitens und der materiellen Existenzsicherung herausgenommen wurden, um ihnen einen (Schon-)Raum zum Lernen, zur Vorbereitung auf ihre zukünftige Stellung in der Gesellschaft geben zu können. Diese Idee der gesellschaftlichen Separierung zum Zwecke des Lernens auf später speist sich aus der Philosophie der Moderne: Die Gesellschaft entwickelt sich weiter, sie ist nicht statisch, es genügt nicht mehr, wenn die früheren Generationen ihre Erfahrungen weitergeben, es müssen eigene gesellschaftliche Räume geschaffen werden, in denen die Menschen schon als junge Menschen diese Weiterentwicklung an sich nachvollziehen und in ihre Biografie umsetzen können. Der sich weiterentwickelnde Mensch in einer sich weiterentwickelnden (also modernen) Gesellschaft ist somit das Grundthema der pädagogischen Jugend. Dieses Herausnehmen aus der Gesellschaft zum Zwecke des Lernens bedeutet aber nicht nur Schon- und Freiraum, sondern macht die Jugend auch abhängig von der Elterngeneration, von der sie versorgt (alimentiert) wird. In diese Doppelbödigkeit - einerseits sich gegenüber den älteren Generationen weiter entwickeln und ihnen damit kritisch gegenüberstehen zu können und gleichzeitig von ihnen abhängig zu sein - ist der Generationenkonflikt seitdem als zentrales Charakteristikum der modernen Jugend gesellschaftlich einprogrammiert. Jugend darf in diesem Sinne nicht nur von der Gesellschaft zeitweise freigestellt sein, sie muß auch kontrolliert werden. Das Sich-Entwickeln-Können in einer sich entwickelnden Gesellschaft soll jedoch nicht den Rahmen sprengen, das Vorgegebene verwerfen. Gleichzeitig wird aber der Jugend zugestanden, daß sie mit Neuem experimentiert. Dazu muß sie jedoch - zumindest probeweise - das Alte verwerfen können. Damit dieser notwendig doppeldeutige Entwicklungsakt nicht zum Risiko für die Gesellschaft wird, ist er auf den pädagogischen Schonraum Jugend verwiesen. Somit ist das Risiko, das Jugend beinhaltet, aus der Gesellschaft herausgenommen. Deswegen war und ist der pädagogische Jugendraum gesellschaftlich so wichtig: Er ermöglicht individuell das Neue, ohne das gesellschaftlich Vorgegebene zu bedrohen (vgl. zur „Konstruktion" des bürgerlichen Jugendbegriffs: Herrmann 1982, v. Bühler 1990).

Aus diesem Exkurs zur modernen Jugend und Pädagogik wird plausibel, wie brisant es für Staat und bürgerliche Öffentlichkeit des ausgehenden 19. Jahrhunderts war, wenn zunehmend mehr junge Leute - eben die Jugendlichen - aus dem pädagogischen Raum Jugend herausfielen. Das Bild von der „Kontroll-Lücke zwischen Schulbank und Kasernentor" reichte nicht aus, um die ganze Tragweite der Problematik des Jugendlichen zu erfassen. Als „Jugendliche" wurden nicht mehr nur junge Menschen, die sich der öffentlichen Kontrolle zu entziehen drohten, bezeichnet, sondern alle, die generell aus dem tradierten Bild der bürgerlichen Jugend herausfielen, daher auch nicht nach pädagogischen Maximen zu behandeln waren. In Konsequenz dieser Sichtweise kümmerten sich auch nicht Pädagogen um solche Jugendlichen, sondern Juristen und Polizisten. Das erzieherische Bemühen um diese Jugendlichen im Einzelfall war damals in der Regel auch nicht pädagogisch motiviert, sondern sollte vor allem dazu dienen, die Strafe und Disziplinierung an den Mann zu bringen. Denn diese Jugendlichen - und das ist der Kern der damaligen Ideologie der Verwahrlosung - waren durch ihre Lebensverhältnisse und ihr Verhalten außerhalb der (pädagogischen) Jugend gestellt, es brauchte nicht jugendgemäß mit ihnen umgegangen zu werden.

„Konsequenterweise gingen die ersten Ansätze zur pädagogischen Intervention bei jugendlicher Auffälligkeit von den Juristen aus. Der Diskurs der Strafrechtsreform mit seinem Übergang vom rechtspositivistischen, tatbezogenen Strafrecht zum pädagogischen, täterbezogenen Strafkonzept konzentrierte sich zunächst auf Minderjährige, weil deren relative Strafunmündigkeit am leichtesten einsichtig war. Die Parole 'Erziehung statt Strafe' meinte bei den Reformern der ersten Stunde aber gerade nicht ein Plädoyer für verständnisvolle Milde, sondern zielte darauf, die korrigierende Intervention auf den jungen Täter zu intensivieren und zu verlängern. Statt kurzer Sühne für ein Bagatelldelikt sollte nun lange Zwangserziehung verhängt werden, wenn die Täterpersönlichkeit Grund zur Verwahrlosungsprognose gab." (Münchmeier/Peukert 1990, S. 6).

Bei fortschreitender Industrialisierung und Urbanisierung mit den entsprechenden Migrationen und sozialen Segregationen wurden über die Jahrhundertwende hinaus immer mehr solcher Jugendlicher freigesetzt. Die Statistik der Fürsorgeerziehung zu Anfang dieses Jahrhunderts (nach Münchmeier/ Peukert befanden sich 1913 in Preußen 56.464 Zöglinge in Fürsorgeerziehung) läßt vermuten, daß die Jugendlichen - pädagogisch-ideologisch zunächst immer als Randphänomen zur Jugend betrachtet - bald Alltagserscheinung wurden. Deshalb konnte auch die Jugendpädagogik sie mit der Zeit nicht mehr ausschließen.

Nach dem Ersten Weltkrieg erhielt die Jugendfrage eine ganz andere Dimension. Denn die kulturelle und soziale Modernisierung wurde in der Weimarer Gesellschaft vor allem von der Jugend getragen: Die Jugend lernte die neuen Berufe, sie strömte in das nach der Weimarer Verfassung offene Bildungs- und Ausbildungssystem und wuchs in einen neuen Rhythmus von Ausbildung, Arbeit und Freizeit hinein. Das äußerte sich unübersehbar und massenhaft in bislang nicht gekannten öffentlichen Verhaltens- und Konsumstilen. Es fiel damals schon der Begriff der „individualisierten" Jugend, einer Jugend, die aus ihre traditionellen sozialen Herkunftsmilieu herausstrebt, gleichsam „freigesetzt" wird. Dies hat vor allem den deutschen Soziologen Karl Mannheim (1926) inspiriert, die „junge Generation" als eigenständige soziologische Kategorie zu fassen.

Die allgemeine Bildungs- und Berufsorientierung löste die Jugend aus ihren mittelschichtigen und proletarischen Herkunftsmilieus. Der Berufsstolz ging vor dem proletarischen Klassenstolz (vgl. Lazarsfeld 1931), Freizeit und Konsumorientierung vor der patriarchalischen Sittenautorität der bürgerlichen Mittelschichtfamilie. Diese Jugend fühlte sich nicht so sehr über jugendgemäße Ideale - so wie zu Zeiten der Jugendbewegung - selbständig, sondern über eigenes Einkommen und eigene Verhaltens- und Konsumspielräume in der Gesellschaft. Sie wandte sich nicht innerlich ab von der Moderne; im Gegenteil: Sie ging in ihr auf, nutzte sie, verstand sich über sie. Das dem deutschen Bildungsbürger schreckhafte Bild von der „amerikanischen Jugend" wurde auch prompt zu einer Zeit gezeichnet, in der die Amerikanismusdebatte in der deutschen Bildungspublizistik (vgl. Halfeld 1927) ihren Höhepunkt erreichte.

So war diese Großstadtjugend - vor allem die Arbeiterjugend, die sich nicht mehr jugendkundlich ausgrenzen ließ - für die PädagogInnen der damaligen

Zeit ein Phänomen, das sie nicht so richtig einordnen konnten. In den methodisch durchaus ernstzunehmenden jugendkundlich-sozialwissenschaftlichen Untersuchungen spürt man deshalb eine pädagogische Befangenheit, wie sie von L. Franzen-Hellersberg in ihrer Mädchenstudie wie folgt auf den Punkt gebracht wurde: „Deshalb ist der Beweggrund dieser Untersuchung, die 'Gestaltlosigkeit' des proletarischen jungen Mädchens anschaulich werden zu lassen." (Franzen-Hellersberg 1932, S. 3) Der soziologische Prozeß der massenhaften Freisetzung der Jugend war pädagogisch nicht faßbar. Später wird die moderne Sozialisationstheorie die Brücke zwischen soziologischer, psychologischer und pädagogischer Dimension schlagen.

Die zweite typische Zuschreibung, die man in der sozialpädagogischen/jugendkundlichen und sozialpublizistischen Literatur der 20er Jahre immer wieder findet, ist die, daß es eine Jugend sei, die „sich selbst überlassen ist". Pädagogische Gestaltlosigkeit und Selbstüberlassenheit verschränken sich zu einem pädagogischen Syndrom. „Selbstüberlassen" wurde zum Inbegriff für den pädagogischen und publizistischen Argwohn, diese Jugend der 20er Jahre habe keinen Bezug, keine Spannung zu Vorbildern und Traditionen in der Erwachsenenwelt, ja sie habe gar die Bindung an die deutsche Kultur verloren. Die neue Jugend ist vom amerikanischen Bazillus der Äußerlichkeit infiziert.

Sie hatte aber auch keine Vorbilder für das moderne Leben in dieser nun neuen Konsum- und Dienstleistungsgesellschaft, deren sozialkultureller Ausdruck sie war. Als Träger des Modernisierungsprozesses nicht nur zur neuen Jugendkultur, sondern auch zum modernen Erwachsensein gedrängt, hatten die Jugendlichen kein Bild vom modernen Erwachsenen, an dem sie sich reiben, mit dem sie sich auseinandersetzen konnten. Sie waren von Erwachsenen umgeben, die entweder dem Jugendideal der Jugendbewegung anhingen (wie z.B. ein Teil ihrer Erzieher) oder - wie viele Mitglieder der öffentlichen Machteliten - noch die paternalistischen Gesellschafts- und Erziehungskonventionen des Kaiserreichs im Blut hatten.

Die SozialpädagogInnen hätten sich also mehr um die Gesellschaft kümmern müssen, die diese Jugend hervorbringt und von dieser Gesellschaftlichkeit der Jugend aus ihre Pädagogik neu formulieren müssen. Aber seit dem gesellschaftlichen Krisenerlebnis, das die Pädagogik zur Jahrhundertwende erfaßte und seit dem damit verbundenen Auszug der Jugendbewegung aus der Gesellschaft, war die Pädagogik soziologisch blind geworden, hatte sich immer wieder „ihre Jugend" abseits der neuen Vergesellschaftungstendenzen zu bewahren versucht. So nimmt es nicht Wunder, daß das Konzept zum Verstehen dieser neuen Jugend in der Soziologie der 20er Jahre entstand, aber von der herrschenden Jugendpädagogik (zwar geahnt, aber) nicht rezipiert wurde: K. Mannheims Paradigma der „Jungen Generation". Sein Generationenbegriff ist ein soziologischer Begriff, weil die Lebensalter - und vor allem die Jugend - vor dem Hintergrund der modernen gesellschaftlichen Arbeitsteilung erfaßt und somit gesellschaftlich strukturiert werden. Phänomenologisch meint Generation einen gemeinsamen Erfahrungshorizont von Altersgruppen, ein ähnliches Zeitgefühl und Zeitverständnis, das darauf beruht, daß man nicht nur altersmäßig ähnlich in der Gesellschaft und ihrer aktuellen Geschichte, sondern vor allem auch über die gemeinsame Stellung in der modernen Arbeitsteilung - über Klassen und Schichten hinweg - miteinander verbunden bzw. ähnlich sozial „gelagert" ist. Das moderne Prinzip des arbeitsteiligen und linearen Fortschritts läßt die jeweils junge Generation immer wieder dem Neuen näher und rücksichtsloser gegenüber dem Alten erscheinen. Dieses Gefühl der „jungen Generation" schlägt in entsprechende Haltungen um, die gesellschaftliche Generationenkonflikte erzeugen, die Arbeitsteilung aber weiter mit vorantreiben: Die jungen Menschen sind die Protagonisten des Neuen, so wie es sich gegen das Alte richtet: Seien es neue Ideen, seien es neue Konsumformen oder einfach nur andere - vom Alten abweichende - Verhaltensformen (vgl. Mannheim 1926/1965).

Der soziologische Generationenbegriff hätte den jugendkundlichen SozialforscherInnen der Weimarer Zeit erklären können, warum sich bei proletarischen und bürgerlichen Jugendlichen ein - pädagogisch nicht für möglich gehaltenes - gemeinsames Generationengefühl - jenseits von Klasse und Schicht - herausbildete. Sie hätten den Blick der Pädagogik weg von der „Gestaltlosigkeit" dieser Jugend auf ihre „Integrationsproblematik" richten können. Denn im soziologischen Generationsbegriff ist ja implizit die These enthalten, daß die jeweils junge Generation die gesellschaftliche Integration in Frage stellen kann, bevor sie sie - nun aber mit neuen Haltungen - anstrebt.

Vor dem Erklärungshintergrund der soziologischen Generationentheorie wird uns nun auch ein sozialpädagogischer Zugang zu dieser Jugend der Zwanziger Jahre (und auch der heutigen) möglich (vgl. das Kapitel 5.8.). Die Jugend orientiert sich aus ihrem besonderen Generationsdruck heraus an der jeweiligen Struktur der Gegenwart; und zwar nicht an der Gegenwart als dem Gewordenen, sondern an der Unmittelbarkeit, ohne Rücksicht auf - und Einordnung in - das Vergangene. Sie huldigt dem Phänomen der aktuellen Vergegenständlichung und nicht dessen Bestimmungsgründen. Es ist die jeweils neue Erscheinungsform der gesellschaftlichen Entwicklung auf welche die Jugend verstärkend oder sich widersetzend reagiert. Die Jugend aber - so heißt es in der Generationentheorie K. Mannheims weiter (1952) - ist ihrer Natur nach weder fortschrittlich noch konservativ, doch zufolge der in ihr schlummernden Kräfte zu allem Neuen bereit.

3.4 Die Formung der Normalarbeiterexistenz und Erwerbsbiografie

Bis heute bildet die Erwerbsbiografie Struktur und Rückhalt des Erwachsenenseins. Herausgebildet hat sie sich in der Mitte des 19. Jahrhunderts, als sich die industrielle Produktionsform endgültig von den handwerklichen Manufakturen abgelöst hatte. Sie erfuhr ihre Strukturierung und Differenzierung sowie ihre

Internalisierung in der Persönlichkeit des Arbeitenden (Arbeiteridentität) in der zweiten Hälfte des 19. Jahrhunderts. Die erste Hälfte des 20. Jahrhunderts brachte nicht nur eine enorme qualitative Differenzierung der Lohnarbeiterexistenz (Facharbeiter, Angestellte), sondern nun auch eine neue Interdependenz von Erwerbs- und Familiensphäre (als industriell strukturierte Reproduktions- und Konsumeinheit).

Ähnlich wie bei der Familie und der Jugend entsteht auch im Falle der Erwerbsbiografie des Erwachsenenalters etwas qualitativ Anderes und Neues im Vergleich zur vorindustriellen Zeit. Die moderne Erwerbsbiografie ist wesensmäßig an die industrielle Arbeit gebunden. In der vorindustriellen Zeit wurde zwar auch gearbeitet, aber der Arbeitsbegriff und das biografische Verhältnis zur Arbeit waren etwas deutlich anderes. Im Altertum bis ins Mittelalter hinein wurde die Arbeit mit Knechtsarbeit gleichgesetzt und als körperliche Arbeit weitgehend verachtet. Auch das christliche Mittelalter sah in der Arbeit vor allem Mühe und Last, allerdings konnte man zu Ansehen gelangen, wenn man sich in der Arbeit bewährte. Erst die Reformation mit ihrer rationalitätsbezogenen Ethik der Lebensführung und dem Glauben an die Gottgefälligkeit der Arbeit schaffte die ersten kulturellen Voraussetzungen für eine Arbeitskultur und damit die spätere Arbeitsgesellschaft (vgl. dazu Gottschalch 1988, S. 50ff.). Die vorindustrielle Arbeit hat also zwar die individuellen Existenzen gesichert, sie hat aber nur bei den wenigen einen biografischen Lebenssinn erzeugt, geschweige denn die Gesellschaft strukturiert.

Stellt man der vorindustriellen Zeit die zweite Hälfte des 20. Jahrhunderts gegenüber, so scheint die in der Moderne zentrale Erwerbsarbeit wieder an gesellschaftlicher Integrationskraft zu verlieren. Wir erleben die Entstrukturierung der Normalarbeitsbiografie. Diese stellt zwar weiterhin das mikrosoziale Strukturmodell der postmodernen Industriegesellschaft dar, wird aber nicht von allen Erwerbsfähigen erreicht oder geteilt. Die Entkoppelung von Arbeit und privatem Alltagsleben, der zunehmende strukturelle Mangel an Arbeit und die Pluralisierung der Arbeitsformen führen zu anomischen und sozial desintegrativen Konstellationen in einer spätmodernen Gesellschaft, die sich in ihrem strukturellen Kern immer noch als Arbeitsgesellschaft versteht. Die nun aber verstetigt auftretenden anomischen und desintegrativen Tendenzen haben in die Erwerbsproblematik des Erwachsenenalters eine unverwechselbare sozialpädagogische Dimension gebracht. Historisch sind deshalb aus der Sicht der Sozialpädagogik und der Sozialarbeit folgende Entwicklungskonstellationen der industriellen Erwerbsarbeit interessant: Die Entwicklung der Arbeit zur gesellschaftlichen Kategorie, die Herausbildung der Arbeiteridentität und schließlich die Strukturierung der gesamten Lebenslage durch die Erwerbsarbeit. In diesen Dimensionen hat sich auch die Bewältigungsproblematik der Erwerbsbiografie historisch entwickelt.

Wenn man die industrielle Erwerbsexistenz sozialhistorisch zu bestimmen versucht, so reicht es nicht, die Herausbildung eines Berufs- und Persönlichkeitstypus zu beschreiben. Es ist vielmehr notwendig, dies in die gesellschaftliche Entwicklungslogik einzubetten, in der der Lohnarbeiter - (später Facharbeiter-) - und Angestelltentypus in der modernen Industriegesellschaft entstanden ist. Auf das 19. Jahrhundert bezogen heißt das: Die Herausbildung des modernen „durchschnittlichen" Lohnarbeiters ist verknüpft mit der gesellschaftlichen Entwicklungsdialektik, wie sie durch den Gegensatz von Arbeit und Kapitel gegeben war. Der Arbeiter war klassengebunden, das heißt mit den gesellschaftlichen Verhältnissen typisch verstrickt, genauso wie er seine biografische Erfüllung, seine Identität in dieser klassengebundenen Arbeit sah. Die Lohnarbeiterexistenz konstituierte sich also in dem Maße, in dem sich die Arbeiterklasse konstituierte. Die Erwerbsbiografie, die persönliche identitätsstiftende Erwerbsexistenz entwickelte sich dann, als die Arbeiter versuchten - auch und gerade bei fortdauernder Klassengesellschaft - der lohnabhängigen Arbeit - über die Existenzfrage hinaus - einen Lebenssinn abzugewinnen. Die marxistische Gesellschaftslehre hat nur die eine Seite, den Klassencharakter der Arbeiterexistenz, betont, die andere Seite aber, die Entwicklung der Arbeits- und Erwerbsidentität *im* fortschreitenden Kapitalismus geleugnet. Eduard Heimann, der Klassiker der theoretischen Sozialpolitik in Deutschland hat in seinem Buch „Soziale Theorie des Kapitalismus" (1928) dagegen versucht aufzuzeigen, wie *beides* zusammenspielen mußte, als es um die Herausbildung der modernen Erwerbsexistenz ging, wie wir sie heute noch kennen.

Wenn man in diesem Zusammenhang sozialhistorische Daten setzen will, so müßte man die klassenmäßige Formierung der Arbeiterexistenz in Deutschland hin zur Mitte des 19. Jahrhunderts beginnen lassen, die Entwicklung der Arbeiter und Erwerbsidentität dagegen im zweiten Drittel des 19. Jahrhunderts. Zwei chronologische Anhaltspunkte seien dafür gegeben: Der Sozialhistoriker Jürgen Kusczynski setzt das Datum von 1850 für die endgültige Formierung der Arbeiterklasse in Deutschland: „Erst nach 1850, mit dem großen Aufschwung der Fabrikindustrie, entsteht ein erbliches Proletariat von gesellschaftlichem Gewicht" (Kusczynski 1981, S. 95). Der Begriff des „erblichen Proletariats" ist dabei für unser sozialhistorisches Erkenntnisinteresse wichtig, denn er beinhaltet die These, daß die proletarische Arbeiterbiografie sich erst herausbilden konnte, als sie in der Generationenfolge verankert, weiterentwickelt und familial produziert wurde:

„Sicherlich gibt es 1848 schon erbliches Proletariat, doch weniger noch als in Frankreich. Die Zahl der 'reinen' Proletarierfamilien ist noch gering. Ganz überwältigend groß ist noch der Anteil der Arbeiterfamilien, in denen zumindest ein Elternteil oder Geschwister anderen Schichten angehörten - dem Bauernstand oder der Schicht der landbesitzenden Tagelöhner, dem Handwerk, dem 'Stand der Bediensteten im Haus' oder dem kleinen Handel." (ebd. S. 95).

Die Formierung einer Arbeiterindentität aus der Klassenlage heraus und die Herausdifferenzierung unterschiedlicher eigensinniger Arbeiterbiografien, die sich zunehmend individuell entwickelten, geschah dann in den Hochzeiten der Arbeiterbildung und gewerkschaftlichen Betriebsorganisation in den siebziger, achtziger und den neunziger Jahren des 19. Jahrhunderts. Die Arbeiter entwickelten lokalen Betriebs- und Berufsstolz - oft im Widerspruch zur weiter klassenmäßig ausgerichteten Politik der organisierten Arbeiterbewegung (vgl. dazu Arnold 1997). Sie wollten sich weder auf den zukünftigen Sieg im Klassenkampf vertrösten lassen, sondern schon zu ihren Lebzeiten ihr Leben an der Lohnarbeit zerreiben, wollten es über diese Arbeit gestalten können. Die humanistischen und sozialen Ideen, die diesen Kampf leiteten, stammen dabei keinesfalls nur aus der marxistischen, sondern zum großen Teil auch aus der christlichen und aufklärerischen Denktradition. Es waren aber nicht nur der Kampf um die besseren Lebens- und Arbeitsbedingungen und die sozialen Ideen, welche die Durchsetzung des Menschen in der Arbeitswelt beförderten, sondern es war auch, und damit verbunden, der fortschreitende moderne Industrialisierungsprozeß, der immer qualifiziertere Arbeiter benötigte und daher notgedrungen deren Lebens- und Ausbildungsbedingungen verbessern mußte. Diesen dialektischen Zusammenhang, dessen Kenntnis auch für das heutige Verständnis des Verhältnisses von Erwerbsarbeit und industrieller Produktion wichtig ist, hat Eduard Heimann in den zwanziger Jahren in seine Formel des „sozialen Kapitalismus" gekleidet: Der Industriekapitalismus muß sich zwangsläufig modernisieren, weil er immer wieder seine Wachstums- und Profitziele erreichen und in sich - in der gegenseitigen Konkurrenz der Einzelkapitalien - wettbewerbs- und marktfähig bleiben muß. Dazu ist er aber auf immer höher qualifizierte Arbeitskraft angewiesen. Das führt zwangsläufig zur dauernden Verbesserung der betrieblichen Arbeits- und außerbetrieblichen Lebensbedingungen der Arbeiter. Diese wiederum entwickeln - aufgrund ihrer in diesem Kontext verbesserten Bildung und Organisation - soziale und sozialpolitische Interessen an der Reform des Kapitalismus und versuchen - vermittelt über die Arbeiterbewegung und später die Arbeiterparteien - diese zu realisieren:

„Die soziale Idee entspringt aus dem wirtschaftlichen Boden des Kapitalismus [der Kapitalismus bringt den Arbeiter hervor - L.B.], sie nimmt in der sozialen Bewegung Gestalt an und setzt sich mit wirtschaftlich-sozialen Mitteln im Kapitalismus und gegen den Kapitalismus durch." (Heimann 1980, S. 171/172).

In dieser dialektischen Entwicklung des Verhältnisses von industriellem Kapital und Arbeit ist die Lebenslage Erwerbsarbeit und - von den Menschen sozial durchgesetzt - das Modell einer industriellen Erwerbsbiografie entstanden. Ingeborg Nahnsen verdeutlicht das - in der theoretischen Logik Heimanns - am historischen Beispiel der Verbesserung des Arbeitsschutzes:

„Innovationsperioden des Arbeitsschutzes scheinen ein Begleitphänomen struktureller Umstellungsphasen in der wirtschaftlichen Entwicklung des Kapitalismus zu sein - so jedenfalls in Deutschland. Indem die alten Strukturen an ihre Grenzen stoßen, entstehen Krise und Arbeitslosigkeit, äußerste Anspannung alter Arbeitsformen steigert die Gefährdung der Regenerationsfähigkeit der Arbeitskraft. Ihr weiterhin verfügbares Potential ist jedoch Bedingung für die Entfaltung der neuen Struktur, welche selbst neue Gefährdungen schafft und ins Bewußtsein bringt. So entsteht eine Situation, in der sich die Interessen von Arbeit und Kapital einander nähern. Geht es letzterem um die Erhaltung eines ausreichenden Reservats leistungsfähiger Arbeitskraft, so geht es ersterer notwendigerweise darum, der eigenen Verelendung entgegen zu wirken. Arbeitsschutzforderungen finden so vergleichsweise günstige Bedingungen für ihre Durchsetzung. Letztlich erfüllt der Arbeitsschutz damit eine wesentliche Funktion für die Umstellungsfähigkeit der kapitalistischen Wirtschaft. Da er aber zugleich die Lebenslagen der Arbeiter in ihrem Muße- und Regenerationsspielraum schützt, ja diesen kontinuierlich erweitert, fördert auch ihre Chance, ihrer eigenen wichtigen Interessen innezuwerden." (Nahnsen 1975, S. 165/166).

Diese industriestrukturelle Herausbildung des „Normalarbeitsverhältnisses" und des „Normalarbeitstages" (vgl. Deutschmann 1982) wurde flankiert und reproduktiv abgesichert durch die ersten sozialstaatlichen Sicherheitsgarantien im dritten Drittel des 19. Jahrhunderts. Während im Übergang zum und in der Frühzeit des industriellen Systems die Bereitschaft zur Industriearbeit in der Bevölkerung überhaupt nicht hoch war und vielfach erzwungen werden mußte (Mückenberger 1990), förderte die soziale Absicherung den Verinnerlichungs- und Normalisierungsprozeß des Arbeitsverhältnisses.

„Als viel wirksamer als die[se] von außen kommenden Zwänge erwies sich aber, durch materielle Anreizsysteme - die wir heute als Vorstufen des Normalarbeitsverhältnisses identifizieren können - die Bereitschaft zu kontinuierlicher fremdbestimmter Arbeit in den Individuen selbst, zu entwickeln, sie zu Kontrolleuren ihrer eigenen Arbeitsdisziplin zu machen. Genau dies scheint die historische Leistung des deutschen Sozialversicherungssystems, das das Leistungsniveau mit Beitragshöhe und -dauer koppelt und damit soziale Sicherung von Erwerbsarbeitskontinuität abhängig macht [...] zu sein". (Mückenberger 1990, S. 162).

In der nächsten Etappe in der Entwicklung des Normalerwerbstyps, im ersten Drittel des 20. Jahrhunderts fand nicht nur eine weitere Ausdifferenzierung der Erwerbsarbeit und der Berufe statt, es entwickelte sich auch eine bis heute prägende Verschmelzung von industrieller Arbeitstätigkeit und der Familie. Durch den - zuerst in den USA ablaufenden - enormen technologischen Schub der Rationalisierung („Taylorisierung") wuchs die Bedeutung des technologischen Kapitals gegenüber der Arbeit. Es wurde zum inneren Antriebselement der betrieblichen Modernisierung. Die industrielle Arbeitsteilung mit ihren einfachen und sich wiederholenden Fertigungsabläufen ließ die ungelernten und angelernten Arbeiter in Massen aufkommen. Gleichzeitig ermöglichte sie eine Massenproduktion, die abgesetzt werden mußte. Die entsprechende Gleichung, Massenproduktion ist gleich Massenkonsum, strukturierte die nach dem amerikanischen Automobilfabrikanten Henry Ford (der den ersten rationalisierten Konzern installierte und die dazugehörige gesellschaftliche Unternehmensphilosophie mitlieferte) benannte fordistische Gesellschaftsformation, in der wir bis heute leben. (vgl. dazu Hirsch/Roth 1986).

Die tayloristische Arbeitsteilung und Rationalisierung hatte zudem eine Fülle neuer Berufe hervorgebracht, vor allem auch in der betrieblichen Planungsorganisation und im marktbezogenen Distributionsbereich. Diese Tätigkeiten - von „Angestellten" ausgeübt - wurden angesichts der tayloristischen Entwertung der Industriearbeit wichtig und standen statusmäßig bald über denen der Arbeiter (vgl. Kracauer 1930). Die Massenproduktion erforderte eine strikte Normierung der Tätigkeitsbereiche und damit auch ein Unterwerfen des Arbeitsalltags unter den Rhythmus von Produktion und Distribution. Freizeit und Familie/Haushalt folgten dieser normierten Struktur, der Familienkonsum wurde wesentlicher Teil des Massenkonsums. So ist die postmoderne Familie bis heute nicht nur privater Reproduktionsort des Normalarbeiters und Normalangestellten, sondern gleichzeitig auch Konsumeinheit. Wir werden dieser Problematik der funktionalen Entsprechung von Produktionsarbeit und Hausarbeit in den Kapiteln über das Erwachsenenalter und das Alter immer wieder begegnen. Der Konsum ist fortan - neben der Erwerbsarbeit, die für seine Finanzierung erforderlich ist - zum biografischen Sinnbezug im Erwachsenen- und Erwerbsalter geworden, je mehr die Rationalisierung, als Aufspaltung und Routinisierung der Arbeitsabläufe, dem Menschen eigene Aneignungs- und Gestaltungsmöglichkeiten verwehrt hat.Gleichzeitig hat aber der Tayloristische Rationalisierungsmechanismus auch jene Dynamik des technologischen Kapitals freigesetzt, die zu Ausgang des 20. Jahrhunderts die strukturelle Arbeitslosigkeit zur massenhaften Erscheinung werden lassen und die „Entwertung der Erwerbsarbeit" (s.u. Kap.6.5.) befördern wird.

3.5 Alter als Restkategorie der industriellen Moderne?

Im vormodernen zyklischen Idealbild der Lebenskreise war das Alter als Lebenszeit der Weisheit gleichwertig neben die Jugend und das Erwachsenenalter („Mannesalter") gestellt. Erst der industrielle Modernisierungsprozeß hat das Alter in der Weise ausgegrenzt und entwertet, wie wir das zur Hochzeit der fortschrittssüchtigen Moderne in den sechziger und siebziger Jahren des 20. Jahrhunderts erlebt haben. Insofern hat Conrad (1982) Recht, wenn er die sozialhistorische Betrachtung des Alters paradigmatisch nicht in eine Logik mit der Kindheit, der Jugend und dem Erwerbsalter stellen möchte. Diese wurden „entdeckt" und „erfunden", weil sie für den Prozeß der Moderne eine konstituierende Funktion erhielten: Die Kindheit repräsentiert - ideologisch - das Entwicklungs-, die Jugend das Fortschritts- und das Erwerbsalter das Strukturmoment der modernen Industriegesellschaft. Dem Alter hingegen kommt in der Moderne die negative Definition des „Veralteten", von der Entwicklung und vom Fortschritt Überholten zu. Wir können deshalb nicht in ähnlicher Weise von einer Entdeckung oder Erfindung des Alters sprechen, sondern davon, daß der industrielle Modernisierungsprozeß das Alter in einer bis heute spezifischen Weise ausdifferenziert hat. Diese sozialhistorische Definition bindet das Alter auch - nun aber negativ - an die Moderne. Es ist aber nicht Konstituens der Moderne wie die bürgerliche Familie, die Kindheit, Jugend und das Erwerbsalter, es ist in seiner gesellschaftlichen Definition und sozialbiografischen Struktur lediglich typisch von ihr *beeinflußt*. Dies ist mit den Begriffen „Entwertung" und „Verlust der Eigenständigkeit" des Alters umschreibbar. P. Borscheid hat den gesellschaftlichen Bruch in der kulturellen Wertschätzung und Bewertung des Alters am Beispiel von Titelbildern der Zeitschrift „Jugend" um die Jahrhundertwende illustriert:

> „Jetzt wird das Alter zu Grabe getragen; das Alter verliert das Sagen. Fortan lauscht die Jugend nicht mehr andächtig den Worten von Greisen, wie es seit den Tagen von Joachim Heinrich Campe in unzähligen Variationen dargestellt, jetzt rennen alte Männer und Frauen ganz verzückt der Jugend hinterher und ergötzen sich an ihrer Melodie". (1992, S. 38).

Die nun entstandene bis heute andauernde historische Hypothek, die darin liegt, daß vom Alter in der modernen Industriegesellschaft - bislang - kein eigenständiger gesellschaftlicher Beitrag erwartet wird, belastet bis heute die (notwendige) gesellschaftliche Umorientierung in der Altersfrage angesichts einer zunehmend älter werdenden Gesellschaft ausgangs des zwanzigsten Jahrhunderts. Aber auch die sozialbiografischen Prozesse des Alterns und die sozialpädagogischen Hilfen für alte Menschen kommen aus dem Schatten dieses industriegesellschaftlichen Stigmas des Alters immer noch nicht heraus (vgl. Kap. 7). Ohne eine kritische historische Auseinandersetzung mit der industriegesellschaftlichen Altersdefinition sind also neue Anstöße im gesellschaftlichen Altersdiskurs und eine grundlegende Reform der sozialpädagogischen Altenhilfe und Altensozialarbeit nicht denkbar.

Allerdings darf die Modernisierungshypothese zum historischen Wandel des Alters nicht dazu verführen, das wirkliche Leben der alten Menschen in der vorindustriellen Zeit und ihre Stellung im gesellschaftlichen Alltag so zu glorifizieren, wie es die Gesellschaft der Jahrhundertwende unter dem Schock der „urplötzlichen Abwertung des Alters" (Borscheid) getan hat und wie es bei uns heute immer noch verbreitet ist. Wir haben dieses Problem schon bei der Geschichte der Kindheit kennengelernt. „Falsch ist [...] die These vom 'goldenen Zeitalter' der Alten, das durch die industrielle Revolution beendet worden wäre [...]. Für den Historiker ergibt sich die Frage, wieso sich solche Vorstellungen [...] so zählebig halten. Das Bild vom 'goldenen Zeitalter' hat offenbar für das Gegenwartsbewußtsein eine wichtige Funktion [...]. Es enthält implizit Kritik an den gegenwärtigen Verhältnissen und richtet den Blick zurück auf angeblich bessere Ordnungen der Vergangenheit". (Mitterauer 1982, S. 12).

„Entwertung" und „Verlust der Eigenständigkeit" beziehen sich also auf die Struktur und Logik des industriellen Modernisierungsprozesses und sagen we-

nig über die vorindustriellen Zustände der Lebensphase Alter aus. Freilich hat
das zyklische Gesellschaftsverständnis der Lebenskreise und die christliche
Ordnung der vorindustriellen Gesellschaft das Deutungsmuster der „Erfah-
rungsautorität" der alten Menschen gesellschaftsideologisch wesentlich höher
gestellt, als das in den heutigen Zeiten der Fall ist. Dies kam sicher vor allem
den alten Menschen in klösterlichen und adeligen Kreisen, sowie in der städtischen Kaufmannschaft zugute. Für die Masse der ländlichen und städtischen
Bevölkerung der vorindustriellen Zeit war die Lebenszeit des Alters - oft begleitet von damals noch nicht behandelbarem Siechtum und anhaltender Notwendigkeit, für das Existenzminimum noch Arbeiten zu verrichten („Arbeiten
bis ins Grab") - eine Belastungsphase. Wenn man noch dazu bedenkt, daß sich
die positiven historischen Beschwörungen der vorindustriellen Altenautorität
vor allem oder ausschließlich auf Männer bezogen - im Bild der Lebenskreise
wird ja bezeichnenderweise vom „Mannesalter" gesprochen - schrumpft das
Bild vom früher geehrten Alter erheblich. „Welcher gesellschaftlichen Abwertung gerade arme alte Frauen schon im späten Mittelalter und vor allem in der
frühen Neuzeit unterlagen, zeigt das Hexenbild dieser Zeit. Wenn in der [...]
Diskussion um die Hexenverfolgung die Frage der Frauendiskriminierung so
stark in den Vordergrund gestellt wird, so übersieht man, daß es sich ebenso um
eine Altendiskriminierung gehandelt hat". (Mitterauer 1982, S. 49). Das kritische Bild rundet sich ab, wenn wir uns daran erinnern, daß wir im Kapitel zur
Geschichte der Familie die Mehrgenerationenfamilie als historisch verklärten
und ideologisch beschwörten „Mythos der Großfamilie" (Conrad) kennengelernt haben, die in dieser Form nie verbreitet sein konnte. In dieses Bild der
Mehrgenerationenfamilie war auch jenes ideologische Altersbild der selbstverständlichen Großvaterautorität eingelassen.

Was die Industrialisierung aber gebracht hat und was das moderne Alter von
der Vormoderne signifikant unterscheidet, ist die Entberuflichung und die damit
freigesetzte „Altersfreizeit" bei überproportional gestiegener Lebenserwartung.
Sowie es im Tagwerk keine Freizeit, sondern nur einen kurzen Feierabend gab,
so hatten auch die meisten der alten Leute in der vorindustriellen Zeit keinen
arbeitsfreien Lebensabend. Es war selbstverständlich, auch wenn sie im bäuerli-
chen Ausgedinge waren oder ihren Handwerksbetrieb übergeben hatten, daß sie
je nach gesundheitlichem Vermögen immer noch weiter arbeiteten:

„Soweit [...] Analysen vorliegen, läßt sich sagen, daß vor allem zwei Tätigkeitsbereiche unter der älteren Bevölkerung überproportional vertreten sind,
nämlich hausindustrielle Tätigkeiten und Taglohnarbeiten [...]. Bezüglich der
Hausindustrie gilt diese Aussage durchaus noch für fortgeschrittene Stadien
der Industrialisierung. Viele Fabrikarbeiter, die bei Nachlassen der Körper-
kraft und Gesundheit in den Großbetrieben keine Beschäftigung mehr fan-
den, dürften in diesem Erwerbszweig übergesiedelt sein." (Mitterauer 1982,
S. 24). Freistellung im Alter trat nur ein, wenn totale Pflegebedürftigkeit gegeben war. „Bei Arbeitsunfähigkeit griff zum Teil die öffentliche Wohlfahrt

(Armenpflege) ein, die aber völlig unzureichend war. So blieb oft nur noch der Bettel übrig." (Voges 1993, S. 4).

Heute haben wir eine Altersphase, in der die meisten älteren Menschen über Zeit und gesundheitliche Ressourcen verfügen, obwohl sie aus dem Arbeitsprozeß ausgeschieden sind. Die Moderne hat eine wohlfahrtsstaatlich gestützte Ruhestandsphase hervorgebracht:

„Ein arbeitsfreier Lebensabend gehörte nie zur Kultur der überwiegenden Mehrzahl der Menschen in Mittel- und Westeuropa. Es lief ihrem Denken zuwider, zumal er [...] mit einem Statusverlust verbunden war, sich nicht mit dem bürgerlichen Arbeitsethos vertrug und bei Gleichsetzung von Alter und Invalidität auf eine gesellschaftliche Nutzlosigkeit hindeutete. Der Ruhestand ist ein junges Phänomen. Er steht in Verbindung mit [...] der zunehmenden Rationalisierung des gesamten Lebens und mit dem steigenden Lebensstandard." (Borscheid 1992, S. 55).

Gesellschaftliche Institutionalisierung des arbeitsfreien Alters und strukturelle Entwertung des Alters durch Entberuflichung liegen somit in der Industriegesellschaft eng zusammen, lassen damit eine „Altersfalle" entstehen. Die moderne Arbeitsteilung setzt ein verlängertes Alter mit hohen lebensweltlichen Ansprüchen frei und grenzt es gleichzeitig von der gesellschaftlichen Entwicklung aus. Die moderne Formel für die Jugend - Separation durch Integration (vgl. Kap. 5.2.) - zieht im Alter nicht. Hier wird separiert ohne Integrationsperspektive. Dies schien früher - entweder religiös, im Jenseits dieser Welt, oder in der irdischen Ideologie der Lebenskreise - kulturell durchaus möglich, denn das Alter war in entsprechende sozialmoralische Milieus eingebettet. Neben der „Sinnfrage" - wie kann Alter trotz Entberuflichung zur eigenständigen Sozialisations- und Lebensphase werden - steht also ein neues Modell der gesellschaftlichen Integration des Alters zur Wende zum einundzwanzigsten Jahrhundert an. Insofern macht es doch wieder Sinn, der Moderne die Integrationsphilosophie der vorindustriellen Gesellschaft vorzuhalten, ohne deren soziale Wirklichkeit unterschlagen oder verklären zu müssen.

4. Kindheit zwischen Eigenleben und Erziehung

Mit der gesellschaftlichen Einführung von Kindheit in der Moderne (s.o.), der Ermöglichung eines eigenen Kinderraums, ist sowohl das entwicklungsbedingte Eigenleben des Kindes gewachsen, sind aber genauso die erzieherischen Bemühungen um die Kinder verstärkt worden. In das Spannungsverhältnis zwischen Erziehung und Eigenleben ist die kindliche Bewältigungsthematik allgemein eingelassen.

Kindheit in der modernen Industriegesellschaft ist aber durch ein weiteres - sozialpädagogisch folgenreiches - Spannungsverhältnis strukturiert. Häufiger als offiziell zugegeben haben Kinder bei uns den Widerspruch zwischen gesellschaftlich hochgehaltener Kinderfreundlichkeit und alltäglich neu entstehender, aber nicht eingestandener und daher tabuisierter Kinderfeindlichkeit auszuhalten. Diese *strukturelle* Kinderfeindlichkeit steckt in der Art und Weise, wie die Wohnumwelten in den modernen Städten eingeengt, funktionalisiert und segregiert sind. Sie ist aber auch oft das Resultat der Überforderung von Familien und der mangelnden lebensweltlichen Öffnung der Schulen.

Kinder sind aber auch direkter und wehrloser als andere Altersgruppen der manifesten Gewalt innerhalb und außerhalb der Familie ausgesetzt. Insofern hört auch die Moderne „die Kinder weinen" (de Mause). Manifeste Gewalt gegen Kinder ist aber kein bloßes Relikt der Kindheitsgeschichte (s.o.), sondern ist im besonderen Dilemma der modernen Arbeitsteilung angelegt: Emotionale und körperliche Macht über Kinder wird für manche zum Selbstwertbezug in einer Gesellschaft, die den Menschen zur Selbstverwirklichung antreibt, ihn aber immer weniger außerfamiliale Möglichkeiten der Selbstwertschöpfung einräumt.

Deshalb sind „Erwachsene [...] gegenüber Kindern zur Macht verführt. Seit je ist in der pädagogischen Tradition die Gefahr diskutiert worden, daß die Erwachsenen [...] ihre Position und ihren Vorsprung an Alter, an Erfahrung, an Wissen ausnützen, um die Erfahrungen und Selbständigkeiten der Kinder zu unterdrücken" (Thiersch 1986, S. 124). Diese scheinbare anthropologische Konstante ist in unserer Gesellschaft zum Tabu des Archaischen und Privaten geworden, nur zögernd wird sie Ende des 20.Jahrhunderts als dunkle Seite der Moderne erkannt.

Ich habe diese Darstellung der Brüche und Widersprüche, die in der modernen Kindheit liegen, bewußt so grell gezeichnet, um die sozialpädagogische Verantwortung für das Aufwachsen von Kindern - über ihre Kodifizierung im Kinder- und Jugendhilfegesetz (KJHG) hinaus - zu betonen. Angesichts der Problembelastungen, die vor diesem Hintergrund für manche Kinder früh entstehen können, ist für mich das Konzept Lebensbewältigung, wenn auch in einem sozial eingeschränkteren Sinn als bei der Jugend, auf den Zugang zu Kindern anwendbar. Sozialpädagogische Arbeit mit Kindern ist damit nicht nur entwicklungspädagogische und kinderkulturelle Arbeit, sondern auch schon erzieherische Hilfe zur Lebensbewältigung.

4.1 Kindheit aus sozialpädagogischer Sicht

In einer neueren Kritik der Sozialisationsforschung und Pädagogik des Kindesalters wird nun behauptet, daß die pädagogische Sicht auf die Kinder zwangsläufig eine generationshierarchische ist, weil sie das Kind aus der Logik der entwicklungsorientierten Erziehung hauptsächlich in den Status des unmündigen und noch nicht fertigen Objekts von Erziehung stellen muß, Kinder nur mithin als "bloße Rezipienten der Erwachsenenkultur" und nicht als "Produzenten ihres Lebenszusammenhangs" (Honig/Leu/Nissen 1995, S. 11) erscheinen läßt. Gefordert wird nun eine sozial dekonstruierende Herangehensweise, welche die traditionellen pädagogischen Hegemonialdefinitionen der Kindheit aufbrechen und den Weg zu einer soziokulturell eigenständigen Kinderwelt finden kann. Es scheint, als hätten die SozialisationsforscherInnen zu Wende des 20. Jahrhunderts eine Kinderbewegung ausgerufen. Wenn wir uns an den Prolog erinnern, so drängt sich durchaus der Eindruck auf, daß heute die Generationsbewegungen, zumindest im Hinblick auf die Authentizität des Kindseins, von der Forschung *interpretiert* werden, während sie zur letzten Jahrhundertwende von den Jugendlichen selber gemacht wurden.

Diese kleine Karikatur soll nicht die Absichten der modernen Kinderforschung der 90er Jahre desavouieren, sondern eher das Mißtrauen ausdrücken, das wir als SozialpädagogInnen gegenüber einer so vehement auf die Authenzität und Selbständigkeit des Kindes pochende Kinderforschung haben müssen. Denn seit der Jugendkulturdebatte und entsprechender Euphorie in der Jugendforschung in den 70er und 80er Jahren, von der sich die sozialpädagogische Jugendarbeit hat nachhaltig anstecken lassen, sind wir gebrannte Kinder. So wie damals das Problem entstanden ist, daß Jugendkultur sich unter der Hand der Jugendkulturforschung verselbständigt und die Generationen- und Integrationsspannung des Jugendalters in den Hintergrund gedrängt wurden, wo sie aber weiter eine soziale Wirklichkeit des Jugendalters darstellen, so sehe ich auch heute wieder die Gefahr, daß einseitig und undialektisch auf Authenzität insistierende Kinderforschung die *gesellschaftliche* Wirklichkeit des Kindesalters in der Spannung zwischen Eigenleben und Erziehung des Kindes unterläuft. Zumal die gegenwärtige Konzeptionsdiskussion zur Soziologie und Sozialisation der Kindheit ausdrücklich den pädagogischen Zugang als der Eigenständigkeit der Kinder widersprechend zurücksetzt (Zinnecker 1995). Daß dabei der sicher pädagogisch besetzte - aber für die moderne Erkenntnis der gesellschaftlichen Freisetzung des Kindes epochale - Entwicklungsbegriff sehr einseitig als Defizitbegriff kritisiert wird (Honig/Leu/Nissen 1995) und nicht die vielfältigen reformpädagogischen Ansätze, Entwicklung in der Kindheit als personalen und sozialen Eigenbezug zu fassen, beachtet werden, macht die Sache für die Sozialpädagogik nicht leichter.

Ebenso gravierend scheint mir, daß mit der Zentrierung der Kindheitsdiskussion der 90er Jahre auf eine eigenständige Kinderkultur die wachsende Ambivalenz der Vergesellschaftung von Kindheit in der individualistischen Postmoderne übergangen wird, bzw. die kinderkulturellen Befunde gesellschaftlich schwer rückgebunden werden können. Denn einerseits hat sich das soziokulturelle Eigenleben der Kinder verbreitert und in seinem sozialen Eigensinn verfrüht, andererseits ist die Refamilialisierung der Kindheit nicht zu übersehen: Die Eltern-Kind-Beziehungen sind aber überfordert (bis hin zu Gewalt gegen Kinder), und die Kindheit wird schon früh vom Konsum vereinnahmt. Insofern scheint mir nicht die Kinderkultur, sondern der frühe Zwang zur Bewältigung einer ambivalenten Kindheit kennzeichnend für die "neuen Kinder" zu sein.

Deshalb scheint mir der Ansatz von R. Leu in dieser Diskussion am anschlußfähigsten, weil er die Frage der "Selbständigkeit" zur Gretchenfrage der Kinderforschung erklärt, und diese als Prozeß der Identitätsfindung - in der Spannung von Selbstwertschöpfung und sozialer Anerkennung - thematisiert. Wenn wir uns in diesem Zusammenhang an den zentralen Hinweis von G. Noam erinnern (1993) nach dem das Selbst eingebunden ist in die jeweiligen Lebenserfahrungen des Menschen, dann sind die Kinder in ihrer aktuellen Erfahrung von sich selbst und in dieser damit verbundenen, subjektiv erlebten Selbständigkeit zu betrachten. Die Erfahrung des Selbst ist aber nur in der Auseinandersetzung mit der Umwelt möglich, in die Definitionen von Kindheit und Umgangsmuster mit Kindern eingelassen sind. Selbständigkeit entwickelt und konstituiert sich also in - gesellschaftlich vermittelten (s.u.) - sozialräumlichen Aneignungsprozessen. Dies wiederum ist ein Ansatz, den wir in der sozialpädagogischen Praxis schon seit geraumer Zeit (vgl. Böhnisch/Münchmeier 1990, Deinet 1992) diskutieren und der in den Kinderhäusern und Abenteuerspielplätzen inzwischen seine Tradition hat: Selbständigkeit *entsteht* im sozialräumlichen Aneignungsprozeß, in dem Kinder die Chance haben, sich in ihre räumliche Umwelt im Verhältnis zu anderen einzubringen, sich dort wiederfinden und diese Umwelt auch aus ihrer Befindlichkeit heraus und im Bezug zu anderen gestalten können. Wir haben ja diese Sozialräumlichkeit zu einer der Grundthematiken dieser Einführung gemacht und werden sie über die Jugend bis ins Alter wiederfinden. Was die Selbständigkeit in der Kindheit anbelangt bleibt also festzuhalten, daß sich in den sozialräumlichen Aneignungsmöglichkeiten die Voraussetzungen für das Selbständigwerden von Kindern bilden. Dies ist ein interaktiver Prozeß, der eine typische Person-Umwelt-Balance der Achtung und Wertschätzung verlangt. Im Anschluß an Honneth (1992) sieht auch Leu die Entwicklung von Selbständigkeit als Wechselseitigkeit von Wertschätzung und Teilhabe erfährt. Wichtig ist dabei, daß das Kind in der Lage ist, dieses Zusammenspiel biografisch zu integrieren, indem es seine Möglichkeiten, sozialen Reichweiten und Begrenzungen einschätzen und realisieren kann. Hier finden wir uns wieder in unserer Bewältigungsdimension der Integrität, wie wir sie in der Grundlegung des Paradigmas biografischer Lebensbewältigung skizziert haben.

An dieser Stelle ist es noch einmal notwendig zu zeigen, daß die sozialpädagogische Praxis der Kinderarbeit und der Kinderhäuser längst ihre Erfahrungen in diesem Spannungsbogen von sozialräumlicher Aneignung und Selbstwertentwicklung in offenen Kinderkulturen gemacht hat. Um so ärgerlicher ist es, daß die akademische Sozialisations- und Kinderforschung - außer, daß sie immer wieder SozialarbeiterInnen *"abschöpft"* - diese Erfahrungen, auch wenn sie in den sozialpädagogischen Zeitschriften und Praxisberichten hinreichend dokumentiert sind, nicht aufnimmt und damit auch nicht anerkennt. Vieles von dem, was nun in den 90er Jahren in den verschiedenen Kinderforschungsreihen der Verlage ins Haus gebracht wird, ist den praktizierenden SozialpädagogInnen längst geläufig: Sei es nun die Erkenntnis, daß Kinder im Umgang miteinander ihre eigenen Normen und Verkehrsformen entwickeln, früh Geschlechterstereotype einsetzen, Beziehungsmanagement betreiben und als Konsumkids gelernt haben, mit Wahlmöglichkeiten umzugehen und überraschende Optionen aus ihrem Kindsein heraus zu formulieren. Vor allem wird man in der sozialpädagogischen Kinderarbeit, auch wenn es dort inzwischen zu Selbstverständlichkeit gehört, auf die soziokulturelle Eigenständigkeit der Kinder zu setzen und sich als Anwalt der Rechte des Kindes zu verstehen (auch eine alte sozialpädagogische Diskussion), nie die ambivalente Gesamtspannung von Kindsein und öffentlich definierter und regulierter Kindheit aus dem Auge verlieren. Man stelle sich doch einmal die Topografie eines Abenteuerspielplatzes in einer Trabantenstadt vor: Die Kinder erproben ihre sozialräumlichen Aneignungsmöglichkeiten in immer wieder fragiler Gegenseitigkeit und in wechselnder Beziehung zu den SozialpädagogInnen. Gleichzeitig sehen diese die unterschiedlichen Herkunftsfamilien der Kinder im Geiste auf dem Platz mitwirken und spüren im Rücken den Druck einer kinderfeindlichen - weil ihre Segregations- und Isolationsprobleme auf den Rücken der Kinderarbeit abladenden - Wohngebietsöffentlichkeit.

Die sozialarbeiterische Praxis ist also täglich mit der *Wirklichkeit* der gesamten Spannungsmenge von eigenständiger Kinderkultur, vergesellschafteter Kindheit, institutionellem Erziehungshintergrund und lokaler Kontrollöffentlichkeit konfrontiert. In dieser Spannungsmenge muß auch fürderhin Kindheit erschlossen werden, sollen sozialpädagogisch verwertbare Perspektiven herauskommen. Die Kunst der teilnehmenden Beobachtung (Krappmann/Oswald 1996), die von Kinderforschern gefordert wird, um die selbständigen Ausdrucksformen von Kindern zum Zuge kommen zu lassen und die traditionelle adultistische Voreingenommenheit gegenüber den Kindern zurückzudrängen, haben viele SozialpädagogInnen in stetiger Selbstprofessionalisierung entwickelt. Sie haben auch vieles von den Kindern zurückgespiegelt bekommen - ohne aufwendige

Untersuchungsarrangements - weil sie Teil der Kinderwelt waren und sind. Sie werden nur viel zu selten danach gefragt und haben in ihrem institutionell viel-fältig bedrängten Alltag kaum Möglichkeiten sich über diesen und ihre Einrichtungen hinweg über ihre Erfahrungen, Beobachtungen und Empfindungen mit und in dieser Kinderkultur zu verständigen. Hier hat die Sozialwissenschaft die Aufgabe, den regionalen Diskurs für und mit diesen Praktikern zu ermöglichen um ihr Wissen aus der Alltagsborniertheit der Arbeit herauszufiltern, kommunikationsfähig und verallgemeinerbar zu machen - und den Praktikern so wieder zurückzugeben. Wo dies geschieht und das Professionswissen einer Region als sozialwissenschaftliche Empirie anerkannt wird, lassen sich aktivierende Formen sozialpädagogischer Forschung in Kooperation mit der Praxis entwickeln, in denen die Verfügbarmachung eigenaktivierten Wissens, sowie die damit verbundene Fähigkeit zur kritischen Adaption (sozialwissenschaftlich) fremd erhobenen Wissens im Vordergrund steht und nicht das ehrfürchtige Warten auf die jeweils neueste Kinderstudie.

Natürlich sprechen wir in der Sozialpädagogik vom außerschulischen Bereich und wissen zu gut, daß sich Kinderkulturen im Sozialraum Schule (vgl. Böhnisch 1995) nicht so entfalten *können*. Deshalb ist bei allen Anstößen für eine kinderkulturorientierte Schulung von Lehren und Lehrerinnen (Zinnecker 1995) zu bedenken, daß die Schule in ihrer hoheitlichen Verfassung nie in Kinderkultur aufgehen kann, will und soll sie *Schule* bleiben (Hänsel 1994). LehrerInnen werden immer die Spannung auszuhalten haben zwischen der funktionalen Lehrerrolle und dem personal-sinnlichen Lehrersein (vgl. zu diesen Begriffen Böhnisch 1996), aus dem heraus sie sich den Kindern auch alltäglich *zuwenden* müssen.

Die folgende sozialpädagogische Darstellung von Kindsein und Kindheit wird sich also in der Konsequenz dieser kritischen Vergewisserungen darum bemühen, die Erfahrungen der sozialpädagogischen Praxis - ob als Material verfügbar oder von mir erworben und geteilt - im Zusammenspiel mit der Kinderforschung zum Zuge kommen zu lassen.

4.2 Die Individualisierung der Kindheit

Die gesellschaftliche Individualisierung hat auch vor den Kindern nicht halt gemacht. Die früher in die traditionalen Sozialmilieus eingebetteten Familien mit ihren gleichermaßen starren wie verläßlichen Partner-, Elternschafts- und Kindheitsmustern haben heute ein Großteil ihrer Selbstverständlichkeit eingebüßt. Die überkommenen Familienmuster scheinen nicht mehr die unbefragte normsetzende und prägende Kraft für die Familienmitglieder zu haben. So wie sich das Verständnis von Partnerschaft heute für viele nicht mehr selbstverständlich aus der Elternschafts- bzw. Familienfunktion ableitet, so geht auch das Kindsein nicht mehr so ohne weiteres in der Familie auf.

Die Familie gerät auf ihre Weise in den Sog der Individualisierung und Biografisierung. Traditionell ist sie Generationenmilieu, geprägt durch die überkommene Selbstverständlichkeit der Generationenhierarchie von Eltern und Kindern. Aber Kinder heute sind immer weniger Kinder im Schatten eines unbefragten Generationsvorsprungs ihrer Eltern. Sie geben sich eher als Subjekte, die auch neben der herkömmlichen Kinderrolle leben und sich damit gegenüber den pädagogischen Aufforderungen der Eltern zumindest partiell immunisieren können. Sie fühlen sich in einer eigenen Welt, die ihren Platz beansprucht, gleich oder ähnlich der des Vaters und der der Mutter. Sie entwickeln den Habitus selbständiger Kunden und Adressaten des Medien- und Konsummarktes, lassen sich nicht nur auf das vertrösten, was ihnen in den Augen der Erwachsenen erst später zukommt. Sie beobachten Eltern und Erwachsene, wie diese auf Kinderwünsche reagieren und wie sie selbst miteinander umgehen.

Die Familien heute sind für Kinder Orte der Interessenaushandlung geworden. Trotzdem bleiben sie die vertrauten Räume für die emotionalen Wechselbäder von Distanz und Nähe zu den Eltern, denen Kinder und Jugendliche aus der unausweichlichen Entwicklungslogik des Aufwachsens heraus ausgesetzt sind.

Diesem innerfamilialen Individualisierungsprozeß scheint im außerfamilialen Bereich eine teilweise Auflösung der traditionellen kompakten Kindermilieus in den Wohnumwelten mit ihren festen Ablauf- und Spielritualen, der traditionellen Verläßlichkeit ihrer Kinderkultur zu entsprechen:

„Wenn die außerhäuslich gelegenen Besuchsorte, wie Treffpunkte mit Spielkameraden, Wohnungen von Freunden und Freundinnen oder Einkaufs- und Freizeitstätten aufgesucht werden sollen, müssen darüber Absprachen erfolgen. Das heißt, Kinder scheinen heute früher ihre Bedürfnisbefriedigung zu organisieren und die Rahmenbedingungen dafür auszuhandeln. Dafür muß ein hohes Maß an Mobilität, Flexibilität und Ausdauer vorausgesetzt werden. Diesbezüglich kann von einer frühzeitigen Selbständigkeit der Kinder gesprochen werden, denn Autonomieerfahrungen haben eine Chance, die in der Möglichkeit des Aushandelns von gemeinsamen Aktivitäten und des dafür erforderlichen Zeitrahmens bestehen" (Hopf 1989, S. 90).

Diese über das Aushandeln schon im Kindesalter erwerbbaren Fähigkeiten und Kompetenzen können sich in der Regel aber nur vor einem ökonomisch gesicherten und kulturell entwickelten familialen Hintergrund entfalten. Wenn uns SozialpädagogInnen von Kindern aus sozial schwachen, im Wohnquartier isolierten Familien berichten, so reden sie vom Gegenteil: Diese Kinder finden im Kinder- und Jugendhaus den einzigen außerfamilialen Ort, an den sie sich klammern; sie haben weder von ihren Eltern die Unterstützung noch selbst die Fähigkeit, sich sozialräumlich aktiv zu bewegen, Treffpunkte aufzutun. H. Zeiher (1983) beschreibt dies als „passive Verinselung" der Unterschichtfamilien und ihrer Kinder. Sie haben nicht gelernt, etwas für sich kommunikativ auszuhandeln, eher haben sie die Erfahrung gemacht, daß man Situationen, in denen man nicht mehr weiter weiß, mit Gewalt wenigstens zeitweise auflösen kann.

Das bedeutet: Mit der Individualisierung tritt auch die „soziale Segregation" - die sozialräumliche Ausgrenzung und Zurückweisung der sozial und kulturell Benachteiligten - in neuem Gewande auf. Diese Tendenzen sozialer Segregation sind heute nicht so ohne weiteres am Auftreten der Kinder sichtbar; die „Schmuddelkinder" aus den ab- und ausgegrenzten unteren Sozialmilieus früherer Jahre gibt es wohl so nicht mehr. Fühlten sich die Kinder in diesen Milieus oft auch aufgehoben, so ist heute das einzelne Kind in seiner sozialen Benachteiligung stärker auf sich gestellt, muß schauen, wie es damit zurechtkommt. Auch hier entwickeln sich Formen der Bewältigungskompetenz, des Sich-Durchschlagens, die SozialpädagogInnen in Jugendhäusern immer wieder verblüffen

Dieser frühe biografische Zwang zur Selbstbehauptung ist täglich sichtbar und hat viele Erscheinungsformen: kindliches Rückzugsverhalten, emotionale Schwankungen, Überforderung, Aggressivität, aber auch Gewalttätigkeiten seitens der Kinder. Das Grundkonzept einer sozialpädagogischen Arbeit mit Kindern heißt deshalb auch immer: Kindern müssen eigene Räume zum Ausleben ihrer Kindheit eröffnet werden, Räume, die nicht abgeschirmte pädagogische Schonräume sind, sondern die in die alltägliche sozialräumliche Umwelt übergehen können, ohne daß sie von ihr überformt und erdrückt werden. Erlebnis- und Erfahrungsräume, in denen Kinder andere Erfahrungen mit Erwachsenen machen können als in ihrer Wohnumwelt, in denen sie ihre Grundbedürfnisse nach Bewegung und emotionaler Zuwendung auch außerhalb des familialen Rückzugsraums befriedigen können, in denen sie früh lernen können, mit Konflikten umzugehen, deren Austragung ihre überforderten Eltern in der Regel scheuen. Diese Überforderung vieler Eltern, aber auch oft der Nachbarschaft und der Öffentlichkeit im Stadtviertel oder im Dorf ist es, welche dazu führt, daß sich Kinder - im sozialräumlichen Sinne des Begriffs - abgeschoben fühlen, daß sie Räume brauchen, die ihrem Eigenleben entgegenkommen, die aber nicht sozial abgeschottet sind, also Kinderöffentlichkeiten sein können:

„Kinder-Öffentlichkeit beginnt mit der Freisetzung der körperlichen Bewegungen und der Überwindung der gesellschaftlich vorgeschriebenen Raumeinteilung. Kinder brauchen, wenn sie ihre spezifische Sinnlichkeit vergegenständlichen, sich in ihr wiederfinden können sollen, eine deutlicher raumbetonte Öffentlichkeit als Erwachsene; sie brauchen Experimentiergelände, Plätze, ein offenes Aktionsfeld, in dem die Dinge nicht ein für allemal festgelegt, definiert, endgültig mit Namen versehen, unabänderlich durch Gebote und Verbote reglementiert sind" (Negt 1989, S. 18).

Kinder müssen aber auch erfahren können, daß sich die gesellschaftliche Umwelt - und sei es nur vertreten durch die SozialpädagogInnen - auf sie einläßt, sie positiv bestätigt. Die Kinderforschung, aber auch die Erfahrungen der SozialpädagogInnen sagen uns, daß eine gelingende Persönlichkeitsentwicklung eine wesentliche Balance voraussetzt: Das Kind muß sich in seiner Auseinandersetzung mit der sozialen Umwelt sowohl auf die Welt der Erwachsenen, als auch auf die Eigenwelt beziehen können. Das Ausleben dieser Eigenwelt in diesem Spannungsfeld zu ermöglichen, ist eigenständige Aufgabe einer Sozialpädagogik des Kindesalters geworden.

Aus dieser Sicht liegt die sozialpädagogische Kindheit quer zu den institutionellen Definitionen, welche Kinder in Vorschulkinder, Grundschulkinder usw. einteilen. Wir sind in diesem Kapitel aber trotzdem erst einmal dieser institutionellen Einteilung gefolgt, weil sie eine zentrale Dimension des Lebenslaufs der Kinder strukturiert. Der sozialpädagogische Blick dagegen geht über diese institutionellen Begrenzungen hinaus.

4.3 Bindung und Verlust im Kindesalter: Die frühe Bedeutung des Geschlechts

Das Aufwachsen von Kindern in den westlichen Industriegesellschaften ist von früher Kindheit an geschlechtstypisch von tiefenspychischen und sozialen (Interaktions)Prozessen beeinflußt, die von den Beteiligten gar nicht so diskriminant wahrgenommen werden. Dabei sind es vor allem die Erwachsenen und Jugendlichen, welche den Kindern geschlechtsstereotypische Muster vermitteln. Denn die Kinder selbst verhalten sich im Grundschulalter bis hin zur (frühen) Pubertät im Durchschnitt gegenseitig nicht geschlechterdiskiminierend oder abwertend. Sie bewegen sich im Grundschulalter meist in geschlechtshomogenen Beziehungsgeflechten (vgl. dazu ausf. Krappmann/Oswald 1995) mit vielen „Interaktionen über die Geschlechtsgrenzen hinweg [...] wobei es insgesamt gleich viele Verletzungen auf beiden Seiten gab. Von einer Benachteiligung eines Geschlechtes kann insofern nicht gesprochen werden, insbesondere hat uns immer wieder erstaunt, wie die meisten Mädchen sehr souverän auch mit ruppigen Jungen umgehen" (Oswald 1993, S. 129). Solche Befunde stützen die Annahme, daß Geschlechterungleichheit gesellschaftlich „gemacht" wird (vgl. dazu Hagemann-White 1988), d.h. sich vor dem Hintergrund der herrschenden Strukturen hinein, es wird ihnen das in der Kinderkultur angelegte Gleichberechtigtsein erst mit der Zeit „ausgetrieben". Solche Befunde können über das Geschlechterverhältnis hinaus allerdings nichts darüber aussagen, wie Jungen „als Jungen" und Mädchen „als Mädchen" erzogen werden und geschlechtstypisch aufwachsen. Deshalb ist es für die Sozialpädagogik hier besonders wichtig zu *beobachten*, denn geschlechtstypischen Interaktionsverhalten zeigt sich in diesem Alter vor allem im räumlichen und habituellen Ausdrucksverhalten.

Wir beginnen mit der Darstellung unseres geschlechtstypischen Orientierungsmodells bei den Jungen: Die durchschnittliche männliche Sozialisation in unserer Industriegesellschaft ist durch die Suche des Jungen nach männlicher Geschlechtsidentität im Bindungs-/Ablösungsverhältnis zur Mutter und in dem - mit diesem konkurrierenden, den Vater zugleich als äußeres Spiegelbild (Benjamin, 1993) suchenden - Verlangen nach dem „männlichen" Vater (oder einer vergleichbaren männlichen Bezugsperson) bestimmt. Für den Jungen ist es aber schwer über den Vater - oder ähnlich nahe männliche Bezugspersonen - die Alltagsidentifikation zu bekommen, die er braucht, um in ein ganzheitliches - Stärken und Schwächen gleichermaßen verkörperndes - Mannsein hineinwachsen zu können. Die Väter sind ja nicht nur räumlich (z.B. über die Berufsrolle), sondern auch „mental" abwesend, wenn sie zu Hause sind, sich aber wenig um die häusliche Beziehungsarbeit kümmern. Diese obliegt meist der Mutter, die sich dem Jungen in ihren Stärken *und* Schwächen zeigt. Die Schwächen des Vaters und seine alltäglichen Nöte des Mannseins, des Ausgesetztseins und der Verletzungen im Beruf werden dagegen für den Jungen nicht sichtbar. Das einseitige Vaterbild - verstärkt durch die „starken" Männerbilder, die der Junge mit zunehmenden Alter über die Medien wahrnimmt - führen bei ihm in der Regel zur „Idolisierung" des Mannseins und zur Antipathie und Abwertung gegenüber dem Gefühlsmäßigen, „Schwachen". Die eigenen „weiblichen" Gefühlsanteile, die er ja seit der frühkindlichen Verschmelzung mit der Mutter in sich trägt, kann er dagegen immer weniger ausleben. Das liegt aber nicht nur an der einseitigen Vateridentifikation, sondern auch am Verhalten der Mutter: Männlichkeit wird auch von der Mutter - im Blick auf die spätere „Gesellschaftstüchtigkeit" des Sohnes - gefördert, in der gefühlsmäßigen Beziehung Mutter-Sohn aber zurückgewiesen.

Mädchen erhalten dagegen in ihrer Beziehung zur Mutter eher Möglichkeiten der Geschlechtsidentifikation; sie erfahren aber mehr restriktive und negative Geschlechtszuschreibungen und werden mehr im Verhalten kontrolliert und beschränkt (vgl. ausf. Bast 1988). Dem Jungen läßt die Mutter eher mal „was durchgehen" (sie schlägt, vielleicht die Hände über dem Kopf zusammen über die „Wildheiten" des Jungen, ist jedoch gleichermaßen stolz darauf). Dies bezieht sich vor allem auf die nach außen gerichteten, öffentlichen Verhaltenssegmente (laut sein, toben, Aggressivität, Zerstörung, Dominanz usw.). Bei Jungen und Mädchen fallen so die Möglichkeiten der Geschlechtsidentifikation und des Verhaltens auseinander. Bei Jungen finden sich Defizite in der Möglichkeit der Geschlechtsidentifikation, dagegen aber eine breite Palette an öffentlichen, „äußeren" Verhaltensmöglichkeiten; bei Mädchen ist dieses Verhältnis eher umgekehrt.

Die Verstärkung des männlichen Verhaltens durch Eltern, Verwandte, Nachbarn ist aber kein unbedingter Vorteil für Jungen. Vielmehr bringt dies die Gefahr der ständigen Überforderung, männliches Idealverhalten zu zeigen, mit sich. Zudem versuchen Mütter nicht selten, in das Verhalten des Jungen das hineinzulegen, was ihnen durch die Abwesenheit des Vaters in ihrem Alltag an männlichem „Verhaltensgegenüber" abgeht. Männliches Verhalten im Sinne des gesellschaftlich vorherrschenden männlichen Geschlechterrollenstereotyps wird also vom Jungen früh erwartet und über seine Umgebung „eingeübt"; aus sich selbst heraus hat er aber wenig Chancen, sich das Mannsein in seiner Ambivalenz von Schwäche und Stärke anzueignen.

In der frühen Kindheit identifiziert sich der Junge allerdings stark mit der Mutter und nimmt „weibliche", „mütterliche" Anteile in sich auf (bzw. eben Anteile, die Frauen/Müttern zugeschrieben, zugewiesen und/oder von ihnen ausgedrückt werden). Zudem lernen Jungen - durch das Aufwachsen in und ihre frühe Teilhabe an weiblich dominierten Räumen (Kindergarten, Grundschule - wie Frauen sind, was sie alltäglich machen. Jungen eignen sich so teils aktiv (handelnd), teils passiv (beobachtend) auch weibliche (d.h. wieder: eher den Frauen zugeschriebene) Eigenschaften und Kompetenzbereiche an.

Die bisher beschriebenen Prozesse geschlechtstypischer Identitätssuche beziehen sich ungefähr auf die Altersspanne von drei bis zehn/zwölf Jahren, wobei im frühen Alter die Geschlechtsunterschiede wahrgenommen, im späteren Kindesalter - hin zur Vorpubertät - die geschlechtshierarchischen Bewertungs- und Selbstwertvorgänge einsetzen (Bast 1988, S. 55ff). Allerdings ist dies kein eindeutiger Identifikationsprozeß, sondern dies alles verläuft durchaus ambivalent, wie schon Scheu (1981) am Beispiel der Geschlechteridentifikation von Mädchen im Bereich frühkindlicher Erziehung und Düring (1990) für die Mädchenpubertät eindrücklich aufgezeigt haben. Mädchen leben *gleichzeitig* im Gefühl der Gleichwertigkeit und der Minderwertigkeit (des Weiblichen und der Frauenrolle), wobei sich das Gleichwertigkeitsempfinden mehr auf die gegenwartsbestimmende kinder- und jugendkulturelle Situation, das Minderwertigkeitsempfinden eher auf die antizipierte Rolle als Frau bezieht. Aber auch die Jungen geraten bei der späteren Suche nach männlicher Identität, die schließlich über die rein körperliche Definition hinausgehen muß, kommen in eine ambivalente Konstellation: Sie müssen Eigenes von sich selbst, Kompetenzen, aber auch Wünsche und Identifikationsphantasien - vereinfacht: ihre weiblichen Anteile - beschränken, bekämpfen, unterdrücken.

Denn geschlechtsspezifisches Verhalten ist seit der Kindheit dadurch geprägt, daß über die Familie, die Schule, die soziale Umwelt und die Medien die gesellschaftlich gängigen Geschlechtsrollenmuster vermittelt und in der Interaktion mit den Kindern verstärkt werden. Dabei wird zwischen den personengebundenen Erfahrungen - die je nach Familienkonstellation unterschiedlich sein können - und den gesellschaftlichen Erfahrungen, die Kinder machen, unterschieden (vgl. Bilden 1991). Diese Unterscheidung ist wichtig, da es ja keineswegs an den Eltern allein liegt, in welches Geschlechtsrollenverhalten ihre Kinder hineinwachsen und manche Eltern sich wundern, warum ihre Kinder trotz elterlicher Versuche einer geschlechtsemanzipatorischen Erziehung traditionelle Geschlechterrollenstereotype übernehmen.

Kinder werden in eine Welt hineingeboren, in der das Männliche die Norm verkörpert, in der mithin Konkurrenz, Macht und männlich besetzte Positionen hoch bewertet und in einer unübersehbaren Selbstverständlichkeit anerkannt sind. Deshalb ist es nicht verwunderlich, daß Eltern in der Regel darauf achten, daß die Entwicklung ihrer männlichen Kinder ohne Abweichung von dieser gesellschaftlich gestützten (Männlichkeits-)Norm verläuft. Sie tun das - weil männliche Norm und herrschende Norm zusammenfallen - weniger aus einem reflektierten Geschlechterrollenverständnis heraus, sondern aus der Absicht, ihren Jungen zur Gesellschaftstüchtigkeit zu erziehen. Schon hier werden die Weichen dafür gestellt, daß Jungen viel weniger als Mädchen lernen, sich in Frage zu stellen und auch weniger angehalten werden, auf andere Rücksicht zu nehmen. Die Gesellschaft verlangt nun einmal von den Männern Durchsetzungsvermögen, Konkurrenzfähigkeit. Jungen müssen sich deshalb für konkurrentes und rücksichtsloses Verhalten kaum verantworten, ihr Handeln wird anders - man könnte sagen gesellschaftlicher - ausgelegt als das der Mädchen, die eher persönlich bewertet werden (Grabrucker 1985).

Daß die Stärken und Fähigkeiten der Mädchen schon in der Kindheit nicht sozial zum Zuge kommen, die Jungen wiederum nur geschlechtseinseitig erzogen werden, bleibt nicht ohne erheblichen Einfluß auf die Bewältigungskompetenzen und Bewältigungsmodi von Jungen und Mädchen in kritischen Alltagssituationen. Mädchen müssen ihre Schwierigkeiten nach innen aushalten, oft mit sich selbst ausmachen. Jungen können sie nach außen, meist ohne Rücksicht auf andere bis zur Gewalttätigkeit ausagieren (vgl. Willems/Winter 1990). Da sie aber in der eingeschlechtlichen Illusion des „besonderen Mann-Seins" aufwachsen, lernen sie nicht, sich mit sich selbst auseinanderzusetzen, sind ihnen gegenseitige, kommunikative und kooperative Bewältigungsmuster eher fremd. Sie sind daher einer Kette von Scheinlösungen ausgesetzt, die so lange sozial gut zu gehen scheinen, solange die Umwelt das männliche Dominanzmuster stützt. Was aber in den Jungen vorgeht, was sie spüren, aber nicht erleiden können (dürfen), was ihnen an Bewältigungskompetenzen - gerade auch für später - abgeht, wird übergangen, kommt nicht zur Sprache. „Kleine Helden in Not", so lautet zutreffend der Titel eines anschaulich geschriebenen Sachbuches, in dem diese Szenerie der geschlechtsstereotyp versteckten Lebensuntüchtigkeit von Jungen plastisch geschildert wird (Schnack/Neutzling 1990).

4.4 Das Kind im Kindergarten

Der sozialpädagogische Zugang zum Kind beginnt in der Regel erst im Kindergarten- oder Vorschulalter. Auch im Achten Jugendbericht (1990) wird das so gesehen, indem die Jugendhilfe als familienersetzende Erziehung unter 3 Jahren „nur im Notfall" gewährt werden soll (S. 96). In der Regel sind in diesem Alter nicht die Kinder, sondern die Eltern die Adressaten der Jugendhilfe. Die Einrichtungen der Jugendhilfe vermitteln und unterstützen Formen der Tagespflege und der Eltern-Kind-Gruppen. Das klassische Entweder-Oder zwischen Familienerziehung und Fremdbetreuung ist dabei einer Perspektive gewichen, welche familienunterstützende Netzwerke in den Vordergrund stellt.

Mit dem Kindergarten setzt die Vergesellschaftung des Kindes, sein erstes Heraustreten aus dem privaten, sozialemotional strukturierten erzieherischen Kontext der Familie, ein. Wenn auch die Kindergärten noch in vielem lediglich

Verlängerung des Familialen sind, so wirken doch Elemente der außerfamilialen Kindergruppe zurück in das Familienmilieu, genauso wie sich die familiale Erziehung nun über sich selbst und die Nachbarschaft hinaus am neuen sozialen Kontext Kindergarten orientieren muß. Es beginnt eine deutliche soziale Ausdifferenzierung der Erziehungs- und Lebensbereiche der Kinder, deren unterschiedliche Bezugsgruppenformen und Zeitrhythmen von den Kindern bewältigt werden müssen.

Der moderne Kindergarten hat sich in seiner gesellschaftlichen Funktion seit der Mitte des 19. Jahrhunderts bis zu seiner heutigen Allgemeinheit entwickelt. Kindheit wurde mit der Einbindung in das öffentliche Erziehungssystem auch zum öffentlichen Problembereich, aus Kindern in der Familie, die bisher weitgehend unbeachtet waren, sind Vorschulkinder geworden, als Bereich der vorschulischen Erziehung ist der Kindergarten gerade mit der Bildungsdiskussion der 70er Jahre in das öffentliche Interesse gerückt. Die Lern- und Entwicklungspsychologie gab in den 60er und 70er Jahren die Losung aus, daß die für ein Leben in der modernen Gesellschaft notwendigen Fähigkeiten - vor allem die Intelligenz - gerade in der Vorschulzeit geprägt werden. Die Pädagogik, die Medien, die Bildungspolitik und nicht zuletzt die Spielwarenindustrie übernahmen diese Parole.

Mit diesem Vergesellschaftungsprozeß wurde schon damals ein Spannungsverhältnis in der modernen Lebensphase Kindheit sichtbar, das gerade von den verschiedenen Gegenbewegungen zum öffentlichen Kindergarten artikuliert wurde: Kindheit könne nicht nur als Erziehungsphase pädagogisch aufgehen, sondern sei auch eine Lebensphase um ihrer selbst willen (authentische Kindheit). Während Kindheit als Erziehung also die Veranstaltungen beinhaltet, die mit Kindern in der Intention gemacht werden, etwas anderes aus ihnen werden zu lassen, als sie sind, erfaßt Kindheit als Lebensform dagegen all die „zwecklosen", weil nicht erzieherisch konzipierten Formen des Eigenlebens von Kindern. Sicher ist diese Unterscheidung analytisch. Man kann - so haben wir bereits eingangs dargestellt - in der Lebenswelt von Kindern nicht so ohne weiteres nach diesen Unterscheidungen getrennte Lebensbereiche ausmachen. Man kann aber immer wieder in Situationen bei Kindern und im Umgang mit Kindern beobachten, wie ihr Eigenleben durchbricht und die Situation strukturiert. In manchen Situationen kann man sogar sehen, wie Erziehung als intentionales Unternehmen folgenlos bleibt, während gerade die spontan inszenierten Ereignisse und Erlebnisse bei Kindern eine nachhaltig prägende Wirkung auf ihre Persönlichkeit haben.

Bestreben der Kinderpädagogik muß es also sein, eine Balance zwischen Kindererziehung und dem Eigenleben der Kinder, wie es sich aus der Familie heraus in das soziale Umfeld hinein entwickelt, herzustellen. Intention der Kindergartenbewegungen zu Ende der 60er und Anfang der 70er Jahre war es, den Kindergarten zu einer sozialpädagogischen Institution zu machen, zu einem Ort sozialen Lernens und Lebens, in dem dieses Spannungsverhältnis von den Kin-

dern ausagiert werden konnte. Der Kindergarten sollte nicht - wie in den schul-
politischen Absichten zur Elementarerziehung vielfach angelegt - ein Ort der
kognitiven Verschulung werden, in dem dieses Spannungsverhältnis latent gehalten worden wäre und damit immer wieder zu Bewältigungsproblemen bei
den Kindern selbst geführt hätte. Lieber den Kindergarten gleich sozialpädagogisch strukturieren, das heißt diese möglichen Bewältigungsprobleme entschärfen, indem man ein Ausagieren dieser Spannungszustände zuläßt, als nachträg-
lich eine Kindergarten-Sozialarbeit zu riskieren. Deshalb entstanden damals -
ausgehend von sozialpädagogisch orientierten wissenschaftlichen Institutionen
wie vor allem dem Deutschen Jugendinstitut in München (vgl. Arbeitsgruppe
Vorschulerziehung 1975-79, Krenz 1991) - curriculare Konzepte soziales Lernen für den Kindergarten. Soziales Lernen im sogenannten Situationsansatz
wurde als Erwerb von Kompetenzen zur Bewältigung realer alltäglicher Lebenssituationen verstanden („Ich verlaufe mich in der Stadt", „Ich lerne verstehen, was in meiner Umgebung abläuft: Müllabfuhr, Geschäfte, Post", „ich bin
allein zuhause", „ich bin im Krankenhaus" etc.). Die Situationsbausteine werden immer wieder erweitert und sollen in den Kindergärten nicht einfach so
übernommen, sondern selbst gestaltet, variert und ergänzt werden. Der Situationsansatz ist damit auch entsprechend unserem Bewältigungsansatz strukturiert:
Kinder sollen früh lernen - vor allem in ihrem sozialräumlichen Aneignungsverhalten (s.u.) - handlungsfähig zu bleiben und dabei *als Kinder* ihr gesellschaftliches Umfeld erschließen und in ihm bestehen können.

> „Im Situationsansatz ist soziales Lernen nicht ein Lernbereich neben vielen,
> sondern wird als zentraler Bezug des Lernens verstanden, um den sich die
> anderen reihen [...]. Im Unterschied [...] zu den anderen didaktischen Ansät-
> zen hob der Situationsansatz die Trennung zwischen Konstrukteur und
> Adressat auf. Die Erzieherinnen, Kinder und Eltern waren sowohl Mitwir-
> kende als auch nach dem Konzept Handelnde, dadurch wurde erst die Orien-
> tierung an der Lebenswirklichkeit möglich, denn nur die situativ Betroffenen
> konnten wirkliche Schlüsselsituationen erkennen." (Berndt 1996, S. 34)

Indem das tägliche Leben zum Gegenstand des Lernens wurde, aber nicht vom
Alltag separiert, sondern gleichsam über den Kindergarten ausgelebt, mußte
sich der Kindergarten nach außen sozial erweitern, Beziehungen zu den Famili-
en der Kinder aufnehmen, sich in die Gemeinde hinein öffnen und verlängern
können. Viele Konzeptionen gingen über diese pädagogischen Öffnungsper-
spektiven hinaus. So stellte man sich Kindergärten auch als Kristallisationspunkte des öffentlichen und privaten Lebens in der Gemeinde vor, als soziale
Räume, in denen neue Lebensformen sowohl in der Familie als auch zwischen
den Familien hin zum Gemeinwesen erprobt werden sollten. Grundzüge dieser
Vorstellung sind auch heute Allgemeingut der Diskussion um die Kindergartenerziehung geblieben. Diese über das Pädagogische hinausgehenden Vorstellungen von der Gemeinwesenorientierung über die soziale Vernetzung von Famili-
en hätten aber vorausgesetzt, daß die Familien dieses erweiterte sozialpädagogische Programm auch von ihren alltäglichen Motiven und Interessen her teilen

können, daß sie auch als Eltern ihren lokalen Lebenszusammenhang zu einem hohen Teil über den Kindergarten vermittelt sehen. Die Praxis zeigte aber, daß die Bedeutung des Kindergartens für viele Eltern - vor allem wenn sie sozial benachteiligt sind - weit unter dieser pädagogischen Zielvorstellung liegt. Kindergärten werden oft einfach deshalb geschätzt, weil sie die Fürsorge um die Kinder für eine Zeit des Tages abnehmen - dazu noch mit dem Versprechen, daß das Kind etwas lernt und sich wohlfühlt. Woher sollte die Zeit, die Aufmerksamkeit, aber auch die aus eigener Tradition und Erfahrung entstandene Kompetenz bei den Eltern kommen, um sich mit der Kinderkultur des Kindergartens kritisch und produktiv auseinanderzusetzen, ihn sozial zu erweitern? Heute sehen wir, daß sich der Kindergarten als Regeleinrichtung der Versorgung und Erziehung deswegen durchgesetzt hat, weil er die Eltern in beiden Dimensionen - Erziehung und Lebensform - von der Aufgabe entlastet, ihre Kinder in der offenbar so wichtigen Phase vor der Schule zu fördern und ihnen einen sozialen Zusammenhang zu bieten. Der Achte Jugendbericht erwies der Kindergartendiskussion in diesem Zusammenhang einen schlechten Dienst, als er statt der realistischen Einschätzung der Möglichkeiten des Kindergartens die Gründe für die sichtbare Nicht-Verwirklichung der Idealvorstellungen vom gemeinwesenorientierten Kindergarten nur auf die Platzknappheit und Überfüllung der Kindergärten reduzierte:

„Allerdings ist gerade diese Funktion und Qualität von Kindergärten, sowohl integrierender Lebensraum für Kinder zu sein wie auch die Kontakte und Unterstützungsleistungen zwischen Familien herauszufordern, derzeit in vielen Einrichtungen gefährdet: So führt die gestiegene Nachfrage nach Plätzen vielerorts dazu, daß die vorhandenen Kindergruppen vergrößert werden, was sich unmittelbar auf die Arbeits- und Lebensmöglichkeiten in den Einrichtungen niederschlägt" (Achter Jugendbericht 1990, S. 98).

Es wäre auch im Anspruch an den Kindergarten überzogen, ausgerechnet diesen vorgelagerten und sozial sensiblen Zwischenbereich zwischen Familie und kommunaler Umwelt zum Zentrum der Gemeinwesenorientierung machen zu wollen. Wenn es schon nicht gelungen ist, die Schule zur Gemeinwesenschule zu entwickeln, wenn Projekte der stadtteilbezogenen Gemeinwesenarbeit immer wieder erkennen müssen, daß sie der von der ökonomischen Logik der Stadtentwicklung induzierten Dynamik sozialer Segregation, Verinselung und Isolation meist hinterherhinken, soll nun der Kindergarten das bequeme Kaninchen aus dem Gemeinwesenhut sein? Gerade die Kindergartenpädagogik sollte in diesem Falle mehr soziologisch analysierend denn programmatisch einverständlich mit der Elternteilnahme am Kindergartengeschehen umgehen. Erfahrungen aus städtischen und ländlichen Gebieten zeigen, daß elterliches Engagement für das Weiterkommen und die Versorgung der eigenen Kinder nicht gleichzusetzen ist mit Gemeinwesenorientierung im Sinne eines öffentlichen Engagements für die Gemeinde, das über die in den Kindergarten hinein verlängerten familialen Eigeninteressen am Fortkomen der Kinder hinausgeht. Erkundungen der Kindergartengruppen im Gemeinwesen haben außerdem nicht gleich Gemeinwesenarbeitscharakter, sondern sind notwendige pädagogische Öffnungen des Kindergartens (im Sinne des Situationsansatzes), damit die Kinder sozialräumliche Kompetenzen erwerben und mehr von der Erwachsenenwelt außerhalb ihrer Familie erfahren können. So gesehen sind die Elternbegegnungen und gemeinsamen Aktivitäten pädagogische Netzwerke unterhalb der Gemeinwesenebene, in denen gegenseitig Informationen und Entlastung in Sachen Elternschaft in der Erziehung stattfinden können. Auf dieses pädagogische Netzwerk als Perspektive der sozialräumlichen Öffnung des Kindergartens sollten sich die SozialpädagogInnen im Kindergarten konzentrieren können.

Die sozialräumliche Öffnung des Kindergartens kann diesen zwar entlasten, die Spannung zwischen Erziehung und Eigenleben muß er aber in seinen Mauern selbst ausbalancieren. Der Kindergarten hat hier eine eigene Kindergartenkultur ausgebildet. Es ist ein Zusammenhang von Gruppe, Spiel, Lernen, Festen, räumlichen Arrangements wie Bastelecken, Puppenecken und ökologischen Gartennischen. Diese Kindergartenkultur setzt sich aus religiösen Traditionen, alten und neuen Kinderspielen, sozialpädagogischer Professionalität der Erzieher und Erzieherinnen, Sitte und Brauchtum des Kindergartenträgers zusammen. Jeder Kindergartenkultur liegt eine Vorstellung von einer durchschnittlichen Lebensform des Kindes zugrunde, die eben kindergartenspezifisch ist, das heißt wohl selten in der Realität der Familien ihre Entsprechung findet. Wir können auch sagen: Der Kindergarten versucht die Spannung zwischen Erziehung und Eigenleben so auszubalancieren, daß er eine eigene Kinderkultur entwickelt, die mit der Erziehungsfunktion des Kindergartens vereinbar ist. Er soll Kinder in ihrer sozialen Entwicklung unterstützen, auf Gruppenfähigkeit achten, die verschiedensten sozialräumlichen Kompetenzen fördern. Die pädagogische Bedeutung des Kindergarten läßt sich vor allem im Vergleich zur Familie ermessen. Der Kindergarten bietet den Kindern die erste anhaltende Lockerung der bisher engen Familienbindung und frühen Zugang zur Gleichaltrigenkultur: „Wir glauben, daß durch Identifizierung mit den anderen Kindern, die die Kindergärtnerin in gleicher Weise lieben und von ihr geliebt sein wollen, die ersten Keime des Zusammengehörigkeitsgefühls gebildet werden" (Wolffheim 1973, S. 110). Entwickelt sich hier die soziale Selbständigkeit der Kinder - als Prozeß gegenseitiger Wertschätzung vermittelt durch die Kindergärtnerin - so wird in der psychoanalytisch orientierten Kinderpädagogik betont, daß das Selbst des Kindes, sein gefühltes und erlebtes Kindsein seine ersten außerfamilialen Konturen erhält. Das Kind erhält Raum, sich von der Familie auch einmal distanzieren, die Lockerung der Familienbindung erleben zu können. Die innerfamilialen triebbesetzten Bindungs- und Verlustkonstellationen in denen das Kind steht, können entlastet werden, wenn sich das Kind im Kindergarten auch mit anderen Erwachsenen als den Eltern identifizieren kann. Der Kindergarten ist also nicht nur ein situationsstrukturierter Sozialraum in dem sich Aneignungskompetenzen entwickeln könen (s.u.), sondern auch Ort der Entwicklung des Selbst. Auch hier entscheidet sich - im Sinne A. Gruens - ob das Kind aus sich heraus sich ausdrücken und mitteilen kann, oder ob es durch frühe Anpassungsforderungen und -situationen in seinen Selbstäußerungen unterdrückt wird. Das pädagogische Medium dafür ist das freie Spiel, in dem Triebbedürfnisse befriedigt, Gefühle ausgedrückt und somit auch Lebenseindrücke (und damit soziale Umwelt) bewältigt werden können:

> „Die Kindergärtnerin sollte die Kinder überwiegend allein spielen lassen und sich zurückhalten, da Kinder sehr schnell begreifen, welche Wünsche Erwachsene an ihr Spielen haben und bald auch nur das spielen, sich also anpassen. Außerdem geht durch das häufige Mitspielen von Erwachsenen dem Kind die Fähigkeit, seine Phantasien darzustellen, verloren. Ursache ist die Tatsache, daß ein Erwachsener, so sehr er versucht sich in das kindliche Spiel hineinzuversetzen, doch immer ein Erwachsener bleiben wird." (Berndt 1996, S. 26)

So entwickelt sich früh die Befindlichkeits- und Betroffenheitsdimension (Kindsein) der Lebensbewältigung und das macht den Kindergarten zu einem sozialpädagogisch anspruchsvollen Ort. Deshalb braucht es auch eine pädagogische Professionalität, in der die Kompetenz der ErzieherInnen so definiert ist, daß sie sich selbst in einer Spannung zum Kind begreifen, die immer wieder neu reflektiert und in der pädagogischen Interaktion erlebt werden muß. Auch KindergärtnerInnen als Erwachsene sind geneigt, Kinder als abhängig und ohne eigene Antriebe zu betrachten. Deshalb müssen sie selbstreflexive Fähigkeiten entwickeln, um ihr Kinderbild - das ihre pädagogischen Handlungen zwangsläufig bestimmt - immer wieder überprüfen zu können. Denn daß die selbstätige Entfaltung des Kindes davon abhängt, inwieweit Erwachsene dafür Räume öffnen und veränderbare Möglichkeiten bereitstellen, haben schon die Klassiker moderner Kindergartenpädagogik - Montessori und Fröbel - entdeckt.

Die sozialpädagogische Balance zwischen Erziehung und Eigenleben, die der Kindergarten in sich herstellt, ist heute in dem Maße gefährdet, in dem mit der pluralistischen Entwicklung der 80er und 90er Jahre andere Medien breiter und intensiver werden, die Kindheit definieren und mit ihren Definitionen in ein Spannungsverhältnis zum Kindergarten treten. Die Konsummedien der Kinderindustrie haben die Kinder als autonome und kompetente Personen entdeckt. Diese verhalten sich auch so gegenüber den Angeboten dieser Industrie. Deshalb zielt Werbung für Kinder heute darauf ab, die Kinder selbst zu animieren, daß ihnen ihre Eltern etwas kaufen. Diese von der Konsumwerbung erzeugte Wirklichkeit ist eine *parasoziale*, d.h. die Kinder werden zwar in ihrem wirklich erlebten Eigensinn angesprochen, die daran anknüpfende, über das Konsumbedürfnis vermittelte Selbständigkeit ist aber von der Werbung suggeriert. Die Konsumwerbung pickt sich also das Segment eigensinnigen Kinderseins aus dem Kinde heraus und versteht es, diesen Ausschnitt zu manipulieren. Früher war es noch so, daß die Werbeindustrie die Eltern motiviert hat, ihren Kindern etwas zu kaufen.

Daß auch im Binnenraum des Kindergartens noch manches zu verändern ist, zeigt der Blick auf die geschlechtsspezifische Seite der Vorschulerziehung.

Zwar würden sich die modernen Kindergärtnerinnen dagegen wehren, wenn man ihnen unterstellte, sie würden Mädchen und Jungen anders erziehen. Sicher gibt es noch genug Reste von Rollenstereotypen und geschlechtsspezifischen Alltagstheorien, die in das Erzieherverhalten einfließen. Aber generell wird betont: Mädchen und Jungen werden bei uns gleich behandelt. Wenn wir uns nun aber im Kindergarten sozialräumlich vergewissern, so fällt oft auf: Die Mädchen werden im Kindergarten eher kleinräumig am Tisch beschäftigt, sie sind die ruhenden Pole im Kindergarten. Die Jungen toben in der Regel mehr herum, sie sind unruhiger (vgl. Kerber 1991; B. Winter 1991). Die Erzieherinnen meinen, die Jungen brauchen das eher, ohne damit aber eine Geschlechterrollendiskriminierung verbinden zu wollen. Die Mädchen werden von ihnen sogar oft positiver bewertet, weil sie den Kindergarten überschaubar halten. Die sozialräumliche Beschränkung des Elternhauses setzt sich also für die Mädchen im Bereich des Kindergartens fort, die selbstverständliche Stereotypisierung des Rollenverhaltens - ohne zu fragen, ob sie damit nicht einseitig festgelegt werden - für die Jungen. Wir werden an späterer Stelle in dieser Einführung zeigen, welche zentrale Bedeutung das Geschlechterrollenverhalten für die Lebensbewältigung hat. Sozialpädagogisch orientierte Kindergartenerziehung sollte hier durch erste Versuche der Rollenerweiterung für Mädchen und Jungen - und nicht durch einfache Verlängerung der familialen Rollenstereotype - einen Raum für die Einübung geschlechtsspezifischer Bewältigungskompetenzen bieten können. Daß hier noch viel aufzuarbeiten ist, darauf macht allein schon der noch unterentwickelte Forschungsstand in diesem Bereich aufmerksam (vgl. Colberg-Schrader/v. Derschau 1991).

4.5 Schulkinder

Der Eintritt in die Grundschule bedeutet für die Sechs- bis Siebenjährigen einen deutlichen biografischen Einschnitt und wird deshalb allgemein als Beginn einer neuen Kindheitsphase angesehen. Für diese Phase hat sich die Vorstellung einer Altersspanne von 6-12 Jahren und die Bezeichnung mittlere Kindheit eingebürgert. Es ist aber sinnvoll, diese Phase noch einmal in die Altersgruppe der Grundschulkinder (6 - 9/10 Jahre) und der älteren Kinder oder Kids (9- bis 14jährige) zu unterteilen. Denn die Grundschulphase hat ihre eigenen und dazu noch sehr kindlichen Spannungszustände und Bewältigungsprobleme; die Grundthematik des Kindesalters, Erziehung und Eigenleben, erhält in dieser Zeit ihre deutlichste Akzentuierung. In die Phase der Neun- bis Vierzehnjährigen dagegen reicht schon die Verfrühung der Jugendphase herein, sie ist nicht mehr durch die Durchgängigkeit des Kindseins charakterisiert, wie dies für das Grundschulalter der Fall ist.

Mit dem Schuleintritt erfahren die Kinder eine Erweiterung ihres sozialen Umfeldes; der Schulweg ist wesentlich eigenbestimmter, also nicht mehr so abhängig von der Elternaufsicht wie der Kindergartenweg, die eigenen Spielräume in der Entfernung zur Wohnung werden vielfältiger und selbstverständlicher. Das Hauptsächliche aber ist: Die Kinder „müssen" in die Schule gehen, sie bestimmt ab sofort die Zeitstruktur des Kinderalltages, sie zwingt die Kinder, sich an ihre strikten und bis ins Kleinste geregelten Organisationsformen anzupassen. Die Schule bringt eine neue Struktur in die Spannung von Erziehung und Eigenleben. Was in der Schule gelernt wird, gelernt werden soll, ist für das künftige Leben in der Gesellschaft unverzichtbar: Lesen, Schreiben, Rechnen, seinen Körper beherrschen, sich einfügen; arbeiten, auch wenn man keine Lust dazu hat, aber auch versuchen, für eine beliebige Arbeit, die einem vorgesetzt wird, doch noch Lust zu bekommen. Dies alles kann man nur in der Schule lernen. Einzelne Fertigkeiten mögen Kinder sich auch anderswo aneignen, die Einübung in eine „rationale Lebensführung" aber, wie sie von den Menschen in der modernen Industriegesellschaft verlangt wird, findet nur in der Schule statt.

Auch die Eltern sind früh von dieser Zukunftsweisung der Schule ergriffen. Schon in der dritten Grundschulklasse wird spekuliert, ob das Kind wohl geeignet für weiterführende Schulen ist, stehen Eltern unter einem Zukunftstrauma: ihr Kind könne angesichts von Bildungs-, Aufstiegs- und späteren Arbeitsplatzkonkurrenzen nicht früh genug gefordert werden und für das spätere Leben gerüstet sein. Gleichzeitig aber würden auch viele dieser Eltern ihren Kindern mehr Raum und Ruhe für das kindliche Eigenleben lassen. Sie befinden sich daher in einem permanenten Zwiespalt, den sie zwar nicht direkt, aber doch latent und spürbar an die Kinder weitergeben. Die Schule läßt sie in der Regel mit diesem - von ihr maßgeblich produzierten - Zwiespalt allein. Wenn man dann noch dazurechnet, daß viele Kinder schon früh einen vollen Terminkalender haben (Flöten, Ballett, Sportverein etc.), das heißt auch ein Teil ihrer Freizeitaktivitäten in Zeit und Ablauf genormt ist, so kommt man zu einer Konstellation des Kinderalltags, die unter einer vielfachen Spannung steht: Zeitnormierung und Lerngeschwindigkeitsdruck durch die Schule, spürbarer Leistungszwiespalt seitens der Eltern, Terminnot der organisierten Kinderfreizeit, Terminkonkurrenz seitens Vater und Mutter. Die Spannung, die in dieser Konstellation liegt, ist wohl auch gemeint, wenn David Elkind (1981) vom „gehetzten Kind" spricht. Angesichts dieser Entwicklung sollten sozialpädagogische Angebote für Kinder entwickelt werden, die nicht noch mehr Normierungen draufsetzen, sondern bewußt Räume für kindliches Eigenleben, freies Spielen und offene Gruppenerlebnisse bieten. Dies ist der *erste sozialpädagogische Zugang* zur Bewältigung von Schule.

Aber zurück zu dem, was die Schule den Kindern abverlangt. Schon das bloße In-die-Schule-gehen-müssen ist eine Form rationaler Lebensführung: Schule ist bürokratisiert, verrechtlicht, verfachlicht, man muß sich an diese Prinzipien früh anpassen. Sie ist auf Vermittlung von Kompetenzen ausgerichtet, die meist erst später im Erwachsenenleben ihren Sinn erhalten. Die Kinder überblicken die Zukunftsorientierung der Schule nicht, sie erleben nur die „Lerngeschwindigkeitsnormen" (Zeiher), welche die Schule setzt, „indem sie Stoffmengen und Ziele in den Zeiteinheiten Unterrichtsstunde und Schuljahr vorgibt. So wird das aktuelle Leben der Kinder dem Bildungsziel, also einer Zukunftsvorstellung unterworfen. Im linearen Zeitdenken verliert die Gegenwart ihre Eigenständigkeit. Kindheit erscheint dann nur noch als Durchgangsphase" (Zeiher 1989, S. 108). Die Schule ist also von ihrer institutionellen Logik her zukunftsorientiert. Das Leben der Kinder außerhalb der Schule, vielleicht auch unter den Schulbänken, ist dagegen gegenwartsorientiert. Dieses Spannungsfeld von gegenwartsorientiertem Leben und zukunftsorientierter Schule, welche den Schüleralltag beherrscht, muß von den Kindern immer wieder emotional und sozial ausgeglichen werden. Dies ist der *zweite sozialpädagogische Zugang zur Bewältigung von Schule*: Für die meisten Kinder stellen sich hier zwar keine großen Bewältigungsprobleme, die Spannungen können schlecht oder recht von den Familien aufgefangen werden. Doch es gibt Kinder, die dies nicht bewältigen können, bei denen die Familien schon sehr früh in der Grundschule nicht imstande sind, die Balance zwischen Schule und außerschulischem Leben zu stützen. Dazu gehören insbesondere ausländische Familien, Familien, in denen der unterschiedliche Arbeits- und Zeitrhythmus der Elternteile das Kind kaum zum Zuge kommen lassen, Familien, die desorganisiert sind und deshalb dem Kind selbst noch emotionale Energie abziehen, die es eigentlich bräuchte, um sich für die Schule zu regenerieren.

In die Schule gehen bedeutet für das Kind, daß es zum ersten Mal im Leben mit einem rigiden Fahrplan für den zeitlichen Ablauf des Alltags konfrontiert wird. Es muß sich diesem Fahrplan anpassen, es lernt die Unterschiede zwischen (Schul-)Arbeit und Freizeit kennen, es muß die persönlichen Eigenschaften erwerben, die für das Einhalten dieses Fahrplans notwendig sind: pünktlich und zuverlässig sein, vorausschauend planen können. Aus der Schule heraus entwickelt sich ein rationaler Umgang mit der Zeit. Man lernt Bedürfnisse aufschieben, sieht mit der Zeit, daß nicht alles auf einmal geht, beginnt, Prioritäten zu setzen. Die Schule treibt dem Kind die unmittelbare, sinnlich-ganzheitliche Gebrauchswertorientierung aus. Sein allgemeiner Bezug zur Umwelt mit ihren materiellen und symbolischen Gegenständen wird nun abstrakter. Das Kind muß sich Objekte vorstellen können, es muß Interessen und Motivationen an Objekten entwickeln, auch wenn sie gegenüber konkreten Situationen und Bedürfnissen unabhängig, also abstrakt sind. Solche Formen der Rationalisierung sind für das Kind doppeldeutig: Sie bringen ihm einerseits einen enormen Zuwachs an Handlungsmöglichkeiten, sie bedeuten jedoch andererseits einen Verlust an Freiheit und Spontaneität, an Unmittelbarkeit, Körperlichkeit und Sinnlichkeit. Natürlich umfaßt die Schule nicht den ganzen Alltag der Kinder; außerhalb der Schule, aber auch in der Schule selbst entfalten sie ihre Eigensinnigkeiten und Ansprüche, die mit der Individualisierung der Kindheit zunehmen und einen gewissen Veränderungsdruck auf den Schulalltag selbst ausüben (Fölling-Albers 1993). Trotzdem liegt der Rationalisierungsdruck der Schule weiter über vielen Bereichen des Kinderalltags.

Denn die Schule unterscheidet sich vom Kindergarten vor allem dadurch, daß sie zwar auch Kinder aufbewahren, sie beschäftigen und ihnen Kompetenzen für den aktuellen Alltag mitgeben kann, daß diese Leistungen der Schule aber, anders als beim Kindergarten, Nebenprodukte sind. Im Vordergrund stehen die institutionellen und organisatorischen Anforderungen, welche die Schule an die Kinder hat. Auch unter diesem Aspekt können durch die Schule Bewältigungsprobleme entstehen. Dies ist *der dritte sozialpädagogische Zugang zur Bewältigung von Schule.* Daß diese Diskrepanz im Alltag ausgeglichen wird, daß das Schülerleben normalisiert wird, dafür ist die Schule auf eine andere Welt angewiesen: auf Erfahrungen, Erlebnisse, soziale Unterstützungen in den Familien, in den Kindergruppen der Jugendverbände, und wiederum, wenn dies nicht vorhanden ist oder nicht ausreicht, auf gezielte sozialpädagogische Angebote offener Kinderarbeit.

Die Schule setzt die Maßstäbe, welche Art von Lebensführung notwendig ist, um ein guter Schüler, eine gute Schülerin zu sein. Vom Frühstück bis hin zur Gestaltung des Abends kann die Schule Empfehlungen geben, unterscheiden, was für eine positive Schülerkarriere geeignet und was abträglich ist. Was allerdings Leben für sich, Eigenleben bedeutet, bleibt in der Schule ausgeklammert. Die Schule orientiert sich nicht am Alltagsleben des Schülers, sondern an der Schülerrolle, an den über Lehrpläne, Jahrgangsklassen und Leistungsstandards vermittelten Verhaltenserwartungen und Regelvorgaben. In der Schülerrolle sind die Kinder, die sonst in ihrem Eigenleben so unterscheidbar sind, austauschbar. Für die Schule ist diese Rollenperspektive funktional; die Kinder werden dadurch vergleichbar und - im Sinne des Leistungs- und Auslesesystems Schule - in der Konkurrenz mit anderen bewertbar.

Wir haben drei sozialpädagogische Zugänge zur Schule herausgearbeitet. Die Sozialpädagogik beschäftigt sich nicht mit der Schülerrolle, sondern mit dem „Schülersein" (Schefold 1987), mit dem durch die Schule strukturierten Alltagsleben des Kindes. Sozialpädagogik muß damit auch zwangsläufig die Schule als alltäglichen Lebenszusammenhang begreifen. Damit gewinnt sie ihren eigenständigen Blick auf die Schule. Schule muß vom Kinderalltag her bewältigt werden. Ob dies gelingt, hängt davon ab, welche Möglichkeiten die Kinder haben, die soziale Reproduktion ihres Schülerseins alltäglich zu leisten. Die Schule selbst bringt diese soziale Reproduktion nicht zustande, denn sie ist als primär funktionales System konzipiert. Das Soziale ist in diesem System ein eher nachrangiger Aspekt. Die Schule ist in der Regel nicht in der Lage, das Ausmaß der Lern- und Leistungsfähigkeit wiederherzustellen, also zu reproduzieren, das sie verbraucht: Erfahrung, soziale Beziehung, Motivationen für Leistungen und Sozialverhalten. „Soziale Reproduktion des Schülerseins" bedeutet deshalb mehr, als nur „Schulfähigkeit" im engeren Sinne (Intelligenz, Sozialverhalten, Sprache, Ich- Kontrolle) wiederherzustellen. Denn gerade in der außerschulischen Lebenswelt Jugendlicher müssen Identifikationen, Leitbilder, Motive und soziale Beziehungen entwickelt und gestützt werden, damit der soziale Austausch zwischen alltäglicher Lebenswelt und schulischen Anforderungssystemen gewährleistet ist" (Schefold 1987, S. 197). Das Schülersein ist also ein von der Schule bestimmter und damit in gewissem Sinne beschränkter

116

Alltag, der ausgleichende und entschädigende Erlebnisse und soziale Beziehungen verlangt, um einen gesamten Lebenszusammenhang für die Kinder herstellen zu können. Hier können außerschulische Hilfen und Angebote der Sozialpädagogik eine soziale und kulturelle Erweiterung darstellen. Aber es gehört auch in die Zuständigkeit der Sozialpädagogik, daß die Bewältigungsprobleme, die im Schülersein stecken, öffentlich gemacht werden und daß darauf insistiert wird, daß die Schule selbst lernt, sich als Sozialraum zu begreifen und zu gestalten.

Die Bewältigung des Schülerseins ist - von LehrerInnen meist nur unzureichend wahrgenommen - auch signifikant durch das Mädchen- und Jungesein bestimmt:

„Seitens der Lehrpersonen wird den Jungen mehr Aufmerksamkeit geschenkt. Jungen bekommen mehr Lob und mehr Tadel, mehr Blickkontakt, mehr räumliche Nähe, mehr Rückfragen und Rückmeldungen als Mädchen. Dies korrespondiert wohl damit, daß Jungen in gemischten Klassen das Unterrichtsgeschehen beherrschen. Jungen reden durchschnittlich öfter und länger als Mädchen, sie unterbrechen häufiger und schreien wesentlich öfter ungefragt dazwischen. Ihre Wortmeldungsinhalte beziehen sich oft nicht direkt auf das Thema. Jungen (bzw. ein Teil der Jungen) stören so im Durchschnitt häufiger den Unterricht, sie sind lauter und verhalten sich allgemein „disziplinloser" als Mädchen [...]. Jungen erhalten in der Regel zwei Drittel der Aufmerksamkeitszeit des Unterrichts (Enders-Dragässer/Fuchs 1988, S. 22).

In der Unterrichtsplanung wird das Jungenverhalten als „gegeben" vorausgesetzt. Da in der Schule der Grad der Kontrolle über die Klasse ein wichtiger Gradmesser für die berufliche Kompetenz von Lehrerinnen und Lehrern ist, (daß wird von den Lehrenden selbst so wahrgenommen und bewertet) und LehrerInnen sich oft in ihrer Überzeugung einig sind, daß Disziplinstörungen vor allem von Jungen ausgehen, ist diese geschlechtstypische Verzerrung des Unterrichts allgemein verbreitet. Dabei nehmen vor allem zwei Erwartungen Einfluß auf das Lehrerverhalten (vgl. dazu ebd.):

- Es wird vermutet, daß Jungen einfach „von Haus aus" aggressiver, unruhiger sind und weniger bereit, sich unterzuordnen, daß sie mehr reden und trotziger sind als Mädchen (dieses „von Haus aus" ist ein alltagsprachliches Indiz für die subjektiv definierte Verlängerung des Geschlechtsverhaltens aus der Familie heraus). Die Gefahr, daß der Unterricht zusammenbrechen könnte, geht - nach Lehrermeinung - von den Jungen aus.

- Allgemein werden von den Jungen mehr Lernschwierigkeiten erwartet. Pädagogisch scheint es daher erforderlich, den Stoff möglichst für Jungen interessant zu machen. Das bedeutet, der Unterrichtsstoff wird entsprechend den Klischees gegenüber den Kindern „für Mädchen" und „für Jungen" interessant aufgeteilt. Weitgehend werden dann solche Themen ausgewählt, die Jungen spannend finden, um sie in den Unterricht besser einbinden zu können.

Damit werden die (vorhandenen) starren Geschlechtsstereotype zusätzlich verstärkt.

Dies alles wird im „Kidsalter" der Vorpubertät (etwa 6.-9. Klasse, 11-14 Jahre), in dem Mädchen gegenüber den Jungen einen physiologisch-psychischen Entwicklungsvorsprung haben, noch besonders verstärkt (vgl. Horstkemper 1987, Tillmann 1992). Die Mädchen orientieren sich in dieser Zeit an ihrem eigenen Geschlecht oder älteren Jungen und halten die gleichaltrigen Jungen ihrer Klasse eher für „dumm" und „kindisch". Die Jungen versuchen das durch verstärkt Aufmerksamkeit erheischendes Getue und Störverhalten, durch kleine sexistische Attacken u.ä. zu kompensieren und verstärken dabei meist noch die Ablehnung bei den Mädchen. Dies wiederum führt zu provozierendem Imponierverhalten bei den Jungen, mit dem sie auch in der Unterrichtssituation auf sich aufmerksam machen möchten.

Die wichtigsten schulpädagogischen Konsequenzen im Hinblick auf die Geschlechterdynamik gerade in der mittleren Kids- und Jugendphase liegen auf der Hand. Es geht einmal um eine gemeinsame „Sensibilisierung" in bezug auf Geschlechterrollenstereotype in der Schule (vgl. dazu z.B. die praktischen Hinweise bei Degenhardt-Marten 1992). Vor allem sollten Lehrerinnen und Lehrer erkennen, daß sie den Jungen in ihrer Geschlechterentwicklung nichts Gutes tun, wenn sie ihr männlich-dominierendes Außenverhalten durch erhöhtes Daraufeingehen nur bestärken. Die scheinbare Bevorzugung der Jungen gerät im Lichte der kritischen Betrachtung männlicher Sozialisation eher zu ihrem Nachteil. Gleichzeitig werden durch die geduldete soziale Dominanz und Präsenz der Jungen die Mädchen in der Schule sozial (nicht so sehr was ihr gegenüber den Jungen meist besseres Leistungsverhalten betrifft) zurückgesetzt. Wichtig ist deshalb die zielstrebige Einwirkung auf die jeweilige Geschlechtergruppe. Lehrerinnen und Lehrer sollten Mädchen stärker im Unterricht zum Zuge kommen lassen und sie auch im Auftreten in der Schulöffentlichkeit ermutigen (Horstkemper 1987, S. 219). Die Jungen müßten mehr aktiv statt reaktiv angesprochen und aufgefordert werden. In der schulischen Gruppenarbeit wäre es ratsam, Mädchen und Jungen sowohl in gemischten als auch in geschlechtsgetrennten Gruppen arbeiten zu lassen. Auch in den schulerweiternden Projektwochen und Landschulheimaufenthalten müßte mit den Jungen zwischendurch immer wieder allein, ohne die Mädchen (so daß sie unter sich sind) gearbeitet werden, damit sie „zu sich kommen" und sich nicht immer über die Mädchen (Kompensation von Überlegenheit, sexistische Abwertung) definieren müssen. Auch Jungen brauchen in diesem Alter - nicht nur Mädchen - eigene Räume, in denen sie auch mit „Schwächen" und Gefühlen - also mit sich - konfrontiert werden können, ohne dabei Angst vor männlichem Gesichtsverlust und sozialen Niederlagen zu bekommen. Dazu gehören „Rollenerweiterungen" in der Perspektive der Aktivierung und des Auslebens weiblicher Anteile (vgl. dazu ausführlich Sielert 1991). Hier können die Voraussetzungen dafür geschaffen werden, daß im späteren Jugendalter für Mädchen und Jungen gemeinsame, kommunikative und gleichberechtigte Schülerhaltungen entstehen können, wie wir sie in der Gleichaltrigenkultur der Kinder noch vorhanden sahen (s.o.). Dazwischen aber steht das männliche Cliquenverhalten der Jugend der Unterschicht (s.o.), das uns wiederum eindringlich darauf verweist, daß nicht die Gleichaltrigenbeziehungen aus sich heraus, sondern die geschlechtshierarchischen Verhältnisse letzlich die Geschlechter und ihr Verhalten zueinander beeinflussen.

4.6 Die Kids: Nicht mehr Kinder, noch nicht Jugendliche

Die Formen des Schülerseins reichen von der späteren Grundschulkindheit bis in die Jugendphase. Natürlich stellt sich die Schule im Verlauf der Schülerkarrieren auf altersgruppentypische Veränderungen im Schülerverhalten ein. Später - in der Sekundarstufe II werden die Jugendlichen dann versuchen, Schule für sich - biografisch - zu managen (s.u.). Die Sozialpädagogik, die außerhalb der Schule auf das Schülersein schaut, nimmt in diesem Kontext noch wesentlich andere Veränderungen bei den Schulkindern war. Denn außerhalb der Schule sind sie in sozialräumliche und soziokulturell-mediale Prozesse involviert, die Kindheit typisch verändern. So werden SozialpädagogInnen werden seit den 70er und 80er Jahren zunehmend mit Kindern konfrontiert, die nicht mehr auf die üblichen Spielplätze wollen, aber auch nicht in die klassischen Jugendhäuser passen. Trotzdem waren eingangs der 80er Jahre ungefähr die Hälfte der Jugendhausbesucher in der (alten) Bundesrepublik dieser Altersgruppe der 9-14jährigen zuzurechnen. Für diese Nicht-Mehr-Kinder und Noch-Nicht-Jugendlichen gab es in den sozialpädagogischen Einrichtungen lange keine speziellen Angebote. Diese Feststellung einer Angebots-Lücke für diese Kinder, vor allem aber die Beobachtung, daß sie sich ihre Spiel- und Rückzugsorte in Nischen und Bau-Lücken der Großstadt selbst suchen, hat ihnen in einer entsprechenden Berliner Untersuchung den Namen „Lücke-Kinder" eingebracht (Friedrich u.a. 1984, Harms u.a. 1985). Beim näheren Hinsehen auf das empirische Material, aber auch in anderen Berichten von SozialpädagogInnen fällt uns auf, daß es nicht nur Spielorte sind, welche die Kids aufsuchen, sondern auch Orte, wo ihnen außer Haus etwas essen können, wo ihnen möglicherweise auch beim Schulaufgabenmachen geholfen wird. Vor allem aber suchen sie einen Platz für sich, den sie sich zeitweise erobern können, den sie mit ihrer Bewegung, Phantasie, aber auch Aggressivität selber ausgestalten. Das ist - so können wir als Sozialpädagogen sagen - nichts anderes als Alltagsbewältigung, der Versuch, die spezifische Lebenskonstellation - noch eindeutiger Familienstatus, Schülersein und zunehmend entwicklungsnotwendige Suche nach eigenen außerfamilialen Sozialräumen - in einen lebbaren Zusammenhang zu bringen. Jugendliche sind es noch keine, weil sie nicht wie diese Ablösung von den Erwachsenen öffentlich demonstrieren, Kinder sind sie aber längst nicht mehr, da ihre Spiele und Aktivitäten nicht mehr an die familiale Kontrolle gebunden, an diese rückverwiesen sind.

Die Jugendforschung spricht von einer Verfrühung der Jugendphase: Neun-, Zehn-, Elfjährige zeigen heute Verhaltensweisen, die man früher gemeinhin der klassischen Jugendphase, dem pubertären und nachpubertären Alter von 14 - 17 Jahren zugeschrieben hat. Neunjährige kommen zu spät nach Hause, bringen die falschen Freunde mit, wenden sich zeitweise von ihren Eltern ab, suchen selbständige Räume, bevölkern öffentliche Plätze, auch die Medien- und Computerecken in Kaufhäusern. SozialpädagogInnen berichten: Man weiß nie so recht, ob sie noch Kinder oder schon Jugendliche sind. Ihr Verhalten fordert bei uns diese Ratlosigkeit heraus: Einmal distanzieren sie sich schroff von uns, wollen selbständig wie Jugendliche sein, kurz darauf signalisieren sie uns Erwachsenen, daß sie auf uns angewiesen sind, daß sie uns brauchen; wir wissen aber nicht, wann, auch oft nicht, in welchem Zusammenhang. Ihr Verhalten scheint uns widersprüchlich, in ihrem Schwanken zwischen Distanz und Abhängigkeit gegenüber den Erwachsenen ambivalent. In ihren Gesten und Gebaren orientieren sie sich oft an älteren Jugendlichen, und „auch im sexuellen Bereich hat man oft den Eindruck, daß Verhaltensweisen und Entwicklungsstand der jüngeren Jugendlichen weit auseinanderklaffen ... Durch ihr wechselhaftes Verhalten ‚entziehen‘ sich die jüngeren Jugendlichen weitgehend der (sozial-) pädagogischen Angebotsplanung" (Deinet 1992, S. 10).

Der Sozialpädagogik scheint es nur langsam zu gelingen, geeignete Angebote für diese Gruppe der Kids oder jüngeren Jugendlichen zu entwickeln. Dabei haben viele JugendarbeiterInnen gemerkt, daß weder eine Verlängerung der Kinderarbeit nach oben noch eine Vorverlegung der Jugendarbeit „nach unten" den spezifischen sozialräumlichen und sozialemotionalen Bedürfnissen dieser Altersgruppe gerecht wird.

Ulrich Deinet (1992) hält für diese Verfrühung der Jugendphase, die Ausdifferenzierung einer zunehmend eigenständigen Zwischenphase zwischen traditioneller Kindheit und Jugend, drei Bedingungsfaktoren für ausschlaggebend:

- Das moderne, differenzierte Schulsystem separiert die Kinder stärker als früher von der Familie und setzt einen besonderen Lebenszuschnitt des Schülerseins frei. Institutionell gesehen erweitert sich das sozialräumliche Feld der Kinder vor allem im Übergang von der Grundschule zu den weiterführenden Schulen erheblich. Damit beginnt - zumindest in Segmenten - auch der Prozeß der Ablösung vom Elternhaus als zentraler Aspekt des Aufwachsens und der Selbstwert- und Identitätsfindung im Jugendalter schon bei den Kids. Insgesamt verändert sich dadurch die Konstellation Elternhaus - Schule - Kinder, indem aus dem Erziehungsdreieck durch die nun einsetzende sozialräumliche Orientierung der Kids an außerschulischen und außerfamilialen Öffentlichkeiten ein Erziehungsviereck mit einer unkalkulierbaren vierten Größe (Kinderöffentlichkeit/ Konsum/Medien) wird.

- Es scheinen sich auch die physisch-psychischen Rahmenbedingungen verändert zu haben: So hat sich das Eintreten der Geschlechtsreife im Laufe der letzten Jahrzehnte deutlich nach unten verschoben. Dies läßt darauf schließen, daß die früher einsetzende soziale Reifung auf den Prozeß der biologischen Reifung zurückwirkt und umgekehrt.

- Drittens macht sich in den letzten drei Jahrzehnten ein deutlicher Prozeß der sozialen und kulturellen Akzeleration schon in der älteren Kindheit bemerkbar. Auf die Kinder stürzt vieles früh und gleichzeitig ein, was sie nach dem traditionellen Modell des Aufwachsens und dem herkömmlichen Erziehungsverständnis erst sukzessive und in zeitlichen Abständen später erfahren sollten. Das sind vor allem die Anreize aus der Medien- und Konsumwelt, welche sich in der Umgebung der Kinder anhäufen, wodurch eine entwicklungsgemäße Selektion (Auswahl) schier unmöglich wird. Gerade hier liegt ein Bewältigungsproblem; der Fernsehkonsum und vor allem der Konsum von Videos ist in diesem Alter zwischen acht und dreizehn besonders hoch (vgl. Baacke 1984, S. 231).

SozialarbeiterInnen aus meiner regionalen Umgebung, die mit Kids arbeiten, berichten von drei hauptsächlichen Aspekten, welche die Kids zur besonderen pädagogischen Herausforderung machen: So scheint es in dieser Altersphase wichtig zu sein, etwas zu *besitzen* und dadurch Selbstwert zu erlangen. Entsprechend versuchen auch Kids an Dinge mit alterstypischem Besitzwert (Klamotten, Recorder, Konsumartikel der Kinderkultur) zu kommen.

Kids suchen aber auch *Erwachsene*, um sich an ihnen reiben zu können. Auch finden wir auf den Abenteuerspielplätzen Kids, für die die SozialpädagogInnen in gewissem Maße „Ersatzväter" oder „Ersatzmütter" geworden sind. Dieser aus kinderkultureller Perspektive überraschende Entwicklung wollen wir einen eigenen Abschnitt (s.u.) widmen, weil ihr eine besondere pädagogische Relevanz zukommt.

Schließlich sind Kids auf der Suche nach eigenen *Räumen*, die nicht durch die Funktionszwänge der Erwachsenenwelt besetzt und außerhalb der Kontrolle von Eltern und Schule liegen.

In diesen Bedürfnissen der Kids äußert sich das frühe biografische Ausgesetztsein und die Suche nach dem eigenen Selbst und die Sehnsucht, dennoch Kind sein zu können und auch als solches angenommen zu werden. Sie spielen unbefangen wie die Kinder und sind dann doch wieder sozial befangen, fast wie verschlossene Erwachsene - so werden diese Kids von SozialarbeiterInnen geschildert. Die Jugendarbeit mit diesen Kids ist vielschichtig, sie pendelt zwischen Straße und Jugendhaus. Die Straße sollen sie sich - trotz offenem und verstecktem Widerstand von Anwohnern - erobern, erspielen, zur Kinderöffentlichkeit umgestalten können. Im Kinderhaus suchen sie den Ort, wo sie das mitbekommen können, was ihnen ihre Familien weitgehend versagt haben: Emotionale Zuwendung, übersichtlicher Alltag und Anerkennung durch die SozialarbeiterInnen. In diesem Wechselspiel von Straße und Kinderhaus können sich die Kids vom Medien-, Konsum- und Schulstreß gleichzeitig entlasten und sozialräumliche Kompetenzen des Sich-zurechtfindens erwerben.

4.7 Raumaneignung als Fokus des sozialpädagogischen Zugangs zur Kindheit

Mit diesen unübersehbaren sozialisatorischen Einflußgrößen sozialräumlicher und medialer Prägung, die neben und zwischen Familie und Schule liegen, ist die Kindheit in den sozialpädagogischen Blick geraten. Deinet (1992) hat zu Recht darauf hingewiesen, daß die Entwicklungstheorie Piagets (1974), welche die kindliche Entwicklung primär über Familie und Schule beschreibt, viel zu eng auf die innere Persönlichkeit und auf den kognitiven Aspekt der Schulentwicklung bezogen ist, als daß sie den sozialräumlichen Bezug hinreichend explizieren könne. Aber auch die neuere Entwicklungsforschung zum Kindesalter hat inzwischen ihr sozialräumliches Bild gemacht:

„Entwicklung ist ein Prozeß, bei dem eine Vielzahl miteinander verbundener Faktoren permanent ineinandergreifen, und sie ist gleichzeitig ihr Ergebnis. Solche komplexen Vorgänge können nicht mehr durch einfache Variablenmodelle beschrieben werden, sondern sie erfordern einen ökologischen Bezugsrahmen, in dem neben Familie, Schule und Gleichaltrigen auch der ökologische Nahraum, die Wohnumgebung, Stadt-/Landmilieu, Wertvorstellungen, Lebenskultur [...] berücksichtigt werden müssen" (Fölling/Albers 1989, S. 48).

In dieser Perspektive steckt das ökologische Sozialisationsmodell von U. Bronfenbrenner (1981) als theoretischer Ausgangspunkt. Seine These ist, daß die materiellen und kulturellen Faktoren, welche die Entwicklung des Kindes beeinflussen, vor allem in ihrer sozialräumlichen Anordnung und Einbettung (setting) auf die Kinder wirken, daß die Kinder selbst wiederum ihre Umwelt beeinflussen (etwas bewirken) wollen und sich in diesem Verhalten sozial entwickeln. Damit hat hat er den grundlegenden sozialisatorischen Bezugsrahmen für die sozialräumliche Aneignungstheorie entwickelt, die wir im folgenden als sozialisatorische Basistheorie einer Sozialpädagogik des Kindesalters gelten lassen möchten.

Die Sozialpädagogik interessiert an dieser ökologischen Sozialisationstheorie vor allem die Dimension des sich über das Räumliche in die Gesellschaft Hineinentwickelns, der sozialräumliche Aspekt der Sozialintegration. Dieser kann in dem Begriff der „Aneignung" gefaßt werden:

„Die Aneignung des öffentlichen Raums bedeutet die Aneignung der sich hier materialisierenden, gesellschaftlichen Realität. Aneignung ist ein aktiver, selbstbestimmter Prozeß, Kinder [...] üben hier ihre gesellschaftliche Rolle ein, müssen sich dabei im Konflikt behaupten, müssen sich widersetzen, durchbrechen Regeln, lernen aber auch die dem Raum innewohnenden Möglichkeiten kennen" (Nissen 1990, S. 149).

Räumliche Aneignung bezeichnet also einmal das wechselseitige Spannungsverhältnis von Kind und sozialräumlicher Umwelt, also ein typisches Entwicklungssegment, in dem sich Kinder vor allem in ihrem Eigensinn und ihrem Eigenleben entfalten und so entwickeln können. Die neueren Kinderstudien in Deutschland untermauern diese aus der kinderpädagogischen Beobachtung von Jahrzehnten gewonnene These, daß bei räumlich-territorialen Aneignungsprozessen *unter Kindern* sich sozialräumliches Lernen in eigener Regie entwickelt, indem die Kinder „selbständig Normen ihres Zusammenlebens kreieren und nicht nur Moralvorstellungen von Erwachsenen reproduzieren. [...] Es ist zu erkennen, daß Sieben- bis Zwölfjährige wohl eine Ordnung aus sich heraus erzeugen können, die partnerschaftliche, d.h. gleichrangige bzw. symmetrische Verhältnisse befördert." (Kauke 1995, S. 52/61). Gerade auch in der Schulkinderstudie von Lothar Krappmann und Hans Oswald (1994), die als Beobachtungsstudie angelegt war, wurde die Bedeutung des Territorialen (neben dem Selbstwertgefühl) für normorientierte Auseinandersetzungen und Verständigungen herausgestellt: Grenzen werden gegenseitig gesetzt, Übergriffe abgewehrt und sanktioniert, eingene Freiräume behauptet und respektiert. Da in diesen Untersuchungen Raum und Selbstwert in gleichrangiger Bedeutung nebeneinander gestellt werden und Selbstwertbeschädigungen und Abwertungen eher in den sozialräumlich geprägten Kinderszenen als in den institutionalisierten Bereichen von Schule und Familie zutage treten, ist ein enger Zusammenhang zwischen sozialräumlicher Aneignung und Selbstwertentwicklung (vgl. auch Leu a.a.O.) zu vermuten.

Deinet (1992) hat dieses sozialräumliche Aneignungskonzept in den pädagogischen Kontext, in dem Kinder ja stehen, gestellt. Seine Argumentation läßt sich wie folgt zusammenfassen: Kinder entwickeln sich, indem sie ihre Lebensräume erweitern. Sie stoßen damit immer wieder auf neue Vergegenständlichungen und die in ihnen enthaltenen Bedeutungen. Kinder eignen sich aber diese Gegenstände vor allem nach ihrem Gebrauchswert an, versuchen sie sich also sozial-emotional verfügbar und zugänglich zu machen. Sie suchen also die „Gebrauchswertvergegenständlichung" in den Gegenständen ihrer Umwelt. Erwachsene haben meist schon bestimmte funktionale Definitionen von den Gegenstandsbedeutungen, die sich in der Regel auf ihren gesellschaftlichen Tausch- und Marktwert beziehen. Erwachsene sind im Aneignungsprozeß strategische Figuren: einerseits können sie dem Kind dazu verhelfen, die gesellschaftliche Bedeutung der gegenständlichen Umwelt besser zu erfahren und einzuschätzen, andererseits blockieren sie mit ihren Tauschwertdefinitionen immer wieder die gebrauchswertorientierten Aneignungsversuche der Kinder. Hier die Balance herauszufinden, ist der pädagogische Aspekt des Aneignungskonzepts. In Erwachsenen verkörpert sich also für die Kinder eine ambivalente personale Gegenstandsbedeutung: sie stehen für eine bestimmte Aneignungsform, die der der Kinder zuwiderlaufen, aber auch entgegenkommen kann.

Die Gegenstände der sozialräumlichen Umwelt - auch wenn sie längst erbaut und gestaltet sind - erfahren ihre zweite, je individuelle Produktion in den Menschen selbst, die ihnen gegenübertreten. Gerade Kinder und Jugendliche, die sich vor allem sozialräumlich orientieren - im Gegensatz zu der Rollen- und

Institutionenorientierung der Erwachsenen - werden mit den in den Gegenständen liegenden Bedeutungen direkt, beim Versuch des Zugangs und ihrer gebrauchswertorientierten Umwidmung, konfrontiert. In diesem Aneignungsprozeß verwandelt sich die scheinbar tote sozialräumliche Welt der Gegenstände in ein je individuelles sozialräumlich-personales Erlebnissegment. Man muß sich dabei diesen Umwandlungsprozeß so vorstellen, daß aus den äußeren, praktisch konkreten Aktivitäten - wenn sie vom Kinde nachhaltig, d.h. wiederholt und mit bleibendem Empfindungsgefühl erlebt werden - psychische Abbilder entstehen, die gemäß der Theorie der psychischen Strukturierung (Holzkamp 1973) so erweitert und symbolisch verallgemeinert werden können, daß sie qualitativ über die äußeren Tätigkeiten hinausgehen. Die Gegenstandsbedeutungen vermitteln sich vor allem über die räumliche Umwelt, weil die selbsttätige Praxis des Kindes (im Kontrast zur Anpassungserwartung beim kognitiven Lernen in der Schule) über das Spiel, das eine signifikante räumliche Struktur aufweist, verläuft. Im Kids-Alter ist das Spiel nicht mehr über den Erwachsenen vermittelt, sondern durch die Gleichaltrigenkultur geprägt. Aus dieser Erkenntnis resultiert auch das Angebot der Abenteuerspielplätze. Je mehr aber die sozialräumliche Umwelt funktionalisiert ist, desto stärker fallen Produktion und subjektive Aneignungstätigkeit auseinander. Vor diesem Hintergrund werden jene Erklärungsmuster plausibel, die den Wandel der Kindheit als Verlust von Eigentätigkeit (vgl. Rolff/Zimmermann 1985) beschreiben.

Die moderne Funktionalisierung der räumlichen Wohnumwelt erweist sich gegenüber den Kindern in mehrfacher Weise als hemmend: Es ist die Durchgängigkeit, mit der die Räume inzwischen funktionalisiert sind: aus Hofeinfahrten sind Garageneinfahrten geworden, Gehsteige und öffentliche Plätze lassen inzwischen nur monofunktionale Nutzungen zu, die eher den Erwachsenen zukommen, Spielplätze sind nach der funktionalen Raumkalkulation und nicht nach dem Raumbedarf der Kinder eingerichtet und erhalten so den Charakter von Reservaten. So wird die im ersten Moment paradox erscheinende Anmahnung an die Sozialpädagogik von Hans Thiersch (1986) verständlich, der meint, daß heute Kindern nicht so sehr die pädagogischen Angebote abgehen, sondern vielmehr „Zeiten und Räume, in denen sie auch für sich selbst leben können; in unserer gesellschaftlichen Situation wird es ... eine pädagogische Aufgabe, solche 'unpädagogischen' Räume zu schaffen und zu sichern. Die pädagogischen Institutionen selbst müssen sich wieder in ihre Umwelt, in die Gesellschaft öffnen" (S. 154). Die räumliche Wohnumwelt ist von den meisten Kindern heute nicht mehr als Ganzes, als sozialer Mikrokosmos erlebbar, denn sie ist durchschnitten von Verkehrsschneisen und Funktionszonen, die sich nicht nur ihrem Aneignungsdrang verwehren, sondern auch oft Risiko für sie bedeuten.

Schließlich kann sich die Aneignungstätigkeit der Kinder nicht so ohne weiteres sozialräumlich-konzentrisch ausdehnen, wie dies manchmal in sozialökologischen Entwicklungsmodellen vorausgesetzt wird. Der familiale Nahraum erweitert sich in diesen Modellen zur Nachbarschaft, zum Viertel, wo man die ersten Außenbeziehungen annimmt und funktionale Verhaltensmuster erlernt, zum weiterliegenden Kranz der öffentlichen Funktionsorte. Helga Zeiher (1983) setzt diesem Entwicklungs- und Aneignungsbild der sich erweiternden konzentrischen Kreise die Beobachtung von der Verinselung der für die Kinder erreichbaren und zu erreichenden Orte im näheren und weiteren Sozialraum entgegen. Die Kinder springen von Insel zu Insel, von Gelegenheitsort zu Treffpunkt, alle Orte liegen in einem Gesamtraum, der als solcher aber von den Kindern nicht mehr erfahren werden kann. „Die Gestalt des verinselten Lebensraums ist keine notwendige, sie besteht vielmehr in einer Kombination von Elementen, die aktiv hergestellt worden ist. Mit der räumlichen und zeitlichen Verteilung der Möglichkeiten, die Kinder haben, um Tätigkeiten auszuüben und Partner zu finden, hat sich verändert, was ein Kind zu tun hat, um diese Möglichkeiten zu nutzen. Wenn ein Kind sich in den neuen raumzeitlichen Bedingungen auf die Entscheidungsweisen beschränkt, die dem einheitlichen Lebensraum angemessen sind, bleibt sein Alltagsleben arm an Tätigkeiten und vor allem arm an sozialen Kontakten. Denn allein durch den Ort der Wohnung fallen ihm dann nicht mehr ausreichende Möglichkeiten zu" (Zeiher/Zeiher 1994, S. 29).

Die Verinselung verlangt von den Kindern also zusätzliche Energien und Kompetenzen beim Erreichen und Vernetzen dieser Inseln. Da gleichzeitig aber auch die Aneignungserlebnisse zersplittert sind, können die Kinder Schwierigkeiten bekommen, sich aus diesen unterschiedlichen Segmenten ihre soziale Welt zusammenzureimen. Dies erhöht die Attraktivität der Medien, die den Kindern eine Welt aus zweiter Hand anbieten. Verstärkt wird dieser Sog der Medien dann, wenn die Kinder auf das Wohnumfeld angewiesen sind, das aber heute oft keine ausreichenden Aneignungsmöglichkeiten mehr bieten kann. So ziehen sich viele Kinder notgedrungen auf die Innenräume der Wohnungen zurück, zumal diese inzwischen - auch in den Kinderzimmern - mit attraktiven Medienangeboten, vom Fernsehen und Video bis zum Computerspiel, ausgestattet sind (Hopf 1989, S. 86)

4.8 Sozialpädagogisch angeregte Kinderräume und hilfreiche Erwachsene

Schon im Kapitel über den Kindergarten ist die Rolle der erwachsenen Bezugspersonen ins Sozialräumliche hineindefiniert worden. In der von den Kindern ausgehenden Dynamik des "Freien Spiels" und der "Situationen" nehmen die KindergärnerInnen eine pädagogische Rolle ein, die ihre Balance zwischen Beziehung, räumlicher Orientierung und Anregung sucht.

Später, im Kindes- und Kidsalter geraten die außerschulischen Räume der Kinder und ihr sozialräumliches Aneignungsverhalten stärker als Orte der Kinderkultur in den Blick. Dies ist nun auch der Raum, den die neuere Kinderkulturforschung für die Erlebens- und Ausdrucksformen der authentischen und eigenständigen Kindheit reklamiert. Was Wunder, wenn sie in diesem Zusam-

menhang sozialpädagogisch begleitete Kinderräume mit unverhohlenem Mißtrauen beäugt. Wenn von "fürsorglicher Belagerung" und "Enteignung sozialer
Räume" gesprochen wird (Lechner 1995, S. 5), Abenteuerspielplätze für Kids
nur als die "zweitbesten Lösungen" (Kerstan/Schock 1994, S. 5) gelten und
Helga Zeiher bei ähnlichem Anlaß (1994, S. 76) in Richtung Domestizierung
polemisiert (offene sozialpädagogische Kindereinrichtungen "ziehen Straßen-
kinder mit verlockenden Angeboten in die gesellschaftlich-gemachte Kinderwelt hinein, sie domestizieren, was ehedem Reservat nicht pädagogisierter
Kindheit war"), dann *kann* auf Seiten der Kinderforschung auch wenig Bereitschaft entstehen, sozialpädagogische Erfahrungen zur Kinderkultur aufzuneh-
men und anzuerkennen (s.o.). In dieser Gesellschaftsblindheit in der Suche nach
einer authentischen Kindheit, welche die Desintegrations- und Segegationsef-
fekte der industriellen Arbeitsteilung übergeht, orientiert man sich letztendlich
an den Kindern, die von ihrer sozialen Herkunft her ohnehin genug materielles
und kulturelles Kapital erwerben können, um ihre Kinderräume selbst gestalten
zu können. Dennoch werden auch gerade von diesen Kindern Jugendverbände,
Vereine und kommerzielle Hobbyangebote aufgesucht, die ihnen bei der Gestaltung von Kinderkultur helfen oder sie ihnen gar abnehmen.

Deshalb gehört es in der sozialstaatlichen Gesellschaft zum Recht auf eine men-
schenwürdige Kindheit, daß die, denen sie sozialstrukturell verweigert wird,
einen Zugang zu ihr erhalten. Dazu sind die offenen Kindereinrichtungen der
Sozialpädagogik da. Daß sie die Kritik aus der Kinderkulturbewegung brauchen, die sie immer dazu anhält nach einer produktiven Balance zwischen sozialpädagogischer Verantwortung für die Kinder und dem Eigenleben der Kids
zu suchen, steht auf einem anderen Blatt.

Wenn wir die vielfältigen Erfahrungen der Sozialpädagogik in offenen Kindereinrichtungen bilanzieren, dann sprechen für eine - zurückhaltende - sozialpädagogische Arbeit in offenen Kinderkulturen zwei wesentliche Argumente:
Zum einen schaffen auch verfügbare Räume nicht aus sich selbst heraus die An-
regungspotentiale für die Kinder, zum zweiten wird der Bezug zu "authentischen Erwachsenen" (Hafeneger 1996) von den Kindern selbst, aus ihrer Kinderkultur heraus, gesucht. Pädagogisches Handeln in offenen Kinderkulturen ist
also unter der Voraussetzung möglich, daß SozialpädagogInnen ihre Anre-
gungsfunktion von der Befindlichkeit der Kinder her immer wieder neu strukturieren und einigermaßen in die Rolle des "authentischen Erwachsenen"
schlüpfen können.

Schon in der Herleitung des Aneignungsparadigmas ist uns deutlich geworden,
daß sozialräumliche Aneignungstätigkeit bei Kindern nicht gesellschaftlich abgeschottet in der Gleichaltrigenkultur abläuft, sondern immer auch und gleichzeitig auf gesellschaftlich vermittelte Gegenstandsbedeutungen trifft. Die Kinder sind an einer gebrauchswertorientierten Aneignung - aus ihrer Erlebenswelt
heraus - orientiert, stoßen aber immer auch auf die funktionalen, marktwertde-
finierten Vergegenständlichungen der Erwachsenenwelt. Die SozialpädagogIn-

nen als authentische, das heißt sich den Kindern aus ihrer eigenen (Erwachsenen-) Befindlichkeit öffnende und von der Erlebniswelt der Kinder her zugängliche und verfügbare Erwachsene können hier die Problematik der gesellschaftlichen Vergegenständlichung vermitteln und situativ entschärfen. Dies ist besonders augenfällig in hoch verdichteten und sozial segregierten Trabantenstädten, aus denen auch viele praktische Beispiele der offenen Kinderarbeit stammen.

Kinder - so haben wir den Situationsbezug sozialräumlicher Aneignung formuliert - wollen etwas bewirken und erwarten etwas. Diese Bewirkungsabsicht und die Erwartungen sind meist - entsprechend der Offenheit der Kinderkultur - nicht funktional und wenig zielgerichtet. Vielmehr sind es emotionale und lustbetonte Befriedigung anstrebende Absichten, welche die Kinder leiten. Gerade Kinder aus anregungsarmen Familien- und Wohnmilieus brauchen deshalb bestimmte Gewohnheiten und Rituale - Übersichtlichkeiten also - , um sich auf Neues und Ungewisses einlassen zu können. Nichts anderes meinen die von der Pädagogik initiierten Strukturierungsangebote und thematischen Anstöße, die aber letztlich von den Kindern aus ihrer Befindlichkeit heraus angenommen werden und erweiter- und veränderbar sein müssen. Aus dem Arbeitsfeld Abenteuerspielplatz heißt es dazu: "Wenn Kinder [...] bei der Aneignung von Räumen zunächst nur auf ihre Erfahrungen [...] zurückgreifen können, besteht die Gefahr, daß sie sehr schnell an ihre Grenzen gelangen bzw. überfordert sind." (Scheffler 1996, S. 100). Dann kann Langeweile, Zerstörung oder gegenseitige Anmache ausbrechen. Die anregende und rückversichernde Orientierung am Erwachsenen dagegen kann die Erwartungen der Kinder hinsichtlich des Etwas-Erreichen-Könnens stabilisieren. Allerdings: "Auch die MitarbeiterInnen haben Erwartungen und daraus folgend definieren und verknüpfen sie die Situationen anders als die Kinder. Hier braucht es Fingerspitzengefühl, um die Situation nicht zu überfordern oder [...] die Motivationen der Kinder zu überziehen" (Scheffler 1996, S. 103).

Natürlich - das haben wir bei den Kids schon als Charakteristikum des Bezugs zu den Professionellen beschrieben - wollen sich die Kinder an den ihnen im Kinderzentrum oder Abenteuerspielplatz nahen Erwachsenen reiben. Deshalb müssen die JugendpädagogInnen immer auch mit provokativer Anmache, mit Austesten des Erlaubten, Abreagieren und Rückzugsverhalten rechnen. Wir haben über die Theorie der Aneignung auch verstanden, daß nicht nur die sozialen Handlungsmöglichkeiten erweitert werden können, sondern auch *gesellschaftliches Ausgeschlossensein* sozialräumlich angeeignet wird. Hier brauchen die Kinder in ihren Verlusterfahrungen Zuwendung, auch wenn sie aggressiv auftreten, die Kleineren terrorisieren oder in der Umgebung Diebstähle begehen. Dieses *antisoziale* Verhalten, so haben wir bei Winnicott (s.o.) erfahren, speist sich aus kindlichen Erlebnissen des Verlusts und der Ausgeschlossenheit. Dabei genügt es schon, wenn der/die PädagogIn das abweichende Verhalten den Kindern gegenüber - wie sie es aus der sozialen Umgebung erfahren - nicht verurteilt und kriminalisiert. Er/sie darf es zwar vom persönlichen Standpunkt gegenüber den Kindern mißbilligen, muß dabei aber immer versuchen, Delikt und Person voneinander zu trennen. So können die PädagogInnen Ansprechpartner für die Befindlichkeit der Kinder werden.

Wir haben bereits deutlich gemacht, daß die Biografisierung der Kindheit dazu geführt hat, daß Kinder sich früh auf sich gestellt und ausgesetzt fühlen. Das bringt mit sich, daß sie sich auch sehr bald über ihre Stellung in der Familie klar werden und - wenn sie keinen ausreichenden Bezug zu ihrer Familie finden - außerhalb, eben in der offenen Kinderarbeit, "Familienersatz" suchen. Dies kann dann eintreten, wenn sie seitens der eigenen Familie emotional überfordert oder unterversorgt sind, wenn die Familie für sie unübersichtlich und stressig geworden ist. "Die Kinder wollen einen verläßlichen Menschen und nicht nur einen, der dies toll kann und jenes toll kann, sondern jemanden, der einfach da ist (Rohwer 1992, S. 27). Hier hat sich ein bemerkenswerter Wandel in den offenen Kindereinrichtungen vollzogen. In den 70er und 80er Jahren wären die jungen MitarbeiterInnen auf den Abenteuerspielplätzen nie auf die Idee gekommen, Mutter- oder Vaterersatz zu sein. Heute macht es den MitarbeiterInnen nichts mehr aus, die älter sind und in solche Ersatzfunktionen von Kindern gedrängt werden. Dies zeugt von einer Veränderung in der Kinderkultur, verweist auf das gesellschaftliche Ausgesetztsein und die gesellschaftlich verursachte Biografisierung der Kindheit (im Kontrast also zur behaupteten Authentizität). Ähnliches werden wir im nächsten Kapitel für die Jugendkultur berichten können.

Für die SozialpädagogInnen die sich "zurücknehmen können" und "nicht so viel wollen" (v. Spiegel 1988) ergibt sich damit ein Tätigkeitsbild aus dem Zusammenspiel von räumlicher Strukturierungsfunktion und Beziehungsfunktion (Scheffler 1996). Der von den Kindern gesuchte und sich gegenüber den Kindern öffnende Erwachsene teilt mit ihnen dort den Raum, wo sie ihn/sie brauchen und läßt in ihnen immer dort, wo es die Kinder selbst - in Habitus und Aktivität - signalisieren. SozialpädagogInnen in offenen Kindereinrichtungen sind also auch immer teilnehmende BeobachterInnen, die sich in ihrer Beobachtung und aus ihr heraus zurücknehmen, aber immer auch wieder verfügbar halten können.

5. Jugend als Experimentier- und Bewältigungsraum

Eigentlich hätte das Jugendkapitel auch mit den Kids anfangen können. Wir haben ja gesehen, daß diese Gruppe der Nicht-mehr-Kinder-und-Noch-nicht-Jugendlichen schon vieles von dem hat, was man bisher üblicherweise der Jugendphase zuschrieb. Die offene Jugendarbeit hat einen Gutteil ihrer Aktivitäten vor allem auch deswegen in diesen Altersbereich verlagert, weil sie sich hier - aufgrund des deutlichen Bezugs zu Erwachsenen, den Kids trotz aller frühen Selbständigkeit noch haben - vielseitige pädagogische Gestaltungsmöglichkeiten verspricht, die im (mittleren und älteren) Jugendalter so nicht mehr gegeben sind.

Die Lebensphase Jugend ist aber heute nicht nur von ihrem Beginn, sondern auch von ihrem Ende bzw. Übergang ins Erwachsenen- und Erwerbsalter schwer abzugrenzen. Denn auch im Altersbereich der *Jungen Erwachsenen* (s.u.), der 18-25jährigen, ist längst nicht mehr auszumachen, wann Jugend aufhört und das Erwachsensein beginnt. Dies wird noch dadurch kompliziert, daß auch die Konturen des Erwachsenen- und Erwerbsalters verschwommen sind, so daß es für Jugendliche schwer ist sich vorzustellen, auf welches Erwachsenenalter sie sich hinbewegen. So ist es auch schwierig geworden, die Jugendphase vom Erwachsenenstatus her zu bestimmen. Vor diesem Hintergrund mehren sich in der Jugendsoziologie Stimmen, die nicht nur eine Entstrukturierung (s.u.), sondern gar eine *Auflösung* der Jugend (als abgegrenzbares Lebensalter) behaupten.

Auf der anderen Seite - und gleichzeitig - registrieren wir aber in den soialpädagogischen Arbeitsfeldern ein Anwachsen der Jugendsozialarbeit und der Jugendberatung. In den Jugendhäusern werden längst nicht mehr hauptsächlich Freizeitangebote für Jugendliche gemacht, sondern dem Umstand Rechnung getragen, daß Jugendliche Orte suchen und brauchen, wo sie Rückhalt und soziale Unterstützung für ihr Jungsein neben und im Kontrast zu einer (Erwachsenen-) Gesellschaft finden, die ihnen gleichzeitig vieles schon früh *zuläßt,* aber auch *zumutet* und vor allem auch *vorenthält*. Auch hier stoßen wir also wieder auf die Ambivalenz von Biografie und Struktur der Lebensalter, von Selbstthematisierung und gesellschaftlicher Zumutung. Jugend existiert also auch in der spätmodernen Gesellschaft in dieser Spannung weiter, äußert sich biografisch zwar oft uneindeutig und vielgestaltig, kann sich aber in den dominanten Themen der Lebensbewältigung dieser Spannung nicht entziehen. Und gerade in dieser Bewältigungsperspektive liegt der Zugang der Sozialpädagogik.

Die *Bewältigung von Jugend* ist aber nicht nur durch die Unübersichtlichkeit der Jugendphase geprägt, sondern steht auch im Schatten ihrer (schleichenden) politischen Entwertung.

„Jugend ist Zukunft" stand lange Zeit für einen selbstverständlichen und unumstößlichen Bedeutungszusammenhang in der Moderne. In der Krise der Moderne zu Ausgang des 20. Jahrhunderts ist nun die Jugend doppelt in die Zange geraten. Zum einen von der Seite der Modernisierungskritik, welche den Wachstumsfetisch anprangert, den Glauben also, daß das jeweils Neue auch das Bessere und das Alte damit entwertet sei. Die Jugend galt und gilt ja als das Symbol des Neuen und der Rücksichtslosigkeit gegenüber dem Alten.

Der zweite Angriff auf die Jugend kommt aber aus diesem Modernisierungsprozeß selbst. Je mehr das Humankapital in der industriellen Fertigung ersetzt, obsolet wird, desto weniger ist die Jugend als Bildungs- und Ausbildungsphase industriegesellschaftlich wert. Lange Zeit galt die Jugend - neben der Dampfmaschine (als Symbol für die technischen Innovationen) - als eine der wichtigsten Erfindungen der Moderne (vgl. dazu Musgrove 1964): junge Leute gab es schon immer in der Geschichte, aber die Jugend als gesellschaftlich eigens eingerichtete Lern- und Qualifikationsphase (Symbol Humankapital) gibt es erst seit Beginn der industriellen Moderne. Nun verliert dieses Humankapital als *massenhafte* industrielle Größe an Bedeutung, bleibt aber an *biografisch wichtig*: Jugendliche müssen individuell - für sich - schauen, daß sie gut ausgebildet sind. Das garantiert ihnen zwar beileibe keinen entsprechenden Arbeitsplatz, schützt sie aber eher vor Arbeitslosigkeit und sozialer Deklassierung.

Damit hat sich die gesellschaftlich eingerichtete Lebensphase Jugend zu Ausgang des 20. Jahrhunderts einer deutlichen *Biografisierung* unterworfen. Jugend als gesellschaftliche Erwartungsstruktur von Bildungs- und Integrationsanforderungen bietet keine soziale Verläßlichkeit mehr, muß von den einzelnen Jugendlichen mit biografisch je eigenen Chancen und Risiken - in unterschiedlichen „Jugenden" also (Lenz 1988) - *selbstthematisiert* und *bewältigt* werden.

Zur Gefahr des Verlustes der Zukunft ist der Verlust der sozialen und kulturellen Unbefangenheit gekommen, die man der „Jungen Generation" in der Moderne immer wieder zugebilligt hat. Die zweischneidige Tendenz zur Biografisierung zwingt Jugendliche früh, sich zu arrangieren und biografische Integritätsarbeit zu betreiben: Was nützt mir das, angesichts dessen, was ich vorhabe, und wie kann ich mit dem leben, was mir vorgemacht und zugemutet wird. Der lebensaltertypische Überschuß von Widerständigkeit und rücksichtsloser Gestaltungsphantasie der Jugend scheint abgebaut (s.u.). Eine Jugend im diffusen Wartestand, der aber nicht mehr wie bislang als verläßliche und kalkulierbare Statuspassage angelegt, sondern für viele Jugendliche zum *Syndrom* geworden ist. Thomas Seifert hat diesen Zusammenhang deshalb auch - in Assoziation zu den englischen Thronfolger Charles, der als ewiger Thronfolger immer wieder vertröstet wird - als das „Prinz-Charles-Syndrom" der Jugend charakterisiert:

„Viele Jugendliche müssen [...] mit diesem Vertrösten [...] zurechtkommen. Sie wachsen demnach mit einem offensichtlichen Widerspruch von Gegenwart und Zukunft auf [...]. Es bedeutet [...] eine Summe von gesellschaftlich bedingten Beschränkungen des Jugendalters, wobei diese Beschränkungen nun - verzahnt mit dem strukturellen Wandel der Jugendphase - dazu führen können, daß Jugend zuweilen bedeutet: In einem *Wartestand* zu sein, eigentlich nicht *gebraucht* zu werden [...], auf später vertröstet zu werden" (Seifert 1995, S. 119).

So machen sich Jugendliche weiter auf die Suche nach Jugend als lebbarer Gegenwart, bei der sie aber früh mit sozialen Bewältigungsproblemen konfrontiert sind, die ihre besonderen kulturellen Energien aufzusaugen scheinen. Trotz dieser biografischen „Jugenden" existiert aber „die" Jugend als lebensaltertypischer Kontext von gesellschaftlichen Erwartungen und Vorgaben weiter. Nur ist sie längst kein abgeschlossener Schon- und Experimentierraum mehr, sondern ist zu einer biografisch vielfältig variierten Bewältigungskonstellation geworden.

5.1 Der sozialpädagogische Zugang zur Jugend

Ähnlich wie in der sozialwissenschaftlichen Kindheitsforschung gibt es auch eine problematische Kluft zwischen Jugendforschung und sozialpädagogischer Jugendarbeit. Vieles, was JugendarbeiterInnen täglich erfahren und erleben, sehen sie später in den verschiedensten aktualitätsheischenden Jugendstudien auf allgemeine Begriffe gebracht. In Anderem wiederum - vor allem was die Probleme der Alltagsbewältigung Jugendlicher anbelangt - finden sie "ihre" Jugendlichen in den Jugendstudien oft nicht wieder, sehen sich deshalb übergangen und entwickeln eine - auch wieder problematische - Indifferenz gegenüber der Jugendforschung. Diese wiederum ist zwar breit und vielfältig, aber genauso disparat, kaum koordiniert oder aufeinander bezogen. So haben die Ministerien, Stiftungen, die Verbände und die Wirtschaft, die Zeitschriften und die öffentlichen Forschungsinstitutionen *ihre* Jugendstudien, die sie um den Preis der Beliebigkeit so demonstrieren, daß die eigene jeweils als die neue erscheint. Die sozialpädagogische Praxis wird dabei nicht nur in ihrem Erfahrungswissen übergangen (nachdem in den Vorstudien zu den Jugendumfragen bei einigen von ihnen als Experten ein bestimmtes Wissen abgeschöpft wird), auch die meisten Jugendstudien selbst bleiben der Einstellungsebene verhaftet und können wenig Handlungswissen für die Jugendarbeit vermitteln. Gleichzeitig ist diese in ihrer Alltagseingebundenheit und lokaler Begrenzung kaum in der Lage, ihr Erfahrungswissen situationsübergreifend zu kommunizieren und so zu verallgemeinern. Auf Fortbildungsveranstaltungen wird ihnen ja meist das "Neueste aus den Jugendstudien" serviert. So ist das merkwürdig hingenommene Bild entstanden, daß einer umtriebig mit der Jugendkultur mithaltenden Jugendforschung ein dröger Haufen zurückgebliebener SozialpädagogInnen gegenübersteht, an dem die Zeit - in Gestalt der jeweils neuesten Jugendstudie - scheinbar immer wieder vorbeigeht. Dabei wäre es für manche JugendforscherInnen verblüffend und heilsam, wenn sie diesen Diskurs mit der Praxis suchen und diese nicht nur als zweite Empirie, sondern vor allem auch als ExpertInnen anerkennen würden: Nicht nur wegen ihres Wissens über die Alltagskultur des Jungseins, nach dem ja die Jugendforschung immer jagt, sondern vor allem über die Realisierungschancen und Bewältigungsprobleme dieses Jungseins in einer zunehmend jugendabgewandten Gesellschaft.

Aber es geht nicht nur um diesen gleichberechtigten Forschungsdiskurs mit der Praxis, sondern auch darum, daß das Spannungsfeld erschlossen wird, in dem sich Jungsein abspielt. Jugend in unserer gesellschaftlichen Wirklichkeit ist eigenständig und abhängig zugleich. Die *strukturelle* Eigenständigkeit der Jugend im Lebenslauf wird vor allem von der Jugendsoziologie betont, die von dem gesellschaftlichen Zuschnitt des Lebensalters Jugend ausgeht: „In soziologischer Perspektive ist die Jugendphase als eine eigenständige Lebensphase insofern anzusehen, als in ihr der Prozeß des Einrückens in zentrale gesellschaftliche Mitgliedsrollen eingeleitet und zum Ende gebracht wird" (Hurrelmann 1993, S. 49). „Weder ist die Jugendphase als eine bloße Verlängerung der Kindheitsphase zu verstehen, noch als eine Durchgangsphase zum Erwachsenenalter" (ebd. S. 51). Es handelt sich dabei um eine von den Jugendlichen mit zunehmenden Alter selbst zu tragende und zu gestaltende (eigenständige) Rollenübernahme in der Schul- und Berufsausbildung, im Aufbau eigener zwischenmenschlicher Beziehungsstrukturen und Sozialkontrakte (Ablösung von der Familie, Gleichaltrigen- und Partnerbeziehungen), in der Teilhabe an Freizeit und Konsum und schließlich im Bereich der öffentlichen und politischen Partizipation (Hurrelmann 1995, S. 39-41).

Der sozialpädagogische Zugang zur Jugend ist nun - bezogen auf diese soziologische Sicht der lebensaltertypischen sozialen Strukturierung und Differenzierung - vor allem dadurch gekennzeichnet, daß wir danach fragen, wie Jugendliche diese Rollenübernahme bewältigen und welche typischen Bewältigungskonflikte dabei entstehen können. In diesem Blick auf die Jugend gerät nun der strukturelle Aspekt mehr in den Hintergrund, und die sozialpädagogische Frage nach der situativen und biografischen Handlungsfähigkeit (s.o.) läßt die Lebens- und Alltagswelten Jugendlicher hervortreten. So entstehen Wirklichkeitskonstellationen, in denen sich - je nach Bewältigungsprofil - die Jugendphase für die einzelnen Jugendlichen biografisch und sozial unterschiedlich darstellt und gestaltet. In dieser Bewältigungsdimension wird aber nicht nur die Lebensphase Jugend zeitlich und institutionell entstrukturiert, es entstehen unterschiedliche Formen und Übergänge der Integration in die Erwachsenen- und Erwerbsgesellschaft. Neben den Bewältigungsproblemen befaßt sich die Sozialpädagogik/Sozialarbeit also vor allem auch mit der sozialen Integration Jugendlicher (s.u.). Der Bewältigungsansatz verlangt zudem eine Bezugnahme zu den psychologischen und psychoanalytischen Definitionen von Jugend (s.u.), da die Befindlichkeit Jugendlicher (als Grunddimension der Bewältigung) wesentlich von den psychodynamischen Umbrüchen der Pubertät (vgl. 5.9.) geprägt ist.

Schließlich ist dieser psychosoziale Bewältigungsansatz pädagogisch vermittelt. Das Pädagogische bezieht sich dabei nicht nur darauf, daß Jugendliche Orientierungsmuster und Räume brauchen, um Bewältigungskompetenzen selbst zu entwickeln und sozial zu lernen. Es ergibt sich auch aus der Perspektive des Erwachsenwerdens, denn diese ist, trotz aller jugendkulturellen Eigenständigkeit, in die Jugendphase eingelassen und strukturiert einen 'Pädagogischen Bezug' (Nohl 1934, vgl. auch Kapitel 5.9.). Dies alles hat in den Grundzügen schon Andreas Flitner (1963) angemahnt, als er Anfang der 60er Jahre in seiner „Kritik der soziologischen Jugendforschung aus pädagogischer Sicht" in den Jugendstudien den Zugang zur pädagogischen Wirklichkeit der Jugend vermißte. Damit meinte er eben jenes dynamische Eingebundensein der Jugend in die pädagogisch auffordernde Spannung von Entwicklung, Selbständigkeit und Erwachsenwerden, die der Jugendphase den Charakter der Entwicklung und Bildbarkeit stärker verleiht, als dies in anderen Lebensphasen der Fall ist.

Wir wollen in dieser Einleitung versuchen, diesen Tenor - Jugend in der Moderne hat trotz ihrer soziokulturellen Eigenständigkeit auch einen pädagogischen Aufforderungscharakter - anklingen zu lassen. Es soll dabei eine Komposition aus zeitübergreifenden Ergebnissen der Jugendforschung und von mir gesammelten und bearbeiteten Erfahrungen aus der Jugendarbeit entstehen, die es den LeserInnen erlaubt, sich ein sozialpädagogisches Grundwissen zur Jugend anzueignen, das nicht dauernd der Entwertung durch neue Jugendstudien ausgesetzt ist.

5.2 Jugend und soziale Integration

Aus der Geschichte der Jugend wissen wir, daß sich die moderne Jugendphase als gesellschaftliches Massenphänomen um die Jahrhundertwende und im ersten Drittel des 20. Jahrhunderts - bei uns in der Weimarer Zeit - als strategische Sozialgruppe der industriellen und gesellschaftlichen Arbeitsteilung herausgebildet hat. Die Arbeitsteilung mit ihrem Grundmuster von sozialer Differenzierung und sozialer Integration hat deshalb auch der gesellschaftlichen Konstruktion Jugend ihren Stempel aufgedrückt: Jugend als gesellschaftlicher Mechanismus von Separation und Integration. Die jungen Menschen werden - ausnahmslos - nach der mittleren Kindheit von der Gesellschaft separiert, d.h. vom Arbeitsprozeß suspendiert, damit sie in einem Schon- und Experimentierraum sich lernend auf die spätere Eingliederung (Integration) in die Gesellschaft vorbereiten können. „Integration durch Separation", so lautet also bis heute - angesichts der Verlängerung der Bildungsprozesse - die jugendsoziologische Zauberformel.

Auch die Jugend ist im letzten Drittel des 20. Jahrhunderts dem Individualisierungsprozeß unterworfen. Wir sprechen in diesem Sinne auch von der „Entstrukturierung" der Jugendphase (Olk 1985). Damit ist gemeint, daß das gesellschaftliche Übergangs- und Integrationsarrangement Jugend an Selbstverständlichkeit und Verläßlichkeit eingebüßt hat. Jugend muß nun von den Jugendlichen stärker individuell „bewältigt" werden, die Chance, daß Jugend gelingt und das Risiko des Scheiterns in und an der Jugendphase liegen dicht beieinander und sind biografisch unterschiedlich verteilt. Auch dies ist eine Dimension der „Biografisierung" der Jugendphase. Wenn also von der „Entstrukturierung" oder „Biografisierung" des Jugendalters in der postmodernen Industriegesellschaft die Rede ist, dann ist das Problem angesprochen, daß die Statuspassage Jugend brüchig, der Übergang in eine gesellschaftlich kalkulierbare Zukunft nicht mehr selbstverständlich ist und nun die eigenen biografischen Anstrengungen in den Vordergrund rücken. Der Beruf, den man mit 16 oder 20 erlernt hat, kann vielleicht in 10 oder 15 Jahren nicht mehr als Existenz- und Lebensmittelpunkt tragen, der andauernde Zwang zum „Mithalten" steht am Horizont der Jugendbiografien. Die Jugend scheint in diesem Individualisierungs- und Biografisierungsprozeß geradezu in eine „Integrationsfalle" geraten zu sein. Denn die Integrationsbalance, das Funktionieren des gesellschaftlich eingerichteten Mechanismus von Separation und Integration, ist mit der Entstrukturierung gefährdet. Separierung ohne Selbstverständlichkeit und Verläßlichkeit der späteren Integration bringt Jugendliche in Gefahr, bzw. läßt bei ihnen zumindest leicht das Gefühl aufkommen, daß sie von der gesellschaftlichen Entwicklung abgeschnitten, „ausgegrenzt", eine Jugend im Wartestand sind. So hat es wohl für manchen Jugendlichen den Anschein - verfolgt man die Jugendstudien der 80er und 90er Jahre unter diesem Blickwinkel -, daß die gesellschaftliche Einrichtung Jugend nur noch die Funktion hat, der Gesellschaft und ihren etablierten Erwachsenen den Erhalt ihrer Positionen und ihrer Macht durch die Einhaltung der Generationenhierarchie zu garantieren, den Jugendlichen selbst aber den Zugang zur Gesellschaft, die aktuelle Integration und Teilhabe angesichts hoher, früh erreichter soziokultureller Selbständigkeit zu verwehren. Diese „Integrationsfalle" bildet sich in einer Jugendpolitik ab, die Jugendliche fast nur noch als Problem- und Risikogruppe und kaum als positiven gesellschaftlichen Faktor thematisiert. Daß unter diesen Umständen gerade den Jugendlichen, die biografisch und in ihren Herkunftsmilieus sozial nie zum Zuge gekommen sind, alles recht ist - bis hin zur Gewalt -, um auf sich aufmerksam zu machen, zeigen zu können wer man ist und mithalten wollen, kann nach diesen Überlegungen nicht mehr verwundern. Verlust an Selbstwert, mangelnde soziale Anerkennung und „ungerichteter" Integrationsdruck liegen also im Spektrum der Entstrukturierung des Jugendalters eng beisammen.

Die gesellschaftliche Individualisierung setzt die Jugendlichen auch stärker der Janusköpfigkeit des Sozialisationsprozesses aus, als dies in den traditionalen sozialen Milieus der Fall war, in denen soziale Bindung und Geborgenheit, bei allerdings begrenzter und sozial kontrollierter gesellschaftlicher Offenheit, gewährleistet waren. Das Zusammenspiel und die Balance von Offenheit und Halt, das den Sozialisationsverlauf im Jugendalter oft stärker als den anderer Lebensphasen strukturiert, ist in eine riskante Spannung geraten, weil sozial Gegensätzliches nun als solches aufbricht und vom einzelnen Jugendlichen bewältigt, miteinander in Einklang gebracht werden muß. Das Grundmuster dieser Janusköpfigkeit ist uns bereits bekannt: Junge Menschen in der sich wandelnden und pluralen (damit auch unübersichtlichen) Gesellschaft sollen offen, flexibel, optionsbereit und fungibel und *gleichzeitig* bei sich, mit sich identisch, sozialemotional geborgen sein. Denn diese gesellschaftliche Offenheit ist nur zu realisieren, wenn der sozialemotionale Rückhalt gegeben ist. In der gängigen sozialisationstheoretischen Definition bildet sich diese Zweiseitigkeit in der Formel ab: Sozialisation meint den Prozeß des Aufwachsens in aktiver Auseinandersetzung mit der stofflich-dinglichen und sozialen Umwelt *und* mit sich selbst. Milieus und Zugehörigkeiten im sozialen Nahraum und in der biografischen Konstellation werden ebenso wichtig wie raum- und emotionsdistanzierte Größen wie Bildung, Qualifikation und Berufsstatus.

Die unbedingte sozialisatorische Bedeutung des Milieurückhalts ist der Jugendpädagogik spätestens dann klar geworden, als man erfahren mußte, daß rechtsextreme, gewalttätige Gruppen und Cliquen gerade für die Jugendlichen attraktiv waren, die sich von der gesellschaftlichen Entwicklung ausgeschlossen fühlten und in rechtsextremen Milieus Geborgenheit und Rückhalt suchten - zwei sich im emanzipatorischen Verständnis der Jugendpädagogik scheinbar einander ausschließende Phänomene. Dieser jugendpädagogische Schock (daß sich Jugendliche in rechtsextremen Gewaltmilieus „geborgen" und „wohl" fühlen) hat die soziologische und pädagogische Diskussion um die sozialemotionale Seite der Alltagsbewältigung im Sozialisationsprozeß wieder aufleben lassen. Daraus erwächst auch die Kritik an den konventionellen Jugendbefragungen, welche vor allem die Einstellungen Jugendlicher in bezug auf die herrschenden gesellschaftlichen Werte und Lebensformen zu erheben trachten und die Dimension der Alltagsbewältigung kaum erfassen können. So gerät nur die eine Seite des Januskopfes in den Blick: Die Mehrheit der Jugendlichen, auch wenn manche von ihnen im Alltag wenig Chancen haben, ihre Einstellungshorizonte zu verwirklichen, demonstrieren mit ihren Aussagen symbolisch, daß sie dabei sein, mit der gesellschaftlichen Entwicklung mithalten wollen. Auch hier bestimmt wieder die latente Integrationssuche das individuelle Darstellungsverhalten, das ja in solchen Befragungen abgefordert wird. Deutlich wurde dies z.B. nach der deutschen Einigung, als Jugendbefragungen sehr früh den Trend ausmachten, daß die ostdeutschen Jugendlichen sich bald den westdeutschen in ihren Einstellungen angleichen würden. Das hat sich zwar sehr schnell im Bereich der Konsum- und Statusorientierung bewahrheitet, verdeckte aber, daß Jugendliche in den neuen Bundesländern *biografisch* mit anders gelagerten Bewältigungsproblemen konfrontiert waren als ihre westdeutschen Altersgenossen. So war es vor allem die Jugendarbeit nach der Wende, in der diese Bewältigungsproblematik und die Suche nach Milieurückhalt und das Bemühen um eine Neuorganisation des Alltags ihren praktischen Ausdruck fand (vgl. dazu Wolf/Rudolph/Böhnisch 1998).

Sowohl die Ablösung von der Herkunftsfamilie als auch der Generationenkonflikt (als typische Punkte der Jugendentwicklung) sind heute wesentlich abgeschwächt und verwischt. Während die Familien für die Jugendlichen als emotionaler (und ökonomischer) Rückhalt auch in der späteren Postadoleszenz wichtig bleiben und der Generationenkonflikt einem „Generationenarrangement" gewichen ist, scheint der gesellschaftliche Generationenkonflikt nicht mehr sichtbar zu sein. Denn im Gegensatz zu den Familien findet in der Gesellschaftspolitik so gut wie keine produktive Auseinandersetzung mit der Jugend mehr statt. Entweder wird sie links liegengelassen oder werden Teile von ihr - anläßlich spektakulärer Vorfälle mit gewalttätigen Gruppen - zur Problemgruppe erklärt. Soziologisch haben wir es also nicht nur mit einer Entstrukturierung des traditionellen Generationenkonflikts, sondern auch mit einer Entwertung der Jugend (s.o.) zu tun. Damit tritt auch die Suche Jugendlicher nach einer eigenen Welt und sozialen Integrationsformen neben der Gesellschaft deutlicher hervor als zu den Zeiten, in denen die Jugend - ob nun im bedingten Einklang oder im Konflikt - gesellschaftlich „angenommen" wurde. Die verbreitete Suche nach „lebbarer Gegenwart" ist damit auch Suche nach einer Sozialeform Jugend, die ein befriedigendes Leben in oder neben einer Gesellschaft ermöglicht, welche nicht mehr in der Lage scheint, das Zukunftsversprechen Integration vorbehaltlos einlösen zu können.

5.3 Auf der Suche nach lebbarer Gegenwart - Zur Biografisierung der Jugendphase

Nach dem Hauptschul- bzw. mittleren Schulabschluß tritt schon ein Teil der Jugendlichen in eine noch unbestimmte, nachschulische Lebensphase ein. Diese Lebensphase ist unbestimmt deshalb, weil die Übergänge von der Schule in den Beruf heute nicht mehr so kalkulierbar und vorgegeben sind wie früher. Diese Lebensphase ist für viele Jugendliche risikohaft, weil nach dem temporären Prozeß der sozialen Nivellierung, welche die Schule bewirkt hat (in der Schülerrolle vermischen sich für eine Zeit die Unterschiede in Status und sozialer Herkunft), die schicht-, geschlechts- und regionalspezifischen Benachteiligungen wieder akut werden und die Chancen der Bewältigung der Lebensphase Jugend bestimmen. (Allerdings hat W. Böttcher (1991) nachgewiesen, daß anfangs der 90er Jahre die Bildungsbenachteiligung der Arbeiterkinder in den Schulen keineswegs verschwunden ist, zumal die neue Arbeiterschicht sich überproportional aus Familien ausländischer Herkunft rekrutiert).

Wie bewältigen nun Jugendliche diese Lebenssituation, die man bildlich mit einer Schere beschreiben kann? Einerseits verlangen Schule und Ausbildung erhebliche intellektuelle und soziale Energien ab, gleichzeitig gelingt es nicht, eine eindeutige Verbindung zwischen den späteren Berufs- und Lebensperspektiven herzustellen: Bildungsperspektive und Berufsgewißheit klaffen auseinander. In dieser Situation ist es nach dem bisher Gesagten plausibel, daß Jugendliche - in dem Maß, in dem ihre Zukunftsperspektive biografisch weniger kalkulierbar wird - sich in ihrem Leben stärker an der Gegenwart orientieren. Allerdings ist dies nicht nur eine Folge dieser diffusen Zukunftsperspektive, sondern resultiert auch daraus, daß Jugendliche im Alter zwischen 16 und 20 Jahren weitgehend soziokulturell selbständig geworden sind, da die Jugendphase wesentlich früher beginnt und sich die Erfahrungsbereiche der Jugendlichen denen der Erwachsenen in vielen Lebenssegmenten (Konsum, Sexualität, Reisen, soziale Kontakte) angenähert haben. In manchen Verhaltensbereichen lassen sich sogar Verhaltensvorsprünge von Jugendlichen gegenüber Erwachsenen beobachten. So lernen Jugendliche schneller und leichter mit elektronischen Medien umzugehen und sind im Alltagsverhalten eher in der Lage, sich auf den Pluralismus neuer Lebensstile einzustellen.

In dem Gefühl der soziokulturellen Selbständigkeit ist ein Drang zur Kultivierung der Jugend als eigenständige Lebensform, zum Ausleben eines eigenständigen Lebensstils „neben" dem der Erwachsenen (aber durchaus in der Spannung des eigenen Erwachsenwerdens), zum Wunsch nach eigenverantwortlicher Lebensführung zu erkennen. Diese Selbständigkeit ist aber in der individualisierten Gesellschaft der Ambivalenz der Biografisierung ausgesetzt. Jugendliche sehen sich auf sich selbst gestellt und versuchen, jugendkulturelle Unbefangenheit und realistische Lebensperspektive irgendwie vereinbar zu machen. Eigenverantwortliche Lebensführung kann sich naturgemäß nur in den Lebensbereichen entfalten, in denen Jugendliche in ihrer Eigenständigkeit anerkannt sind. Da aber in der Schule und in der Berufsausbildung Jugendbilder vorherrschen, die Jugend in erster Linie als eine noch nicht fertige und aus sich selbst heraus nicht vollständige Lebensphase definieren, orientieren sich viele Jugendliche in ihrer Lebensführung an Wert- und Verhaltensbereichen, die außerhalb der schulischen und betrieblichen Welt liegen. Sie suchen ihren eigenständigen Jugendstatus als Sozialstatus in der Gleichaltrigenkultur und der Welt der Medien und des Konsums.

Die Suche nach lebbarer Gegenwart ist also zum einen jugendbiografisches Bewältigungsmuster, gleichzeitig aber auch jugendkulturell offenes Ausleben dieser Gegenwart. Auch dieses Ausleben ist heute biografisiert. Als Genuß des *eigenen* Lebens erfüllt es sich für Jugendliche in der direkten Lust an Körperlichkeit und Sinnlichkeit, welche mit jugendtypischen Medien - Musik- und Konsumstile - verbunden sind (Henkel/Wolff 1996). Die Musik wird nicht „rezipiert", sie durchströmt den Körper (Böpple/Knüfer 1996), Medien und Konsum sind integrale Teile des jugendlichen Lebensgefühls und nicht nur „Lebensbereiche", wie bei den meisten Erwachsenen. In dieser Sphäre hat die Sozialpädagogik nichts zu suchen. Allerdings wirkt - aufgrund der biografischen Bewältigungsdimension des Jugendalters und der damit verbundenen Suche nach einem sozialemotionalen Haltepunkt - das Konsumverhalten massiv in die jugendkulturelle Bewältigungsszenerie hinein. Das Wissen um die psychosozialen Auswirkungen des Konsums gehört damit zum Grundwissen der Sozialpädagogik.

Die Konsumwerbung suggeriert, daß die Produkte über ihren jeweiligen Verbrauchswert hinaus soziale Qualitäten haben. Der absatzgefährdende Makel des temporären Verbrauchs wird durch eine verbrauchsübersteigende Qualität verwischt. Wenn du das Produkt immer wieder neu kaufst, dann erwirbst du mit seinem Verbrauch ein Lebensgefühl, das andauert und, indem es verbraucht wird, dir hilft, den Alltag, und nicht nur den Alltag, zu meistern. Die lebens-welt-orientierten Produkte suggerieren Bewältigungsqualität, verheißen Konfliktlösung. Das, was in der alltäglichen sozialen Interaktion nicht gelingt, längst verhärtet und versäult ist, geht auf einmal, löst sich auf in der problemlosen Symbolwelt des Konsums. Die Diskrepanz mag der Mensch rational erkennen, emotional aber, in den Projektionen und Abspaltungen der alltäglichen Abwehr des eigenen Versagens ist die Konsumverheißung wirklich. Je mehr die Moderne die soziale Welt zur symbolischen gemacht hat, desto unmittelbarer vermag das Symbolische das Soziale beeinflussen. Dies ist nicht zufällig, denn „Mediensystem und Konsumsystem sind inzwischen eine wechselseitige Verbindung eingegangen" (Spengler 1994, S. 47).

Wir können heute an einem Ort und in einem Akt Dinge kaufen, die soziokulturell Widersprüchliches beinhalten. Es werden Produkte hergestellt, die mit den gleichen positiven Lebensstilverheißungen Umwelt oder Gesundheit zerstören, wie Produkte, welche eben diese Schäden sanieren und heilen helfen sollen. Die „Konfliktlösungssymbolik" bezieht sich dabei nicht nur auf Alltagskonflikte, sondern auch auf gesellschaftliche Konfliktbilder, auf die Harmonisierung von Klassen- und Schichtunterschieden. Auch hier wirkt wieder das Moment der „Gleichzeitigkeit und Vereinbarkeit des Widersprüchlichen": Die Konsumindustrie stellt - dem ökonomischen Gesetz der Produktdifferenzierung folgend - sehr wohl schichtunterschiedliche Produkte und Accessoires her, für betuchte und weniger betuchte Leute auf der Schichtskala von der exklusiven Marke über die Imitationsware bis hin zum Massenramsch. Aber: Auch noch die Ärmsten können kaufen, haben Zugang zu der Konsumszenerie, in der auch die Reichen - wenn auch in einem anderen Produkthimmel - es ihnen gleich tun. Es gibt nur noch Konsumniveaus und keine Klassenunterschiede mehr, heißt die soziale Botschaft. Und: Nicht nur das tatsächliche Konsumieren, sondern vor allem das werbetüchtige ästhetisierte „Kaufen an sich", die täglich hochglanzbroschürte Erreichbarkeit, die Chance des „In-Seins" macht die partizipative Suggestion des Konsums aus.

Diese Gleichzeitigkeit und Vereinbarkeit des Widersprüchlichen - die Klassengesellschaft konsumtiv aufheben und dabei doch wieder in ausgeklügelten Konsumniveaus und Exklusivitäten reproduzieren - findet ihre strukturelle Entsprechung in der Gleichzeitigkeit der konsumtiven Symbolik von Individualisierung und Sozialintegration. Der moderne Individualisierungsprozeß scheint vielfach über den Konsum zu laufen: Ich kaufe mir etwas Eigenes, Unverwechselbares, inszeniere (mich in) meine(n) Accessoires selbst und gleichzeitig bin ich Teil einer Identität und Zusammengehörigkeit stiftenden Stilrichtung oder Markengruppe, sei es symbolisch oder in den sozialen Zusammenschlüssen der Marken- und Fanclubs. Der Konsum bietet das uneingeschränkte soziale Erlebnis des Ich (Schulze 1992) trotz wachsender gesellschaftlicher Unübersichtlichkeit.

Dies gilt für Erwachsene zwar ähnlich - wenn nicht gar biografisch prägender (s.u.) - wie für Jugendliche. Wenn wir dennoch das Verhältnis von Jugend und Konsum eigens thematisieren, dann liegt das darin begründet, daß ein typisches Strukturmerkmal des Konsums - seine Grenzenlosigkeit - die psychosoziale Entwicklungsdynamik des Jugendalters besonders trifft.

Auch für das Jugendalter ist der Konsum längst zur Normalität, zur Lebensform geworden (Opaschowski 1990) und kann nicht mehr pädagogisch ausgehebelt werden. Sozialpädagogisch geht es vielmehr um die Bewältigung des Konsums und damit um die Frage, wie das Konfliktverdeckende der Konsumkultur transparent gemacht und so das Problem der „Handlungsfähigkeit im Konsum" und der „Grenzen des Konsums" thematisiert werden kann. Unsere kleine Geschichte der Jugend (s.o.) hat gezeigt, daß die sozialpädagogische Auseinandersetzung um den Jugendkonsum in Deutschland schon in den zwanziger Jahren begann und sich schon damals typisch formierte.

Konsum symbolisiert - neben Konfliktlosigkeit - auch Grenzenlosigkeit: Ich verbrauche etwas, um etwas Neues, Anderes, Besseres zu kaufen (kaufen zu können, vielleicht auch - um der Statusdemonstration willen - zu „müssen"). Es werden Produkte um Lebensstile gruppiert, die „Grenzenlosigkeit" verheißen: schrankenlosen Genuß, grenzüberschreitende Erlebnisse, traumhafte Erfüllungen, grenzenlose Möglichkeiten. Wir finden diese Assoziationen in den Werbeparolen wieder. Das macht natürlich auch uns Erwachsenen zu schaffen. Die Lebensphase der Kids und der Jugendlichen ist aber noch einmal spezifisch von diesem Aspekt der „Grenzen" berührt. Kinder und Jugendliche, die nicht in berufliche und institutionelle Positionen und Rollen eingebunden sind, bei denen die Aneignung der sozialen und kulturellen Welt noch sozialräumlich-offen verläuft, benutzen den Konsum (inzwischen) als Raum, als ihr lebensphasentypisches Experimentierfeld. Jugendliche brauchen - das wissen wir aus der Jugendpsychologie und -soziologie - Experimentierräume, um sich von der Herkunftswelt ihrer Eltern abzulösen und neue soziale Rollen erproben, Beziehungen testen, sich selbst in einem neuen und eigenständigen Status erfahren und mit Konflikten allein umgehen zu können. Dieses lebensaltertypische Experimentieren bringt notwendigerweise Risikoverhalten mit sich: Sich an Grenzen reiben, sie überschreiten und verletzen, um die *eigenen* Grenzen und Möglichkeiten erfahren zu können. Grenzen werden erprobt, provoziert, überschritten, verändert, akzeptiert - aber sie müssen da sein und man muß sie spüren können. Diese Formung der Identität beinhaltet das Erkennen der und das Umgehen mit den eigenen Grenzen. Ist der „grenzlose" Konsum das einzige Experimentierfeld, so ist der Mechanismus der Grenzwahrnehmung, des Umgangs mit Grenzen oft außer Kraft gesetzt. Jugendliche „suchen" entwicklungstypisch Grenzen und geraten so in die Dynamik des Konsumrausches: Grenzen sind beim Konsumakt nicht greifbar, weil immer Neues verheißen ist, der nächste Konsumschritt getan werden „muß", um die Hoffnung auf das Finden der Grenzen aufrecht erhalten zu können. Übersteigerter Konsum bis hin zur Sucht sind dann nichts anderes als Varianten vergeblicher Grenzsuche, die konsumtiv vorenthaltene Grenze läßt die Verfügbarkeit über die eigenen Grenzen verkümmern, der Zustand der Abhängigkeit ist zumindest in diesem Sinne erreicht.

Andererseits ist heute offensichtlich, daß die Selbständigkeit der modernen Jugend sich maßgeblich über ihren eigenständigen Konsumstatus herstellt. Es sind auch nicht die Eltern, sondern es ist in erster Linie der Einfluß der Gleichaltrigengruppen und -szenen, welche die Konsumentscheidungen der Jugendlichen bestimmen. Und es ist die Konsumindustrie, welche die Jugendlichen - im Gegensatz zu anderen Gesellschaftsbereichen - als *eigenständige* Konsumenten neben anderen oder sogar anderen Gruppen gegenüber bevorzugt behandelt. Insgesamt ist der kommerzielle Konsum zu einem Raum geworden, in dem Jugendliche eine Resonanz für die eigene Qualität ihrer Lebensphase suchen und subjektiv auch finden. Denn die auf Jugendliche gemünzten Konsumprodukte und kommerziellen Dienstleistungen haben einen hohen jugendkulturellen Aufforderungscharakter, beinhalten stilbildende Elemente, vermitteln aber auch Informationen und Beratung (z.B. „Jugendbanken") und sind so zur Alltagskultur, zu einem Segment der *Lebensform* Jugendlicher geworden.

Insofern ist „Konsumerziehung" in Schule und Jugendarbeit nur dann sinnvoll, wenn sie den Konsum als Lebensform akzeptiert und das pädagogische Bemühen auf die Frage des *Umgangs* mit dem Konsum richtet. Wichtig sind in diesem Zusammenhang Projekte, in denen Kinder und Jugendliche *selbst* etwas machen und herstellen können. Dabei geht es nicht nur um das Problem der psychischen Abhängigkeit, sondern vor allem auch darum, daß die Kids erfahren, daß „echte", auf gegenseitigen Respekt und Interesse aneinander aufbauende soziale Beziehungen nicht einfach konsumierbar sind, sondern auch interaktiv entwickelt und *erstritten* werden müssen. Den sozialen Raum hierfür bietet die Gleichaltrigenkultur der Jugend.

5.4 Jugendliche in der Gleichaltrigenkultur

Die Gleichaltrigenkultur Jugendlicher ist für die Sozialpädagogik des Jugendalters als Bezugspunkt gleichermaßen zentral wie ambivalent. Im Mittelpunkt der Jugendarbeit steht die sozialräumliche Ermöglichung von Gleichaltrigenkultur, gleichzeitig entwickelt sich manches an Risikoverhalten und Jugendkriminalität in der Anregungs- und Abhängigkeitsszenerie der Clique. Überdies verkörpert die Gleichaltrigengruppe den Jugendraum der Selbstsozialisation, gleichzeitig werden aber dennoch „andere Erwachsene" (s.u.) gebraucht. Die Gleichaltrigenkultur ist also ein in sich widersprüchliches pädagogisches Feld, das den SozialpädagogInnen eine anspruchsvolle sozialräumliche Professionalität abverlangt (vgl. Kap.8.4).

Die Typik der jugendlichen Gleichaltrigenkultur wird im sozialwissenschaftlichen und sozialpädagogischen Sprachgebrauch mit dem Begriff „peer-group" erfaßt. Der Begriff bezeichnet eine allgemeine jugendliche Gesellungsform, die bei uns - aufgrund der schulischen Bildungsextensivierung - für den Großteil der mittleren Kindheit und der Jugend zutrifft. Ein Indiz dafür ist die deutliche sozialstatistische Zunahme der Gleichaltrigenorientierung in der bundesdeutschen Jugend seit den 60er Jahren (vgl. Allerbeck/Hoag 1985, Jugend 1992). Die geschlechtsspezifische Differenzierung des Peer-Verhaltens ist dagegen in der Tradition der Peer-Forschung weitgehend übergangen worden. Gleichaltrigengruppen von Mädchen - so könnte man Hinweise der Gleichaltrigen- (Oswald 1992) und Mädchenforschung interpretieren (vgl. Funk 1991) - sind mehr nach „innen" gerichtet, stärker in Zweierbeziehungen ausdifferenziert, in denen ein intensiver, aber verschwiegener persönlicher Austausch laufen kann. Diese Aussagen lassen sich auch auf die bereits erwähnten geschlechtsspezifischen Befunde zur Gruppenkohäsion beziehen. Wir werden später in der geschlechtstypischen Differenzierung der Gleichaltrigenkultur diese Befunde dahingehend interpretieren, daß Mädchen zwar ebenso wie die Jungen in der Gleichaltrigenkultur präsent sind (vgl. auch die AGAG-Jugendstudie 1994), daß sie aber - unter dem Aspekt der Findung ihrer Geschlechteridentität - nicht so „angewiesen" sind auf die Cliquen wie die Jungen.

Wenn hier die Begriffe „Gruppe" und „Clique" gleichermaßen verwandt werden, so entspreche ich damit den fließenden Alltagsdefinitionen der Jugendkultur. Streng gruppensoziologisch bezeichnet man als Clique einen relativ offenen, aber lokal begrenzten Gleichaltrigenkreis, der sich um immer wieder neue und wechselnde Aktivitäten zusammenfügt, sonst aber keine so feste und dauerhafte Gegenseitigkeits- und Führungsstruktur hat, wie die geschlossene Gruppe. Offen und überlokal sind dagegen die *Szenen* angelegt, die sich um verschiedene Musik- und Lebensstile bilden und an denen sich auch Gruppen und Cliquen orientieren können. Lokale und regionale *Szenetreffs* sind inzwischen *die* Kristallisationspunkte einer offenen Jugendkultur geworden, zentrale Szenefestivals und -tage ziehen Hunderttausende an. Die Szenen gelten als jugendkultureller Ausdruck einer postmodernen, individualisierten Kultur, in der man gleichzeitig (biografisch) einzig und doch sozial anschlußfähig sein will („we are all different - we are one family").

Dennoch bleibt - vor allem auf lokaler Ebene - der Mechanismus der Gleichaltrigenkultur als Teil der Psycho- und Soziodynamik des Jugendalters weiter erhalten. In diesem Sinne soll die Peerkultur auch aus sozialpädagogischer Sicht - als Bewältigungskontext und -ressource - weiter beschrieben werden.

Krappmann (1991) weist darauf hin, das mit dem Begriff „peer" nicht „nur der gleichaltrige Gefährte" gemeint ist, „sondern Gleichheit der Stellung im Verhältnis zueinander" (Krappmann 1991, S. 364). Dies macht dann auch den signifikanten Unterschied zur hierarchischen Interaktionsstruktur von Schule und Herkunftsfamilie aus. Die Orientierung an Gleichaltrigen ist deshalb auch ein zentraler Prozeß der biografischen Neuorientierung, der Ablösung vom Elternhaus und der Suche nach neuen personalen und sozialen Orientierungen außerhalb der Herkunftsfamilie. Die Bindung an die Eltern wird dabei in der Regel nicht aufgegeben, der Ablösungsprozeß ist komplex: Von traditionalen Push-

und Pull-Situationen zwischen Konflikt und Versöhnung (vgl. Stierlin 1977) bis hin zur heute verbreiteten frühen Selbständigkeit „mit" den Eltern und „neben" ihnen gibt es eine differenzierte Spannbreite von Ablöseverhalten im Jugendalter (zur Entdramatisierung des „klassischen" familialen Generationskonflikts vgl. Allerbeck 1982, Oswald 1992).

Charakteristisch für diese Ablösungsphase ist die Zentrierung auf das Selbst mit Zügen narzißtischer Selbstwahrnehmung, die sich in einer stilisierten Individualität, vor allem aber auch in starken „ethnozentrischen" Identifikationen mit der Gleichaltrigengruppe als „Eigengruppe" (Baacke 1984) äußern. Stereotype, Vorurteile und Ablehnung von fremden Gruppen, die man bei Jugendlichen antrifft, sind aus dieser Verlängerung der narzißtischen Antriebe in einen Ethnozentrismus der Gleichaltrigengruppe zu erklären. Auffällig sind dabei die Versuche, „die Besonderheit der Ich-Erfahrung gegenüber den blassen Verhaltensmustern der Erwachsenen" zu stilisieren (ebd. S. 345). Die Suche nach neuen Leit- und Vorbildern (anders sein als die Eltern), das Verlangen nach Originalität, welche den noch fehlenden Sozialstatus ersetzen soll, ist dabei vor allem über die Gleichaltrigengruppe mediatisiert und hat einen erheblichen Anteil an der Sozialentwicklung und bei der Herausbildung des Selbst (Krappmann 1991, S. 367ff.).

Peergruppen unterscheiden sich lebensphasentypisch im Kindes- und Jugendalter. Krappmann (1991) unterscheidet die Peergruppenkultur der Kinder von der der Jugendlichen. Während die Kinder immer noch stark an den Erwachsenen orientiert sind und diese brauchen, ist das Jugendalter durch soziokulturelle Abgrenzung von der Erwachsenenwelt gekennzeichnet. Kinderpeers entwickeln sich in wechselseitiger Vertraulichkeit bis hin zu (meist gleichgeschlechtlichen) Freundschaften im losen Gruppenzusammenhang, der immer wieder durch das Hin- und Rückpendeln zu den Erwachsenen offen bleibt. Im Jugendalter dagegen entstehen der Erwachsenenwelt abgewandte „Cliquen", welche durch gemeinsame Aktivitäten strukturiert sind. Die Beziehungen sind oft gar nicht dicht, die Clique wird durch Aktionen und territoriales Abgrenzungsverhalten zusammengehalten. In den Jugendpeers können sich deshalb auch „Führer" entwickeln, welche die Gruppe zusammenhalten. Nach dem Krappmannschen soziometrischen Charakteristika der Peers sind das meist „populistische" (beliebte) aber auch manchmal „kontroverse", die Gruppendynamik anheizende Jugendliche.

Die sozialen Kompetenzen, die in Peergruppen gelernt werden, entstehen also nicht durch „Übernahme", wie im Falle des Lernens von den Eltern oder aber auch in der Schule, sondern durch Gruppeninteraktion und gemeinsame Aneignung von Räumen und Stilen. Diese Peer-Kultur mit ihrem sich stark von der Erwachsenenwelt abgrenzenden Habitus wird in der Jugendforschung gemeinhin mit dem Begriff „jugendzentriert" - im Gegensatz zu „familien-" oder „elternzentriert" - gekennzeichnet. Das Begriffspaar wurde in den 70er Jahren von der „Projektgruppe Jugendbüro und Hauptschülerarbeit" in Wiesbaden

(1977) entwickelt und hat sich bis heute gehalten (vgl. Oswald 1992). Mitglieder „jugendzentrierter" Gleichaltrigenkulturen betonen in Einstellung und Auftreten jugendkulturelle Gemeinsamkeit, Selbständigkeit und Abgrenzung gegenüber der Erwachsenenkultur, aber auch untereinander - cliquenzentriert - in der Jugendkultur selbst. Familien- oder elternzentrierte Jugendliche dagegen identifizieren sich früh mit Normen und Modellen der Lebensführung der Erwachsenenwelt, meist über die Orientierung an den Eltern vermittelt. Dies hat nach Auffassung der Projektgruppe deutliche Konsequenzen für die Identitätsbildung: „Jugendzentrierte" bewegen sich in eher offenen, gegenwartsorientierten, „Familienzentrierte" dagegen mehr in geschlossenen, antizipativen Segmenten der Identitätsfindung. Diese dichotomen Muster der Gleichaltrigenorientierung werden bei Jungen und Mädchen gleichermaßen vorgefunden. Dies wird auch durch Beobachtungen aus der Mädchenforschung bestätigt, in denen die Bedeutung eines selbständigen Jugendstatus für die Emanzipation der Mädchen hervorgehoben wird (Funk 1991).

Die beiden Orientierungsmuster der Gleichaltrigenkultur sind natürlich Idealtypen, die sich nicht gegenseitig ausschließen (müssen). Im Gegenteil: Neuere Jugendstudien (z.B. Jugend 92, AGAG-Jugendstudie 1994, IPOS 1994) machen deutlich, daß zwar die jugendzentrierte und cliquenbezogene Orientierung in der Jugendpopulation verbreitet ist, daß aber gleichzeitig eine bemerkenswerte Nähe zu den Eltern bleibt. Wenn auch die Freizeitorientierung überwiegend jugendzentriert abläuft, so zeigen sich in anderen sozialen und kulturellen Einstellungen der Jugendlichen deutliche Affinitäten zu den Eltern. Oswald spricht in diesem Zusammenhang und in der Interpretation der Shell-Studie Jugend 92 von einer „Doppelorientierung an Eltern und Gleichaltrigen sowohl im Einstellungs- als auch im Verhaltensbereich [...], die [...] zeigt, daß viele Jugendliche ihr Verhältnis zu den Eltern und Gleichaltrigen gut vereinbaren können" (Oswald 1992, S. 327). In der Regel ist es dann auch so, daß die Gleichaltrigenclique und Elternhaus in der Wahrnehmung der Jugendlichen durchaus miteinander vereinbar sind und nicht kollidieren. Es haben sich in diesem Sinne „eine Reihe von 'lebbaren' Arrangements in den weitgehend entdramatisierten Beziehungen zwischen Eltern und Kindern" entwickelt (Ferchhoff 1993, S. 126). Die Gleichaltrigengruppe ist deshalb auch nicht gegen die Eltern gerichtet „Jugendliche [...] können erst dann von Gleichaltrigen negativ beeinflußt werden (im Sinne emotionaler Abwendung von den Eltern - L.B.), wenn ihr Verhältnis zu den Eltern beschädigt ist" (ebd. S. 330).

Dagegen kann die Gleichaltrigengruppe dort problematische Wirkungen zeigen, wo sie zum Fixpunkt männlicher Identitätsfindung bei Jungen wird. Angesichts der Problematik der Suche nach männlicher Geschlechteridentität im Kindesalter ist es kein Wunder, daß später viele Jungen die männlich dominierte peergroup geradezu suchen, um endlich „unter Männern" zu sein und sich „an Männern" auch im Alltag orientieren zu können. Daß also in dieser Gleichaltrigenkultur Jungen zusammenkommen, die biografisch aus dem sozialisatorischen Verstrickungszusammenhang von latenter Frauenabwertung und Männeridolisierung kommen und sich zwangsläufig in der ethnozentristischen Dynamik der männlich dominierten Gleichaltrigengruppe weiter aufladen, kommt in der jugendsoziologischen Literatur zu delinquenten und gewalttätigen Jugendgruppen immer wieder spektakulär zum Ausdruck, wobei aber das geschlechtstypische dieser Vorgänge meist nicht explizit herausgearbeitet oder überhaupt nicht erkannt worden ist. Daß manche Jungen - vor allem jene, die von ihrem sozialen Herkunftsmilieu keine Kompetenzen zur Bewältigung des männlichen Geschlechterdilemmas mitbekommen haben - auf solche frauenabwertenden, männerbündischen Gruppenstrukturen geradezu „angewiesen" sind, relativiert erheblich den pädagogischen Wert der (männlich dominierten) peer-group. Deshalb dürfen Gleichaltrigenbeziehungen in kleineren Gruppen und Freundschaften, wie sie Mädchen favorisieren (vgl. Conen 1983), die ja von ihrer geschlechtsspezifischen Sozialisation nicht auf abwertende Gruppenbezüge her „angewiesen" sind, in ihrem jugendkulturellen und pädagogischen Wert im Vergleich zu den peer-groups nicht länger vernachlässigt werden.

Allerdings ist diese männliche Peer-Dynamik, was das Verhältnis zu den Mädchen anbelangt, durchaus ambivalent: Die Jungen fühlen sich zu ihnen gleichermaßen hingezogen wie abgestoßen. Die frühkindliche Thematik von Bindung und Ablösung in der Beziehung zur Mutter scheint hier auf neuer Entwicklungsstufe und in einem anderen jugendkulturellen Beziehungsgefüge zum Thema zu werden.

Aber nicht nur Frauenabwertung ist in der Gleichaltrigengruppe ambivalent. Auch die Idealisierung der männlichen Identität und der Bildung männlicher „Idealtypen" geht auf Kosten des Vaters, der nun nicht mehr der „richtige" Mann ist. So kann heute angenommen werden, daß die meisten Cliquen den Jungen eher ritualisierte Nicht-Bewältigung bieten, als daß sie dort tatsächlich „selbständiger", im Sinne der Fähigkeit des Rückbezuges auf das eigene Selbst, werden. Die männlichen Erwartungen an die Peer-Gruppen entpuppen sich als symbolische Abstraktion männlicher Enttäuschungen und Kränkungen in ihnen: Jungen können sich in ihren Cliquen auch einsam fühlen (vgl. Opaschowski 1990, S. 20).

Die ambivalente Haltung zur eigenen Mutter reaktualisiert sich für Jungen in dieser Altersphase auch in der Suche nach Erfahrungen mit Mädchen. Auf der einen Seite werden Mädchen mit ihren inzwischen (ähnlich einseitig) angeeigneten weiblichen Kompetenzen (Zuhören können, etwas erzählen, Konflikte schlichten, für ein angenehmes Klima sorgen) „gebraucht". Sie ziehen deshalb die Jungen stark an. Auf der anderen Seite aber werden sie als „Gegenstück" im Sinne der Abwertungsfunktion gesucht: Ihre Fähigkeiten zählen und gelten nichts, werden abqualifiziert. Vor den Gleichaltrigen darf man sich - was die Spannungen erhöht - nicht als dem Mädchen „hörig" darstellen, indem man sie nicht abwertet oder Rücksicht auf sie nimmt, weil sonst die männliche Ehre dadurch angekratzt wird, daß man „unterm Pantoffel steht".

Wenn die Jugendsoziologie nun betont, daß die Gleichaltrigengruppe zu einer „sozialen Neuorientierung" des Jungen in der Auseinandersetzung mit seiner Umwelt beiträgt, so ist diese Neuorientierung für die Jungen - wie wir gesehen haben - männlich selektiv. Es entwickeln sich nämlich Formen der „Umweltaneignung", die maßgeblich über die Abwertung von Mädchen und Frauen vermittelt sind und sich über die Demonstration männlicher Dominanz symbolisieren (z.B. Motorräder, Lautstärke in der Musik/Heavy Metal, aufgemotzte Autos). In vielen Gleichaltrigenkulturen orientieren sich die Jungen vor allem an Statussymbolen, welche traditionell männliche Muster transportieren: Messer, Motorrad, Alkohol, Nieten, Lederjacken usw. Das anscheinend „Neue", die neue psychosoziale Qualität, die die peer-group vorstellt, stellt sich unter dem Paradigma „Mannwerden" als Wiederholungsmuster auf neuer Ebene: sich von der Weiblichkeit, Verhaltensmustern und Symbolen (ihrem Einfühlungsvermögen, ihrem Sich-Schminken, ihren Kulturen wie Tanzen etc.) absetzen müssen. Die Funktion des sozialen Übungsfeldes, die der Gleichaltrigengruppe allgemein zugeschrieben wird, ist „männlich gebrochen". Denn es findet hier eine Selektion statt: Männliche Umgangsformen werden eingeübt, weibliche ausgeschlossen. Damit wird die Chance der Erweiterung von Geschlechtsidentität auch in diesem Entwicklungsstadium der Gleichaltrigengruppe für Jungen oft verpaßt. Durch den gruppendynamischen Charakter und angesichts der damit zusammenhängenden sozialen Kontrolle der Gleichaltrigengruppe wird die Männerorientierung eher gefestigt.

5.5 Mädchen und Jungen im Jugendraum

Sozialpädagogik und sozialarbeiterische Angebote für Jugendliche in der Gleichaltrigenkultur haben ihren Schwerpunkt im Aneignen und Gestalten von Räumen: Treffs, Jugendhäuser, Mobile Straßenarbeit, Projekte zum Risikoverhalten. So wie das Räumliche für Kinder und Jugendliche besondere Möglichkeiten der Aneignung, des Selbsterlebens (Befindlichkeit) und der sozialen Orientierung vermittelt (s.o.), ist die Jugend- und Jugendsozialarbeit der Ort, wo sich räumliche Ansprüche Jugendlicher realisieren können. Die sozialräumliche Kultur der Gleichaltrigengruppe hat entsprechend auch die Jugendarbeit geprägt. Allerdings gilt hier dasselbe wie bei der vorangegangenen sozialpädagogischen Einschätzung der (männlich dominierten) Gleichaltrigengruppe im Jugendalter: Die Geschlechtstypik des räumlichen Jugendverhaltens wird in der Praxis zu oft übergangen.

Mädchen und Jungen unterscheiden sich im Alltag, in ihrer Freizeit vor allem darin, wie sie sich in Körper und Ausdruck bewegen. Männliches Verhalten ist über sich hinausgehend, Räume beanspruchend, besetzend. Mädchen und junge Frauen suchen auch die Ausdrucks- und Entfaltungsräume, die ihnen als Kinder verwehrt waren. Ihnen bleibt aber meist nur die Selbststilisierung in der Mode, im auf den eigenen Körper begrenzten Ausdrucksverhalten. Jungen und Männer können das Laute meist von sich geben, Mädchen müssen an sich halten, es ihrem Körper anheften. Laute Mädchen werden schief angeschaut, laute Jungs sind selbstverständlich. Für junge Mädchen gilt die Definition dessen, was „anständig" ist. Die elterliche Ambivalenz von räumlichen Erfahrungen für Mädchen und Jungen sind zuerst Körpererfahrungen. Ob eine Bewegung kontrolliert oder nicht kontrolliert wird, wie man den Raum nutzen kann und wie man in ihm beschränkt ist - sichtbar oder unsichtbar - beeinflußt das Selbstwertgefühl und das Bewußtsein von eigenen Fähigkeiten und Vermögen. Die räumliche „Haltung" ist immer auch Ausdruck einer „seelischen" Haltung. Dies hat für die Mädchen - und in negativer Abgrenzung dazu auch für die Jungen - die Frauenbewegung entdeckt: jemanden abdrängen, sich breitmachen, jemanden übergehen und beschränken geht in der alltäglichen Erfahrungswelt über die direkte wie über die Metasprache der Körper. Sich entfalten können heißt demgegenüber für Mädchen: raumgreifend, im unkontrollierten Raum sich ausleben können.

Raum ist aber mehr als Körperlichkeit. Wir haben ja im Kapitel zur „Sozialräumlichen Aneignung" gesehen, daß in Räumen Bedeutungen, Festlegungen, Macht- und Besitzansprüche enthalten, daß sie „besetzt" sind und so auch sozialräumlich erfahren werden. Räume sind von Jungen und Männern besetzt, patriarchalisch vorstrukturiert, man kann in ihnen keine eigenen Erfahrungen als Mädchen oder Frau machen. Eigene Räume als Mädchen suchen heißt, damit auch eigene Erfahrungen in weiblicher Selbständigkeit machen wollen (Bitzan/Funk 1995). Dazu gehört auch, daß Räume traditionell in private und öffentliche Räume aufgeteilt werden. Dies hat eine geschlechtsspezifische Struktur: Frauen waren (und sind in vielen Bereichen immer noch) auf das Private verwiesen, das Öffentliche ist vor allem männlich. Die bereits angesprochene Problematik sexueller Gewalt in der Familie zeigt uns, wie ideologisch besetzt diese Trennungen von „öffentlich" und „privat" sind: Der Privatraum galt vor allem für Mädchen und Frauen immer schon als Schon- und Schutzraum, der öffentliche Raum als Raum der Gefährdung. In der Diskussion um sexuelle Gewalt in den Familien haben sich diese Bedeutungen eher verkehrt, zumindest ist massiv in Frage gestellt, ob die Familie Schutzraum ist. Abweichendes Verhalten wiederum ist bei Jungen eher öffentlich, lebt sich aus, wird auch öffentlich sanktioniert. Lebensschwierigkeiten und abweichendes Verhalten von Mädchen sind weniger öffentlich, sind privatisiert und müssen von den Mädchen und jungen Frauen oft allein und isoliert bewältigt werden: mit Tabletten, Depressionen, Selbstaufgabe. Wo können also neue Räume, die zwischen dem traditionell Privaten und dem traditionell Öffentlichen liegen, aufgemacht werden, damit Frauen - mit anderen zusammen und in einer von ihnen bestimmten Öffentlichkeit - auf sich aufmerksam machen, ihre Lebensprobleme bewältigen können?

Jungenverhalten dagegen ist augenfällig und offensichtlich „räumliches" Verhalten. Eine Jungenclique entsteht im ausdrücklichen räumlichen Bezug einer Gleichaltrigengruppe. Wenn man von „auffälligen" Jugendlichen spricht, redet man vor allem von Jungen. Sie sind es auch, welche die „öffentlichen" Deliktarten in den Jugendkriminalitätsstatistiken bevölkern: Schlägereien, Randale, Sachbeschädigungen, Ruhestörungen. Jungen „besetzen", kontrollieren Räume: Ihr Verhalten ist „Territorialverhalten". Männliche Dominanz drückt sich vor allem in verschiedenen Formen räumlicher Dominanz aus. Männliches Raumverhalten ist Kontrolle, Ausgrenzung, Zurückdrängung anderer Jungen, die nicht der Clique angehören, und ist vor allem auch „räumliche Zurücksetzung" von Mädchen. Die männliche Abwertung der Frau äußert sich gerade im räumlichen Jungenverhalten der „Anmache", aber auch in der räumlich demonstrierten „Beschützerpositur" der Jungen. Diese besondere räumliche Dimension männlicher Sozialisation werden wir im Kapitel über das Erwachsenenalter als Prinzip „Außen" systematisieren.

Damit korrespondiert das männliche Prinzip der „Kontrolle", die sich auch in den räumlich-territorialen Aneignungs- und Abgrenzungsmustern bzw. -ritualen vermittelt. Die jungenkulturelle Geltung des Kontrollprinzips des „über-andere-Macht-haben", in dem man sie ausgrenzt, abwertet, anmacht, zwingt, führt die Jungen von sich selbst weg. Die Beherrschung des Cliquenraums, des männlichen Einflußterritoriums, führt so gerade nicht zu einer Erweiterung der eigenen (sozialräumlichen) Handlungsmöglichkeiten. Der Raum dient vielmehr dazu, die eigene Persönlichkeit abzuschirmen; Raumbeherrschung führt im Gegenteil zur Einengung der Möglichkeiten, sich personal zu öffnen und sich in dieser bewußten Personalität sozial zu entfalten.

Unter dieser sozialräumlichen Perspektive kann auch deutlich gemacht werden, wie schichtspezifisch differenziert Jungenverhalten ist. Je weniger Jungen - gerade solche aus sozial schwächeren Familien mit beengten Wohnverhältnissen, aus Wohnquartieren mit deutlich begrenzten und blockierten Aneignungschancen - Möglichkeiten und Ressourcen der sozialräumlichen Aneignung haben, desto eher rekurrieren sie auf Verhaltens- und Umgangsformen, welche das männliche Dominanzgehabe betonen, desto mehr reduzieren sie ihre sozialen Ausdrucksmuster auf die Betonung der „Körpermacht".

Über die sozialräumliche Perspektive wird uns jene Äußerlichkeit deutlich, welche in der Objekthaftigkeit der Sozialbeziehungen von Jungen und Männern oft enthalten ist. Die Jugendarbeit als „kritische Jungenarbeit" muß also versuchen, dem sozialräumlichen Verhalten der Jungen seine Äußerlichkeit zu nehmen, ihnen zu zeigen, daß qualitative Möglichkeiten in Räumen stecken, daß sie aber dazu sich erst auf sich selbst beziehen und von da aus zu einem neuen sozialräumlichen Verhalten gebracht werden müssen. Sie müssen lernen, Räume anderen (die sie bisher ausgegrenzt haben) zu überlassen, müssen erfahren, daß in Räumen noch andere Möglichkeiten stecken, als die, sich nur dauernd selbst darin in Szene zu setzen.

Während es also in der Mädchenarbeit darum geht, Mädchen Räume erst zu eröffnen und zu ermöglichen (vgl. Sechster Jugendbericht 1978, Betrifft Mädchen 1993), ist es in der kritischen Jungenarbeit wichtig, Jungen erst einmal aus den Räumen ihrer selbstverständlichen Nutzung heraus zu sich selbst zurückzuführen und von da aus ihr Außenverhalten neu zu qualifizieren. Die in der Praxis der Jungenarbeit inzwischen geübte Pädagogik der „Rollenerweiterung" auf die Eigenschaften und Fähigkeiten des anderen Geschlechts hin, kann dabei in der Lage sein, neue „innere" Persönlichkeitselemente in das Jungenverhalten zu bringen und so die jugendkulturellen Räume von dem klassischen außenorientierten, männerdominanten Jungenverhalten zu entlasten (Sielert 1989). Jungen lernen so, Räume im übertragenen Sinne zu erfahren, sich in sensiblen sozialen Zwischenräumen zu verhalten und nicht nur Sozialräume äußerlich zuzudecken.

Das ist beileibe kein Plädoyer für die Abschaffung jugendkultureller Cliquen und jugendkulturellen Territorialverhaltens - es soll vielmehr sozial neu ausbalanciert werden. Das wird auch in der feministischen Mädchenarbeit seit ihren Anfängen in den 80er Jahren so gesehen: Man wollte zwar keinesfalls, daß die Mädchen sich dadurch emanzipieren, daß sie die männlichen Jugendsubkulturen nachahmen. Die Mädchen sollten vielmehr eigene subkulturelle und territoriale Zugänge finden: „Die 'Freiheit', Alkohol zu trinken, Drogen zu benutzen und auf der Straße rumzuhängen ist keineswegs weniger unterdrückend als die Zwänge, die Mädchen zu Hause festhalten. Dennoch bietet die klassische Subkultur ihren Mitgliedern ein Gefühl der oppositionellen Gemeinsamkeit, ein eindeutiges Vergnügen an Stil, eine aufsehenerregende öffentliche Identität und kollektive Phantasien. Ich möchte immer noch daran festhalten, daß diese Form von sozialen Beziehungen eine positive Bedeutung für die Mädchen haben könnte, die von frühester Jugend an dazu gedrängt werden, ihre Weiblichkeit zu erfüllen, indem sie einen festen Freund finden." (Mc Robbie/Savier 1982, S. 224). Betrachtet man die jugendkulturelle Szene der 90er Jahre, so haben die Mädchen in ihrem Cliquenverhalten wohl deutlich aufgeholt.

5.6 Jugend in der Welt der Medien

Wir haben im Verlauf der bisherigen Darstellung immer wieder angedeutet, daß die modernen Kinder- und Jugendkulturen durch ihre Verwobenheit mit audiovisuellen Medien - Fernsehen, Video, CD's, Computerspiele und elektronische Erlebnisparks - geprägt sind. Gleichzeitig nimmt der pädagogische Streit um die Wirkungen dieser Medien bei Kindern und Jugendlichen kein Ende. Die seit der Kindheit angelegte Spannung von Eigenleben und Erziehung, die sonst in den Erziehungskonzepten relativ souverän thematisiert wird, scheint im pädagogischen Medienzwist zum Dilemma geworden. Deshalb scheint es mir notwendig, einige sozialpädagogische Orientierungspunkte in diesem Kontext herauszuarbeiten. Als Grundregel kann dabei gelten:

Medien wirken nicht einseitig auf Jugendliche ein. Vielmehr konstituiert sich im Interaktionsbezug der Medienrezeption auch eine Gestaltungsdimension. Diese ist in Richtung und Qualität abhängig von der Art der sozialen Einbettung der Medienrezeption und der thematischen Voreingenommenheit gegenüber den medialen Inhalten: „Wenn es dem Rezipienten jedoch mehr um die Medieninhalte als um die sozialen Rahmenbedingungen geht, gewinnt eine zweite Rezeptionsphase an Bedeutung. In diesen Fällen achtet das Kind genau darauf, welches Thema von dem Medium in welcher Weise behandelt wird" (S. 93). Weiter ist von Bedeutung, wie Kinder und Jugendliche den Verlauf der Medienrezeption selbst steuern und zeigen, daß sie „es verstanden haben, das Ausmaß der Konfrontation mit dem Thema und den Grad des emotionalen Engagements zu regulieren" (Charlton/Neumann-Braun 1992, S. 95). Schließlich hat auch die Vermittlung des Medialen in die konkrete Lebenssituation eine eigene Qualität: „Charakteristisch für die Vermittlungsarbeit des Kindes ist es, daß selbsterlebte Szenen mit den symbolischen Ausdrucksmitteln der (medialen - L.B.) Geschichte dargestellt werden" (S. 98). In dieser Dimension wird deutlich, daß nicht nur der Umgang mit den Medieninhalten, sondern vor allem auch die von den Kindern und Jugendlichen geteilten *Bedeutungen*, die sie in der medialen Interaktion mit den Inhalten verbinden, im Vordergrund der Einschätzung stehen müssen. „Für die Konzeptualisierung der Medienrezeption aus der Perspektive des Symbolischen Interaktionismus heißt dies, daß der symbolische Gehalt von Kommunikation betont wird und daß von einem intersubjektiv geteilten Bedeutungsgehalt von Interaktionen, der unabhängig von den rezipierenden Subjekten existiert, ausgegangen wird" (Aufenanger 1994, S. 18). Bei der Mediennutzung handelt es sich dabei um eine „parasoziale" Interaktion, weil in der subjektiven Interpretation gemeinsam geteilter symbolischer Gehalte sinnliche Bezüge auf eine nicht reale Wirklichkeit hergestellt werden, welche das dingliche soziale Handeln thematisch „aufladen" können. Gerade im Kindes- und Jugendalter sind Entwicklungsaufgaben zu lösen und Übergangsprobleme und -konflikte zu bewältigen, die den Kindern und Jugendlichen in ihrer Struktur und ihrem Ablauf noch unbekannt, als emotionale „Themen" aber fühlbar und anschaulich sind.

> „Solche Themen können entweder Handlungsentwürfe oder Selbstbilder sein [...]. Ein Thema ist handlungsleitend, da es den Bedürfnissen Ausdruck verschaffen will [...]. Das rezipierende Kind geht nun thematisch voreingenommen in die Rezeptionssituation, d.h. es versucht, in der Rezeptionssituation [...] oder in den Medieninhalten [...] eine Szene zu finden, die das Thema symbolisch repräsentiert [...]. Durch die Möglichkeit der Spiegelung, also der symbolischen Repräsentanz des Themas in der Interaktionssituation und im Medieninhalt, eröffnet sich auch dessen Bewältigung." (Aufenanger 1993, S. 18).

Medien sind vor allem dann für Kinder und Jugendliche attraktiv, wenn sie Schlüsselthemen des Kinder- und Jugendalters symbolisch aufbereiten und widerspiegeln, die von den Erziehungsinstanzen wie Elternhaus und Schule nicht oder nicht jugendgemäß aufgenommen werden können. Auch hier zeigen sich wiederum die Auswirkungen der Biografisierung der Jugendphase: Jugendliche suchen die für die Bewältigung „ihrer" Jugend dominanten Themen. Solche jugendbiografischen Themen sind: Selbständigwerden, Abschied von den Eltern, Freundschaft und Sexualität, Mann- und Frau-Werden, Erwachsen werden, pubertäre Omnipotenzgefühle, Geborgenheitssehnsucht, Schulfrust etc. Wir können als ein Beispiel die bereits dargestellte Problematik der männlichen Suche nach Geschlechteridentität im Jugendalter heranziehen. Dieses zentrale Sozialisations"thema", dessen darunterliegende Struktur und Logik die Jungen selbst nicht kennen, dessen Lösung sie aber biografisch suchen, kann weder in der Familie (Abwesenheit des Vaters) noch in der peer-group (Potenzierung des männlichen Dilemmas in der machoistischen Clique) emotional befriedigend und handlungssicher erschlossen werden. Es kommt in der Regel zur „Idolisierung" des Männlichen, ohne daß diese Idolisierung im Umgang mit anderen, außerhalb der Clique - vor allem mit Mädchen - zu befriedigenden Handlungsresultaten führt. Im Gegenteil. Zunehmend mehr Mädchen wehren idolisierendes und abwertendes Jungenverhalten (auch wenn es von diesen nicht so gemeint ist) ab. In den Medien - Filme, Comics, Computerspiele - wird aber das Thema in dieser Idolisierung aufgenommen und führt zu eindeutigen, „unwidersprochenen" und durchsetzungsfähigen Handlungsresultaten des „starken Mannes". Die Jungen fühlen sich also - zumindest situativ während des Medienkonsums, aber oft auch darüber hinaus - in ihrer Macho-Orientierung bestärkt. Das Parasoziale besteht nun darin, daß im Medieninhalt eine Handlungsfolge (Durchsetzung dieser Männlichkeit) eintritt, die in der sozialen Realität auch nach dem Medienkonsum nicht eintritt (die betreffenden Mädchen werden auch ein „medienbestärktes" männliches Abwehrverhalten nicht goutieren). Die thematische Spiegelung mit parasozialer Handlungsfolge „lädt" aber das reale Verhalten auf und bestärkt und ritualisiert es (z.B. Nachahmung der „männlichen" Gesten).

Haben wir hier bewußt ein Beispiel gewählt, in dem sozial desintegratives Handeln verstärkt wird, so sollte dies auch unter dem Eindruck geschehen, daß die interaktions- und subjektorientierten Medienforscher m.E. oft optimistisch die selbständige Subjektleistung und den sozialen Gewinn der Kinder im Medienkonsum in den Vordergrund stellen und dabei vergessen, daß die Medieninhalte kommerziell vorfabriziert und die Medienindustrie „den leichtesten Weg des Konsums" und nicht die positive soziale Verhaltensbeeinflussung der Jugendlichen im Visier hat. Subjektiv gesehen ist aber der „leichteste Weg des Konsums" in unserem Beispiel der, daß die Jungen Handlungssicherheit und Bestätigung für ihr männlich ritualisiertes Verhalten suchen. Da ihnen das soziale Umfeld (vor allem die Mädchen) diese Handlungssicherheit nicht gibt, wird sie in den Medien gesucht und leicht (weil verfügbar) gefunden.

Natürlich - so werden die Medienforscher sagen - ist dies ein Beispiel, in dem soziale Herkunft, Bildungsgrad und sozialer Umgang einen Kontext produzieren, aus dem heraus idolisierendes und abwertendes männliches Verhalten plausibel und deshalb auch eine entsprechende Medienauswahl vorhersehbar ist. Dennoch sollte man die Kunst der Produktdifferenzierung der Medienmacher nicht unterschätzen. Auch der Junge, der bei der Bewältigung seines männlichen Identitätsthemas nicht angewiesen ist auf Abwertung und machoide Idolisierung, wird mit subtilen medialen Widerspiegelungen bedient. Das alles sollte man nicht außer acht lassen, wenn man die konventionelle Wirkungsforschung zwar verdammt, bei der Betonung des aktiven und mündigen Mediensubjekts aber außer acht läßt, daß die Medienkonsumindustrie mit „impliziten" Widerspiegelungen des Themas arbeitet: das soll verstärkt werden, was Lust und nicht, was Unlust erzeugt. Und Lust am „dominanten" Mannsein verspüren auch die Jungen und Männer immer wieder, die dies in ihrem manifesten Handeln schon für sich überwunden glaubten. Das „Parasoziale" der Medien ist dann ein „Lustpunkt", dessen Assoziationen in der konkreten sozialen Interaktion (gerade auch mit Mädchen und Frauen) nicht sozial verantwortet werden müssen.

Dennoch ist der Blick auf den „persönlichen Gewinn" (Barthelmes/Sander 1993) der modernen Mediennutzung, den uns die symbolisch-interaktionistische Medienforschung aufschließt, aufschlußreich und von großer Tragweite für die pädagogische Diskussion:

> „Der 'persönliche Gewinn' beim Umgang mit Medien ist [...] nicht im Sinne eines egozentrischen oder antisozialen Verhaltens zu verstehen. Persönlicher Gewinn durch Medien bedeutet eine breite und damit auch widersprüchliche Palette des 'individuellen Nutzens', der sowohl die 'Arbeit am Selbstbild' als auch den Bereich sozialer Beziehungen [...] betrifft(:) [...] Intensivieren persönlicher Stimmungen und Empfindungen [...], Abgrenzen und Sich-Distanzieren vom Geschmack der Eltern und Geschwister [...], Anreichern eines mitunter monoton empfundenen Alltags [...], Entwickeln persönlicher Selbständigkeit und Autonomie durch zunehmendes Medienwissen [...], Festigen der peer-group-Beziehungen durch Herstellen von Gemeinsamkeiten bezüglich der Medienvorlieben." (Barthelmes/Sander 1994, S. 37).

Diese „Themen der Adoleszenz" werden in den Medieninhalten und durch sie hindurch gesucht. Die äußere Ablauffassade des medialen Programms ist nicht das Entscheidende, und deshalb ist es plausibel, daß Handlungsabläufe eines Films nicht einfach nachgeahmt werden. Bei dem was Jugendliche z.B. in Action-Filmen suchen, geht es

> „nicht um das Niederschlagen, Niederbrennen und Töten, vielmehr um das Bestehen von Prüfungen und Aufgaben, sowie um die Frage, wie verhält sich ein Mann in bestimmten Situationen und wie kann ein Mann siegen - mit der Kraft seines Körpers oder mit Geschicklichkeit oder Mut [...]. Mit Heavy Metal oder Rap, die ihre Eltern als 'schrecklich' empfinden, demonstrier(en) [Mädchen und Jungen - L.B.] [...] gegenüber ihren Eltern ihre Eigenständigkeit und verschaff(en) sich einen Freiraum innerhalb des Familienalltags" (Barthelmes/Sander 1994, S. 33/34).

Wenn wir von der geschlechtsspezifischen Ambivalenz in diesem Beispiel absehen, können wir die Grammatik der Medienrezeption in der Spannung von thematischer Medienneugier bei den Jugendlichen und thematischer Widerspiegelung mit parasozialer Handlungsfolge und Gewinnung subjektiver Handlungssicherheit erkennen. Medien werden also nicht über Nachahmung von Handlungs- und Aktionsfiguren sozialisationswirksam, sondern über die parasoziale „Bestätigung" und „symbolische Verifizierung" von Entwicklungsthemen des Kinder- und Jugendalters. Die impliziten Regeln der Bewältigung des jugendkulturellen Themas, das sich *für die Jugendlichen* im Film „verbirgt", obwohl der Film in seiner äußerlichen Story oft wenig damit zu tun hat, sind für die Jugendlichen entscheidend.

Medien spiegeln aber nicht nur „Entwicklungsthemen" wider, sie sind darüber hinaus für die Jugendlichen auch immer *wiederholbar* und damit *jugendkulturell verfügbar*:

> „Wiederholung bedeutet Bildung von Vertrautheit. Das Serielle schafft mit seinen Wiederholungen [...] (die) Faszination, in den Medien die vertrauten Gesichter und Personen immer wieder zu treffen; die selben Geschichten sich immer wieder anzuschauen [...]. Dieses Prinzip des „Immer wieder" dient auch zur Selbstvergewisserung [...]. Wiederholung und Serielles schaffen beim jugendlichen Rezipienten eine Art 'emotionale Sicherheit'" (Barthelmes / Sander 1994, S. 35).

Bei H. Niesyto ist dieser Sachverhalt kategorial erweitert und auf den Begriff des „Symbolmilieus" gebracht:

> „Gleichaltrigenmilieus konstituieren sich [...] nicht nur über lokale gemeinwesenvermittelte Formen des Alltagshandelns, der sozialräumlichen Aneignung und biografischen Zeiterfahrung, sondern über medienvermittelnde Symbolmuster. Es entstehen jugendkulturelle Symbolmilieus, die sich auf sozialmoralischer normativer Ebene (Einfluß gesellschaftlicher Deutungs- und Symbolmuster), der sozial-emotionalen Ebene (subjektive Lebensgefühle, „Haltungen") und der sozial-ästhetischen Ebene (subjektive kulturelle Ausdrucksformen und ästhetische Praktiken) herausbilden [...]. Sie vergegenständlichen sich [...] in Handlungsweisen, körperlichen Ausdrucks- und Bewegungsformen, kulturellen Attributen und Zeichen der Umgebung, ästhetischen Praktiken und Produktionen." (Niesyto 1994, S. 10).

Diese über das handlungstheoretische Paradigma hinausgehende Erkenntnis von der sozialintegrativen Funktion des Medialen im Prozeß der Sozialisation und Lebensbewältigung von Kindern und Jugendlichen erhält ihre Bedeutung und Tragweite vor allem im Lichte jener Ambivalenz und „Janusköpfigkeit" des modernen Sozialisationsprozesses, wie wir sie im Verlauf dieser Einführung immer wieder dargestellt haben: *gleichzeitig* offen und verfügbar für die wechselnden Anforderungen der Gesellschaft und dennoch bei sich, mit sich identisch. Die Medien mit ihren parasozialen Eigenschaften der Entgrenzung, Verflüssigung und „Bricolage", d.h. der Möglichkeit zur beliebigen Bildverfremdung und Symbolkombination, können diesen Spagat symbolisch lebbar machen und so den Jugendlichen nicht nur seine Machbarkeit suggerieren, sondern sie auch real in ihrem Gegenwartsoptimismus und ihrer jugendkulturellen Unbekümmertheit - die auch Voraussetzung für das Anpacken von biografischen Entwicklungsthemen ist - bestärken. Darin könnte man auch den impliziten pädagogischen Bezug der Medien sehen. Die subjekt- und handlungsorientierte Medienforschung betont zwar, daß die Medienidole Eltern und andere pädagogische Bezugspersonen nicht ersetzen können:

> „Die Macht der Realerfahrungen in der Sozialisation von Kindern und Jugendlichen ist nach wie vor das Entscheidende. Das unmittelbare Vorbild von Vater und Mutter ist entscheidend für die Bildung von Lebenskonzepten, Wertvorstellungen und Geschmackskulturen. Medienwelten bringen Ergänzungen, mitunter Erweiterung, gegebenenfalls auch Erschütterung und Verwirrung. [...] Die Stars ergänzen somit die gelebten Elternvorbilder um Aspekte, die thematisch und stilistisch einfacher in den Peer-Beziehungen abgehandelt werden." (Barthelmes/Sander 1994).

Doch wird auch hier subjektoptimistisch die Ambivalenz des (kommerziell gelenkten) Medienkonsums ausgeblendet. Hier ist schließlich auch der Punkt, wo eine Medien*pädagogik* in ihrer gesellschaftlichen Verantwortung (Kinder und Jugendliche haben ein Recht auf Erziehung) und pädagogischen Aufgabe (ihnen zur Autonomie und Mündigkeit zu verhelfen) einsetzt. Moderne Medienpädagogik leugnet nicht, sondern weiß um den pädagogischen Bezug und die produktiven Entwicklungs- und Integrationsimpulse der Medien. Sie weiß aber auch um ihre Ambivalenz. Deshalb setzt sie dort an, wo das Parasoziale die reale Sozialerfahrung in ihrer Konflikthaftigkeit und Behauptungsaufforderung zu überformen und verdrängen droht.

> „Medien enthalten erfahrungsentziehende wie erfahrungserweiternde Potentiale. Lebensweltorientierte Medienarbeit regt Jugendliche an, sich mediale Kompetenz anzueignen und mit Medien authentische Erfahrungen zu produzieren [...]. Sie eröffnet durch Methoden der Kontrastierung und Verfremdung neue Blickwinkel, überbrückt Räume und Zeiten, verbindet Dinge und Personen, die vorher in keinem Zusammenhang standen [...]. Wesentlich sind dabei Prozesse der Selbstaneignung, [...] der authentischen Erfahrungsproduktion mit Medien" (Niesyto 1993, S. 77),

die dem bloßen wiederholten Konsum mit seinen entsprechenden Abhängigkeitsfallen entgegensteuern können.

5.7 Die Bewältigungsprobleme der Bildungsjugend

Seit der Bildungsmobilisierung der 70er Jahre in Westdeutschland, als breite Schichten Jugendlicher ins weiterführende Schulsystem integriert wurden und - später - mit Hinzukommen der ostdeutschen Jugend, die traditionell fest in das Bildungssystem integriert war, ist der Bildungsaspekt der Dreh- und Angelpunkt für das Verständnis der modernen Jugend geworden. Über 80% der 18jährigen sind in den 90er Jahren in Deutschland in schulischen Bildungseinrichtungen, und so stellt sich das biografische Bewältigungsproblem für diese Mehrheit zuvörderst in der Vereinbarkeit zwischen offenem jugendkulturellen Experimentierstatus und (unter Druck geratener) Bildungsbiografie. Denn das Lernen in separierten und gesicherten Schonräumen, das die bürgerliche Jugendpädagogik ihrer Jugend einst verordnete, ist längst zur Phase der Risikobewältigung geworden, die von vielen zwar erfolgreich durchlaufen, für eine nicht zu übersehende Minderheit aber zum Problem wird. Durch die Entkoppelung von gesellschaftlicher Seperation und Integration der Jugend sind soziale Probleme in die Jugendphase eingedrungen, die früher von der Jugend ferngehalten wurden. Sie muß sich zu einer Zeit Sorgen um ihre biografische Zukunft machen, in der sie eigentlich, abgeschirmt von der Problematik des Später, "unbeschwert" lernen und sich auf den sozialen Ernstfall des Lebens vorbereiten sollte. Heute ist die Jugend bereits das „ernste Leben" (v. Hentig), aus dem Lernen im gesellschaftlichen Schonraum ist die Bildungskonkurrenz geworden, die „härter" und in der der "Abstand für die Verlierer immer größer" wird (Liebau 1990, S. 262). Jugendkulturelle Stile und Bewältigungsmuster vermischen sich, in den Cliquen wird nicht mehr unbedingt Solidarität, dafür aber Selbstbehauptung und Selbstinszenierung geübt. Der der Jugend zugeschriebene kulturelle Überschuß wird als Bewältigungsenergie verbraucht und steht experimentell vielen nicht mehr zur Verfügung. Dies zeigt sich zum Beispiel auch daran, wie schwer es heute ist, Jugendliche für politische Selbstverwaltungsaufgaben in Schule und Universität zu gewinnen, da sie selbst mit sich genug zu tun haben.

Wie lebensernst die Schule von den Jugendlichen genommen werden muß, zeigen empirische Befunde, nach denen Schulversagen und Scheitern an schulischen Leistungsanforderungen zur Beeinträchtigung des Selbstwertgefühls, zur sozialen Desorientierung und "Entfremdung von der Schulkultur" führen können und als Bedrohung der biografischen Entwicklungsperspektive empfunden werden (Hurrelmann 1995, S. 205). So wie die Jugendphase ist auch die Schule in den Sog gesellschaftlicher Druckwellen geraten: "Die Schule spiegelt die gesellschaftlichen Struktur- und Chancenbedingungen wider, die sie als Institution selbst nicht beeinflussen kann" (Hurrelmann 1995, S. 205). In das Jugendalter ist der Streß eingekehrt: Jugendliche werden zu einer Zeit einem biografischen Druck ausgesetzt, in der sich erst ihre soziale Biografie zu konstituieren beginnt. Nun darf aber nicht übersehen werden, daß viele Jugendliche diese Probleme „im ernsthaften Spiel mit den Stilen" (Liebau) auszubalancieren verstehen und entsprechende Schülerkulturen auszubilden vermögen. Diese wiederum stehen im oft grellen Kontrast zu denen, die diese Balance nicht schaffen oder an der Schule - und damit das erste Mal ernsthaft an ihrer Biografie - scheitern. Es sind Jugendliche, die solches Scheitern nicht mehr ohne weiteres jugendkulturell wegstecken können, weil eben die Jugendphase nicht mehr sozial unbefangen und neutral ist. Hier hat sich das Interventionsfeld der Sozialpädagogik - vor allem im Bereich der Übergangs- und Berufshilfen - deutlich verbreitert. Bei diesen Jugendlichen handelt es sich aber nicht mehr nur um randständige, das heißt aus sozial ausgegrenzten Herkunftsfamilien stammende Personen. Denn ein Effekt der Biografisierung ist, daß auch Jugendliche in den Sog des frühen Scheiterns geraten, die aus durchschnittlichen Herkunftsmilieus stammen, an die sie sich aber nicht mehr selbstverständlich rückbinden können.

Wenn wir nun den sozialpädagogischen Blick von der risikoreichen Vergesellschaftung des Bildungssystems zur inneren Struktur der Schule wenden, dann müssen wir die Schule danach befragen, ob sie erkennt, daß sie dadurch auch zum sozialen Bewältigungsraum geworden ist (vgl. dazu Böhnisch 1994). Viele SchülerInnen denken mit fortschreitender Schulkarriere weniger in schulimmanenten Lern-, Leistungs- und Bildungskategorien, sondern treiben biografieorientiertes *Schulmanagement*, d.h. sie kombinieren und dosieren die Fächer und Leistungen auf spätere berufliche Verwertbarkeit hin. Gravierender ist wohl, daß sich die Öffnung der Schule hin zur Gesellschaft, wie sie von den Schulreformern immer aus pädagogischer Sicht verlangt wurde, heute nach einem Muster des strukturellen Zwangs vollzieht, der den reformpädagogischen Intuitionen geradezu ins Gesicht schlägt. Denn heute kann die Schule ihre traditionelle gesellschaftliche Randposition - von den arbeitsgesellschaftlichen Zwängen entpflichtet und entlastet zu sein - immer weniger als experimentellen Spielraum nutzen. Denn „diese gesellschaftliche Randposition der Schule gerät durch Prozesse der Leistungsbewertung und Vergabe von Abschlußzertifikaten in eine Spannungslage zur lebensgeschichtlichen Ernstfunktion. Der Schule als Erfahrungsraum, der aus der gemeinsamen Randposition eine Basis für Solidarität bilden kann, steht eine Einschätzung von Schule gegenüber, in der es um harte Auseinandersetzungen, um interne Leistungsrangordnungen und spätere soziale Positionen geht" (Hurrelmann 1995, S. 113). Schule muß also bewältigt werden.

In diesem sozialen Spannungsfeld ist die Sozialräumlichkeit der Schule stärker hervorgetreten. Konnte sie sich früher einigermaßen darauf verlassen, daß ihr Umfeld - Gleichaltrigenkultur, Familien, institutionell gesicherte Berufsübergänge - sozial funktionierte und ihr „außerschulische" Bewältigungsprobleme vom Leibe hielt, ist dies heute nicht mehr selbstverständlich gewährleistet (vgl. dazu Hornstein 1990). Alltagsprobleme Jugendlicher verlängern sich in die Schule hinein, und Schulprobleme wirken in den außerschulischen Alltag hinaus. Gleichzeitig ist die Schule inzwischen der Jugendraum geworden, in dem Kinder und Jugendliche die meiste Zeit als Gruppe zusammen sind. Zwar ist die Schulklasse keine echte, d.h. wir-verbundene Gruppe, aber angesichts der Schwierigkeiten, die Jugendliche haben, außerhalb der Schule für sich Räume zu finden, hat die Schule einen hohen sozialräumlichen Aufforderungscharakter erhalten. Dazu gehört auch, daß SchülerInnen ihren LehrerInnen auch in der Schule als Persönlichkeiten und nicht nur als Rollenträger begegnen wollen (vgl. dazu das Kapitel über die „Anderen Erwachsenen"). Die Schulen und ihr kulturelles Umfeld werden Orte einer Schülerkultur, in der gerade die älteren SchülerInnen mit beachtlichem soziokulturellen Geschick versuchen, biografische (Schul-)Bewältigungsprobleme und jugendkulturelle Experimentierlust miteinander zu verbinden. Hier hätte die Sozialpädagogik die Chance, mit so-ziokulturellen Anregungs- und Unterstützungsleistungen (Schülercafés in Trä-gerschaft junger Erwachsener, milieugerechter Lebensberatung und -infor-mation, Schülerclubs, Unterstützung bei Reise- und Gemeinwesenprojekten) Schülerkultur als Gegengewicht zu den frühen sozialen Zwängen, welche die Schule heute vermittelt, zu fördern.

Dieser optimistische sozialpädagogische Blick auf eine Schülerkultur, die Schule mit ihren lebensaltertypischen Mitteln bewältigt, darf natürlich nicht an der Problematik der Schulabbrecher in den mittleren und späteren Jugendjahren vorbeigehen. In dem Maße, in dem schulisches Scheitern nicht mehr nur ju-gendkulturell passager ist, sondern schon einen frühen biografischen Einschnitt bedeutet, rücken die sozialpädagogischen Integrationshilfen aus ihrer Randstel-lung (begrenzt auf sozial benachteiligte Jugendliche aus sozial schwachen Her-kunftsmilieus) in die Mitte der jugendpädagogischen und jugendpolitischen Bemühungen um die soziale Integration der Jugend (vgl. zu den entsprechenden Konzepten der Schulsozialarbeit aus der Sicht der Schule: Wulfers 1996; aus der Sicht der Jugendhilfe: Raab u.a. 1987).

5.8 Arbeit und soziale Integration im Jugendalter

Diese enorme Ausdehnung der schulischen Bildungszeit hat bei den älteren Ju-gendlichen zu einer "Umstrukturierung des jugendlichen Erfahrungsfeldes von einer vordringlich unmittelbaren arbeitsintegrierten oder wenigstens arbeitsbe-zogenen zu einer vordringlich schulisch bestimmten Lebensform" (Baethge 1990, S. 108) geführt. Einerseits - so wird in diesem Zusammenhang argumen-tiert - hätten sich zwar für die Jugendlichen die kulturellen Möglichkeiten er-weitert, dafür fehle aber jetzt die Eingebundenheit in die Arbeitsbezüge des Aufeinander-Angewiesenseins. Das traditionelle Milieucharakteristikum der Arbeitswelt, die Solidarität, gehe in der Bildungskonkurrenz verloren. Und - so muß man hinzufügen - die Bildungskonkurrenz infiziert auch den Berufsausbil-dungs- und Arbeitsbereich in dem Maße, in dem Ausbildungsplätze knapp und Berufsperspektiven unsicher werden. Einschränkend muß allerdings hinzuge-fügt werden, daß auch die modernen Arbeitsbezüge mit ihrem rationalisierten und aufgespaltenen Ablaufstrukturen und Sachzwanghierarchien zwar auf funktionale Kooperation ausgerichtet sind, dafür aber lebensweltliche Solidari-tät in solchen Betrieben nicht mehr so wie in den früheren Zeiten der Be-triebsmilieus entstehen kann.

Jugendliche und junge Erwachsene sind heute zu Ausgang des 20. Jahrhunderts zu jener Sozialgruppe geworden, in der sich der Strukturwandel und die Krise der Arbeitsgesellschaft am deutlichsten widerspiegelt (vgl. dazu Grünbuch 1993). Dies findet seinen praktischen Ausdruck darin, daß die Technologisie-rung und Rationalisierung der Produktions- und Dienstleistungsbereiche zu ei-ner enormen Verringerung der Berufspaletten und damit zu einer Verknappung der Einstiegs- und Lehrberufe für Jugendliche geführt haben. Gleichzeitig suchen die Unternehmen mit ihren hochtechnisierten Berufsabläufen mehr als früher schon die "fertigen", also bereits qualifizierten und mit Berufserfahrung versehenen Arbeitskräfte.

Die Jugendlichen trifft diese Entwicklung - wenn auch vermittelt und diffus - in ihrem Selbstwertgefühl. Denn Jugend als Lebensalter der Bildung und Qualifikation war immer lebendiger Ausdruck des Humankapitals. Während in den europäischen Gesellschaften der 70er Jahre Jugend als Faktor sozialen Wandels galt und die industriegesellschaftliche Fortschrittsidee noch an die Mobilisierung von Humankapital (Bildungsreformen) gebunden war, kann die Jugend heute nicht mehr auf diesen kollektiven Bildungs- und Plazierungsschub vertrauen, jeder muß selbst schauen wo er bleibt. Diese Biografisierung beruflicher Integration hat den Einstieg in die Arbeitswelt zum sozialen Bewältigungsproblem gemacht. Dabei geht auch hier der Experimentiercharakter der Jugendphase verloren, viele Jugendliche können beim Neueinstieg ihre jugendkulturelle Kreativität und Phantasie nicht entfalten, sie müssen nehmen was sie bekommen:

"Die Unsicherheit erfordert [...] ständige Umorientierung. Arbeitsinhaltliche Vorlieben müssen zurückgestellt werden, um sich möglichst viele Optionen offen zu halten. Es entwickelt sich zunehmend die Bereitschaft, jedes Angebot zu akzeptieren. Jede Chance, einen Ausbildungsplatz zu erhalten, wird weiter verfolgt. Überhaupt einen Beruf zu bekommen, wird zunehmend zum vorherrschenden Berufswunsch. Wo Alternativen fehlen, wächst dann auch die Bereitschaft, auch den letzten Ausweg als eine Chance zu akzeptieren. Auch Überbrückungsmaßnahmen und Warteschleifen werden ins Auge gefaßt [...]. Um kognitive Dissonanzen zu vermeiden, besteht das Bestreben jedes Einzelnen darin, aus den Notwendigkeiten und aus dem Resultat des Berufsfindungsprozesses für sich selbst 'das Beste' zu machen. Die Erleichterung, überhaupt etwas gefunden zu haben, macht auch das Arrangement mit dem Ergebnis der individuellen Bewerbungsbemühungen möglich" (Mansel/Hurrelmann 1991, S. 42).

Hier ist deutlich die problematische Seite der Biografisierungstendenz zu erkennen, wie wir sie einführend beschrieben haben: Das biografische Bewältigungsstreben, durchzukommen und sich dabei einigermaßen wohl zu fühlen, kann zu einem kritiklosen Einfügen in jedwede Arbeitsverhältnisse führen. Die jugendkulturelle Experimentier- und Verweigerungshaltung sucht sich dann nicht selten in den Lebenswelten außerhalb der Arbeit ihr Ventil. Solche Jugendliche werden dann zu Jekyll-and-Hyde-Figuren: Während sie in der Arbeitswelt unauffällig und untergeordnet sind, treten sie im Freizeitbereich auffällig und aggressiv auf. So werden auch die oft mit Erstaunen registrierten Befunde aus der Gewaltforschung plausibel, daß unter den jugendlichen Gewalttätern nicht wenige sind, die über die Woche hinweg in rigider Anpassungshaltung im Büro und Betrieb ihre Arbeit verrichten und damit eher zu dem Heer der Angepaßten gehören.

Die Sozialpädagogik ist vor allem über den Bereich der Jugendsozialarbeit - und hier durch die Jugendberufshilfe - in den Bewältigungszusammenhang Jugend und Arbeit involviert (vgl. dazu Schlegel/Schumacher 1991, Braun 1996, Robert-Bosch-Stiftung 1996). An der Entwicklung dieser Berufshilfen - vor allem in Ostdeutschland nach der Wende - lassen sich auch die gravierenden strukturellen Veränderungen ablesen, welche die Problematik beruflicher Integration angesichts der Krise der Arbeitsgesellschaft charakterisieren. Während der §13 des Kinder- und Jugendhilfegesetzes (KJHG) erkennbar von Gruppen "randständiger" Jugendlicher ausgeht, die von ihrer problematischen sozialen Herkunft und ihrem unzureichenden Bildungs- und Ausbildungsniveaus her die psychosozialen und qualifikatorischen Voraussetzungen für eine geregelte Berufsausübung nicht erbringen können und/oder schwer vermittelbar sind, so finden sich inzwischen (in Westdeutschland zunehmend und in Ostdeutschland regelrecht) Jugendliche, die eigentlich die Voraussetzung für eine Berufseinstieg erfüllen, aber dennoch keine Einstiegschance haben. So wird in einer biografisch orientierten Studie des Deutschen Jugendinstitutes bilanziert, daß die in den Persönlichkeiten der Individuen oder in ihrem Lern- und Leistungsverhalten angesiedelten Defizite allein nicht ausreichen, die Prozesse des Scheiterns und der Marginalisierung zu erklären. Die "strukturgewordene Arbeitslosigkeit [...] führt inzwischen fast zwangsläufig zu Selektionsprozessen, bei denen die Individuen mit - wie auch immer definierten - 'Benachteiligungen' in der Regel kaum noch Chancen haben. Unter günstigeren Arbeitsmarktbedingungen wäre dies anders gewesen." (Gabriel/Schäfer 1996, S. 10). Gerade bei ostdeutschen Jugendlichen wurde dabei deutlich, daß sie bei der Bewältigung der sozialen Umbrüche nach der Wende eine Menge individueller Bewältigungskompetenzen entwickelten und trotzdem die neue berufliche Integration nicht schaffen konnten. Sie dürfen deshalb nicht - wie im Sinne des §13 KJHG - als individuell Benachteiligte, sondern müssen als "Marktbenachteiligte" eingestuft werden.

Diese Entwicklung hin zu einer *anomischen Struktur* bei der beruflichen Integration (vgl. zur Gesamtproblematik Felber 1993) hat enormen Druck auf die Maßnahmen und Projekte der Jugendberufshilfe ausgelöst und eine radikale Revision der traditionellen Konzepte herausgefordert. Im Idealfall sind deshalb heute die Aktivitäten der Jugendberufshilfe eingebettet in integrierte Beschäftigungsprojekte, in denen berufliche Ausbildung, soziokulturelles Empowerment und Arbeitspraxis in zukunftsträchtigen aber (noch) nicht marktbesetzten Produktions- und Dienstleistungsbereichen (z.B. ökologisch orientierte Nischenberufe des Recycling, der Restaurierung, der sozialen Dienstleistung) miteinander verbunden werden.

Mit der Veränderung der beruflichen Integration, die vor dem Hintergrund des Strukturwandels der Berufsausbildung zum biografischen „Wettlauf um die günstigsten Ausbildungsverhältnisse" (Hurrelmann 1995, S. 97) geworden ist, haben sich auch die psychosozialen Folgekosten biografisch kompliziert. Konnte man in der traditionellen Jugendberufshilfe noch die erfahrungsgestütze Meinung verbreitet finden, nach der es genüge, die benachteiligten Jugendlichen auf einen Level von sozialen Grundkompetenzen zu bringen, die es ihnen erlauben, auch mit niedrigen Qualifikationen in einer hochbeschäftigten Gesellschaft ohne biografische Einbrüche „durchzukommen", so führt bei vielen der heutigen Benachteiligten die Diskrepanz zwischen eigenen Fähigkeiten und Ausbildungschancen zu prekären biografischen Betroffenheiten und Selbstwertbeschädigungen. Die damit verbundenen Gefühle des Ausgesetztseins (gegenüber struktureller Gewalt) und der anomischen Resignation, wie sie von MitarbeiterInnen aus Berufshilfeprojekten berichtet werden, haben eine andere psychische Struktur als die selbstverständlichen Anpassungsbereitschaften des früher dominierenden Klientels. Die unumstrittene Faustregel der Jugendberufshilfe - ohne Selbstwerterneuerung und -stabilisierung können keine fachlichen Kompetenzen vermittelt werden - verlangt gerade bei diesem neuen Klientel eine soziokulturelle Erweiterung des Hilfeansatzes. Gleichzeitig aber stehen solche Projekte unter unbedingtem Vermittlungsdruck in Richtung auf den ersten Arbeitsmarkt, was eher zu selbstwertbedrohenden Wiederholungssyndromen und Dequalifizierungen (die Einstiegsmöglichkeiten, die man findet, werden immer schlechter) als zu dauerhafter und für die Jugendlichen subjektiv befriedigender Integration führen kann. So muß sich die Jugendberufshilfe stärker als bisher mit Problemen der Vereinbarkeit zwischen, der Vermittlung zum ersten Arbeitsmarkt und der Notwendigkeit, die Hilfen biografisch zu strukturieren (und dabei Umwege zuzulassen), auseinandersetzen.

Natürlich wäre dies leichter, wenn - wie in der europäischen Diskussion - auch bei uns in Deutschland die Existenz eines zweiten Arbeitsmarktes nicht länger tabuisiert, sondern toleriert und strukturelle Anreize für Beschäftigungsgesellschaften bei der Findung von Marktnischen gegeben wären. Dies würde allerdings auch voraussetzen, daß im gesellschafts- und arbeitsmarktpolitischen Diskurs der traditionelle Begriff der Erwerbsarbeit überprüft und der (wohlfahrtsökonomische) Beschäftigungsbegriff rehabilitiert würde. Darauf werden wir im späteren Kapitel zur Entwertung der Erwerbsarbeit eingehen.

5.9 Gefährdung und Risiko

Der Gefährdungsbegriff hat in der Sozialpädagogik des Kindes- und Jugendalters seine Tradition. Wir haben dies am gefährdungspädagogischen Denken der Jugendkunde in der Weimarer Republik genauso erlebt, wie später an jenen gesellschaftlichen Jugendbildern der 60er und 70er Jahre, welche die Jugend als gesellschaftliche „Risikogruppe" etikettierten. Dieser Gefährdungsbegriff war normativ geprägt: Die Jugendlichen, die in ihrem Verhalten von den herrschenden Sozialnormen und kulturellen Werten abwichen oder sich absetzten, galten und gelten manchmal noch heute als gefährdet. Dabei ging es gar nicht so sehr um die Befindlichkeit der Jugendlichen selbst, sondern um die „Gefährdung der Normeinhaltung". Der Sozialpädagogik - in diesem Falle der Jugendfürsorge - wurde zum Beispiel von der Heimkritik der 70er Jahre in diesem Sinne vorgeworfen, sie erfülle eine gesellschaftliche Abschreckungs- und Stigmatisierungsfunktion, indem sie in ihren Einrichtungen vorführen müsse, was das für Leute sind, die von der Norm abweichen, um damit der konformen Mehrheit der Jugend das Gefühl zu geben, besser zu sein als diese (Hollstein/Meinhold 1973).

Gefährdung und Integration waren deshalb traditionell auch die Schlüsselbegriffe der Sozialpädagogik des Kindes- und Jugendalters. Wir haben im ersten Teil gezeigt, daß sich mit der Individualisierung auch die gesellschaftlichen Rahmenbedingungen für die Sozialpädagogik so gewandelt haben, daß sie sich weitgehend aus den Fesseln dieser normativen Definition befreien konnte. Das heißt, daß es ihr heute möglich ist, das Verhältnis von Gefährdung und Integration sozialstrukturell und biografisch zu begreifen, sich also in der Einschätzung von Gefährdung an den sozialen und personalen Bedingungen des Aufwachsens zu orientieren.

In unserem sozialpädagogischen Schlüsselkonzept „biografische Lebensbewältigung und Sozialintegration" ist dies ausgedrückt. Wir haben dort gezeigt, daß „Lebensbewältigung" ja gerade nicht den normativen Charakter des Verhaltens meint, sondern auf die Problematik der Handlungsfähigkeit und die biografischen Möglichkeiten der sozialen Integration verweist. Wenn sich die Sozialpädagogik auch heute um „gefährdete" Kinder und Jugendliche kümmert, so meint sie in erster Linie die Gefährdung, die aus der Desorganisation und Deformation der sozialen Handlungsfähigkeit für die Kinder und Jugendlichen entsteht, zielt sie auf vielschichtig verursachte Bewältigungsdilemmata ab. Und erst in diesem Rahmen entwickelt sie ihre Integrationsperspektive: nicht unter dem Druck der gesellschaftlich gängigen Norm, sondern unter dem Aspekt der „biografischen Normalisierung", der Wiederherstellung der sozialen Handlungsfähigkeit und damit auch des Auskommen-Könnens mit den gesellschaftlichen Normen. Dies kann aber nicht von heute auf morgen erzwungen werden, muß sich nach den biografischen Möglichkeiten richten können. Wir können dies mit dem Begriff der *sekundären Integration* umschreiben.

Auch die bisherigen Einsichten in den Strukturwandel von Kindheit und Jugend bringen uns erst recht zu der Auffassung, daß „Gefährdungen" im Kindes- und Jugendalter heute mit den Risiken zusammenhängen, welche die Entstrukturierung dieser Lebensphasen, das frühe Ausgesetzt-Sein (als negativer Pol zur frühen Eigenständigkeit) mit sich bringen. Wenn S.N. Eisenstadt (1956) schon in den 50er Jahren die Jugend als Lebensphase „potentieller Devianz" bezeichnete, so meinte er damit noch lediglich den Umstand, daß das Jugendalter entwicklungsbedingt eine Phase des Experimentierens mit Rollen und Normen ist und damit zwangsläufig das „Risiko" der Normüberschreitung beinhalten müsse. Angesichts der heutigen sozialen Risiken, welche das Kindes- und Jugendalter umgeben, nimmt sich das Eisenstadt'sche Theorem, das in seinem Grundsatz weiter gilt, zu begrenzt aus. Wir haben in dieser Einführung dargestellt, wie früh Jugendliche in ihrer Entwicklung schon soziale Probleme bewältigen müssen. Wir haben gesehen, wie Kinder im Sog der sozialen und kulturellen Akzeleration von medialen und konsumtiven Umweltanreizen so umstellt sind, daß dies oft ihre Verarbeitungsmöglichkeiten überfordert und gleichzeitig, wie anregungsarm und aneignungsfeindlich ihre unmittelbare sozialräumliche Umwelt heute sein kann. Wir haben auch erkannt, daß das vielfache Mißlingen der Suche nach Geschlechterrollenidentität vor allem bei den Jungen zu besonderen Bewältigungsproblemen führen kann. Dies alles passiert in der Ambivalenz der gesellschaftlichen Individualisierung, in der Freiheitsgrade und Entwicklungschancen, aber auch Risiken eng zusammenliegen:

> „Der Weg in die moderne Gesellschaft ist auch ein Weg in eine zunehmende soziale und kulturelle Ungewißheit, in moralische und wertemäßige Widersprüchlichkeit und in eine erhebliche Zukunftsunsicherheit. Deswegen bringen die heutigen Lebensbedingungen auch so viele neue Formen von Belastung mit sich, Risiken des Leidens, des Unbehagens und der Unruhe, die teilweise unsere Bewältigungskapazität überfordern" (Hurrelmann 1991, S. 3).

Unser sozialpädagogisches Zugangskonzept Lebensbewältigung öffnet den Blick auf solche strukturellen Risiken und Problembelastungen, indem wir gerade auch abweichendes Verhalten von Kindern und Jugendlichen zuvörderst als Bewältigungsmodus interpretieren und damit für das Dahinterliegende sensibel werden. Es erweist sich in diesem Zusammenhang auch als ein Konzept, in dem die normative Spaltung der Kinder und Jugendlichen in Konforme und Abweichende, wie dies im Gefährdungskonzept der traditionellen Jugendfürsorge angelegt war, überwunden ist. Es gibt nur noch ein allgemeines und besonderes „Ausgesetztsein", gelingende und mißlingende Bewältigung. So kann sich die Sozialpädagogik des Kindes- und Jugendalters sowohl als allgemeine erzieherische Instanz, die in der individualistischen Gesellschaft immer wichtiger wird, als auch als besondere pädagogische Einrichtung verstehen, die ihre erzieherischen Hilfen zur Lebensbewältigung Kindern und Jugendlichen anbietet, die in offensichtliche Bewältigungsdilemmata gekommen sind. Ihr pädagogisches Ziel, die Wiederherstellung und Erweiterung der Handlungsfähigkeit der Individuen, ist dabei immer ein individuelles und soziales zugleich: Handlungsfähigkeit bemißt sich nicht nur an der Autonomie der eigenen Person, sondern genauso an der personalen und sozialen Integrität der anderen. Diese Festlegung ist wichtig, weil wir in diesem Kapitel Formen des Risikoverhaltens bis hin zur Gewalt als mißlingende Bewältigungsformen thematisieren wollen. Das Mißlingen besteht dann darin, daß nicht nur die eigene Handlungsfähigkeit eingeschränkt, sondern oft auch die personale Integrität der anderen verletzt wird. Hierin liegt die gegenüber der klassischen Gefährdungspädagogik neue, empirisch gefaßte Normativität einer Sozialpädagogik des Kindes- und Jugendalters.

Risikoverhalten

Unter Risikoverhalten versteht man ein „solches Verhalten, das in seinen mittelbaren oder unmittelbaren Konsequenzen, bewußt oder unbewußt, gewollt oder ungewollt für die einzelne Person zu einer Beeinträchtigung ihres körperlichen und psychischen Wohlbefindens wie ihrer sozialen Entfaltungsmöglichkeiten führt" (Schefold 1983, S. 6). Zum Risikoverhalten zählt man exzessiven Tabak- und Alkoholkonsum, Arzneimittelmißbrauch und Drogennahme, aber auch Geschwindigkeitsrausch, Video- und Spielsucht. Welche Entwicklungstendenzen Anfang der 90er Jahre in diesen Bereichen des Risikoverhaltens festzustellen sind, kann im Achten Jugendbericht (1990) und den empirisch fundierten Arbeiten von Engel/Hurrelmann (1989) und Hurrelmann (1991) nachvollzogen werden. Uns interessiert in dieser Einführung vor allem die grundsätzliche Einschätzung, das heißt die Frage, welche Bewältigungsmuster sich im Risikoverhalten von Kindern und Jugendlichen verbergen.

P. Franzkowiak hat in seiner inzwischen klassischen Studie zum „Risikoverhalten und Gesundheitsbewußtsein bei Jugendlichen" (1986) dieses als soziales Handeln mit einer „subjektiv-biografischen Sinnlogik" und einer „handlungsorientierenden, maßgeblich der Kompensation von Belastungen und dem Ausagieren von Ausbruchswünschen dienenden (Multi-) Funktionalität für die Jugendlichen" gekennzeichnet (S. 10). Dem Risikoverhalten wird also eine bestimmte funktionale Bedeutung im Prozeß des Aufwachsens zugeschrieben; es entfaltet „eine je nach Entwicklungsstufe unterschiedlich akzentuierte individuelle und soziale Funktionalität für mindestens die Hälfte der Adoleszenten (beim Rauchen) bzw. nahezu alle Heranwachsenden (bezüglich des Alkoholkonsums)" (ebd.). Kids und jüngere Jugendliche setzen Risikopraktiken als „Reifesymbole" ein, um zu zeigen, daß sie sich von der elterlichen Kontrolle absetzen und gegenüber älteren Jugendlichen als „Nicht- mehr-Kind" darstellen können. Jugendliche demonstrieren damit öffentlich ihre Eigenständigkeit bis hin zur (risiko-)symbolischen Opposition gegen das normale, eingefahrene Leben der Erwachsenen. Risiken einzugehen ist - für beide Geschlechter - ein Weg, um sich der Gruppensolidarität und -vitalität der Gleichaltrigengruppe gegenüber der Erwachsenenkultur zu vergewissern (Baacke 1972).

Die Ergebnisse zeigen, daß Risikoverhalten im späteren Kindes- und im Jugendalter prinzipiell und allgemein jugendkulturell angelegt ist. Damit ist nicht nur die Eisenstadt'sche These von der „potentiellen Devianz des Jugendalters" bestätigt und modernisiert, sondern auch eine wichtige sozialpädagogische Maxime vorgegeben: Wenn Risikoverhalten und abweichendes Verhalten überhaupt auch jugendkulturelle Phänomene sind, so hat es wenig Sinn, sie pädagogisch aus der Welt schaffen zu wollen. Vielmehr kommt es darauf an, sowohl die selbstgefährdenden Tendenzen als auch die Gefährdung anderer im jugendkulturellen Risikoverhalten zu verhindern und vor allem das Augenmerk darauf zu richten, daß sich das Risikoverhalten nicht über das Jugendalter hinaus verfestigt. Auf diese Problematik der Verfestigung werden wir im Abschnitt über die Jugendkriminalität noch einmal zurückkommen.

Prinzipiell kommt es aber für die Sozialpädagogik darauf an, über das allgemeine Phänomen der jugendkulturellen Entwicklungsform hinaus das Risikoverhalten als problematische Bewältigungsform von besonderen Lebensschwierigkeiten zu lokalisieren. Dieser Zusammenhang von Problembelastung, Alltagsbewältigung und Risikoverhalten läßt sich schon bei Schulkindern ausmachen. Hier wird vor allem deutlich, daß Risikoverhalten sich nicht auf bestimmte Ausnahmeorte und -situationen beschränkt, sondern zum „zwangsläufigen Bestandteil" des privaten Alltags der Kinder werden kann (vgl. Schefold 1983, S. 5). In einer auf diesen Zusammenhang abzielenden empirischen Fallstudie (Freese 1985), die für die Problematik des Risikoverhaltens von Kindern heute noch exemplarisch ist, heißt es dazu:

„Eine der wesentlichsten Bedingungen scheint das sich ergänzende Verhältnis von Schule und Familie/außerschulischer Lebenswelt zu sein: wie gezeigt, nimmt Schule den Hauptstellenwert im Alltag der Kinder ein - unter zeitlichen Aspekten wie unter dem Gesichtspunkt der Organisation des Tages. Sie fordert von den Kindern bestimmte Leistungen, erwartet und setzt Motivationen voraus. Emotionale Bedürfnisse, etwa nach zwanglosem Kontakt und Gemeinschaft, nach Anerkennung und Beliebtheit, aber auch nach Bewegung und körperlichem Ausgleich sind hier nur in geringem Maße erfüllbar. Im Gegenteil: Schule verstärkt oder produziert diese Motivvorlagen. Zusammenfassend ausgedrückt, treten aber vor allem bei Kindern dann kompensatorische Ausbruchsversuche [...] in Form von riskantem Verhalten auf, wenn Bedürfnisse und 'verbrauchte' Energien auch in der außerschulischen Lebenswelt nicht ausreichend befriedigt bzw. vermittelt werden können. Dies scheint für die hier befragten Kinder zu gelten, wofür auch das Ergebnis spricht, daß sich bei den Kindern, die nachmittags in einer sozialpädagogischen Einrichtung betreut werden, riskante Verhaltensweisen in einem weitaus geringeren Maße finden lassen als bei Nichtbetreuten. Die Formen des Ausagierens belastender Erlebnisse, die Formen, Ausgleich zu erhalten, sind im letzteren Falle offensichtlich auf eine weniger selbstbeeinträchtigende Art und Weise möglich" (Freese 1985, S. 15/16).

In dieser Studie ging es vor allem um Kinder aus sozial benachteiligten und sozial desorganisierten Familien, die nicht in der Lage waren, den Kindern den Tag über soziale Unterstützung und Anregung zukommen lassen oder vermitteln zu können.

Problembelastungen in der Konstellation Schule/Familie finden wir auch in der Jugendphase und hier quer durch alle Schichten sozialer Herkunft hindurch. So wird von dem relativ verbreiteten Erlebnissyndrom des „Scheiterns" bei 13- bis 17jährigen Jugendlichen berichtet, das dann entsteht, wenn nicht erreichte Schulleistungen gekoppelt sind mit nicht erfüllten diesbezüglichen Elternerwartungen. Dieses Scheitern kann nun nicht mehr - wie früher, als die Jugendphase gesellschaftlich ziemlich abgeschirmt war - jugendkulturell einfach übergangen werden, sondern wird schon in der Jugendzeit als solches biografisch erfahren. Solche Konstellationen können zu einer deutlichen Beeinträchtigung des Wohlbefindens von Jugendlichen führen und gesundheitsriskante soziale Reaktionsweisen nach sich ziehen (Nordlohne / Hurrelmann/ Holler 1990). Daß es dabei - über dieses Grundverhalten hinaus - geschlechtstypische Unterschiede gibt, läßt sich aus dem, was wir zum räumlichen Verhalten von Mädchen und Jungen gesagt haben, leicht nachvollziehen. Riskantes Verhalten von Jungen richtet sich eher nach außen, *direkt* auf anderes und andere, ist konkurrent und übergeht Gefahren für den eigenen Körper. Mädchen reagieren dagegen eher *verdeckt,* mehr nach innen, mit ihrem Körper (z.B. Magersucht) und ihrer Befindlichkeit.

Das Scheitern an multiplen Erwartungen generiert Orientierungsunsicherheit und Selbstwertverunsicherungen bezüglich der Entwicklung der eigenen Lebensperspektive. Dazu kommt, daß legale (Rauchen, Alkoholkonsum) bis hin zu illegalen Drogen als Integrationssymbole in den jugendlichen Gleichaltrigencliquen an Bedeutung gewonnen haben (Engel/Hurrelmann 1989), vor allem in Gruppen, welche nicht über alternative soziale und kulturelle Integrationsmittel verfügen. So kann sich ein ungebremstes Zusammenspiel von jugendkultureller Gegenwartsorientierung und biografischen Normalisierungsstrategien entfalten: Jugendliche wollen sich in der Gegenwart wohlfühlen, generationstypisch rücksichtslos gegenüber Erfahrungen Älterer und damit gegenüber ihrer Zukunft. Schulabbrecher geben den Streß und die Schulunlust hin für schnelles (wenn auch bescheidenes) Geldverdienen, das ihnen das Selbstgefühl und den Selbstwert gibt, für *sich* etwas zu erreichen (und nicht „für die Lehrer" zu arbeiten). Das ist *mein* Leben, hört man von Jugendlichen, wenn man sie auf riskantes Sucht- oder Verkehrsverhalten anspricht; d.h. ich kann damit an die Grenze gehen und zwar soweit ich will und nicht soweit es mir die Gesellschaft erlaubt oder du es in deinem jugendpädagogischen Verständnis zuläßt. Risikoverhalten ist hier eine extreme Form der Selbstthematisierung, die in der sozialräumlichen Offenheit und dem damit verbundenen strukturellen Risikocharakter der Jugendphase abläuft und (noch) nicht durch Rollen- und Funktionszwänge eingeschränkt oder überlagert ist. So ist auch die, andere zerstörende, Gewalt als extreme Form des Risikoverhaltens im Biografisierungszwang für manche Jugendliche selbstverständlicher geworden als früher. Es geht, wenn man sich die Aussagen gewalttätiger Jugendlicher in den Materialien des AgAG-Programms (1996), und vor allem den Film „Jung und Böse" von W. Leineweber (1992), anschaut, längst nicht mehr nur Normverletzung, sondern um diffuse Lust an der Selbstbehauptung, in die jugendkulturelle Rücksichtslosigkeit (s.u.) und Fixiertsein am Gegenwartskick als explosive Stimuli einfließen.

Gewalt

Von „Gewalt" spricht man dann, wenn jemandem gegen dessen Willen ein Verhalten oder Tun bis hin zur physischen Überwältigung aufgezwungen wird.

In der Gewalt ist deshalb immer der Aspekt der Abwertung des bzw. der anderen enthalten, die Abwertung anderer ist gleichsam der Vorhof der Gewalt. Deshalb spricht die Frauenforschung bei der Bewertung der herrschenden geschlechtsspezifischen Arbeitsteilung, in die die Abwertung des Frau-Seins und der fraulichen Kompetenzen eingelassen ist, prinzipiell von einem „Gewaltverhältnis".

Wir unterscheiden zwischen manifester und struktureller Gewalt. Strukturelle Gewalt ist nicht sichtbar, aber spürbar. Wir haben bei der Darstellung der sozialisatorischen Bedeutung sozialräumlicher Aneignungsprozesse bei Kindern und Jugendlichen gerade auch darauf hingewiesen, wie Aneignung und damit soziale Entwicklung gestört wird, wenn die sozialräumliche Umwelt einseitig funktionalisiert, verbaut, für die Kinder versperrt ist. Hier, aber auch dort, wo Rechte vorenthalten, wo Menschen sozial ausgegrenzt und zurückgesetzt werden, wirkt strukturelle Gewalt. Daß sie vor allem in offenen sozialräumlichen Kontexten spürbar wird, hängt damit zusammen, daß Gewalt sonst in den Institutionen und Regelsystemen eingeschlossen und legitimiert ist: die elterliche Gewalt, die Gewalt der Lehrer über die Schüler, die Gewalt, die von manchen politischen Entscheidungen ausgeht.

Wenn manifeste Gewalt geächtet, strukturelle Gewalt aber nicht öffentlich thematisierbar, weil tabuisiert ist, können Desorientierungstendenzen entstehen: die Linie zwischen eigener Gewalterfahrung und Akzeptanz der Gewaltausübung kann diffus werden, die Gewaltakzeptanz kann sich erhöhen.

Empirische Untersuchungen zu rechtsextremistischen Einstellungen, die durch eine hohe Gewaltakzeptanz gekennzeichnet sind, haben uns eindeutig vor Augen geführt, daß Gewalt für Jugendliche ein integraler Bestandteil des Alltagslebens sein kann. Alltägliche Ohnmachtserfahrungen gelten als Hintergrund für den Anschluß an rechtsextreme Szenen (Heitmeyer 1992, S. 111f., vgl. empirisch umfassend Heitmeyer u.a. 1992a). Die meist männlichen Jugendlichen möchten über den Anschluß an diese Szenen wieder etwas wert sein und versuchen, sich dieses Erlebnis über die rassistische und sexistische Abwertung anderer (Ausländer- und Frauenfeindlichkeit) zu verschaffen. Sie suchen Sicherheit und Eindeutigkeit in einer Gruppe, die ihnen diese Bedürfnisse über autoritäre Gruppenunterordnung und „Führung" vermittelt. Gewalt stellt dabei ein Medium dar, in dem man sich in Szene setzen, diffuse Situationen entscheiden, die Welt nach dem Schema Oben-Unten, Stark-Schwach wieder „in Ordnung bringen" kann. (vgl. zur sozialwissenschaftlichen und sozialpädagogischen Gewaltdiskussion: Thiersch u.a. 1994, Heitmeyer 1995).

Obwohl der Rechtsextremismus ein Extrembeispiel ist, macht uns doch hellhörig, daß seine psychosozialen Merkmale auf allgemeine Bewältigungsprobleme verweisen. Von daher ist er keineswegs als ein Sonderproblem ausgrenzbar, vor allem dann nicht, wenn man - wie Heitmeyer - mit dem Begriff der „rechtsextremen Anschlußdisposition", die sich prinzipiell aus alltäglichen Ohnmachtserfahrungen entwickeln kann, operiert. Gewalt und Gewaltakzeptanz sind in dieser Herleitung in den Alltag eingebettete soziale Reaktionsweisen, mithin Formen biografischer Lebensbewältigung. Dieses Theorem der „Anschlußdisposition" läßt sich mit dem Biografisierungsansatz des Risikoverhaltens (s.o.) plausibel verbinden.

Für die Zwecke der sozialpädagogischen Diagnostik lassen sich gerade hier die Grundthemen der Lebensbewältigung - Selbstbefindlichkeit, Orientierungssuche, Normalisierungsdruck - gut herausarbeiten. Gewalt ist für diese Jugendlichen:

- Ein Mittel zur Selbstwertsteigerung und -demonstration, um zu zeigen, daß man da ist und an der Gesellschaft teilhaben will, in dem man (z.B. nationalistische und autoritäre) Werte hochhält.

- Der Versuch, die Eindeutigkeit in der sozialen Orientierung in einer unübersichtlich und widersprüchlich gewordenen sozialen und kulturellen Umwelt wieder herzustellen, indem man sich situativ zum Herrn der Lage macht bzw. die „Rangordnung" gegenüber Schwächeren demonstriert.

- Nach außen gerichtete Reaktion auf Überforderung in sozialen Beziehungen und gegenüber Problembelastungen, welche die eigene Hilflosigkeit freisetzen, die dann abgespalten und gewalttätig auf Schwächere projeziert wird.

- Strategisches Verhalten (Umwegverhalten) bei sozialer Isolation und Kontaktschwäche; man möchte mangels kommunikativer und sozialemotionaler Kompetenzen soziale Beziehungen im wahrsten Sinne des Wortes „mit Gewalt" herbeiführen und tut dies über den Umweg der gewalttätigen Annäherung und Suche nach sozialem Anschluß an abweichende Gruppierungen, wenn andere sozialintegrative Muster versagen oder nicht zugänglich sind.

Die Biografisierung des Bewältigungsverhaltens schafft sich eine eigene sozialintegrative Moral (negative Integration). Die Bewältigungsbezüge erklären aber (noch) nicht die erregende Lust an der Gewalt, die man bei gewalttätigen Jugendlichen quer durch alle Schichten befremdet beobachten und bestürzt spüren kann. Dies scheint nun wiederum etwas damit zu tun zu haben, wie Jugendliche sich im gesellschaftlichen Umfeld als Jugendliche fühlen. Neben dem Gefühl des Nicht-Gebraucht-Werdens (s.o.) ist es wohl ein Gefühl der Langeweile - als ständiges Defizit an eigener Wirksamkeit (Pilz u.a. 1982, S. 17) -, das Jugendliche dazu treibt, sich über Gewalt in lustvolle Erregungszustände und omnipotente Narzismen zu versetzen. Solche Zustände sind zwar in der pubertären und nachpubertären Konstellation der Jugendphase angelegt, münden aber nur dort in aggressive und gewalttätige Ausdrucksformen, wo um die Jugendlichen herum alles beliebig ist und keine Tabus mehr zu brechen sind. Es ist ja angesichts der rechtsextremen Gewalttaten in den 90er Jahren immer wieder gesagt worden, daß der Holocaust das letzte von der deutschen Gesellschaft nicht bewältigte Tabu sei, das man herausfordern könne. Mit der Biografisierung der Jugendphase und der damit verbundenen Spannung von Selbstinszenierungszwang und sozialem Ausgesetztsein ist der jugendkulturelle Zustand von Langeweile und Erregung (Klinkmann 1982) auf das eigene Selbst und seine Befindlichkeit verwiesen. Davon - wie also Jugendliche mit ihrem Selbst umgehen können (s.o.) - hängt es also ab, wie sich dieses Selbst sozial äußert. Helge Peters (1989) sieht in diesem Ansatz auch eine Möglichkeit, gewalttätiges Verhalten von Jugendlichen zu plausibilisieren, die sonst sehr angepaßt in stark normierten und kontrollierten Milieu- und Arbeitsverhältnissen leben.

Daß vor allem Jungen und junge Männer in die Vorhöfe und Zonen der Gewalt geraten, ist uns nach dem, was wir bisher über die Prinzipien männlicher Sozialisation und Lebensbewältigung gehört haben, plausibel: Frauenabwertung gilt als struktureller Bestandteil problematischer männlicher Geschlechterrollenfindung; die männlichen Bewältigungsprinzipien Außen, Konkurrenz, Körperferne sind gewaltnah. Das bedeutet nun nicht, daß Mädchen keine gewaltnahen, d.h. die persönliche Integrität Schwächerer verletzende Einstellungen haben können. Die AgAG-Jugendstudie (1995) zeigt, daß gewaltnahe Einstellungen bei Jungen *und* Mädchen ziemlich gleich verteilt sind, daß aber eine handlungsorientierte Gewaltbereitschaft vor allem bei den Jüngeren anzutreffen ist. Diese Gewaltdisposition bringt den Jungen aber nur scheinbar und akzidentiell Vorteile. Sie reduziert und fixiert nicht nur die Bewältigungsperspektive auf Gewalt und schränkt damit die sozialen Aneignungsmöglichkeiten drastisch ein, sondern beinhaltet auch Gewalt gegen sich selbst: Unterdrückung der eigenen Emotionalität, Konkurrenz- und Gewaltfixierung in der Sexualität sind zwei verbreitete Beispiele, welche einen perspektivlosen „Bewältigungskreisel" in Gang halten: Gewalt gegen andere schlägt - meist unbewußt - auf einen selbst zurück, und dies nährt wiederum die eigene Gewalttätigkeit.

Diesen aussichtslosen Gewaltkreisel den Jungen bewußt zu machen, gelingt in der sozialpädagogischen Arbeit nur, wenn drei Voraussetzungen erfüllt sind (vgl. dazu auch Böhnisch/Fritz/Seifert 1997).

- Die Sozialpädagogik muß über Räume, regelmäßige Aktionen und persönliche Beziehungen Milieus anbieten können, in denen man sich aufgehoben und nicht ausgesetzt fühlen kann. Jugendliche müssen im Kontrast zu ihren Ohnmachtserlebnissen ihren Selbstwert über eigenverantwortete Aktionen und Projekte - je nach ihren Fähigkeiten - erleben, darstellen, inszenieren können.

- Die körperliche und räumliche Grundstruktur des gewalttätigen Handelns - Körpereinsatz, Bewegung, Ausagieren - darf im sozialpädagogischen Arbeitsfeld nicht verpönt sein, sondern muß in Abläufe und Kontexte gelenkt werden, in denen sie ohne Abwertung und Demütigung anderer auskommt. Dies hat vor allem auch deeskalierende Wirkungen, die durch erlebnis- und aktionspädagogische Angebote erzielt werden können.

- Die Angebote und Projekte müssen so aufgebaut sein, daß sie andere attraktive denn gewaltförmige Gruppenerlebnisse ermöglichen und somit zur Gewalttätigkeit alternative Kristallisations- und Kohäsionspunkte für die Gruppen schaffen können.

Jugendkriminalität

Der Umgang mit delinquentem Verhalten Jugendlicher gehört zum klassischen Repertoire der Sozialpädagogik des Jugendalters. Wir haben bisher erfahren, daß abweichendes Verhalten in der Jugendzeit lebensphasentypisch sein kann (Jugend als Phase potentieller Devianz) und daß es darauf ankommt, sowohl eine Verfestigung dieses Verhaltens als auch einen Übergang in die Kriminalität zu verhindern. In der Jugendkriminalität verbergen sich nicht nur jugendkulturelle Devianzmuster, sondern auch Formen der biografischen Lebensbewältigung, wie wir das schon im vorangegangenen Kapitel über Risikoverhalten und Gewalt erfahren haben. Auch Hurrelmann (1995) sieht in der Jugendkriminalität eine „deviante Form der Problemverarbeitung", die vor allem sozialstrukturell zu verorten ist:

„Das kriminelle Verhalten bildet vielfach den Endpunkt einer langen Kette von Belastungen durch ungünstige Sozialisationsbedingungen in der Familie, geringen Schulerfolg, fehlenden Schulabschluß, mangelhafte oder fehlende Berufsausbildung und Arbeitslosigkeit. [...] Der hohe Anteil von Jugendlichen an der Gesamtzahl der Tatverdächtigen ist ein ernster Indikator für die zunehmende soziale und psychische Desintegration einer Minderheit von Jugendlichen" (Hurrelmann 1995, S. 202).

Dabei handelt es sich mehrheitlich um Jugendliche, welche die herrschenden Werte von Prestige und Erfolg in der Gesellschaft teilen, sie aber nicht erreichen können, bzw. auf dem Wege dahin scheitern. Sie versuchen deshalb, Erfolg und Prestige mit kriminellen Mitteln zu erreichen (S. 203).

Das die Kriminalitätsrate (im Hinblick auf Tatverdächtige) in (West-)Deutschland in den letzten drei Jahrzehnten des 20. Jahrhunderts überproportional (im Vergleich zu anderen Altersgruppen) steigt, (Hurrelman 1995, S. 200) führe ich auch auf die Verstärkung des Selbstbehauptungszwangs durch die Biografisierung der Jugendphase zurück.

Für den sozialpädagogischen Zugang zur Jugendkriminalität lassen sich - immer auch im Lichte dieser Biografisierung - drei Dimensionen unterscheiden, über die kriminelles Verhalten bei Jugendlichen vermittelt ist:

- über die jugendkulturelle Dimension,

- über den institutionellen Umgang mit abweichendem Verhalten (institutionelle Sanktion), der viel zur Verfestigung beitragen kann,

- über die Bewältigungsdimension, die sich vor allem in spezifischen Kristallisationspunkten des delinquenten Gruppenverhaltens zeigt.

168

Den jugendkulturellen Aspekt abweichenden Verhaltens Jugendlicher möchte ich an einem Beispiel illustrieren. Jugendliche betreten ein Kaufhaus, lassen sich von den visuell-sinnlichen Waren anregen und klauen etwas. In diesem einfachen kleinkriminellen Akt stecken verschiedene jugendkulturelle Aspekte: Es ist eine lustvolle Handlung, stellt risikoreiche Action dar, zeigt eigene Geschicklichkeit und Kompetenz und bringt einen hohen Status in der Gleichaltrigengruppe. Deshalb sind Jugenddelikte auch meist Gruppendelikte und wir werden deshalb noch eigens und vertiefter darauf eingehen (s.u.). Dieser lustvolle, risikoreiche, gruppenbetonte und experimentelle Aspekt bei solchen Eigentumsdelikten zeigt, daß es nicht darum geht, daß man unbedingt etwas stiehlt um des betreffenden Gegenstands willen. Dies wird auch angesichts der scheinbar unsinnigen Gegenstände, die geklaut werden, plausibel. Das Klauen selbst ist also das Experiment, das Risiko, das Lustvolle, das die Situation Verdichtende.

Wenn solches abweichendes Verhalten institutionell etikettiert und kriminalisiert wird, dann verliert die Situation ihren jugendkulturellen Ursprung. Jugendliche müssen sich nun mit polizeilichen und gerichtlichen Instanzen auseinandersetzen. Es entsteht eine neue Bewältigungsszenerie, auf die sie nicht vorbereitet sind und die sie möglicherweise weiter in abweichendes Verhalten drängen kann. Deshalb gibt es in der Jugendberatung und Mobilen Jugendarbeit inzwischen Projekte, die versuchen, Deliktverhalten Jugendlicher unterhalb der gerichtlichen Schwelle einvernehmlich zu regeln (Diversifikation). Ob abweichendes Verhalten als kriminell gilt, ob es sanktioniert oder nicht sanktioniert wird, hängt viel von den sozialen Umständen ab, in denen sich der Jugendliche befindet. Wenn ein Jugendlicher in einem bürgerlichen Wohnviertel in einem Supermarkt stiehlt und der Supermarktsleiter sieht, daß dies der Sohn von dem Beamten oder Abteilungsleiter X ist, und der Vater oder die Mutter kommen vorbei oder rufen an, daß man wegen dieses Streichs kein großes Theater machen soll und die Sache doch regeln kann, dann verhält sich das anders als in dem Supermarkt in einem Trabantenviertel. Dort kennt man sich kaum, dort leben viele Unterschichtfamilien und die Eltern bemühen sich nicht um einen. Vielmehr wird sofort die Polizei verständigt, wenn gestohlen wird. Dasselbe Verhalten wird also aus Gründen der unterschiedlichen sozialen Herkunft unterschiedlich bewertet. Es gibt auch andere Gründe: so wird das abweichende Verhalten von Mädchen und Jungen ebenfalls unterschiedlich etikettiert. Der 6. Jugendbericht macht uns darauf aufmerksam, daß bei Mädchen sexualmoralische Etikettierungen (z.B. herumtreiben, weglaufen, sexuelle Auffälligkeit) über die Hälfte der Gründe für eine fürsorgerische Sanktion ausmachen, während dies bei den Jungen nur zu einem Viertel ist.

Wenn sich jemand abweichend verhält, dann ordnet man ihn einem Milieu zu; man kann dann sagen, daß man eigentlich von ihm nichts anderes erwartet. Dies ist der erste Vorgang im Etikettierungsprozeß. Damit werden ihm Eigenschaften aufgrund seines Verhaltens zugeschrieben, die in dieser Dichte und Etikettierung in dem Verhalten selbst oft gar nicht vorhanden sind. Was bei dem einen ein Ausrutscher ist, ist bei dem anderen ein milieugebundenes und damit folgerichtiges kriminelles Verhalten. Wenn sich dieses abweichende Verhalten - egal ob aus anderen Anlässen oder unterschiedlichen Situationen - wiederholt, werden die betreffenden Jugendlichen bald auffällig und schließlich aktenkundig. Sie können jetzt tun, was sie wollen, ihr Verhalten wird negativ registriert und etikettiert. Die Reaktionsweisen, die Jugendliche darauf zeigen, bestehen dann nicht selten darin, daß sie dieses Etikett annehmen, sich diesen negativen Erwartungen gegenüber konform verhalten. Aus sozialpädagogischer Sicht heißt das: Sie versuchen, die konflikthafte Situation zu bewältigen, handlungsfähig zu bleiben, indem sie die Etikettierung übernehmen. Auch daß sie sich Gruppen anschließen, in denen ihr Verhalten positiv bewertet wird (z.B. einer Jugendbande), wird unter dem Bewältigungsaspekt plausibel. In Jugendgerichtsakten kann man nachvollziehen, daß und wie solche Jugendliche die unterschiedlichen Stationen der Etikettierung und Stigmatisierung durchlaufen haben, der Jugendstrafvollzug ist für sie dann die vorläufig letzte Station einer „kriminellen Karriere" (vgl. ausführlich zum Etikettierungsprozeß Brusten/ Hohmeier 1976).

Die Betrachtung jugendlicher krimineller Karrieren unter dem Etikettierungsaspekt hat gezeigt, daß abweichendes Verhalten Jugendlicher und Jugendkriminalität nicht von vornherein identisch sind, und daß das Wissen um die jugendkulturelle und die Stigmatisierungs-Komponente zum Grundrepertoire einer sozialpädagogischen Praxis gehören muß. Ihre Aufgabe soll es zuvörderst sein, abweichendes Verhalten Jugendlicher nicht vorschnell zu kriminalisieren und in kriminalisierende Verfestigungsprozesse einmünden zu lassen.

So allgemein die jugendkulturelle Potentialität abweichenden Verhaltens aber auch ist, so sind es doch benachteiligende Sozialisationsbedingungen und Problembelastungen - also sozialisatorische Bewältigungsdilemmata -, die dazu führen, daß ein (vergleichsweise kleiner) Teil der Jugendlichen in die Zone der Jugendkriminalität gerät. Delinquentes Verhalten als Bewältigungsmuster verweist - so die entsprechenden Untersuchungen von Seitz/Götz (1979) über Engel/Hurrelmann (1989) bis Kühn/Matuschek (1995) - auf sozial restriktive biografische Erfahrungen (und damit einhergehende eingeschränkte Handlungsfähigkeit), ausgehend von der jeweiligen Herkunftsfamilie und in der Gleichaltrigenkultur:

„Eine entscheidende Voraussetzung dafür [daß Jugendliche von Devianz bewahrt bleiben oder nur „episodenhaft" hineingeraten - L.B.] ist die Tatsache, daß Jugendliche über einen starken Beziehungsanker in der Herkunftsfamilie [...] verfügen. Wenn Jugendliche ihre sozialen Kontakte über verbindliche personale Relationen in unterschiedlichen Kontexten realisieren, dann sind sie in der Lage, kooperative und reziproke Beziehungen zu gestalten. [...] Der Einfluß der peer-group und der Erwachsenenwelt, insbesondere der Eltern, schließen sich [dabei] nicht aus, sondern ergänzen sich." (Kühnel/ Matuschek 1995, S. 202).

Daß ausgerechnet in der jugendkriminologischen Diskussion der 90er Jahre wieder viel auf die Familie zurückgeführt wird (vgl. dazu auch 'Der Spiegel' 49/1996, S. 145 ff.: „Immer dann, wenn er [der Jugendrichter -L.B.] ein wenig nachhakt über familiäre Verhältnisse, über Ängste und Unsicherheiten, weichen die sonst auf hart eingestellten Gesichter auf"), ist wohl auf die Biografisierung von Kindheit und Jugend und die damit verbundene frühe Verhaltenspositionierung der Jugendlichen im Spannungsfeld der Familie zurückzuführen. Familiale Desorganisation und soziale Desintegration der Familie fordern desintegrative Abwehr- und Selbstbehauptungsmuster und, damit verbunden, regressive und reduzierte soziale Beziehungsmuster heraus. Auch SozialarbeiterInnen aus der Jugendgerichtshilfe und Krisenintervention berichten, daß dann, wenn es gelingt, die Persönlichkeit der Jugendlichen vom begangenen Delikt zu trennen, der familiale Hintergrund mit erfahrenen Verlustängsten, zurückgewiesener Bindungssehnsucht und Unüberschaubarkeit der familialen Verhältnisse aufscheint.

Auch der Anschluß an Jugendbanden wird als Suche nach einem Ersatz für die fehlende Befriedigung von sozialemotionalen Bedürfnissen in der Familie gedeutet. Das kann in sozial benachteiligten Familien ebenso vorkommen wie in Mittelschichtsfamilien. Auch eine autoritäre Erziehung, die durch eine starke Verhaltenskontrolle seitens der Eltern gekennzeichnet ist, kann in diesem Zusammenhang eine Rolle spielen. Der Verhaltensspielraum des Kindes wird mangels der Möglichkeit, neue alternative Erfahrungen zu sammeln, eingeschränkt, die Erprobung anderer Verhaltensweisen vom Kind nach und nach aufgegeben, so daß das Kind in neuen Situationen nicht mehr unbefangen reagieren kann. Solche Kinder tun sich schwer, neue soziale Rollen zu übernehmen, bei ihnen wächst die Unfähigkeit, soziale Bindungen einzugehen. Der Anschluß an eine Bande wird dann als Kompensation für eine solche biografische Entwicklung genutzt. Abweichendes und delinquentes Verhalten wird auch auf familiale Konstellationen zurückgeführt, in denen Eltern von ihren Kindern viel erwarten, aber ihnen nicht die Möglichkeiten und die Unterstützung geben können, diese Erwartungen einzulösen. Auch die Art und Weise, wie innerfamiliale Konflikte stetig auf die Kinder abgeleitet werden, wird zu den Belastungsfaktoren gezählt, die bei abweichendem Verhalten von Kindern und Jugendlichen eine Rolle spielen können.

Im Grunde handelt es sich immer um Überforderungssituationen in den Familien, die je nach sozialer Schicht unterschiedlich bewältigt werden, welche die Kinder belasten, sie in der Folge an den Rand drängen (marginalisieren) und zu erheblichen Selbstwert- und sozialen Kontaktproblemen führen können.

Neben der Familie ist es die Gleichaltrigengruppe, die Jugendclique, in der Jugendliche ihr Bewältigungsrepertoire erlernen. Auch hier können weitere Weichen in Richtung restriktiven Sozial- und Bewältigungsverhaltens gestellt werden. Mit dem Begriff „Bandendelinquenz" wird ein entsprechendes abweichendes Gruppenverhalten charakterisiert. W. Miller (1968) hat in diesem Zusammenhang herausgearbeitet, daß delinquentes Gruppenverhalten vor allem auch Bewältigungsverhalten ist, in dem sich das Bewältigungsrepertoire der sozialen Milieus - hier meist Unterschichtmilieus -, aus denen die Jugendlichen kommen, widerspiegelt. Er führt uns typische „Kristallisationspunkte" vor, in denen ein schichttypisches Verständnis von abweichendem Verhalten zusammenfließt. So bringt er das Beispiel, daß sich Jugendliche aus der Unterschicht in konfliktträchtigen Situationen nicht normativ, sondern so, daß sie praktisch handlungsfähig bleiben (ganz im Sinne unseres Bewältigungskonzepts), verhalten. Dies verweist auf die von uns typisierte Logik des Bewältigungsverhaltens, das nach Handlungsfähigkeit (und nicht nach Normalverhalten) strebt. Gesetzwidriges Verhalten kann zudem zu einem Prestigezuwachs in der Clique führen. Ein weiterer Kristallisationspunkt ist das männliche Dominanzverhalten, das in diesen Gruppen besonders zum Zuge kommt (s.o.). Diese Reduktion des Sozialverhaltens auf einseitiges männliches Ritualverhalten nach innen und außen engt die sozialen Handlungs- und Reaktionsmöglichkeiten der Gruppe erheblich ein und spitzt sie schnell auf delinquente Verhaltensmuster zu.

Ein dritter wichtiger Kristallisationspunkt - auch wieder in der uns geläufigen Bewältigungslogik - ist schließlich die fast autoritäre Situationsfixiertheit des Handelns. Man reagiert schnell in Konfliktsituationen, ohne sich über alternative und kommunikative Lösungsmöglichkeiten verständigen zu können; unterliegt man oder wird für sein Verhalten sanktioniert, so trägt man es fatalistisch, schicksalshaft.

Die Mobile Jugendarbeit mit gefährdeten Jugendlichen (vgl. Specht 1979), die sich vor allem mit solchen Gruppen beschäftigt, setzt an diesen Kristallisationspunkten an, indem sie versucht, durch soziale Erweiterung und Entspannung der Gruppenmilieus, durch Anbieten von Gruppenalternativen, die Selbstwert und Stärke auf sozial nicht gefährdende Art ermöglichen, und durch Initiierung von über die Situation hinausgehenden Kommunikationsformen in der Gruppe, die soziale Handlungsfähigkeit des Einzelnen und der Gruppe und damit das Bewältigungsrepertoire zu erweitern.

Zusammenfassend stellt sich Jugendkriminalität als ein komplexes Zusammenspiel von problembelastenden Faktoren aus den sozialen Herkunftsmilieus (Familie und Gleichaltrigengruppe), jugendkultureller Offenheit für abweichendes Verhalten und institutionellen Etikettierungs- und Stigmatisierungsmustern dar. Der sozialpädagogische Umgang damit kann sich deshalb nicht nur auf die unmittelbare Beziehungsarbeit mit den Jugendlichen bzw. den Gruppen beschränken, sondern erfordert darüber hinaus Aufklärungsarbeit gegenüber den administrativen, polizeilichen und gerichtlichen Instanzen sowie lokale Öffentlichkeitsarbeit.

5.10 Jugend in der Perspektive des Erwachsenwerdens

Seit der Jugendbewegung sind Jugendforschung und Sozialpädagogik eigenartig fixiert auf die Gleichaltrigenkultur der Jugendlichen, wie wir sie in der Peergroup exemplarisch kennengelernt haben. Die Hinwendung zum *Jugendgemäßen*, wie es anfang des zwanzigsten Jahrhunderts hieß und später zur *Jugendkultur*, hat allerdings die Jugendpädagogik immer wieder in Verlegenheit gebracht. Wie soll man in eine eigenständige Jugendkultur, in einen autonomen Jugendraum überhaupt pädagogisch intervenieren?

In den siebziger und achtziger Jahren wurde geradezu ein pädagogischer Kult um diese Jugendkultur gemacht. Alles, was Jugendliche von sich aus in Szene setzten, war eben jugendgemäß und hatte ohne Wenn und Aber von der Jugendarbeit akzeptiert und als Anknüpfungspunkt für eine jugendkulturbegleitende Arbeit pädagogisch legitimiert zu werden. Wertungen seitens der Pädagogik galten dagegen als Eingriff in die Authenzität und Autonomie der Jugendkultur. So nimmt es nicht wunder, daß bis heute in der Jugendarbeit eigentlich das Prinzip der Nichtintervention vorherrscht; die Gleichaltrigenkultur Jugendlicher wird mit einem schlechten pädagogischen Gewissen umkreist. Es bleibt dann nicht selten beim Räume-zur-Verfügung-stellen (die Jugendarbeiter als „Raumwärter") und gelegentlichen Interventionen, wenn sich rivalisierende Gruppen im Haus in die Quere kommen oder wenn ab und an ein gemeinsames Projekt angesagt ist, das den Treff aus seinem Alltagstrott bringen soll.

Neben den jugendkulturellen Raumbedürfnissen scheint es aber doch noch andere Bedürfnisse bei den Jugendlichen zu geben. Allerdings fällt es den SozialarbeiterInnen schwer, zu begründen, daß sie als *Personen* von den Jugendlichen angegangen und beansprucht werden. Sie spüren zwar, daß es wohl wichtig für die Jugendlichen ist, daß die JugendarbeiterInnen als Personen da sind, die von ihnen gebraucht werden - nicht als Kumpel, aber auch anders als die Lehrer und Eltern -, aber sie können es pädagogisch nicht einordnen. Ihre jugendkulturzentrierte Arbeit verstellt ihnen den Blick dafür. So ist das Primat der Jugendkultur weiterhin *das* pädagogische Tabu der Jugendarbeit geblieben.

Erste Bedenken kamen, als die frauenbewegte Pädagogik die Jugendarbeit als „Jungenarbeit" und die (meist) männlich dominierten Gleichaltrigengruppen als Machocliquen darstellte. Gleichzeitig sah man mit Besorgnis, daß manche Gleichaltrigengruppen selbst - vor allem die, welche auf Räume der Jugendarbeit angewiesen waren - jugendkulturelle Aktivitäten entfalteten, die sozial destruktive Züge hatten und bis zur Gewaltausübung gingen. Und schließlich wurden manche Cliquen in sich und gegen sich selbst konkurrent und gewalttätig.

Diese Bedenken hätten wahrscheinlich wenig genutzt, wenn nicht Jugendliche selbst Signale in der Richtung gesetzt hätten, daß sie den Jugendarbeiter und die Jugendarbeiterin nicht nur als passive Jugendkulturwarte, sondern auch als *Erwachsene* suchen; und zwar als die *anderen Erwachsenen* im Vergleich zu Lehrern, Eltern und öffentlichen Funktionsträgern, aber auch nicht als Kumpel oder Jugendführer. Diese Signale wurden vor allem in der ostdeutschen Jugendarbeit nach der Wende geortet (wobei ähnliche Tendenzen inzwischen auch in der westdeutschen Jugendarbeit - vgl. Brenner/Hafeneger 1996 - thematisiert werden). Dort gab es nicht die professionellen JugendarbeiterInnen wie in Westdeutschland, die - jugendkulturorientiert - ihre Arbeit immer mehr differenziert und spezialisiert hatten - Medienarbeit, Erlebnispädagogik, Kulturarbeit etc. - und dabei oft den übergreifenden pädagogischen Blick verlieren mußten. In westdeutschen Jugendhäusern sitzen inzwischen Techno- und Internetspezialisten, Grenzerlebnispädagogen und Kulturmanager. In der ehemaligen DDR dagegen waren die Jugendarbeitsszenen mit ihren Pionier- und Clubleitern nicht auf Jugendkultur geschult, sondern auf die gesellschaftliche Organisation von Jugend, möglichst über die „individualistischen" Jugendkulturen hinweg. Sie hatten dann nach der Wende auch mit der offenen Jugendarbeit so ihre Schwierigkeiten, wurden gleichsam von den Jugendlichen überrascht und mußten zwangsläufig das ins Spiel bringen, was ihnen geblieben und vielleicht auch gar nicht bewußt war: Ihren Erwachsenenstatus und ihre soziale Erfahrung als Erwachsene. Mehr noch waren schließlich die Männer und Frauen darauf verwiesen, die als „Berufsfremde" über Modellprojekte und ABM-Stellen in die Jugendarbeit kamen und - wesentlich unbefangener als die Pionier- und Clubleiter - ihr kulturelles Kapital als „Erwachsene" in die Jugendarbeit einbrachten. Viele von ihnen machten die Erfahrung, daß Jugendliche Erwachsene brauchen, die sie in ihrer jugendkulturellen Eigenart verstehen und belassen können und trotzdem ihnen als zu respektierende Erwachsene begegnen, an denen sich die Jugendlichen orientieren, an denen sie vieles beobachten und für sie übersetzen können, das sie zum Erwachsensein hinzieht, auch wenn sie jugendkulturell selbständig und in Distanz oder gar in Opposition zur Erwachsenenwelt stehen.

Jugendliche werden neugierig, wie sich MitarbeiterInnen in Konfliktsituationen gegenüber ihren Partnern verhalten, wie sie sich in ihrer Lebensführung geben, welche Standpunkte sie beziehen und wie weit man mit ihnen gehen kann. Es entwickelt sich eine personale Beziehung zwischen JugendarbeiterInnen und Jugendlichen, die von den MitarbeiterInnen nicht so ohne weiteres nur als Vorbildbeziehung auf der einen oder gar als Kumpelverhältnis auf der anderen Seite empfunden wird. Vor allem gegen den Begriff „Kumpel" wehren sich viele JugendarbeiterInnen vehement. Denn hier haben manche von ihnen negative, daß heißt vor allem persönliche überfordernde Erfahrungen gemacht. Sie haben gelernt, daß die Kumpelrolle - ob sie nun die MitarbeiterInnen den Jugendlichen anbieten oder ob sie sich die Jugendlichen selbst herausnehmen - jene spezifische Balance von Distanz und Nähe zerstört, welche dem „anderen Erwachsensein" innewohnt. Dies wird besonders dann plausibel, wenn es um die alltägliche Herausforderung offener Jugendarbeit geht, um die Frage nach den Grenzen: Wie, wo und wann muß ich im Umgang mit den Kids und den Jugendlichen Grenzen setzen? Aus der Kinder- und Jugendsoziologie wissen wir, daß das Experimentierenkönnen mit Grenzen jugendkulturell typisch und das Setzen von Grenzen pädagogisch zentral ist. Die JugendarbeiterInnen nehmen in diesem Zusammenhang für sich in Anspruch, daß sie in ihrem pädagogischen Aufgabenverständnis mit Grenzen anders umgehen als ErzieherInnen in relativ geschlossenen Einrichtungen oder LehrerInnen in der Schule. Denn nicht (wie dort) über Regeln, institutionelle Kontrolle und Sanktionen darf das geschehen, sondern über Aushandeln, Kommunikation, Auseinandersetzung und Vorbildfunktion. Die JugendarbeiterInnen haben den Eindruck, daß die Jugendlichen diesen besonderen „Pädagogischen Bezug", die Orientierung an der erwachsenen- aber auch jugendzugewandten Persönlichkeit des Mitarbeiters oder der Mitarbeiterin suchen, auch wenn sie das so nicht offen ausdrücken (vgl. zu diesen ostdeutschen Praxiserfahrungen Böhnisch/Fritz/Seifert 1997).

Der Begriff des *Pädagogischen Bezugs*, den ich hier gebrauche, ist nicht neu, er wurde genau in diesem Zusammenhang von dem deutschen Sozialpädagogen Herrman Nohl (1934) bereits in den zwanziger Jahren formuliert. Er hat schon damals darauf hingewiesen, daß in der Entwicklungsdimension des Jugendalters eine pädagogische Aufforderungsstruktur enthalten ist, welche sich nicht nur an der Gleichaltrigen-, sondern auch an der Erwachsenenperspektive des Jugendalters ausrichtet. Nohls zentrale These dabei ist, daß die besondere pädagogische Entwicklungsgesetzlichkeit des Jugendalters darin besteht, daß Jugendliche über ihre Jugend einen noch nicht gekannten, aber entwicklungsthematisch erahnten Erwachsenenstatus anstreben und dazu die eigenständige Jugendkultur sowie die „(anderen)" Erwachsenen gleichermaßen benötigen.

Wir haben diese Thematik vor dem Hintergrund der Praxisbeobachtungen und -erfahrungen in der Jugendarbeit aufgemacht, weil die konventionelle Jugendforschung die Beziehungen Jugendlicher zu Erwachsenen in der Regel nur aus der jugendkulturellen Perspektive beleuchtet: Wie grenzen sich Jugendliche von der Erwachsenenwelt ab, wo teilen sie die Erwachsenennormen? Auf den Prozeß des Erwachsenwerdens selbst gehen sie kaum ein. Auch hier gilt Andreas Flitners klassische Kritik an der soziologischen Jugendforschung (s.o.): Sie sehen nur die Jugendkultur in der Abgrenzung zum Erwachsenenalter, nicht aber die pädagogischen Verbindungen der Jugendlichen zum Erwachsensein und damit die im Jugendalter angelegte Bildbarkeit und Formbarkeit als strukturell pädagogische Dimension. Die für die Sozialpädagogik wichtige These lautet also, daß das Jugendalter immer *gleichzeitig* auf zwei Ebenen thematisiert werden muß: Auf der Ebene der Jugendkultur und auf der Ebene des Erwachsenwerdens. „Gleichzeitig" bedeutet dabei, daß die der konventionellen Jugendforschung und Jugendarbeit implizite Alltagstheorie des Jugendalters - erst Ausleben von Jugendkultur und später dann Übergang ins Erwachsenenalter - so nicht haltbar ist. Denn auch in der Zeit, in der Jugendliche sich jugendkulturell entfalten, bricht immer wieder Ahnung vom späteren Erwachsensein durch, will man erwachsen werden, aber eben jugendkulturell gebrochen, „anders" als die lizensierten Erwachsenen in Familie, Schule, Ausbildung und institutioneller Öffentlichkeit.

Mag sein, daß in dem Maße bei Jugendlichen das frühe Interesse am späteren Erwachsensein provoziert wird, in dem soziale Probleme und der mit ihnen verbundene Bewältigungsdruck in die Jugendphase hineinreichen, aber auch in dem Maße, wie die soziokulturelle Akzeleration die Jugendlichen sozial weiterträgt als sie biopsychisch entwickelt sind und die Generationenkonkurrenz zunimmt. Das unterscheidet die gegenwärtige Zeit von den siebziger und achtziger Jahren, in dem das Jugendalter als öffentlicher Bildungs- und Experimentierraum gesellschaftspolitisch anerkannt und - angesichts einer ökonomisch prosperierenden Gesellschaft - auch entlastet war.

Diese Suche nach den „anderen Erwachsenen" wird auch in einer Zeit virulent, in der sich die Erwachsenen selbst ihres Erwachsenenstatus' nicht mehr sicher sind und deshalb die Jugendlichen Schwierigkeiten haben, sich von ihnen abzugrenzen und sich - zumindest temporär - gegen sie zu entwickeln. Der gesellschaftliche Motor des Generationenkonflikts ist ins Stottern geraten. Die Individualisierung mit dem Zwang zum Aushandeln der Positionen hat die Familien ergriffen, das Erwachsensein hat seine Selbstverständlichkeit eingebüßt, hat sich selbst individualisiert und als fragiles Mannsein und beengendes Frausein (s.u.) entpuppt. Der sich überschlagende Wettbewerb um Arbeitsplätze und Konsumteilhabe verlangt Jugendlichkeit von allen Altersgruppen. Die Schwierigkeit „Erwachsen zu werden" und die Schwierigkeit des „Erwachsenseins" liegen ausgangs des zwanzigsten Jahrhunderts in unserer Gesellschaft eng zusammen.

5.11 Jugend als politische und biografische Chance

Die Vorstellung von der Lebensphase Jugend als Phase „potentieller Devianz" (Eisenstadt 1956) darf sich in der Sozialpädagogik nicht nur auf den Gefährdungsaspekt und das Risikoverhalten beziehen. Vielmehr gilt es auch, das kritische Potential der Abweichung - vor allem im politischen und kulturellen Verhalten Jugendlicher - zu sehen, und damit die erweiterte, aktive Perspektive biografischer Lebensbewältigung. Dieses kritische Potential der Jugend gilt als zentrale Begründung für die politisch-kulturelle Jugendbildung in der Sozialpädagogik.

Während es für die traditionelle Jugendbildung selbstverständlich war, Jugendliche in die herrschenden kulturellen und politischen Institutionen einzuführen, hält sich die moderne politische und kulturelle Bildung seit den 60er Jahren zugute, den aktiven und besonderen Part der Jugend bei der Gestaltung der gesellschaftlichen Kultur in den Vordergrund zu rücken. Wir werden diese politisch-kulturelle Dimension des Jugendalters, wie sie in den Argumentationsfiguren Jugend als politische Generation und Jugend als zweite (biografische) Chance hervortritt, durchleuchten und fragen, ob und wie sie als Begründung einer politisch-kulturellen Jugendbildung hinreichend ist.

Das Bild von der jungen Generation

Sozialpädagogik als Sozialerziehung ist seit Anfang des 20. Jahrhunderts in Deutschland fester Bestandteil der öffentlichen Jugendhilfe und firmiert seitdem unter dem übergreifenden Etikett Jugendpflege. Ging es zunächst darum, unter dem Leitbild einer obrigkeitshörigen und staatstragenden Jugend vor allem die proletarische Jugend staatstreu zu erziehen, so wandelte sich dieses autoritäre Verständnis in der Weimarer Zeit zu dem einer Staatsbürgerlichen Erziehung, in der den Jugendlichen die Rechte und Pflichten des Staatsbürgers in einer republikanischen Ordnung nähergebracht werden sollten. Die Geburt der Politischen Bildung in der Jugendarbeit, so wie wir sie heute kennen, ist aber erst in die Zeit nach dem 2. Weltkrieg zu datieren. Ihre Anfänge entwickelten sich aus der Reeducation-Politik der amerikanischen Besatzungsmacht, die in der Jugend, insbesondere nach der Erfahrung mit der totalitären Vereinnahmung der Hitler-Jugend im Faschismus, eine strategische Sozialgruppe im Prozeß des demokratischen Neubeginns sah (vgl. Fehrlen/Schubert 1991). Diese historische Einschätzung einer politischen Generationsgestalt Jugend, welche dann auch der späteren Politischen Bildung zugrundelag, stimmte aber keineswegs mit der politischen Einstellung der jungen Generationen der 50er und 60er Jahre überein. Deutlich wird dies vor allem in einer repräsentativen Jugendstudie, die der Soziologe H. Schelsky (1963) durchführte und mit dem schillernden Titel „Die skeptische Generation" versah. Die Jugend der 50er Jahre war pragmatisch, sie war am Alltag der Erwachsenengesellschaft und ihrem eigenen Hochkommen in der Wiederaufbauzeit orientiert. Skeptisch war sie - und diese Skepsis wuchs aus diesem Pragmatismus - gegenüber dem Ansinnen der politischen Bildung, eine politische Generation in einem neuen demokratischen Staat zu sein.

> „Kritisch ist sie offenbar nur in einer Richtung, nämlich im Hinblick auf die Gedanken, Phrasen und Gesten, die das Jugendleben der vorausgehenden Zeiten bestimmt haben und die ihr nun in einer gewissen Verhaltenserwartung der Erwachsenen, zumal der beruflichen Erzieher, noch entgegentreten." (Flitner 1963, S. 70).

„Ihre" politische Generation bekam die Politische Jugendbildung in der Bundesrepublik dann erst im Umfeld der 68er Jugendproteste. Die politische Generationsgestalt Jugend, welche die politischen Bildner der 50er Jahre vergeblich beschworen hatten, schien nun auf einmal da zu sein. Politische Bildung rückte zumindest in den 70er Jahren zu einer sozialpädagogischen Königsdisziplin auf. Politisches Lernen und politische Aktion galten als wichtiges Medium der Aneignung und Bewältigung der gesellschaftlichen Wirklichkeit, des Erwerbs persönlichen Selbstwerts und sozialer Kompetenz, der Erfahrung der eigenen abhängigen Lage und ihrer Überwindung. Über die Politische Bildung sollten Gegenwelten zu den autoritären Strukturen in Schule und Betrieb aufgebaut werden. Deutlich und für diese Zeit exemplarisch drückt sich diese Grundstimmung der politischen Gegenwelten F. Wellendorfs Schrift „Schülerselbstbefreiung"

(1972) aus. Politische Bildung in diesem Sinne war Hilfe zur Lebensbewältigung und politische Erziehung zur Erweiterung der gesellschaftlichen Handlungsmöglichkeiten gleichermaßen. Die Suche nach einer neuen gesellschaftlichen Normalität, welche die autoritäre Diskrepanz zwischen dem modernen industriellen Wandel und der reaktionären Sozial- und Herrschaftsstruktur überwinden sollte, wurde zum sozialpädagogischen Programm vieler Bildungsstätten. Jugendliche sollten eine neue (in unserem Sinn erweiterte) Handlungsfähigkeit erreichen, indem sie das Heft selbst in die Hand nahmen. Die politische Generationsgestalt verdrängte die Problemgestalt Jugend.

Keine andere soziale Bewegung der neueren deutschen Sozialgeschichte hat die Jugend derart herausgehoben und als Objekt der Geschichte erscheinen lassen wie die Studentenbewegung von 1968. Sie hat zum ersten Mal in der Nachkriegszeit ein politisches Generationsbild von unten hervorgebracht. Trotzdem ist fraglich, welcher gesellschaftspolitische Einfluß von dieser politischen Jugend der 68er wirklich ausging. In der Jugendforschung wurde später nüchtern bilanziert: Politische Jugendliche haben selbst Ende der 60er Jahre kaum Chancen gehabt, über politische Aktivitäten ihre Lebensverhältnisse, etwa in Schule oder Betrieb, zu verändern. Zwar sind von den politisch aktiven Studenten oder von politisch profilierten jungen Lehrern in den damals neu gegründeten Gesamtschulen deutliche Einflüsse auf die sozialen und politischen Prozesse in ihren jeweiligen Institutionen ausgegangen. Kohorten von Funktionsträgern, an denen sich eine epochale Prägung durch spezifische politische Ideen und Werthaltungen aufzeigen läßt, sind in den 70er Jahren ein aktives Moment im komplexen Prozeß des sozialen Wandels gewesen. Dieses Moment freilich war getragen von den sozioökonomisch gegebenen Chancen zur Modernisierung der Gesellschaft und zum Ausbau des Staates. Gerade das Schwinden dieser Chancen in den 80er Jahren hat die Protestgeneration vom vermeintlichen Subjekt der Geschichte zum „Objekt historischer Reminiszenz" gemacht (Schefold 1982, S. 83). Aus der heutigen Sichtweise der historischen Rekonstruktion war die 68er-Bewegung durchaus funktional für die sozialstaatliche Modernisierung der Bundesrepublik in den 70er Jahren. Diese Modernisierung lebte vom human capital der Bildungsjugend, von der gesellschaftlichen Demokratisierung als Öffnungsventil der erstarrten institutionellen Strukturen.

Mit der Zeit aber löste sich das Bild der Protestjugend, die Vorstellung von der Jugend als Faktor sozialen Wandels, von den Jugendlichen selbst ab und wurde zur Metapher der Sozialwissenschaften, der Pädagogik und der Gesellschaftspolitik. Vor allem die Politik schrieb ihr Drehbuch um, und aus der eben noch heftig bespotteten und bekämpften 68er-Jugend wurde nun ein medienwirksam ins Bild gerückter Dialogpartner auf Parteitagen und Jugendforen. Das Bild der „jungen Generation als politische Generation" hatte seine Modernisierungskraft erwiesen und wurde nun gesellschaftspolitisch und pädagogisch institutionalisiert.

Für die Politische Bildung begann damit eine fatale Entwicklung. Mit diesem nun gesellschaftspolitisch propagierten Bild von der jungen Generation als politischer Generation, das sich an der 68er-Protestgeneration orientierte, wurden Maßstäbe gesetzt, an denen die nachfolgenden Jugendgenerationen gemessen wurden. Die Jugend der 70er Jahre wurde mit der Geschichte ihrer Vorgeneration konfrontiert, unter Druck gesetzt. Nicht daß sie protestieren sollte, aber sie sollte sich politisch, aufgeklärt, emanzipiert und interessiert am reformierten demokratischen Staat verhalten. So entstand ein paradoxes Bild. Nicht die Jugend kämpfte um Emanzipation, sondern der Staat und seine Pädagogen hielten Emanzipationsangebote bereit und - Ironie der Geschichte - etikettierten die Jugendlichen, die eben in diesem progressiven Dienstleistungsstaat sich individuell einrichten wollten, als unpolitisch, apathisch. Der Slogan von der „versorgten Generation" war geboren. Das Gespenst von der passiven Generation, die sich nur um ihr eigenes Glück und Wohlergehen und nicht um die Zukunft der Gesellschaft kümmere, geisterte durch die gesellschaftspolitische und pädagogische Landschaft. Die in den Jugendumfragen der zweiten Hälfte der 70er und Anfang der 80er Jahre ermittelten Einstellungen, Orientierungen und Verhaltensweisen der durchschnittlichen bundesrepublikanischen Jugend wurden nun vor allem auch unter dem Aspekt bewertet, ob diese Jugend überhaupt in der Lage sei, diese Gesellschaft in der Zukunft zu tragen, ihren Bestand zu sichern. Die Mutmaßungen darüber wurden in öffentlichen Diskussionen mit pessimistischen Einschätzungen über die Zukunft des Generationenvertrages geführt.

In den 80ern bis in die 90er Jahre hinein kehrte sich das öffentliche Jugendbild allerdings wieder um. Jugend war auf einmal nicht mehr Bühne der Gesellschaftspolitik. Angesichts des technologischen Strukturwandels der Arbeitsgesellschaft, wie er sich in den 80er Jahren vollzogen hat, wurde die Vorstellung von Jugend als „human capital" ökonomisch nicht mehr gebraucht. Durch die weitgehende Entkopplung von technisch-ökonomischem Fortschritt und breiter Bildungsmobilisierung - die Aura der elektronischen Prozessoren und die technologischen Eliten, und nicht die breite Bildungsdiskussion beherrschte nun das Feld des Fortschritts - sind zwar Qualifikationen weiter gefragt, aber sie werden einfach vorausgesetzt. Wie sie erworben werden, wer mit ihnen zum Zuge kommt, ist uneinheitlich geworden, von den Gesetzen der Märkte und nicht mehr von der sozialstaatlichen Bildungspolitik bestimmt. Bildung ist natürlich auch für alle weiterhin wichtig; aber eben nicht mehr in dem Sinne, daß eine gleich gute Bildung für alle „die" Voraussetzung gesellschaftlichen Wachstums und gesellschaftlicher Wohlfahrt darstellt. Bildung hat ihren gesellschaftlichen Mobilisierungscharakter verloren, ist individualistisch geworden: jeder muß sie erwerben, um sich seine Chancen zum Mithalten zu schaffen oder zu bewahren, um sich vor der Gefahr der Deklassierung zu schützen. Die Jugend wurde von nun an nicht mehr kollektiv als Bildungsjugend wahrgenommen. Das führte allerdings dazu, daß öffentliches Gruppenverhalten Jugendlicher - vor allem Gewaltverhalten - in der öffentlichen Meinung und den Medien „kollektiv rückgebunden" und „die Jugend" unter der Hand zur Problem- und Risikogruppe abgestempelt wurde. Wieder mußte die Jugend als Bühne herhalten, auf der sich die Furcht der Gesellschaft vor den neuen Kräften der sozialen Ausgrenzung und Gewaltproduktion, wie sie vor dem Hintergrund einer neuen Dynamik industrieller Arbeitsteilung freigesetzt wurde, entzündet. Aber die Entwertung der Jugend geschah nicht nur auf der Seite der etablierten Gesellschaftspolitik, sondern auch auf der „anderen Seite", bei den Gruppierungen, die sich gegen den ökonomisch-technologischen Wachstums- und Fortschrittswahn der Gesellschaft wandten. Hier wurde deutlich, daß Jugend - eigentlich seit der Renaissance - immer als Metapher für linearen Fortschritts- und Wachstumsglauben herhalten mußte („es geht mit der Entwicklung des Menschen immer so weiter, und mit jeder neuen Generation kann es nur besser werden"). Die gesellschaftliche Verbindung von Jugend und Fortschritt - wie sie z.B. in der erwähnten Modernisierungsphase der 70er Jahre propagiert wurde - wird heute in dem Maße entwertet, in dem der Glaube an Fortschritt und Rationalität der modernen Industrie- und Leistungsgesellschaft entwertet ist.

Aus der Sicht der Sozialpädagogik hat diese gesellschaftspolitische Umwertung der Jugend auch etwas Entlastendes. Der Druck auf die Jugend, sich nach der einen oder anderen Seite abweichend und politisch spektakulär zu verhalten, ist geschwunden. Was bleibt aber von der Jugend als „politischer Generation"? Was der Jugend bleibt, bzw. was sich in dieser Entlastung entfalten kann, ist das, was Karl Mannheim (vgl. auch Kap. 3.3) einmal die 'spezifische Vitalität' der Jugend genannt hat:

„Die Jugend gehört zu jenen unausgeschöpften Reserven, die jede Gesellschaft zu ihrer Verfügung hat [...]. Die Jugend ist ihrer Natur nach weder fortschrittlich noch konservativ, doch zufolge der in ihr schlummernden Kräfte zu allem Neuen bereit" (Mannheim 1952).

Jugendliche sind nach diesem Bild in ihrem Alter noch nicht in den Status quo der herrschenden Ordnung verstrickt, sie treten gleichsam erst in die Gesellschaft ein, sie haben noch keine festen gesellschaftlichen Interessenbindungen. In dieser Möglichkeit des jungen Menschen, in die Gesellschaft der festen Institutionen und Rollen einzutreten, ohne auf deren Geschichte Rücksicht nehmen zu müssen, in ihrem Noch-Nicht-Gewöhnt-Sein an den gesellschaftlichen Status quo ist die lebensaltertypische Bereitschaft Jugendlicher angelegt, mit allem zu sympathisieren, was im sozialen Sinne dynamisch und/oder unetabliert erscheint. Diese Sympathie überträgt sich dann oft auch auf Gruppen - politische oder soziale Randgruppen - die von ihren Lebensformen her eine wie auch immer gerichtete soziale Gegenordnung symbolisieren. Dieses optimistische Bild von der politisch sensiblen jungen Generation ist in den 90er Jahren einer Betrachtungsweise gewichen, derzufolge das Generationsgespür der Jugend umgeschlagen ist in „das starke Gefühl von Ohnmacht und Hilflosigkeit, das mit politischen Ängsten verbunden ist" (Hurrelmann 1995, S. 183/184). Jugendliche sind - wie wir alle auch - rund um die Uhr in den Medien konfrontiert mit sich überstürzenden Bildern und auf sie einstürzenden Eindrücken von sich ständig wiederholenden Umwelt- und Hungerkatastrophen, Verbrechen gegen die Menschlichkeit und der unsäglich großen Kluft zwischen Reichen und Armen auf der Welt und zunehmend auch im eigenen Land. Sie stehen unter dem situativen Zwang, sich damit auseinanderzusetzen und fühlen sich in ihrer Gegenwartsorientierung unmittelbar davon angesprochen. Der Generationsmechanismus wirkt auch hier: Sie reagieren direkt betroffen ohne Rücksicht auf Vergangenheit und (Hinweise auf) Sachzwänge. Nur: Im Gegensatz zur jungen Generation der 68er und 70er Jahre, die noch in die gesellschaftliche Absicherung und biografische Verläßlichkeit einer bildungsoptimistischen Jugendphase eingebettet war und aus dieser Hintergrundsicherheit heraus programmatisch und politisch werden konnte, hat die 90er Generation diese Hintergrundsicherheit nicht mehr. Sie stehen deshalb der Resignation näher als die damaligen Generationen. Die Konfrontation mit dem Elend und der Hilflosigkeit auf der Welt vermischt sich mit dem eigenen biografischen Ausgesetztsein angesichts einer Jugendzeit, in die immer wieder alltägliche Bedrohungen durch Konkurrenzdruck und Statusangst hineinspielen. Auf politische Reize wird dann kaum mehr mit politischer Gegenmacht und Programatik, sondern oft mit diffuser Aggression und manchmal mit Gewalttätigkeit reagiert. Dabei ist die Frage „links" oder „rechts" keine politische Gesinnungsfrage, sondern - eher beliebig geworden - eine Konsequenz des situativen Anlasses oder der Gruppenzugehörigkeit (vgl. dazu AgAG 1995).

Auch diese Entwicklung kann man auf die Mannheimsche Generationeninterpretation (vgl. dazu Kap. 3.3) beziehen. Insgesamt hat sich so die Beständigkeit einer Jugenddefinition erwiesen, die in den 20er Jahren entwickelt wurde. Adoleszenzkrisen im Jugendalter sind unzweifelhaft Antriebe für kritisches Jugendverhalten. In welche Richtung sich nun aber dieses Verhalten bewegt, hängt von den jeweiligen historisch-gesellschaftlichen Konstellationen ab, in denen sich Jugendliche und ihre soziale Umwelt entwickeln. Deshalb darf die nostalgische Mystifizierung der 'politischen Jugend' der 68er nicht verdecken, daß auch in der „pragmatischen" und „theorielosen" Jugend der 80er und 90er Jahre (vgl. dazu Mahr 1995, Leggewie 1995) lebensaltertypische kritische Antriebe stecken.

Die Chance der Vitalität der Jugend besteht darin, daß Jugendliche vom gesellschaftlichen Status quo noch unbefangen, aber auch von physisch- psychischen Antrieben noch unverbraucht gesellschaftlich Neues oder Abweichendes ohne Rücksicht auf das Althergebrachte risikoreich und experimentell ausleben können. Dazu braucht es aber ein pädagogisches Feld, das nicht generationshierarchisch aufgebaut ist, und ein Forum, in dem die politische und kulturelle Vitalität der Jugend an die Öffentlichkeit kommen kann. Politische Bildung der Jugendarbeit und Jugendverbände können von ihrer Struktur her (Gleichaltrigenkultur und gleichberechtigte Intergenerationenbeziehungen) dies organisieren - und den Jugendlichen dabei wenigstens einen Teil dieser Hintergrundsicherheit und des psychosozialen Rückhalts geben, die dem gesellschaftlichen Status der Jugend abhanden gekommen sind.

Jugend als „zweite Chance"

Die kulturelle Besonderheit des Jugendalters, die Chance des neuartigen Zugangs, die der Jugend innewohnt, wird auch in anderen wissenschaftlichen Zugängen zum Jugendalter hervorgehoben. Für uns ist hier vor allem der psychoanalytische Zugang interessant, wie er von dem Ethnopsychologen Mario Erdheim (1988) vertreten wird. In Erdheims These von der „Jugend als zweiter Chance" wird das Jugendalter psychoanalytisch unter den Begriff der Adoleszenz im weiteren und der Pubertät im engeren Sinne gefaßt. „Von 'Pubertät' sprechen wir statt von Jugendalter, wenn die seelischen und leiblichen Reifungsvorgänge im Vordergrund der Betrachtung stehen; die intensivste Zeit dieses Wandels, das 14.-17. Lebensjahr, sind damit besonders gemeint". (Flitner 1963, S. 137). Heute, in den 90er Jahren, hat sich die Pubertät bei Kindern und Jugendlichen wesentlich vorverlagert. Die damit verbundenen, oft krisenhaften Entwicklungs- und Wandlungsprozesse der Persönlichkeit sind aber ähnliche geblieben. Wichtig ist außerdem beim Umgang mit psychoanalytischen Adoleszenztheorien, daß man berücksichtigt, daß die sexuellen Entwicklungsvorgänge der Pubertät nicht für sich Persönlichkeitsentwicklung und Persönlichkeitswandel bei Kindern und Jugendlichen bestimmen, sondern dabei die sozialen und kulturellen Faktoren, der soziokulturelle Kontext, in dem diese Prozesse ablaufen, eine wesentliche Rolle spielen. Kinder und Jugendliche erfahren die soziale Tragweite der Pubertät nicht so sehr an den eigenen körperlichen Vorgängen, sondern an der Art und Weise, wie sie von anderen wahrgenommen und zurückgespiegelt werden. Denn die Auseinandersetzung mit dem „Außen", die soziale Erweiterung der eigenen Persönlichkeit und Lebenswelt ist das soziale Ziel des pubertären Prozesses, der pubertäre Vorgang selbst ist eher ein Medium (vgl. dazu ausführlich Hornstein u.a. 1975).

Das Aufregende an der psychoanalytischen These Erdheims von der „Jugend als zweiter Chance" ist seine Vorstellung von der kulturellen und sozialen Tragweite, die dieser pubertäre Prozeß in der Biografie der Jugendlichen haben kann. Im Gegensatz zu anderen psychoanalytisch orientierten Jugendforschern (wie u.a. Thomas Ziehe mit seinem „Neuen Sozialisationstypus" 1976) geht Erdheim davon aus, daß sich die frühkindliche Phase keinesfalls auf der biografisch neuen Stufe des Jugendalters einfach nur wiederholt. In den Triebschüben der jugendlichen Pubertät entsteht vielmehr eine neue Qualität des Individuum-Welt-Verhältnisses. Die Pubertät ist nicht mehr so ohne weiteres der biografische Spiegel der frühen Kindheit.

Erdheim entwickelt diese These im Rückbezug auf Freuds Begriff der „Zweizeitigkeit" der sexuellen Entwicklung des Menschen:

„Die erste Phase setzt mit der Geburt stürmisch ein und klingt um das fünfte, sechste Lebensjahr allmählich ab. Eingebunden in einer von Kultur zu Kultur verschiedenen Familienordnung, paßt sich das Kind ihr an; in einem sehr störungsanfälligen Wechselspiel mit Mutter, Vater und Geschwistern laufen die biologischen und sozialen Reifungsprozesse an, die den für die Familie gültigen Weltbezug aufarbeiten. Aggression und Sexualität sind die treibenden Kräfte, die über die kulturell formbaren, oralen, analen und phallischen Modalitäten, die vorerst an die Familie gebundenen Voraussetzungen für die Soziabilität des Individuums legen. Die Zeit bis zum Ausbruch der Pubertät, die sogenannte Latenzphase, gibt die Chance zur Festigung der in den ersten Lebensjahren gebildeten Strukturen, aber die Pubertät, mit der die zweite, die Adoleszenzphase anfängt, bringt alles wieder durcheinander. Der Triebdurchbruch der Pubertät lockert die vorher in der Familie gebildeten psychischen Strukturen auf und schafft damit die Voraussetzungen für eine nicht mehr auf den familiären Rahmen bezogene Umstrukturierung der Persönlichkeit." (Erdheim 1988, S. 193).

Der entscheidende Unterschied zwischen Pubertät und frühkindlicher Entwicklungszeit besteht darin, daß die sexuellen Reifungsprozesse in der Adoleszenz nun nicht mehr - wie in der frühkindlichen Reifezeit - strikt innerhalb des familiären Kontextes ablaufen, sondern diesen überschreiten. Die damit verbundene Ablösung von der Familie, das selbständige Hinaustreten in die soziale Welt - ein Prozeß, den wir jugendpädagogisch als zentral für die Herausbildung des Selbst und der Persönlichkeit ansehen - macht die Pubertät zum „Entwicklungsmoment [der] Differenzierungsgrade, Kultivierungsniveaus der Persönlichkeit" (Bernfeld 1925, S. 131) im Spannungsverhältnis zwischen Familie und Kultur. Dieses Spannungsverhältnis wird von Erdheim als „Dilemma" der Adoleszenz bezeichnet. Denn Familie und Kultur sind durch ganz unterschiedliche, in ihren Charakteristika widersprüchliche Strukturelemente gekennzeichnet: „Die Familie zentriert sich um Intimitätsstrukturen herum; die Beziehungsformen sind in erster Linie Verinnerlichungs- und Identifikationsprozesse. Kultur hingegen strukturiert sich um das Phänomen der Arbeit" (ebd.). Familie und Kultur stellen also einen unauflösbaren Antagonismus dar. Beide sind notwendige Formen menschlichen Zusammenlebens, aber sie können nicht - da sie verschiedenen Grundprinzipien gehorchen - ineinander überführt und nicht voneinander abgeleitet werden. Der Mensch wird immer zwischen ihnen hin- und hergerissen bleiben, ohne sie miteinander versöhnen zu können. Erdheim hat hier den Kulturbegriff im Arbeitsbegriff sehr weit gefaßt - eher im marxistischen Sinne als Aneignung von Natur und mithin Produktion -, so daß alles dazugehört, was sich um die Organisation und Reproduktion von Arbeitskraft gruppiert: Bildung und Ausbildungsprozesse, Macht, Recht und andere öffentliche Regelsysteme. Diese kulturellen Systeme sind durch universalistische formelle Normen und Symbole gekennzeichnet. Sie ermöglichen soziale und gesellschaftliche Kommunikation und Organisation. Die Familie schließt sich dagegen eher ab, ist von ihrem binnenorientierten Organisationsprinzip gegen das Gesellschaftliche gerichtet.

Die kulturelle Aufladung des Jugendalters beruht auf der Brisanz dieses antagonistischen Spannungsverhältnisses von Familie und Kultur, in dem Jugendliche hin- und hergerissen sind. Daß sich aus dieser Spannung heraus eine besondere jugendkulturelle Schubkraft entwickeln kann, ist - wenn wir der Erdheimschen These weiter folgen - auf das besondere Wirken narzißtischer Stimmungen in der Pubertät zurückzuführen. Dieses ausgeprägte Narzißmus-Phänomen bei Jugendlichen darf nicht als Störung betrachtet, sondern muß in seiner Funktionalität für den sozialen Ablösungs-, Orientierungs- und mithin Identitätsfindungsprozeß der Jugendlichen gesehen werden:

> „Der pubertäre Triebschub [...] erschüttert diese Ich-Funktionen und damit auch die etablierten Wahrnehmungsformen der Realität (diese Wirklichkeit war bis zur Pubertät vor allem durch das Realitätsprinzip der Familie bestimmt, - L.B.). Auf dieser Erschütterung des ‚familiären` Realitätsprinzips gründet die kulturelle Relevanz der Adoleszenz. Das Auftreten der Menstruation bei Mädchen sowie die Unbeherrschbarkeit des Phallus beim Knaben verändern das Selbstbild des Körpers und damit auch den Bezug zur Umwelt. Die Verselbständigung innerer und äußerer Objekte ist eine befremdende Erfahrung, und der in der Pubertät neu aufblühende Narzißmus bekommt die kompensierende Funktion, die auseinanderfallende Welt zusammenzuhalten" (Erdheim 1988, S. 198).

Wie diese Prozesse in ihrer Zerrissenheit, ihren Entfremdungsgefühlen, ihren Verwechslungen von innerer und äußerlicher Wirklichkeit und den damit verbundenen Projektionen ablaufen, kann man in dem schon klassischen Werk von P. Blos („Adoleszenz", 1974) nachlesen. Sie bringen die Jugendlichen dazu, daß sie, da sie während der Ablösung und der damit verbundenen sozialen Erweiterung ihres Lebensraums dauernd mit sich selbst beschäftigt sein müssen, nur das Persönliche, die Einzigartigkeit ihrer Wahrnehmung der Welt sehen. Der Narzißmus zwingt das Individuum, „die Dinge subjektiv und neu zu sehen [...] Treibender Motor dieser Entwicklung sind die narzißtischen Größen- und Allmachtsphantasien der Jugendlichen, welche die Herausforderung an die Erwachsenen auf die Spitze treiben" (Erdheim 1988, S. 198). Hier treffen sich das Jugendbild der Generationentheorie und das der Psychoanalyse. Dem historischen Neu-Eintreten in die gesellschaftliche Kultur, das die Generationentheorie mit der Jugend verbindet, entspricht die These von der subjektiven neuen Sichtweise der Jugend auf die Welt vor dem Hintergrund der pubertären Triebentwicklung.

Generationentheorie und Psychoanalyse der Jugend liefern uns also die Begründung dafür, daß die Jugendphase nicht nur in der Persönlichkeitsentwicklung, sondern vor allem auch in dem „Individuum-Welt-Verhältnis" eine kritische ist. Die Art, wie mit diesem kritischen Potential umgegangen wird, hängt in der Regel davon ab, wie diese kritische Phase gesellschaftlich interpretiert wird von den jeweiligen herrschenden gesellschaftlichen Jugendbildern. Wie immer aber Jugendbildung und vor allem politische Jugendbildung auch ausgerichtet sein mag - ob sie nun das kritische Potential der Jugend fördern oder frühzeitig im Sinne des herrschenden politischen Institutionenverständnisses kanalisieren will -, sie bezieht sich doch gleichermaßen auf die kritische Substanz des Jugendalters. Die politische Jugendbildung nimmt deshalb zu Recht eine besondere Stellung in der Sozialpädagogik des Kindes- und Jugendalters ein. Allerdings artikuliert sich dieses kritische Potential angesichts der Entstrukturierung des Generationenkonflikts längst nicht mehr so deutlich und unvermittelt, wie das die Jugendarbeit nach den Jugendprotesten der 68er- Generation gewöhnt war. Deshalb fängt Politische Bildung heute schon beim Erschließen von Räumen und Gelegenheiten an, in denen Jugendliche ihre Generationenbesonderheit spüren und thematisieren können.

5.12 Junge Erwachsene - Zwischenexistenz und das normale Leben

Mit der Verlängerung der Bildungs- und Ausbildungsphase gibt es zunehmend junge Erwachsene, die noch keinen Selbständigkeitsstatus im gesellschaftlich anerkannten ökonomischen und familialen Sinne haben. Daß wir die *Jungen Erwachsenen* am Ende des Jugendkapitels und nicht am Anfang des Erwachsenenkapitels bringen, hat insofern seinen Sinn, als diese Lebensphase - trotz längst erreichter Selbständigkeit in der Lebensführung und Lebensbewältigung - Unterstützungsleistungen braucht, die näher an den sozialstaatlichen Leistungen für Jugendliche als an dem wohlfahrtlichen Sicherungssystem der Erwerbstätigen liegen. Dem entspricht auch das deutsche Kinder- und Jugendhilfegesetz (KJHG), das inzwischen einen Teil seiner Leistungen auch auf die Altersgruppe der 18- bis 27-Jährigen ausgedehnt hat. Aus sozialpädagogischer Warte betrachten wir die Jungen Erwachsenen also vom Ende der Jugendphase aus. Und wenn wir uns an unsere Eingangsfrage „Relativierung oder Biografisierung der Lebensalter" erinnern, ist es eine Lebensphase, in der das *dominante Thema* heißt: Kreisen um die Normalbiografie. Passe ich mich traditionell früh in den beginnenden 20ern ein, oder halte ich mir Optionen offen? Lege ich mich angesichts der Unübersichtlichkeit beruflicher Laufbahnen und Chancen nicht gleich fest, sondern versuche, neue Lebensformen neben der Normalbiografie (mit aus der Jugendzeit bewährten Mustern) zu erproben oder lebe diffus unter dem Druck des Risikos sozialer Deklassierung (H.U. Müller 1996)? Es sind gut die Hälfte der 18- bis 25jährigen die sich seit Ende der 80er Jahre noch oder wieder in Ausbildung und Umschulung befinden oder noch keine feste Arbeit haben. Die andere Hälfte der Erwerbstätigen in diesem Altersbereich ist hier also mit dieser Definition nicht angesprochen. Noch 1970 war das in Westdeutschland (und in der DDR sowieso) anders. Damals waren bereits vier Fünftel der jungen Erwachsenen erwerbstätig. Diese veränderte Situation prägt die Lebenslage junger Erwachsener: für einen beträchtlich großen Teil von ihnen hat sich diese Altersphase von einer relativ sicheren Übergangs-, Existenz- und Familiengründungsphase zu einem offenen Lebensbereich gewandelt. Auch hier gilt, daß man ökonomisch unselbständig und soziokulturell längst selbständig ist, mit dem Unterschied, daß es schwieriger ist als in der Jugendzeit, diese soziokulturelle Selbständigkeit auch auszuleben. Für die jungen Erwachsenen gibt es kaum gesellschaftlich anerkannte Lebensmuster, an denen sie sich orientieren und auf die sie zurückgreifen, gibt es wenig eigene soziale und kulturelle Räume, in denen sie ihren Status zwischen Jugend- und Erwachsensein gestalten könnten. Sie wollen in der Regel keine Jugendlichen mehr sein, sie fühlen sich aber auch noch längst nicht der Erwachsenenwelt mit ihren verfestigten Rollen- und Institutionenzugehörigkeiten verbunden. Sie möchten Lebensmuster aus der Jugendzeit beibehalten, wollen gleichzeitig ihre Eigenständigkeit auch materiell und sozial demonstrieren: durch eigene Versorgung, Aufbau eigener sozialer Netze und vor allem durch eine eigene Wohnung.

Gerade in den Großstädten haben junge Erwachsene mit noch nicht abgeschlossener Ausbildung und/oder in prekären Arbeitsverhältnissen besondere Szenen und Milieus gebildet, die subkulturelle Züge tragen, aber keineswegs mit den politischen Subkulturen der 70er Jahre vergleichbar sind. Charakteristisch für diese Gruppen junger Erwachsener ist weniger ein gemeinsames Protestverhalten oder die Ablehnung etablierter Lebensziele und Werte, wie sie von der Gesellschaft propagiert werden. Was die Milieus trotz ihrer Heterogenität ähnlich und vergleichbar macht, ist ein einheitlicher Modus alltäglicher Lebensführung. In diesem Modus der Lebensführung spielt der sozialräumliche Bezug, das Stadtviertel, eine wesentliche Rolle. Wer sich nicht oder noch nicht innerhalb des Bezugssystems der normalen Erwerbsbiografie definieren kann oder will, ist auf sich, im biografischen Selbstbezug, zurückverwiesen. Unsicher über die eigene soziale Rolle und unschlüssig über die Zugehörigkeit zu einer sozialen Schicht bilden sich über die jungen Erwachsenen neue Lebensweisen im urbanen Raum heraus, werden die Wohnung, das Viertel, die Treffpunkte zu Lebensmittelpunkten. Von hier aus entwickeln sich die Ansprüche auf ein eigenes Leben, der Anspruch auf die Verfügung über eigenes Geld, eigene Zeit, eigenen Wohnraum und die damit verbundenen Möglichkeiten, sich aus der Abhängigkeit eines gesellschaftlich noch nicht anerkannten Status' zu befreien.

Hans Ulrich Müller hat in seiner Studie „Junge Erwachsene in der Großstadt" (1990) diese Urbanität der Junge-Erwachsenen-Kultur in der Dimension Lebensbewältigung interpretiert. Großstadt wird von den jungen Erwachsenen als „Ressource" gesehen:

> „Als das Insgesamt von Lebensmöglichkeiten, als der Raum von Lebensoptionen. Eine deutliche Gegenwartsbezogenheit ist erkennbar. Es wird Ausschau gehalten nach Gelegenheiten und Bedingungen, um die je gegenwärtigen und akuten Bedürfnisse und Interessen in gegenwärtiges Leben umzusetzen. Die Großstadt mit ihren vielfältigen, unterschiedlichen Angeboten in allen möglichen Lebensbereichen, mit ihren schnell wechselnden Moden und

Trends, mit den verwirrenden Prozessen des sozialen Wandels wird eher als Herausforderung, denn als Bedrohung gesehen" (H.U. Müller 1991, S. 155).

In der neuen sozialwissenschaftlichen Diskussion zu den Jungen Erwachsenen (vgl. Walther 1996) wird angesichts der Pluralität und des Auf und Ab von Lebensformen und Stilen auch das Bild des Yo-Yo-Spiels (Stauber/Walther 1996) für diese Lebensphase von hoher Kontingenz gebraucht. Die Chancen für die Erprobung neuer Lebensstile und die Risiken der sozialen Desintegration und Deklassierung liegen aber - meist allerdings schichtspezifisch vermittelt - eng beieinander. Junge Erwachsene ohne ökonomisch gesicherten Vollerwerbsstatus haben eine überdurchschnittliche Quote im Bereich Arbeitslosigkeit und ungesicherte Beschäftigung, unterdurchschnittliche Einkommensverhältnisse, überdurchschnittliche Mietbelastungen und leben in einer sozialpolitischen Grauzone (H.U. Müller 1996). Von daher sind auch deutliche soziale Segregationen entstanden: es gibt ausgesprochene Randgruppen junger Erwachsener, welche in ihren spezifischen Milieus subkulturelle Bewältigungsnischen und Überlebensmöglichkeiten suchen:

„Dieses Leben siedelt oft am Rande des Existenzminimums, angewiesen auf Sozialhilfe oder Arbeitslosenhilfe, teilweise abhängig von unsicheren Transfers der Familie, von Freunden, von der Hand in den Mund lebend. Es sind durchaus 'Lebenskünstler', diese jungen Erwachsenen, nur werden, im Gegensatz zu den mehr offensiv lebenden jungen Männern und Frauen, kaum noch Lebenspläne und 'zukunftshaltige' Lebensentwürfe angegangen, sondern nur noch der gegenwärtige Alltag, das 'Über-die-Runden-kommen', hier und jetzt, ins Auge gefaßt." (H.U. Müller 1991, S. 156).

Es sind aber nicht nur diese Randgruppen, die in den Sog der neuen Armut geraten. So ist die Zahl der Sozialhilfeempfänger in dieser Altersgruppe seit den 70er Jahren deutlich angestiegen. In einer weiten Auslegung des Armutsbegriffs sind auch die Gruppen jener jungen Erwachsenen als arm zu bezeichnen, die unter erheblichen Belastungen und unter hoher Risikobereitschaft in prekären Arbeitsverhältnissen mit fehlender Tarifbindung und sozialer Sicherung stehen. Zu diesen, die wenig Chancen haben an der gesellschaftlichen Entwicklung teilzuhaben, gehören und auch viele junge Erwachsene ausländischer Herkunft. So nimmt es nicht Wunder, daß die jungen Erwachsenen zu einer neuen Zielgruppe der Benachteiligtenförderung in den Berufshilfen geworden sind. Diese Berufs- und Beschäftigungshilfen müssen aber - dem Erwachsenenstatus entsprechend - stärker unter dem Gesichtspunkt der ökonomischen und sozialen Sicherung strukturiert sein, als die Berufshilfen für Jugendliche (s.o.):

„Junge Erwachsene, die in den frühen Jahren ohne Ausbildung geblieben sind, knüpfen ihren Willen zur Nachqualifizierung deshalb an ein Beschäftigungsverhältnis, weil sie aufgrund ihres Alters und ihrer Lebenssituation (z.B. Partner, Kinder, Ablösung vom Elternhaus, Verschuldung) und zurückliegender „Maßnahmekarrieren [...] unmittelbar arbeiten und Geld verdienen wollen bzw. müssen. Mit der herkömmlichen Ausbildungsvergütung können sie ihren Lebensbedarf nicht decken, sie wollen endlich einen vollwertigen Erwachsenenstatus erlangen - d.h. arbeiten. Qualifizierung ist für sie nur attraktiv, wenn das über die verknüpfte Beschäftigung erzielte Einkommen [...] höher ist als eine normale Ausbildungsvergütung oder der Sozialhilfesatz" (Kloas 1996, S. 17).

Aus diesen Gründen suchen junge Erwachsene auch immer wieder Anschluß an die Jugendszenen, weil sie sich dort einigermaßen die Befriedigung kultureller und sozialer Bedürfnisse leisten können. Nach Bedarf auf den Jugendstatus zurückgreifen zu können, bedeutet die Chance, sich kulturell und sozial etwas leisten zu können, das in der Erwachsenenkultur für sie nicht erschwinglich wäre. Außerdem hält man in den Jugendszenen als junger Erwachsener einen relativ hohen Status, während man befürchten müßte, in der Erwachsenenkultur im Status abzusinken. So ist es kein Wunder, daß junge Erwachsene auch im Bereich der Einrichtungen der Jugendarbeit auftauchen, in Jugendcafés und Treffpunkten, dort ihre Szenen suchen, obwohl sie nicht unbedingt mit den Jugendlichen, den 15-18jährigen, zusammensein möchten.

Da der Bewältigungstypus Junge Erwachsene mit der sozialräumlichen Entwicklung in der Großstadt zusammenhängt, ist es plausibel, daß in ländlichen Räumen solche Szenen wesentlich vereinzelter entstehen und sich vor allem kaum solche sozialräumlichen Lebenswelten in dieser Durchgängigkeit herausbilden können. Allerdings haben sich seit den 80er Jahren um regionale Kneipen und Treffs herum ebenfalls kulturelle Szenen junger Erwachsener gebildet. Auch hier sind es solche, die aufgrund ihres verlängerten Bildungsstatus und ihrer in den Städten gemachten Lebenserfahrungen dem Integrationsdruck in die dörfliche Erwachsenenwelt ausweichen wollen. In dem Maße aber, in dem die Verlängerung des Bildungs- und Ausbildungswesens auch den ländlichen Raum erfaßt und die Leute in der Region bleiben wollen, wird sich in den Klein- und Mittelstädten eine regional orientierte Junge-Erwachsenenkultur ausbilden. Alles in allem darf bei der besonderen Bewältigungskonstellation nicht das sozialexperimentelle Potential des Junge-Erwachsenen-Alters übergangen werden. Was die Möglichkeiten des Erprobens von Bewältigungsformen und sozialintegrativen Ansätzen anbelangt, so ist es vor allem die biografische Bindung an den Reproduktionsbereich, die Chancen bietet, Lebensstile neben der erwerbszentrierten Lebensführung zu entwickeln. Vor allem wird auf die Chance hingewiesen, das Geschlechterverhältnis so zu gestalten, daß Frauen und Männer Möglichkeiten der Vereinbarkeit von Hausarbeit und außerhäuslichen Bildungs- und Erwerbsfähigkeiten bewußt suchen. Dies sei möglich, da beide Partner als junge Erwachsene vornehmlich reproduktiv orientiert und noch nicht erwerbsfixiert sind und so ihr Zusammenleben eher in diskursiver Partnerschaft gestalten können (Peters/du Bois Reymond 1996).

Aber nicht nur in der Jugendsozialarbeit, auch in der offenen Jugendarbeit und Jugendberatung tauchen die jungen Erwachsenen - nach Berichten aus der Sozialarbeit - verstärkt auf. Es sind meist solche, die durch vorübergehende oder längere Arbeitslosigkeit, Ausbildungsabbrüche, Bruch mit der Partnerin oder dem Elternhaus aus der biografischen Normalbahn herausgefallen sind. Es handelt sich dabei mehr um junge Männer als um Frauen, und die Art und Weise, wie SozialarbeiterInnen über die Bedürfnisse berichten, die diese jungen Erwachsenen an sie herantragen, läßt darauf schließen, daß in den biografischen Brüchen ein unbewältigtes Mannsein freigesetzt, ja geradezu ausgebrochen ist. Sie brauchen jemanden, der sie „anhört", an den sie sich „anlehnen" können, der ihnen Standpunkte entgegensetzt, Tips gibt wie man leben kann (Lebenshilfe) und einen verläßlichen Ort - für manche eine Art Zuhause - anbietet. Sie wollen eine soziale Spannung im Sinne der Verantwortung in sich und für sich spüren. SozialarbeiterInnen helfen ihnen, den Alltag - trotz Arbeitslosigkeit, Sucht oder Bindungskrise - zu ordnen und bieten ihnen - geplant oder ungeplant - bislang entgangene Familienfunktionen und Bindungsmöglichkeiten an.

An diesen selbstberichteten Klienteneindrücken der SozialarbeiterInnen ist vor allem die *biografisierte* Problemstruktur der betroffenen jungen Erwachsenen zu erkennen. Mit der Biografisierung des Übergangs von der Jugend in das Erwachsenenalter werden vorgängige Bewältigungsprobleme - desintegrierte Herkunftsfamilie, nicht abgeschlossene Suche nach männlicher Geschlechteridentität - weiter unbearbeitet mitgeschleppt, können nicht durch eindeutige Erwachsenenrollen verdrängt und abgehängt werden. Diese jungen Erwachsenen tragen ihre unbewältigte Kindheit und Jugend offen mit sich herum und in die Sozialarbeit hinein.

6. Das Erwachsenen- und Erwerbsalter als Bewältigungskonstellation

Wir bezeichnen das Erwachsenenalter auch - sogar besser - als Erwerbsalter, weil es für die meisten Menschen durch Erwerbstätigkeit bzw. die daran ausgerichtete Hausarbeit und für viele durch die Familienorganisation bestimmt ist. Wir gehen in unserer Analyse zum Erwachsenenalter von diesen Strukturprinzipien aus und vernachlässigen dabei die höchst unterschiedlichen Zeitpassagen, Erwerbs- und Familienformen und Lebensstile. Wir haben am Beispiel der „Jungen Erwachsenen" gesehen, daß diese erwerbsdefinierte Phase des Erwachsenenalters für nicht wenige recht spät anfängt (obwohl sie soziokulturell längst erwachsen sind) und werden im Abschnitt über das Alter erfahren, daß sie biografisch relativ früh nach dem mittleren Alter beginnen kann und man dann zu den „Jungen Alten" gezählt wird.

6.1 Erwachsenensozialisation und Lebensbewältigung

Die entwicklungspsychologische, soziologische und erwachsenbildnerische Forschung tat sich lange Zeit sehr schwer, das Erwachsenenalter als „Sozialisationsphase" zu bezeichnen (vgl. Griese 1979, Schmitz/Tietgens 1984/95), ging man doch im Großen und Ganzen davon aus, daß die psychosoziale Entwicklung und Identitätsfindung mit dem Übergang vom Jugendalter in das Erwachsenenalter abgeschlossen sei und der „fertige" Mensch nun lediglich neue soziale und familiale Rollen zu übernehmen hätte. Das Erwachsenenalter galt so vor allem als Phase des Rollen- und Karrieremanagement, dem keine besondere Entwicklungstypik mehr zugesprochen wurde.

In der sozialpädagogischen Beratung (vor allem bei Lebenskrisen) war diese auf die soziale Rollenausübung verengte Definition nie heimisch gewesen. Hier war und ist immer deutlich, daß biografische Brüche und Bewältigungsprobleme auch einschneidende Neuansätze in den Entwicklungs- und Bewältigungslinien der Erwachsenenphase verlangen. Inzwischen hat man aber auch allgemein erkannt, daß im Erwachsenenalter zunehmend unkalkulierbare biografische Risiken und Zwänge zur Selbstverständlichkeit geworden sind, welche eine Umorientierung, wenn nicht gar einen Neubeginn in der Berufsbiografie oder den Partner- und Sozialbeziehungen angesichts einer sich in ihrem Wandel rascher umschlagenden Arbeitsgesellschaft erzwingen können. Das Etikett vom „Lebenslangen Lernen" ist zum Markenzeichen der postmodernen Industriegesellschaft zu Ausgang des zwanzigsten Jahrhunderts geworden. Nimmt man den prekären Prozeß der Entwertung berufs- und sozialbiografischer Erfahrungen in dieser Beschleunigung des Umschlags neuer Technologien und medialer Sozialformen hinzu, bleibt vom „fertigen Erwachsenen", der in der Sicherheit des erlernten Berufs, der einmal gegründeten Familie und der Milieugeborgenheit der lokalen Gemeinschaft lebt, nicht mehr allzuviel übrig. Das heißt nicht, daß es diesen konventionellen Typus nicht mehr gibt, meint aber, daß der tradierte Erwachsenenstatus seine Selbstverständlichkeit eingebüßt und deshalb nicht mehr als alleiniges Maß für die Orientierung am Erwachsenwerden und für die Bewältigung der biografischen Herausforderungen und Risiken im Erwachsenenalter taugt. Dennoch halten Jugendliche und junge Erwachsene - das zeigen die Umfragen der achtziger und neunziger Jahre - ein stabiles Erwachsenenalter mit beruflicher Sicherheit und familialer Geborgenheit sehr hoch.

Angesichts dieses gesellschaftlich induzierten Strukturwandels, einhergehend mit einer steigenden Individualisierung der Berufs- und Familienstrukturen, hat das Erwachsenenalter längst eine sozialisatorische Qualität erhalten. Es wird in diesem Sinne auch inzwischen ohne Skrupel von „Erwachsenensozialisation" gesprochen: Der erwachsene Mensch hat sich immer wieder mit einer sich wandelnden technischen und sozialen Umwelt aktiv auseinanderzusetzen und sich dabei selbst - durchaus im Sinne eines weiteren Entwicklungsprozesses - neu zu formieren. Dies drückt sich auch in der Abkehr der Erwachsenenbildung vom traditionellen sozialanthropologischen Paradigma und der Hinwendung zu interaktionistisch-integrativen Ansätzen aus (Griese 1991). Im Mittelpunkt erwachsenbildnerischer Konzepte steht nicht mehr das Welt- und Menschenbild des „fertigen" Menschen, das es zu formen und bilden gilt, sondern die „sozialisationstheoretische Begründung", in der es um die „soziale[n] Genese der für das Lernen konstitutiven Kompetenzen und des von der Erwachsenenbildung thematisierten Verhältnisses von Krisen- und Stabilitätsbedingungen personaler und sozialer Identität" geht (Dewe/Frank/Huge 1988, S. 119). Dabei muß vor allem auf die biografischen „Zusammenhänge zwischen gesellschaftlicher und lebensweltlicher Erfahrung im Lebenslauf" (Arnold/Kaltschmidt 1986) geachtet werden. In dieser sozialisationstheoretischen und biografischen Perspektive ist dann zwangsläufig auch die Bewältigungsdimension, welche die Sozialpädagogik und Sozialarbeit schon früher in den besonderen Problembezügen der Lebensberatung betont hat, auch in die Erwachsenenthematik eingegangen:

> „Erwachsene Personen entwickeln und verändern sich in der Auseinandersetzung mit Aufgaben, der Definition und Lösung von Problemen und dem reflektierten Umgang mit ihrer materiellen und sozialen Umwelt [...]. Es geht [...] um allgemeine Handlungsfähigkeit und um spezifische Handlungsdispositionen, wie sie in den neueren Beiträgen zur allgemeinen Sozialisationstheorie im Mittelpunkt stehen. [...] Dabei ist es für Erwachsene charakteristisch, daß sie selber an der Wahl ihrer Lebensverhältnisse und damit an der Wahl der Sozialisationsprozesse, denen sie sich aussetzen, beteiligt sind (so bei der Wahl der Ehepartner, Arbeitsplätze, Freizeitaktivitäten)." (Kohli 1984/95, S. 128/129).

Im Erwachsenenalter bildet sich also ein Bewältigungskontext heraus, der von den Betroffenen wesentlich autonomer erlebt und selbständiger gesteuert wird als im Jugendalter. Bewältigungskonflikte im Jugendalter sind dagegen - aus der lebensaltertypischen Widersprüchlichkeit und Spannung dieser Lebensphase heraus - bei den Jugendlichen eher jugendkulturell überspielt und ihnen deshalb biografisch noch nicht so bewußt. Sie vergehen oder stabilisieren sich auch immer meist mit Abschluß der Jugendphase (s.o.) und sind von spezifischen Unterstützungsmechanismen in Familie, Schule und Jugendhilfe flankiert. Während die Jugend neu und dem Vergangenen gegenüber unbefangen in der gesellschaftlichen Kultur agiert, ist es für das Erwachsenenalter typisch, daß vergangene Lebensphasen für Gegenwart und Zukunft uminterpretiert und neu in Selbstbilder integriert werden müssen (vgl. Berger/Luckmann 1969). Das bewußte Wollen des erwachsenen Menschen trägt dazu bei, sich selbst zu verändern, sich Ziele zu setzen und zu verfolgen. Gleichzeitig sind die Erwachsenen den institutionalisierten Erziehungsinstitutionen entwachsen und damit in der Lernmotivation vor allem auf sich selbst verwiesen.

Alle diese Erkenntnisse und Erfahrungen zur Bewältigungsthematik im Erwachsenenalter haben in der Sozialisationsforschung zu dem Fazit geführt, daß das Erwachsenen- und Erwerbsalter in seiner biografisch/gesellschaftlichen Dimension mit dem Rollenkonzept nur unzureichend erfaßt werden kann, weil die Rolle nur die institutionell-funktionalen Segmente des Lebenslaufs abdecken kann. Diskrepanz zwischen Erwachsenenrolle und Erwachsensein zwingt zu einem sozialisationstheoretischen Zugang, der sich in seinen Konzepten dem sozialpädagogischen Erkenntnisinteresse, wie es im Paradigma von der Spannung zwischen Lebensbewältigung und Sozialintegration ausgedrückt ist, entgegenkommt. Skowronek (1984/95) hat diese biografische Bewältigungsdimension in der Erwachsenensozialisation in einer Weise definiert, die auch unserem Bewältigungsparadigma der biografischen Handlungsfähigkeit nahe steht:

„Mit jeder Ausweitung unserer Kenntnis individueller Lebensläufe und Krisenbewältigungen wird deutlich, daß weniger die objektive als die *erlebte* Situation den Ausgang bestimmt. Verlust der Elternrolle, berufliche Blockierung und ähnliche Erfahrungen werden gebrochen durch die individuellen Kognitionen, Fähigkeiten und Erwartungen, durch das individuelle Gefüge von Themen und Techniken der Lebensbewältigung." (S. 156).

Der Hinweis auf die *erlebte* Situation kann wiederum auf die Integritätsthematik des Erwachsenenalters bezogen werden, wie wir sie eingangs bereits systematisiert haben. In der *Biografisierung* der Lebensalter ist das Selbst (und nicht die Rollenerfüllung) stärker zum Bezugspunkt der Bewältigung geworden. Diese Erfahrung der „Biographizität"(Alheit), in der Lebenskontexte als subjektiv auslegbar und gestaltbar empfunden werden, wächst gerade auch im Erwachsenenalter (Alheit 1994, Egger 1994).

Damit ist auch die Spannung von Reversibilität und Irreversibilität der Lebenslaufperspektive - als Grundspannung der Integrität - neu aufgeladen. Sie muß jetzt (strukturell aufgezwungen) stärker *selbst thematisiert* werden, tradierte Antizipationen sind nicht mehr selbstverständlich. Inwieweit mit dieser biografischen Notwendigkeit und Möglichkeit der Neuvergewisserung auch entsprechende sozialstrukturelle Chancen verbunden sind, ist dabei ungewiß, ambivalent (vgl. dazu Kohli 1991). Biografische Reversibilität stellt sich auch hier als Chance und Risiko gleichermaßen dar.

Eng verbunden mit dem Eriksonschen Prinzip der Integrität ist im Erwachsenenalter das Prinzip der *Generativität* (Erikson 1959). Es besagt, daß Erwachsene danach streben, über die Erzeugung von „eigenen Produkten" zu biografischer Eigenständigkeit zu kommen und strukturiert die dominanten Themen der Integritätsarbeit. Im Wunsch, ein gemeinsames Kind zu haben und zu erziehen, drückt sich für Erikson dieses Prinzip besonders aus. Die biografische Sehnsucht, etwas herzustellen, etwas zu schaffen und zu erzeugen - „etwas, das bleibt" - bezieht sich jedoch genauso auf Produkte, wie auf soziale und kulturelle Zustände: z.B. Familienzusammenhalt oder einen vertrauten „sozialen Kreis". So wird verständlich, warum das Hochhalten und Mythologisieren einer stabilen und heilen Familie für den erwachsenen Menschen so wichtig ist, eben weil es ein zentrales Element seiner biografischen Integrität darstellt. Auch das Streben nach der Vereinbarkeit von Selbsterfüllung und sozialer Anerkennung in der Rollenerfüllung (Status) gehört in dieses Spektrum. Was allerdings die Schaffung selbständiger Produkte über Arbeit und Beruf anbelangt, so haben sich mit der zunehmenden Rationalisierung der Arbeitsgesellschaft in der zweiten Hälfte des zwanzigsten Jahrhunderts typische Integritätsprobleme aufgebaut. Eine biografische Erfüllung über Arbeit wird für viele - vor allem wenn sie nicht in einem ritualisierten Arbeitsalltag aufgegangen sind - schwieriger, wenn nicht unmöglich (s.u.). Der Konsum ist deshalb längst für viele zur eigentlichen Szene der Realisierung des Integritätsprinzips geworden: Es geht um die Konsumziele, die ich sukzessive anpeile (Wohnungsausstattung, Reisen, Auto, Luxusgüter etc.) und ihre Erreichbarkeit. Der Konsum ist aber auch in seiner paradigmatischen Qualität der Konfliktharmonisierung und Teilhabeillusion (vgl. Kap.5.3.) zum Bewältigungsraum geworden (vgl. dazu Hochstrasser 1995).

Diese Verschiebung der Integritätsfrage von der Arbeitswelt auf die private Welt des Konsums ist ein postmodernes Phänomen, das nicht mehr hinreichend im traditionellen aufklärerischen Paradigma der „Entfremdung" der Arbeit und der „Kompensation" im Konsum erklärt werden kann. Denn die Menschen entschädigen sich nicht einfach im Konsum, sondern orientieren sich an ihrem biografischen Wohlbefinden, sie trennen Arbeit und Freizeit scheinbar nicht mehr traumatisch, sondern instrumentalisieren die Arbeit und das erzielte Erwerbseinkommen für ihr Projekt Biografie, das so oder so gelingen muß. Bei Jugendlichen sicher deshalb, weil der Beruf oder die Lehre wenig jugendkulturelle Anreize haben. Die Minderqualifizierten zieht das traditionell milieuge-

194

bundene Arbeitsethos nicht mehr, es kann das biografische Wohlbefinden nicht (mehr) speisen. Aber auch bei Höherqualifizierten, bei denen das Interesse an einer befriedigenden und interessanten Erwerbstätigkeit vorhanden oder sogar gestiegen ist, spielen die außerberuflichen Lebensbereiche eine so große Rolle in der biografischen Orientierung, daß Bolte und Voß (1988) sogar von einem Übergang von der „Erwerbsarbeits- zur Lebensarbeitsgesellschaft" sprechen (S. 85).

Dies ist ein Indiz dafür, daß die strukturelle Biografisierung des Erwerbsalters und die Biografisierungsstrategien (als Strategien biografischer Normalisierung) der Erwachsenen einander entsprechen. Man *muß* und *will* sich wohl fühlen um jeden Preis, d.h. durch jedwede Kombination der Vereinbarkeit von Erwerbstätigkeit, Konsum oder soziokultureller Entfaltung außerhalb der Arbeit. Die Arbeit muß im biografischen Spektrum interessant sein, egal ob sie nach außen Sinnhaftes bzw. Sozial- und Umweltverträgliches produziert. Wichtig ist für viele der biografische Kick, der durch die Digitalisierung und Multimedialisierung der Arbeitsabläufe und ihre Beschleunigung eher erhöht, denn geändert wird.

Das veräußerlichte Selbst ist der Dreh- und Angelpunkt. Wenn es bedroht ist, muß es unter allen Umständen wieder ins Gleichgewicht gebracht werden, indem man es für sich neu sucht: sei es durch Stillhalten, Flexibelsein oder durch Schuldzuweisung an sich selbst bzw. den konkurrenten Anderen. Man muß sich ja in der Hand haben. Insofern finden wir die Tendenz zur unbedingten sozialbiografischen Integritätsarbeit - und damit zur sozialen Veräußerlichung der Eriksonschen Integritätsauffassung - bestätigt. Man orientiert sich daran, ob man einigermaßen gut und wohlbehalten mit einem Schuß Wohlgefühl durch- und mitkommt und dabei die sozialen und politischen Bezüge, in die dieses Durchkommen und Mithalten eingebettet sind, in den Hintergrund rücken, in die Zweitrangigkeit.

Man will *sein* Leben gestalten und nicht die gesellschaftlichen Rahmenbedingungen und dabei dennoch das Gefühl haben, gestaltend tätig zu sein. Deshalb ist es auch plausibel, daß politischer und ökologischer Widerstand und Zivilcourage - solange sie nicht das eigene Wohlbefinden symbolisch tangieren, - wie z.B. im Falle der Blutkonserven- oder Rinderwahnsinns-Skandale in den 90er Jahren - wenig unterstützt oder gar belächelt werden: die Leute sitzen auf dem falschen Dampfer, was bringt es ihnen denn?

Daß viele Frauen hier im Durchschnitt sensibler und besorgter scheinen und eher innehalten können als viele Männer, die die äußeren Beschleunigungen der technologischen Entwicklung nicht nur kritiklos mitmachen, sondern sich auch fasziniert dranhängen (die Technologie-, Internet-, Gen- und Rationalisierungsfreaks sind in der Mehrzahl Männer), läßt darauf schließen, daß im alltäglichen sozialbiografischen Integritätsprinzip das Mannsein und Frausein als je differente Antriebe des Selbst genauso zum Zuge kommen, wie sie in den Integritätsproblemen freigesetzt werden.

Aus der sozialpädagogischen Bewältigungsperspektive Lebensbewältigung und Sozialintegration fällt uns weiter auf, daß auch die sozialintegrative Dimension im Erwachsenenalter immer wieder neu thematisiert werden muß. Sowie sich hinsichtlich der psychosozialen Entwicklung die Auffassung durchgesetzt hat, daß der erwachsene Mensch beileibe noch nicht „fertig" und deshalb einem andauernden Sozialisationsprozeß unterworfen ist, muß auch im Bereich des Sozialintegrativen, also der Suche nach sozialem Anschluß und gesellschaftlicher Teilhabe, angenommen werden, daß in der postmodernen Gesellschaft (mit ihrem Verlust und Wandel kultureller und sozialer Selbstverständlichkeiten) immer wieder Umorientierungen erfolgen und neue soziale Gleichgewichte aufgebaut werden müssen. Die soziale Integrationsproblematik bezieht sich nicht mehr nur auf die klassischen Felder sozialer Desintegration - Armut, Arbeitslosigkeit, Trennungen - welche von der Sozialpädagogik und Sozialarbeit in ihren psychosozialen Dimensionen schon immer bearbeitet wurden, sondern geht quer durch den durchschnittlichen Erwachsenenalltag. Im Gegensatz zum Jugendalter stellt sich die Integrationsfrage aber nicht mehr als Teil des sozialisatorischen Entwicklungs- und Generationskonflikts beim Hineinwachsen in die Gesellschaft (wie bei der Jugend), sondern als Problem der biografischen Integrationsformation und -variation. Ebenso sind die Folgen sozialer Desintegration im Erwachsenenalter einschneidender als im Jugendalter, das ja von seinem Strukturierungsprozeß her ein Lebensalter „potentieller Devianz" (Eisenstadt 1956) ist. Soziale Desintegration gilt bei Jugendlichen als biografisch passager und in gewissem Sinne geradezu als Voraussetzung für die spätere gesellschaftliche Integration, während in der Erwachsenen- und Erwerbsphase soziale Ausgrenzung droht. Darauf werden wir in den Abschnitten über Arbeit und Armut noch gesondert eingehen.

Nicht übergangen werden darf in diesem Zusammenhang aber, daß die Bewältigungsproblematik im Erwachsenenalter schichtgebunden ist. Die den Bewältigungshintergrund strukturierende Suche nach biografischer Selbsterfüllung ist wohl für die stärker individualisierte Mittelschicht mit ihrer ausgeprägten Spannung zwischen der Suche nach einem biografischen Selbstkonzept und dem gesellschaftlichen Konformitätsdruck charakteristischer als für die Unterschichten. Diese gelten als einseitig familienzentriert, ihrer gesellschaftlichen Situation gegenüber mehr indifferent (Skowronek 1984/1995, S. 155). Allerdings kann diese Familienzentrierung auch zu typischen Bewältigunsproblemen führen. Wir werden diesen familialen Aspekt der sozialen Schicht auch noch allgemeiner berücksichtigen, wenn wir auf Familie und Partnerschaft als Kristallisationspunkte des Erwachsenenalters eingehen, dabei auch die Tatsache zu bedenken haben, daß ein Großteil des Erwachsenenklientels der Sozialpädagogik und Sozialarbeit aus den unteren Schichten stammt.

An dieser Stelle ist es endlich angebracht, eine disziplinäre Unterscheidung zwischen der Sozialpädagogik/Sozialarbeit des Erwachsenenalters (auch: soziale Andragogik) und der Erwachsenenbildung zu treffen. Dies gelingt sicher nicht durch eine eindeutige Abgrenzung, denn es gibt zu viele Überschneidungen und Gemeinsamkeiten, und nicht zuletzt hat die Erwachsenenbildung eine Reihe sozialpädagogischer Methoden adaptiert (vgl. dazu Geißler/Ebner 1984/95, Krüger 1984/95). Deshalb bietet es sich an, von einer unterschiedlichen Schwerpunktsetzung auszugehen. Während die Erwachsenenbildung im Bereich der Informationsvermittlung und Alltagsberatung, des nachholenden Lernens (was man an Sprachen, Technik, Allgemeinbildung etc. in der Schule nicht gelernt hat, bzw. was inzwischen wichtig geworden ist) und der Persönlichkeitserweiterung tätig ist, bietet die Sozialpädagogik und Sozialarbeit vor allem Hilfen bei psychosozialer Handlungsunfähigkeit und sozialer Desintegration und Ausgrenzung an. Gleichzeitig gibt es inzwischen Arbeitsfelder, wie z.B. die Frauen- und Männerarbeit, in denen Kompetenzen der Selbsterfahrung, Interessenartikulation und Problembewältigung so ineinander verschränkt zu erwerben sind, daß die Kooperation von Sozialpädagogik und Erwachsenenbildung auf der Hand liegt.

Wenn wir nun das Erwachsenen- und Erwerbsalter als Bewältigungskonstellation im Sinn unseres sozialpädagogischen Modells der Lebensbewältigung/Sozialintegration strukturieren, so sehen wir, daß alle vier Grundsegmente der Bewältigung lebensaltertypisch in den Blickpunkt geraten:

- Die *Betroffenheitsdimension* in der Integritätsproblematik des Erwachsenenalters in dem „Erwachsenensein", das sich vor allem im Mannsein und Frausein ausdrückt. Biografische Krisensituationen können sich zu Integritätskrisen verlängern, da das Selbst auf dem bisher biografisch Erreichten und Gewohnten ausgerichtet ist. War das Selbst in seinen Bezügen vor allem nach außen gerichtet - auf die Erwerbsrolle, auf den/die Partner(in) - dann ist mit dem Verlust von Arbeit oder Partnerschaft damit zu rechnen, daß die bisher biografisch aufgebaute äußere (soziale) Identität geschwächt wird oder zusammenbricht und das innere Selbst bewältigungsrelevant hervortritt. Dann zeigt sich, ob man noch in der Lage ist, einen Weg zu sich zu finden, ob und wie man bisher mit sich und seinem Mann- und Frausein umgegangen ist. Denn Lebenskrisen auch im mittleren Alter setzten die tiefenstrukturelle Spannung zwischen Bindung und Verlust frei, die den Menschen seit der frühen Kindheit in ihrem Banne hält und die Geschlechtsidentität formt. Dabei tritt gegenüber den jüngeren Jahren das Biografische (wie bin ich bisher damit umgegangen) stärker in den Vordergrund.

- Die *Orientierungsdimension* in den anomieerzeugenden Diskrepanzen zwischen Alltagsleben und gesellschaftlichen Umbrüchen. Dies wird vor allem am Wandel der Arbeit und der Armut deutlich (s.u.). Anomische Erfahrungen bekommen bei zunehmendem Alter ein biografisches Gewicht, wirken auf die eigene Integrität zurück. Wenn ich arbeiten will, gut ausgebildet bin und trotzdem immer wieder erfahre, daß ich keine Arbeit bekomme, nützt mir das Wissen um die Krise der Arbeitsgesellschaft wenig. Vielmehr ist abzusehen, daß der Selbstwert sinkt, daß Selbstwertgefühl und biografisch bislang gefestigtes Kompetenzbewußtsein zunehmend auseinanderfallen, wenn nicht eine neue Selbstwert- und Kompetenzlinie aufgebaut werden kann. Dies ist z.B. in der sozialen Entfaltung kultureller „Tätigkeit" (Glaser 1996) möglich, die - außerhalb der Erwerbsarbeit - neuen Selbstwert aus dem eigenen Vermögen heraus vermitteln kann.

- Die *Dimension des psychosozialen Rückhalts*, dessen Selbstverständlichkeit angesichts der Auflösung tradierter Milieus und der Infragestellung sozial-staatlich gewährter sozialer Sicherheit brüchig geworden ist. Im Erwachse-nenalter ist Sicherheit vor allem die Hintergrundsicherheit, auf der die Bio-grafie gründet (s.o.). Dies spiegelt ja auch unser Rentensystem wider: mit dem, was ich zunehmend geleistet habe, was ich geworden bin, bin ich später verläßlich und selbstverständlich abgesichert. Diese biografische Definition psychosozialer Sicherheit muß man von der sozialen Risikoabsicherung (wenn mir was passiert, bin ich abgesichert) und der Einkommenssicherung (wieviel Lohn brauche ich, um über die Runden zu kommen) unterscheiden, Kürzungen mit scheinbar geringen Einkommenseffekten werden von Arbeit-nehmern dann als schwerwiegend empfunden, wenn sie Bereiche dieser bio-grafischen Selbstverständlichkeit der Sicherung tangieren (z.B. Kürzung der Lohnfortzahlung im Krankheitsfall). Auch an unserem Beispiel des Alkoho-lismus werden wir sehen, wie man sich an die Suchtbiografie als Rückhalt klammert und der Zwang ihrer Aufrechterhaltung den Schein des Einer-Lage-Gewachsenseins wahren kann.

- Die *Normalisierungsdimension*, vor allem in Hinblick auf die Entwicklung, daß immer wieder individuelle Handlungsfähigkeit durch strukturelle soziale Überforderung bedroht ist. Im Gegensatz zum Jugendalter, in dem Suche nach Handlungsfähigkeit und Normalisierungshandeln oft an der selbstwertbedro-henden Situation und nicht - oder erst in zweiter Linie - an der Vereinbarkeit mit den herrschenden Normen ausgerichtet (und damit eher devianzträchtig) sind, versuchen Erwachsene in der Regel auch in Krisensituationen Konformi-tät zu wahren und Handlungsfähigkeit nicht über öffentlich sichtbares abwei-chendes Verhalten zu suchen. Dieses „öffentlich sichtbar" ist nun insofern von Bedeutung, als beobachtbar ist, daß Erwachsene sich unter sozialem Druck in den „normdiffusen" Bereich des Nichtöffentlichen, Privaten zu-rückziehen und dort Handlungsfähigkeit und Normalisierung zu erlangen su-chen. Dort - in der Familie oder aber auch im privaten Umgang mit sich selbst - kann es dann zu Akten der Gewalt und Abhängigkeitserzwingung, der Selbst-beschädigung und sozialen Isolierung kommen, die im Kern Suche nach Handlungsfähigkeit auf Kosten anderer - z.B. der Schwächeren in der Familie - oder in der Gewalt gegen sich selbst - z.B. Medikamentenmißbrauch - signa-lisieren. Die arbeitsgesellschaftliche Trennung der Lebensbereiche in öffent-lich und privat läßt vor allem im Privatraum der Familie (s.u.) interventions-abwehrende und damit faktisch normbeliebige Tabu- und Willkürzonen ent-stehen, in denen von der gesellschaftlichen Norm abweichendes Verhalten - z.B. Gewaltverhalten in der Familie - nicht als normwidrig empfunden wird und deshalb nur die Aufrechterhaltung der Handlungsfähigkeit im Vordergrund des subjektiven Empfindens steht. Solche Erwachsene können genauso Unrechtsbewußtsein zeigen wie Jugendliche. Wir werden dies an den Beispielen der innerfamilialen Bewältigungsfallen und vor allem der Alkoholabhängigkeit näher behandeln.

Im folgenden sollen nun - in dieser biografischen Bewältigungsperspektive - einige Schlüsselprobleme herausgearbeitet und systematisiert werden, mit deren Kenntnis die sozialpädagogischen Zugänge zum Problemkreis Erwachsenenalter - in Beratung, Krisenintervention und sozialer Unterstützung - strukturiert werden können. Es sind dies: die geschlechtstypischen Bewältigungsmuster, die kritische Familienkonstellation, die Probleme bei der Bewältigung einer gemeinsamen Biografie in der Partnerschaft, die Kontexte biografischer und sozialer Entwertung angesichts von Arbeitslosigkeit und Armut und die Abhängigkeitsthematik im Suchtverhalten. Ich gehe davon aus, daß diese Schlüsselprobleme so exemplarisch sind, daß sie ein sozialpädagogisches Hintergrundwissen zur Bewältigungsthematik im Erwachsenenalter vermitteln können.

6.2 Männliche und weibliche Bewältigungsprinzipien

Im Kindes- und Jugendalter steht die Geschlechtersozialisation im Mittelpunkt der Identitätsentwicklung in der Tiefendynamik von Bindung und Ablösung, Selbstbezug und sozialer Orientierung (s.o.). Die Entwicklungsdimension verdeckt noch weitgehend die Bewältigungsdimension, wenngleich wir gesehen haben, daß gerade schon in der Jugendphase große Bewältigungsprobleme auftreten, die "typisch" männliche und weibliche Muster der Bewältigung aufscheinen lassen. Daß Gewalttätigkeit Jugendlicher überwiegend von jungen Männern aus Cliquen heraus ausgeübt wird, wirft ein bezeichnendes Licht auf diesen Zusammenhang.

Im Erwachsenenalter, in dem der Prozeß der Findung der Geschlechteridentität weitgehend abgeschlossen scheint, gibt es - gerade aus der Bewältigungssicht der Sozialarbeit - zwei typische Konstellationen, in denen die erworbene Geschlechteridentität des Mann- und Frauseins brüchig, die Selbstverständlichkeit der erlernten und inzwischen biografisch tradierten Geschlechterrolle in Frage gestellt ist. Anläßlich kritischer Lebensereignisse und krisenhafter Brüche in der Biografie ist mit zwei Prozessen zu rechnen, welche die Stabilität der Erwachsenenidentität geschlechtstypisch in Frage stellen können:

- Die im vorgängigen Sozialisationsmodus erworbene Sicherheit in den Geschlechterrollen wird so aufgebrochen, daß eine nochmalige und neue sozialisatorische Strukturierung der Geschlechteridentität verlangt wird.

- Männer und Frauen werden in einer Art und Weise mit ihrem Selbst - und damit vor allem auch mit ihrem Mannsein und Frausein - konfrontiert, daß sie in eine Bewältigungsfalle geraten können. Sie müssen nicht nur das kritische Lebensproblem, sondern gleichzeitig das in ihm aufgebrochene Mannsein und

Frausein bewältigen. Erst dann entscheidet sich, über welche Bewältigungs-kompetenzen Mann/Frau aus dem Selbst heraus verfügen können.

Beide Aspekte verweisen auf die Biografisierung des Erwachsenenalters. Mann/ Frau kann sich nicht mehr auf tradierte Bewältigungsmuster und Unterstützungskontexte verlassen, sondern ist den krisenhaften Ereignissen in toto, das heißt in seiner/ihrer gesamten biografischen Befindlichkeit ausgesetzt. Die daraus resultierende Erfahrung der Entwertung wird verstärkt durch die Konfrontation mit der eigenen (innerpsychischen) Hilflosigkeit, die, wie wir wissen, deutlich männlich und weiblich geprägt ist. Kritische Lebenssituationen decken also auf, über welche biografischen Bewältigungskompetenzen der Mensch verfügt. Da gerade bei sozialer Desintegration die alltäglichen sozialen Netzwerke und Unterstützungssyteme nicht mehr greifen oder dysfunktional geworden sind (z.B. beim Phänomen der Co-Abhängigkeit beim Alkoholismus, s.u.), ist man auf seine leibseelische Zustandsbefindlichkeit und sein Betroffensein zurückgeworfen.

Die in solchen Situationen aufbrechende Männlichkeit und Weiblichkeit kann sich - so A. Gruen - nicht nur situativ von der vorher im Alltagsleben gespielten Männer- und Frauenrolle unterscheiden, sondern tritt auch als differentes Mann- und Frausein hervor. Frauen verfügen danach über weibliche Bewältigungsmuster, welche ihre Integrität trotz sozialer Desintegration - eben als Frau in ihrer Verbundenheit zur Natur - sichern können, während Männer auch in ihrem inneren Selbst zu stark an das Außen gebunden sind und deshalb sozialer Desintegration stärker ausgeliefert sind. Ein spektakuläres, aber bezeichnendes Beispiel hat in Ostdeutschland nach der Wende das Ehepaar Honecker abgegeben. Er - Staats- und Parteichef - verfiel nach seinem Sturz, sein Selbst war ganz an das Außen gebunden; sie - Ministerin - konnte ihr weibliches Selbst als Mutter reaktivieren und dies auch als neue soziale Rolle nach außen transformieren.

Wir können also davon ausgehen, daß Männer und Frauen für die Bewältigung von Krisensituationen geschlechtstypisch gerüstet sind. Wohlgemerkt, es handelt sich im folgenden um eine Durchschnittstypologie, die Übergänge, Grenzen und Anteile sind fließend. Schon A. Gruen hat uns darauf aufmerksam gemacht, daß Männer und Frauen in Krisensituationen erst einmal beide mit ihrer Hilflosigkeit konfrontiert werden. Es geht also um die unterschiedlichen Fähigkeiten des Umgangs mit dieser Hilflosigkeit des Selbst. Dieses individuelle Bewältigungsverhalten wird aber sozial unterschiedlich bewertet. So kann es kommen, daß Frauen zwar subjektiv besser mit ihrem bedrohten Selbst umgehen können als Männer, daß dies aber gesellschaftlich wenig anerkannt wird: Frauen nehmen sich zurück und verschwinden aus der gesellschaftlichen Aufmerksamkeit, während Männer - gerade wenn ihre Hilflosigkeit nach außen abgespalten ist (s.o.) -, eher familiale und soziale Aufmerksamkeit erhalten.

Hier ist bereits das typische, das männliche Bewältigungsverhalten strukturierende Prinzip des "Außen" angesprochen. Was in der männlichen Sozialisation angelegt ist, der erzieherische und soziale Druck, nach außen zu agieren und den Zugang zu den eigenen Gefühlen immer wieder verwehrt zu bekommen, wird im Erwachsenenalter als Bewältigungsmuster freigesetzt. Dieses Prinzip der *Externalisierung* ist durch ein Zusammenspiel von nach außen orientierter Wahrnehmung und Handeln und einem Mangel an Bindungen und Verbindungen zu sich selbst (Nichtbezogenheit) gekennzeichnet. Mit der Externalisierung verbunden ist eine mangelnde Fähigkeit zur Empathie, und das bedeutet auch: eine relativ schwache Beziehungs- und Gruppenfähigkeit. Externalisierung beinhaltet ein Verbot und eine Warnung vor dem Innen: "Wenn du dich mit dir selbst beschäftigst, merkst du, wie schlecht es dir geht". Dieses Bewältigungsprinzip korrespondiert mit der traditionellen geschlechtshierarchischen Definition des Mannes in der gesellschaftlichen Arbeitsteilung: Er soll erwerbsarbeitszentriert sein, sich der Konkurrenz aussetzen, andere verdrängen können und dabei keine Schwächen zeigen.

Diese Außenorientierung entspricht einer hohen Angst vor Verlust und Auflösung von Bindungen, besonders im Bezug zu Frauen. Männerberatungsstellen berichten immer wieder, daß die Unfähigkeit, Bindungsverluste und Verlassenwerden zu ertragen, die Männer am stärksten treffe und ohnmächtig mache. Dies geschehe vor allem dann, wenn die familialen und partnerschaftlichen Bindungen von den Männern als bisher selbstverständlich, ja als Besitz wahrgenommen wurden. Viele Männer reagieren dann entweder mit Anklagen, daß ihnen etwas "weggenommen" wird, oder sie versuchen, Bindungen wieder mit Gewalt herzustellen ("Gewalt aus Liebe"). Auch nach außen gerichteten Rationalisierungen des Verlustdilemmas sind zu beobachten: die Frau als erbarmungslose Kontrahentin um das biografische Glück und um die Kinder.

Das unbewußte Zusammenspiel von Externalisierung und Verlustangst führt dazu, daß Männer "alles unter *Kontrolle*" haben wollen. Der Mann braucht die Verläßlichkeit des Funktionierens nach Innen und Außen. Der abwesende Vater ist in der Familie, der abwesende Chef in der Firma immer präsent. Kontrolle als Funktionskontrolle verträgt keine Störungen, besonders nicht seitens der eigenen Gefühle und vor allem keine Empathie für jene, die scheitern. Kontrolleinbrüche - wir werden das am Beispiel des Alkoholismus vertiefen - drohen zum endgültigen Zusammenbruch des Selbst zu führen. Nur so ist zu erklären, daß manche Männer versuchen, Kontrolle um jeden Preis - bis hin zur Gewalt - aufrecht zu erhalten.

Dem Prinzip Kontrolle entspricht das Prinzip *Stummheit*. Männer reden viel und über alles - Frauen, Autos, Börse, Vereine, Chefs, Karrieren anderer - aber kaum über sich selbst. Sie lassen wenig von sich heraus, das Innere zählt ja auch nichts im männerbündlerischen Wettbewerb um den Anschein, daß bei einem innen drin, zu Hause und auf Arbeit alles funktioniert. Männer scheinen sich "ohne viel Worte" zu verstehen. In der Beratung muß dann erst versucht werden, das Außen, das Problem, das Delikt, den Kollegen- und Funktionsdruck abzutrennen und den Männern einen Raum anzubieten, in dem sie von *ihren* Ängsten und damit von sich selbst sprechen können. Das geht natürlich nicht so schnell, denn Männer versuchen auch noch in der Beratungssituation Leistung zu bringen, indem sie alle möglichen Erklärungen für ihr Verhalten und ihren Zustand anbieten und mit den Verständnisangeboten der Beratung konkurrieren wollen.

Denn Männer wollen im Durchschnitt ihre Lebensprobleme unbedingt *rational* bewältigen. Diese Überbewertung der äußeren Logik der Dinge und Abwertung der inneren Gefühlslogik führt dazu, daß Männer sich wohl fühlen, wenn sich die Sachzwänge durchsetzen und unwohl, wenn sie auf Gefühle und Hilflosigkeit gestoßen werden. Diese werden dann in der äußeren Hierarchie der Rationalität - der Fortschritt kann darauf keine Rücksicht nehmen - weggeschoben. Es war bezeichnend, zu sehen, wie in der Rationalisierungs- und Steuerungsdiskussion in der Sozialarbeit vor allem die männlichen Kollegen das Sagen hatten und sich weit aus dem Fenster lehnten. Ähnlich wie in der ökonomisch-technologischen und der gentechnischen Fortschrittsdiskussion grassiert auch in der Sozialarbeit der Fortschrittszwang (die Entwicklung wird kommen, ob wir wollen oder nicht) und die männliche Angst vor der Störung der technologischen Rationalität durch "irrationale", weil gefühls- und naturbezogene Einwände.

Dem Prinzip der männlichen Externalisierung entspricht im Bewältigungsspektrum vieler Frauen das Prinzip *Innen*. Die amerikanische Sozialpsychologin Carol Gilligan (1984) hat in einer Untersuchungsreihe mit weiblichen und männlichen jungen Erwachsenen versucht, das weibliche Bewältigungsprinzip Innen zu strukturieren. Am Beispiel von Konfliktlösungen zeigt sie, daß Frauen vor allem in Beziehungsgeflechten denken und sich bei der Konfliktaustragung für das Wohl anderer verantwortlich fühlen. Frauen sind danach in ihrem Sozialverhalten stärker auf Beziehungen angewiesen, fürchten durch Leistungsdruck und Konkurrenz isoliert zu werden, während Männer Angst haben, durch Bindungen ihrer Selbständigkeit (und damit Konkurrenzfähigkeit) verlustig zu gehen. Sie schreibt den Frauen das Bewältigungsprinzip des *Care* zu, der Anteilnahme und Fürsorglichkeit, des Gebens und Helfens, möglichst ohne andere dabei zu verletzen.

Die feministische Kritik an dieser Interpretation des Weiblichen hat Birgit Rommelspacher (1992) in der Richtung formuliert, daß sie Gilligan vorwirft, die von ihr so definierte Care-Moral aus den historischen Entstehungsbedingungen der herrschenden geschlechtshierarchischen Arbeitsteilung herauszulösen und die damit verbundenen Zurücknahmen, die sich Frauen auferlegen, nicht mehr zu erkennen. Sie fragt dagegen, ob Fürsorglichkeit und Rücksichtnahme nicht auch Ausdruck von Ohnmacht und "Aggressionshemmung" sein können, die verhindern, daß Frauen auch praktisch Stärke zeigen und sich gegen andere - vor allem gegen Männer - durchsetzen können.

Diese Position wird auch von der empirischen Mädchen- und Frauenforschung (vgl. Funk 1991) gestärkt. Zwar wird konzidiert, daß die Innenorientierung

Mädchen und Frauen Vorteile bringt, indem sie eher Zugang zu ihrer eigenen Innenwelt haben als Jungen und Männer, und früh lernen, ihre eigenen Gefühle wahrzunehmen, auszudrücken, sich von ihnen leiten zu lassen und sensibel für die Gefühle anderer zu sein. Diese Innenorientierung werde allerdings von der Außenwelt - in der Kindheit und Jugend und von den Eltern - als minderwertig gegenüber der Außenorientierung der Jungen und Männer empfunden. Zwar wird Mädchen und Frauen Schwäche, Trauer und das Bedürfnis nach Geborgenheit eher zugestanden als Jungen und Männern, es wird aber nicht zu den Stärken von Mädchen und Frauen gerechnet, die man fördern soll, sondern eher zu den Eigenheiten, die sie haben und die man den Männern nicht unbedingt zumuten soll. Angesichts der mangelnden Anerkennung dieser Fähigkeiten von außen, versuchen Mädchen und Frauen in der Regel auch nicht, sich nach außen zu artikulieren, sondern fressen vieles in sich hinein und empfinden es als selbstverständlich, daß sie ihre Lebensschwierigkeiten bei sich behalten, so daß eine *Symptomatik der Verschwiegenheit* (Funk) besteht. SozialpädagogInnen müssen deshalb einen Blick dafür entwickeln können, was Mädchen und Frauen mit sich herumtragen, müssen Gesten und Verhaltensweisen in Richtung dieser Symptomatik der Verschwiegenheit deuten können. Dies ist vor allem bei sexuellem Mißbrauch in der Familie wichtig, wo sowohl die Mädchen als auch die Mütter diese Verschwiegenheit aufrechterhalten, auch wenn sie sichtbar darunter leiden (vgl. dazu Funk 1997). In der sozialpädagogischen Arbeit mit Mädchen und jungen Frauen sind deshalb weibliche Persönlichkeiten als Gewährsfrauen gefragt; Frauen, die Mädchen und junge Frauen ermuntern und ihnen vorleben können, daß man seine Lebensschwierigkeiten nach außen tragen kann. Dabei gilt es, tradierte Muster aufzulösen, die Frauen auf die ihnen zugeschriebenen fürsorgerischen und emphatischen Fähigkeiten festlegen. Sie sollten sich vielmehr in ihrem Eigensinn und ihrer Differenz selbst thematisieren können, die Angst verlieren, sich ohne männliche Rückendeckung öffentlich zu bewegen und nicht immer versuchen - von der Familie bis in den Beruf hinein - ihre Autorität von der männlichen abzuleiten.

In der Praxis der Sozialpädagogik und Sozialarbeit finden wir in diesem Zusammenhang aber noch höchst widersprüchliche Zugänge zur Bewältigungsdimension des Frauseins. Auf der einen Seite konservieren viele der Familienhilfen in den Allgemeinen Sozialen Diensten ein Frauenbild, das die Frau als Mittlerin in Familienkonflikten "benutzt", und arbeiten bewußt oder unbewußt mit dem Bild der Mutter als Garant des Familienzusammenhalts, die zurückstecken und etwas aushalten kann. Auf der anderen Seite wollen die Frauenhäuser und Frauenberatungen die Mutter als Frau stärken und eher aus der Familie, die ihnen das eigene Frausein verwehrt, herauslösen und zu einer eigenen Lebensdefinition auch *gegenüber* ihrer Familie bringen.

Spätestens an dieser Stelle könnte nun der Einwand kommen, hier würde eine Dichotomisierung des Mann- und Frauseins, eine Festschreibung einer Geschlechterdualität betrieben, welche in der Wirklichkeit der Verhältnisse der Geschlechter doch gar nicht mehr so deutlich gegeben sei. Inzwischen gäbe es doch Schüler-, Berufs- und Konsumkulturen, in denen Männer und Frauen selbstbewußt und gleichberechtigt miteinander umgehen. Abgesehen von der Frage, inwieweit solche Beobachtungen überhaupt unabhängig von der jeweiligen sozialen Schicht verallgemeinerbar sind, wird der uns inzwischen geläufige Unterschied zwischen System- und Sozialintegration nicht beachtet. Auch wenn im sozialintegrativen Bereich Männer und Frauen sich immer wieder aufeinander zubewegen und sich im Alltäglichen Selbstverständlichkeiten des Gleichseins schaffen, ist damit der weiterwirkende systemintegrative Zwang zur (geschlechts-)hierarchischen Arbeitsteilung nicht außer Kraft gesetzt, sondern kann gerade in der Krise der Arbeitsgesellschaft zur „Mystifikation" der Geschlechtsneutralität führen (Benjamin 1990). Das systemintegrative Hierarchieprinzip wirkt strukturell und übt dort seinen Zwang aus, wo es Männer und Frauen nicht mehr kommunikativ und diskursiv in der Hand haben, geschlechtshierarchische Einwirkungen abzubauen: In der Arbeitslosigkeit, bei konflikthaften Scheidungen, überforderten Familienkonstellationen, aber auch in alltäglich verschärften Konkurrenz- und Streßsituationen. Uns geht es also in der Sozialpädagogik nicht darum, die Geschlechterdualität zu verstärken, sondern zu erkennen, daß in psychosozialen Krisensituationen, dort wo sozialintegrative Muster versagen, männliche und weibliche Bewältigungsprinzipien bewältigungsintensiv hervortreten.

Wir begreifen also, daß die Gesellschaft aus ihrem Verständnis der geschlechtshierarchischen Arbeitsteilung heraus Männer und Frauen in ihren Verhaltensmöglichkeiten so definiert, daß sie auch in dieses geschlechtshierarchische System passen. Das geschieht weniger über Zwang, sondern verläuft über hegemoniale kulturelle Prozesse, in denen Geschlechter sozialisiert und sozial konstruiert werden (s.o.), in denen Männer und Frauen solche Definitionen in ihr Selbstbild integrieren und so zur alltäglichen Normalität werden lassen, daß Gegenentwürfe des Mann- oder Frauseins nicht nur schwer durchsetzbar sind, sondern auch immer wieder subjektiv zurückgewiesen und sozial ausgegrenzt werden.

Auch die Sozialarbeit hat solche Männlichkeits- und Weiblichkeitsdefinitionen übernommen, arbeitet und "rechnet" mit diesen durchschnittlichen Typen männlichen und weiblichen Bewältigungsverhaltens. Man nennt diesen Vorgang geschlechtstypische *Klientelisierung*. Sozialarbeit will ja an den Bedürfnissen ihrer Klienten ansetzen, sie heute gar als Kunden gewinnen, und so wie es in den sozialen Schichten, mit denen sie es hauptsächlich zu tun hat, schwer ist, ein reflexives Selbstbild eigenen Mann- oder Frauseins mitzubekommen, "wollen" auch viele dieser Klienten gar nichts anderes und drohen eher orientierungslos zu werden, wenn sie ihr gewordenes Geschlechterverständnis aufgeben sollen: "Die traditionelle Frauenrolle verspricht geordnete und sichere Lebensverhältnisse, sie erscheint einfacher und übersichtlicher als die Entwicklung einer eigenen Lebensperspektive als Frau" (Holzkamp/Rommelspacher 1991, S. 18).

Ebenso verunsichernd für die Sozialarbeit sind Befunde, welche die gängigen Definitionen des Frauseins und die weiblichen Bewältigungsprinzipien des *Innen* von ihrer dunklen Seite her thematisieren: So wird darauf aufmerksam gemacht, daß Frauen ihre fürsorglichen Tugenden primär im Binnenbereich der Familie erworben haben und gleichzeitig - vor allem die Frauen aus den unteren Schichten - keine oder wenig (und zumeist nur über den Mann vermittelte) Erfahrungen mit der gesellschaftlichen Außenwelt haben. Diese ist für sie unübersichtlich und kann zur Bedrohung werden, wenn die eigene Familie in eine Krise gerät. Dann versuchen Frauen - wenn die Sorge um die Familie in Angst umschlägt - diese Angst von der Familiensituation abzuspalten und auf Schwächere - z.B. sozial Schwächere oder ausländische Familien - zu projizieren. Vor diesem Hintergrund kommen Holzkamp/Rommelspacher zu dem Schluß, daß "in der den Frauen abverlangten Fürsorge für den (eigenen) Mann, das 'eigene' Kind, strukturell Ausgrenzung und Fremdenfeindlichkeit angelegt sind" (1991, S. 19). Aber auch in der Familie selbst können die den Frauen zugeschriebenen fürsorglichen Haltungen umschlagen, vor allem dann, wenn die Familie strukturell überfordert ist (s.o.). Von der Mutter wird dann alles erwartet: Sie soll wie selbstverständlich die Familie zusammenhalten, auch wenn sie sich dazu nicht in der Lage fühlt. Diese Überforderung kann mit der Zeit zur Gewalt gegen Kinder und schließlich zur Selbstzerstörung führen (vgl. auch Funk 1997). Generell kann bei Frauen in der Familie das eintreten, was wir im nächsten Kapitel als "Modernisierungsfalle" beschreiben werden: Die idealisierte Zuschreibung weiblicher Tugenden schränkt Frauen ein, sie klammern sich daran, auch wenn sie sehen, daß sie damit bei den Kindern und in der Ehe nicht zurechtkommen. Sie machen sich dann verantwortlich für das Fehlverhalten der Kinder oder des Ehemannes und sind zwischen Schuldgefühlen und hilfloser Wut auf sich selbst (manchmal als Gewalt gegenüber den schwächeren Kindern) hin und her gerissen (vgl. dazu Zeltner 1996).

Nun setzt das die Erkenntnisse von C. Gilligan nicht so ohne weiteres außer Kraft. Es zeigt nur, daß der soziale Kontext und die soziale Praxis wichtig sind, in denen Frauen sich bewegen und ein Mittelschichtcollege mit relativ geschlechterumgänglichen Kommunikationskulturen (Gilligans Untersuchungsfeld) eben etwas anders ist, als eine sozial bedrohte Unterschichtfamilie oder eine Mittelschichtfamilie in der Erziehungs- und/oder Beziehungskrise.

Festzuhalten bleibt die Ambivalenz des Prinzips Innen, die darin besteht, daß Frauen sich mit ihren eigenen Betroffenheiten wenig nach außen artikulieren. Sie haben es nicht gelernt und fressen es eher in sich hinein und empfinden es als selbstverständlich, daß sie ihre Lebensschwierigkeiten für sich behalten. Die Sozialarbeit in der Familien- und Lebensberatung hat also nicht nur mit der *Stummheit der Männer*, sondern auch mit der *Symptomatik der Verschwiegenheit* bei den Frauen zu kämpfen. Dies wird nicht nur bei eigenen Bewältigungskrisen, sondern auch bei familialen Krisen und Katastrophen wie sexueller Gewalt zum Problem. Deshalb müssen SozialpädagogInnen einen Blick für das Gebaren und das Ausdrucksverhalten der Männer und Frauen entwickeln können, um ihnen ihren Zustand "auf den Kopf zusagen" zu können und damit die Situation schaffen, in der diesen nichts anderes übrigbleibt, als die eigene Befindlichkeit offenzulegen. Oft spüren die SozialarbeiterInnen auch in diesen Situationen Erleichterung bei den KlientInnen. Wir werden im Interventionsteil auf diese wichtige professionale Kompetenz der Beobachtung wieder zurückkommen.

Nun darf diese, wegen der Systematik vielleicht doch etwas zu sehr ins Duale geratene Typologie nicht den Eindruck aufkommen lassen, Männer „besäßen" vorwiegend externalisierte und Frauen „hätten" nur nach innen gerichtete Fähigkeiten. Schon das geschlechtstypische Sozialisationsmodell im Kindes- und Jugendalter hat uns gezeigt, daß es Mädchen und Jungen unterschiedlich *verwehrt* wird, Außen- und Innenkompetenzen zu entfalten. Die Geschlechterdualität konstituiert sich also nicht aus einem Kompetenz-, sondern aus einem *Dominanzproblem*: Die geschlechtshierarchische Arbeitsteilung gibt vor, was sich in den verschiedenen Lebensbereichen durchsetzt und selektiert gleichzeitig die Zugänge und Gratifikationen für Männer und Frauen. Männliche Außenorientierung ist damit eine Funktion gesellschaftlich abverlangter, d.h. struktureller männlicher Dominanz.

6.3 Die Familie als Bewältigungsfalle und Unterstützungssystem

Die kurze Sozialgeschichte der Familie hat uns deutlich gemacht, daß die bürgerliche Kleinfamilie - gleich welche Familienform sie heute annimmt - durch typische Spannungszustände gekennzeichnet ist, die alltäglich bewältigt werden müssen und deren Nichtbewältigung die Sozialpädagogik/Sozialarbeit in Form der Familienhilfen und Familienberatung auf den Plan ruft. Eine Sozialpädagogik der Familie setzt also an diesen strukturellen Spannungen und ihren Balancen an, die im Folgenden systematisiert werden sollen.

Mit der historisch gewordenen Trennung von Öffentlichkeit und Privatheit, von der die Familie typisch betroffen ist, ist sie in eine besondere Bewältigungsfalle geraten. Sie sieht sich einer öffentlichen Erwartungshaltung ausgesetzt. Den damit verbundenen Erwartungsdruck müssen Familien aber privat umsetzen und aushalten, da es keine öffentlichen Räume gibt, um Bewältigungsprobleme und -krisen öffentlich rückzubinden. Wir können es uns am extremen Beispiel der Gewalt in der Familie vergegenwärtigen: Die Gesellschaft propagiert das harmonische und stabile Familienbild heiler Intimität, das sich aber keinesfalls mit der Realität von Familien verträgt, in denen Überforderungssyndrome und sich privat abreagierendes Aggressionsverhalten zu Gewalttätigkeit gegen die jeweils Schwächeren (Frauen, Kinder) führen können. Die Mutter als zentrale Innenfigur der Familie traut sich meist nicht, die diffuse Gewalt nach außen öffentlich zu machen. Nicht nur weil sie sich vor der Rache des Mannes fürchtet und deshalb Angst vor neuer Gewalttätigkeit hat, sondern deshalb, weil sie um den Bestand der Familie besorgt aus ihrer familialen Geschlechterrolle heraus - als emotionaler Zusammenhalt der Familie - nicht selten ein eigenes Schuldgefühl in der Richtung entwickelt, daß sie glaubt, zu wenig für die Familie getan und die Katastrophe der Gewalt mit verursacht zu haben. Der Vater - oft Täter - als dominante Außenfigur der Familie versucht in der Regel krampfhaft in der Öffentlichkeit seines Stammtisches, der Arbeitskollegen und des Betriebes den Schein aufrechtzuerhalten, daß „seine" Familie (und damit auch er) funktioniert. So kommt familiale Gewalt - von der Mißhandlung bis zum sexuellen Mißbrauch - meist nur über körperliche Anzeichen- und Verhaltenssymptome, welche die Kinder nach außen tragen, ans Licht. An diesem Beispiel wird vor allem auch deutlich, daß die Familienmitglieder - vor allem die Eltern - das strukturelle Auseinanderfallen von Öffentlichkeit und Privatheit internalisiert haben und im Alltagshandeln jeweils neu reproduzieren und stabilisieren.

Solche familialen Bewältigungsfallen sind in der Literatur mit dem Begriff der „Modernisierungsfalle" (Wahl 1989) versehen worden. Damit ist das Problem gemeint, daß sich im Verlauf der Modernisierung die Funktions- und Interaktionswirklichkeit der Familien grundlegend verändert haben, das gesellschaftliche Familienbild und das Familienverständnis aber im großen und ganzen traditional gleich geblieben sind. Stereotype Überzeugungsbilder wie „eine Familie gehört zusammen", „in der Familie ist es am schönsten, wenn alle an einem Tisch sitzen", „in einer Familie können bestimmte Dinge (z.B. Gewalt) doch gar nicht passieren", „die Familie ist für mich das Höchste" etc. haben sich so festgesetzt und tradiert, daß sie den Menschen weiterhin als unverrückbar und erstrebenswert erscheinen. Dies kann - und hier setzt die spezifische These des Theorems der familialen Modernisierungsfalle ein - dazu führen, daß die Familienmitglieder sich umso mehr an diese Stereotype klammern, je stärker die Funktionsfähigkeit ihrer Familie bedroht, der Familienalltag entleert und der Familienzusammenhalt gefährdet ist. Das führt dann oft zu einer familienbetonten Haltung, welche die Mitarbeiter und Mitarbeiterinnen bei der Familienhilfe zu spüren bekommen: Eine Wand baut sich vor ihnen auf, die Familie blockt und die Familienmitglieder sehen die Intervention der Familienhilfe eher als Angriff auf ihre Familie, denn als Unterstützung an.

Die moderne und - wie wir bereits gesehen haben - ambivalente Bewältigungskonstellation Familie ist heute auch gekennzeichnet durch die Spannung zwischen den Traditionen und Ritualen der geschlossenen und rollengebundenen Generationenfamilie und der zunehmend individualisierten „Aushandlungsfamilie". Die Familienmitglieder verständigen sich nicht mehr nur tradiert und ritualisiert im Machtgefälle von Eltern und Kindern, sondern viel stärker individuell interessengeleitet in einem nun interaktiven Modell des familialen Zusammenlebens. Es sind heute nicht mehr nur die Kinder, die von ihren Eltern lernen, sondern die Eltern lernen auch - vor allem im Bereich der Lebensstile und der Konsumkultur - von den Kindern. Die Spannungen zwischen dem traditionellen Generationensystem Familie und individuellen Interessen einzelner Familienmitglieder bringen immer wieder Dissonanzen und Ambivalenzen hervor, die von den Beteiligten Interpretationskompetenz verlangen, sollen sie bewältigt werden. Dabei ist es nicht einfach so, daß die Familienmitglieder unter dem Systemzwang der traditionellen Familie leiden, denn sie ziehen sich ja auch oft unter den Schutz des Systems Familie zurück. Dennoch engt das familiale *System* die Entfaltung der Individualität im familialen Raum immer wieder ein. Dieser systemische Blick auf die Familie gibt uns auch das Verständnis dafür, wie Familie auf Bestand drängt, auch wenn die Mitglieder in ihren gegenseitigen Beziehungen nicht mehr klar kommen, oder in ihren aktiven Verständigungsmöglichkeiten gescheitert sind. Dann gibt es nur noch ein eingefahrenes ritualisiertes Familienleben, wenn man wegen den Kindern zusammenbleibt oder es nur weiter aushält, damit die Familie nicht zusammenbricht. Andererseits kann die systemische Kraft der Familie Bewältigungs- und Entlastungskontext bei individuellen Lebensschwierigkeiten sein.

Strukturelle Bewältigungsprobleme in Familien können auch aus der Spannung zwischen dem Funktions- und Integrationsaspekt entstehen. Die Familie soll nach außen gesellschaftlich funktionieren und gleichzeitig genug Integrationskraft, Zusammenhalt und Empowerment nach innen aufbringen. Diese Anforderung ist umso anspruchsvoller, als die moderne Familie einem Funktionswandel unterworfen ist, den sie selbst nicht kontrollieren kann, dem sie aber unweigerlich ausgesetzt ist. Im zwanzigsten Jahrhundert sind die Funktionen der sozialen Sicherung und die erzieherischen Funktionen, soweit sie die schulische und berufliche Bildung der Kinder betreffen, auf den Staat übergangen. Gleichzeitig ist die Familie in der modernen Industriegesellschaft zu einem zentralen emotionalen Ort geworden, in dem Eltern und Kinder Geborgenheit, Rückhalt, Selbstwert und Beziehung suchen. Ulrich Beck hat schon in seinem Buch „Risikogesellschaft" (1986) dargelegt, wie Familie und Zweierbeziehung im Zug gesellschaftlicher Individualisierung als kleinste Einheit der Vergesellschaftung in den Mittelpunkt sozialintegrativer Orientierung gerückt sind. Wenn sich die traditionellen sozialen Milieus bis in die ländlichen Dorfgemeinschaften hinein auflösen, die Arbeits- und Berufsbeziehungen im Rationalisierungs- und Konkurrenzdruck instrumentalisiert und entemotionalisiert haben (vgl. Beck-Gernsheim 1980), klammert man sich stärker an die Familie als emotionalen Halt. Die Familie soll das bringen, was anderswo weniger zu bekommen ist: Solidarität, Geborgenheit, Nähe. Deutlich und verblüffend zeigt sich dieser Trend an der Jugend. Wurde in den westdeutschen Jugenduntersuchungen der 80er Jahre die wachsende Bedeutung der Gleichaltrigenkultur gegenüber der Herkunftsfamilie und die deutliche Ablösung und Distanzierung von und zu dieser hervorgehoben, so zeigen die Jugendstudien der 90er Jahre ein Festhalten an den Eltern. Herkunftsfamilie und Gleichaltrigenkultur rangieren nahezu gleichberechtigt - auch im späten Jugendalter - nebeneinander. Gleichzeitig ist aber auch eine bezeichnende Ambivalenz sichtbar: Jugendliche erhoffen sich viel von ihren Familien, sie sind aber auch schnell enttäuscht, wenn diese Erwartungen nicht erfüllt werden können. Im gesellschaftlichen Spannungsverhältnis von Funktionsdruck und Integrationserwartung entspricht auf der interpersonalen

Ebene auch eine emotionale Ambivalenz und Erwartung an die und Enttäuschung an der Familie.

Trotzdem die bürgerliche Familie ein Produkt der Moderne ist, wirken in ihr traditionale Strukturen und Mentalitäten weiter. Daß dies nicht nur Reste sind, die mit fortschreitender Moderne aufgesaugt und absorbiert werden, haben wir am Theorem der Modernisierungsfalle gesehen. Angesichts dieser widersprüchlichen Spannungen wird uns deutlich, daß die Gleichzeitigkeit von modernen und vormodernen Strukturen der Familie nicht als historisches Entwicklungsdefizit, sondern als typisches familiales Strukturmerkmal in westlichen Industriegesellschaften anzusehen ist, das immer wieder entsprechende familiale Bewältigungsprobleme auslösen kann: „'Neue Menschen' [müssen] in alten Strukturen agieren" (Rerrich 1988, S. 170).

Widersprüchlichkeit und Gleichzeitigkeit moderner und vormoderner Strukturen in der Familie kumulieren schließlich im familialen Geschlechterverhältnis, in der geschlechtshierarchischen Konstruktion der Familie. Schon in unserer kurzen Sozialgeschichte der bürgerlichen Familie haben wir gesehen, daß im Zentrum der Konstitution der modernen Familie

> „die normative Neubestimmung des 'Männnlichen' und 'Weiblichen' als universalistische Kategorien [stand]. Legitimiert wurde diese postulierte Dualität mit Rückgriff auf die Natur - eine nicht unproblematische Legitimationsinstanz für eine Gesellschaftsform, die sich gerade die Beherrschung der Natur als eines ihrer großen Themen vorgenommen hatte. Der allgemein formulierte Anspruch auf allgemeine Freiheit und Gleichheit wurde mit einem Hilfskonstrukt eingeschränkt, womit die traditionelle Familie in dieser Form entstehen konnte." (Rerrich 1988, S. 170).

Erst das historische Zusammenspiel von moderner Arbeitsteilung und familialer Funktionalisierung, traditionalem Rückgriff auf die Familie und geschlechtshierarchisch-patriarchalischer Definition des Verhältnisses von Mann und Frau als Grundverhältnis dieser Familie macht die soziale Wirklichkeit der Familie als Lebensgemeinschaft aus. In dieser Perspektive wird deutlich, daß in der Regel die Frau (als Mutter) die innere Familie trägt, der Mann dagegen den gesellschaftlichen Außenbereich vertritt, in manchen Fällen monopolisiert.

Die sozialpolitisch orientierte Frauenforschung hat in diesem Sinne auch deutlich gemacht, daß sich die familienpolitischen Maßnahmen in erster Linie auf Frauen beziehen, und daß es Frauen sind, welche die familialen Belastungen und Krisen bewältigen müssen (vgl. Ostner 1996, van de Boogaart 1996). In diesem Zusammenhang wird auch immer wieder darauf hingewiesen, daß in der Zentrierung der sozialwissenschaftlichen und sozialpolitischen Diskussion auf „die Familie" dieser geschlechtshierarchische Bezug übergangen wird. Angesichts der damit verbundenen Kosten hat der gesellschaftliche Individualisierungsprozeß auch Bestrebungen von Frauen freigesetzt (vgl. Beck/Gernsheim 1980), sich „gegenüber der Familie" zu emanzipieren, weil die traditionelle Gebundenheit der Frau an die Familie die Chancen des Mithaltens in der Konkurrenzgesellschaft (vor allem bei der Verwirklichung eigenständiger weiblicher Berufswünsche) beeinträchtigt. Diese Fokussierung auf die Frau darf aber nicht dazu führen, daß die Rolle des Mannes und Vaters in und gegenüber der Familie in der Familiendiskussion weiter so vernachlässigt werden kann wie bisher. Die Individualisierungs- und Rationalisierungsprozesse der modernen Arbeitsgesellschaft haben die emotionale und soziale Angewiesenheit des Mannes und Vaters auf die Familie und die Notwendigkeit einer Neubestimmung der familialen Männer- und Vaterrolle hervortreten lassen (vgl. dazu Böhnisch 1997).

Diese ambivalenten Strukturen und Bewältigungskonstellationen der modernen Familie, in ihrer Rückbindung an ihre Geschichte, machen deutlich, daß die Sozialpädagogik und Sozialarbeit nicht von vornherein von der Einheit der Familie ausgehen können, sondern - gerade bei Familienkonflikten - von einem strukturellen Bewältigungsdilemma ausgehen müssen, das immer den Hintergrund für die je konkreten Bewältigungsprobleme der einzelnen Familien bildet. Jede sozialpädagogische Intervention in problematische Familienverhältnisse wird deshalb versuchen müssen, die krisenhaften Verkrampfungen der „Einheit Familie" nach innen zu lösen und gleichzeitig die Familie nach außen neu zu stützen und sozial einzubetten. Darauf werden wir in unserem Interventionsteil noch einmal zurückkommen.

Wenn wir nun unsere sozialpädagogische Analyse der Bewältigungsprobleme sozialen Zusammenlebens auf die Systematik unseres Paradigmas der Spannung von Lebensbewältigung und Sozialintegration rückbeziehen, so wird uns deutlich, daß wir vor allem die Bewältigungssegmente Orientierung/Anomie und sozialer Rückhalt/Milieu immer wieder angesprochen haben. In der Tat sind die Herkunftsfamilie und später die eigene Familie durch die Lebensalter hindurch jene primären Orte, die basale soziale Orientierungen ausbilden helfen und Milieurückhalt bieten. Insofern verweisen die hier geschilderten Bewältigungsdilemmata des modernen sozialen Zusammenlebens auf eine potentiell anomische Struktur der modernen bürgerlichen Familie. Dies wird im Theorem der Modernisierungsfalle besonders deutlich, zeigt sich aber auch in den anderen problematischen Bewältigungskonstellationen. Gerade wenn wir das moderne Anomiekonzept des Auseinanderfallens von Systemintegration und Sozialintegration anwenden, so sind wir heute immer wieder mit einer gespaltenen familialen Integrationsproblematik konfrontiert: Die Gesellschaft beharrt weiterhin auf der gesellschaftlichen Funktionalität und damit der (geschlossenen) Institution Familie, viele Individuen suchen aber den Sinn einer Familiengründung in individuellen Motiven und bevorzugen offene Familienformen. Dennoch wirken der systemintegrative Zwang und die damit verbundenen Familienrituale weiter. Manche Familien existieren, weil Familie gesellschaftlich vorgegeben und deshalb in vielen Bereichen (Steuer, soziale Sicherheit) nützlich ist, auch wenn sie den damit verbundenen funktionalen Sinn und die Rollenzwänge nicht mehr teilen. Dennoch muß die Familie - auch wenn sie im Alltag oft Fassade ist - in Krisensituationen als Milieurückhalt herhalten. Diese Ambivalenz der Familienorientierung spiegelt sich auch in der konzeptionellen Diskussion um die sozialpädagogische Familienhilfe wieder (vgl. dazu Enders 1987): Wie weit trägt die Orientierung am System Familie (vgl. dazu Kriz 1989) oder muß ich nicht mehr auf die soziale Umgebung und die Außenbezüge der einzelnen Familienmitglieder achten, statt das Familienganze krampfhaft hochzuhalten (vgl. zum Außen- und Netzwerkbezug: Nestmann 1997). Dies alles stellt hohe Ansprüche an die Position der FamilienhelferInnen, die ja in ihren Kontrollaufträgen zwischen systemischen Erwartungen seitens des Amtes und der konkreten Beziehungs- und Aushandlungsdynamik zwischen den Familienangehörigen vermitteln müssen (vgl. dazu Westermann 1994).

6.4 Partnerschaft und Vereinbarkeit - Zur Bewältigung der "gemeinsamen Biografie"

Partnerschaft in ehelichen oder nichtehelichen Familienformen wird in unserer Gesellschaft als kulturelle Selbstverständlichkeit gehandelt. Die Entscheidung für eine Ehe oder eheähnliche Partnerschaft ist privat, die Probleme und Kosten einer konflikthaften Auflösung dieser Partnerschaften - Beratungs- und Versorgungskosten - sind meist öffentlich. Wir haben bereits bei der Thematisierung der Familie als Bewältigungskonstellation gesehen, wie ambivalent es ist, wenn Sozialformen im biografischen Alltagsverständnis als "naturgegeben" angenommen werden und dann, wenn sie scheitern oder zu scheitern drohen, die Betroffenen spüren, daß sie nicht gelernt haben, damit sozial umzugehen, die Konflikte auszutragen und im gegenseitigen Respekt der Beteiligten voreinander zu bewältigen. Im Gegenteil: Am Beispiel der *Modernisierungsfalle* im Familienkapitel ist uns deutlich geworden, wie oft widersprüchlich reagiert wird: Man klammert sich an die "naturgegebenen" Ideale, obwohl die familiale Wirklichkeit sich immer weiter davon entfernt. Das Verstehen solcher *anomischen* Reaktionsweisen gehört damit zum Grundrepertoire einer Sozialpädagogik und Sozialarbeit, die als Lebens- und Konfliktberatung, Frauen- und Männerberatung und allgemeine Familienhilfe mit diesen Problemen befaßt ist. Dabei ist allerdings nicht zu übersehen, daß MitarbeiterInnen oft selbst nicht gegen solche verfänglichen Alltagstheorien von der Naturgegebenheit der familialen Partnerschaft gefeit sind.

K. Lenz (1997) hat den historischen Wandel in den Konstitutionsbedingungen familialer Partnerschaft im Sinne einer Entstrukturierung und Biografisierung der Partnerschafts- und Familiengründung wie folgt beschrieben:

"Ehe- und Familiengründungsprozesse haben sich inzwischen grundlegend verändert. In dem bis in die jüngste Zeit hinein dominanten Modell bestand eine perfekte Synchronie von Heirat, Haushaltsgründung, Aufnahme sexueller Interaktionen und Familiengründung. [...] Diese zentralen Schwellenereignisse in einer Zweierbeziehung waren voll und ganz mit der Heirat verschmolzen, so daß der Eindruck entstand, als ob es sich hier um *einen* Einschnitt handelt." (S. 196).

Heute fallen diese Schwellenereignisse zeitlich auseinander und sind unterschiedlich und variabel miteinander kombiniert. Das Wichtigste aber ist wohl, daß im Zeichen der Biografisierung der Lebensverhältnisse die Partnerschaft zum *Optionsmodell* geworden ist: Für welche Formen und Intensitäten des Zusammenlebens soll man sich entscheiden? Für die Sozialpädagogik und Sozialarbeit, welche mit Partnerschaftskonflikten und Scheidungen zu tun hat, ist es in diesem Zusammenhang natürlich interessant, wie "bewußtseinsfähig" diese "Selektivität" der Partnerentscheidungen in einer Beziehung überhaupt ist (Kaufmann 1995). Dabei zeigt sich, daß zwar von den Partnern optional gehandelt wird, daß es dabei aber eine Menge von Optionen gibt, die unbewußt und deshalb nicht kommunizierbar sind. Die Gründe dafür könnten traditionaler oder struktureller Art sein. Gerade in den unteren Sozialschichten sind die tradierten Selbstverständlichkeiten in Bezug auf die familialen Vater- und Mutterrollen oft noch so präsent, daß aufkeimende Optionen kaum thematisierbar sind, sondern eher in einer Rigidisierung der Familienrollen erstickt werden.

Unter strukturellen Optionen verstehe ich gesellschaftlich generierte, in die Familie vermittelte und dort verdeckte Sehnsüchte und Ahnungen, die - weil nicht ausgetragen - zu Überforderungen und Familienkonflikten führen können. Das ist zum einen die Sehnsucht nach der Partnerschaft als Ort der Intimität, an dem sich vieles lösen könnte, was in der sozialen Außenwelt nicht bewältigbar scheint. Das ist zum zweiten die Ahnung - vor allem bei Frauen - daß, über die tradierte, sozial zurückgenommene und vom Mann abhängige Mutterrolle hinaus, die Partnerschaft dennoch zum Entfaltungsraum, auch der Frauen, werden könnte. So hat sich die Partnerschaft bei vielen geradezu in eine paradoxe Richtung entwickelt: Männer und vor allem Frauen betrachten sich nicht mehr nur noch traditionell als arbeitsteilige Ehepartner, sondern als biografisch eigenständige Menschen in ihrem je verschiedenen Mann- und Frausein; gleichzeitig erhoffen sie sich dennoch viel, wenn nicht alles von ihrer Partnerschaft: "Die Individualisierung, die die Lage von Männern und Frauen auseinanderdividiert, treibt sie umgekehrt auch in die Zweisamkeit hinein. Mit der Ausdünnung der Traditionen wachsen die Verheißungen der Partnerschaft. Alles was verloren geht, wird unverhofft in dem Anderen gesucht." (Beck 1986, S. 187).

Neben dieser Überforderung der Partnerschaft im Sinne des ausschließlichen Rückhalts und Milieuersatzes, als emotionale Insel in einer Außenwelt, der man ausgesetzt ist und für die man verfügbar sein muß, stehen die unterschiedlichen geschlechtstypischen Erwartungen an Partnerschaft und Familie. Mit der Eheschließung - so Maria Rerrich (1988) - werden immer zwei Ehen geschlossen. Eine männliche und eine weibliche. Die männlichen Erwartungen an das Zusammenleben - nach der romantischen Liebeszeit - sind meist darauf ausgerichtet, daß Ehe und Familie so "funktionieren", daß sich der Mann "auf sie verlassen" kann (dazu gehören sich "gut entwickelnde" Kinder und das soziale Ansehen, das "seine" Familie genießt). Diesen außengerichteten Prinzipien männlichen Eheverständnisses stehen - so haben wir es auch in den Bewältigungsprinzipien des Mann- und Frauseins kennengelernt - die innengerichteten Hoffnungen vieler Frauen gegenüber: Die Ehe und Familie soll emotional dichte, in der Gegenseitigkeit aufeinander bezogene und untereinander verständnisvolle Lebensform sein, in der psychosoziale Probleme gemeinsam bewältigt werden können. Wir haben bereits kritisch durchleuchtet, wie dieses weibliche Prinzip die Frauen zurücksetzen und in ihrer Eigenständigkeit so blockieren kann, daß das außengerichtete männliche Prinzip des Funktionierens den Familienalltag stärker beherrscht, als es die Frauen wahrhaben wollen.

Partnerschaft muß also - aufgrund dieser strukturellen Optionslage - *bewältigt* werden. Auch wenn wegen des biografischen Aufeinanderangewiesenseins eine gewisse Angleichung der Geschlechterrollen in der Partnerschaft zu erwarten ist (Kohli 1984/1995), sind die biografischen Ausgangsbedingungen des Zusammenseins nicht verschwunden, sondern brechen gerade in Beziehungskrisen immer wieder hervor. Gleichzeitig wird auch hier deutlich, daß die Art des partnerschaftlichen Verhältnisses davon abhängig ist, welchen Zugang die Partner zu ihrem eigenen Selbst haben. Ein unsicheres, instabiles und deshalb wenig autonomes Selbst ist immer auch mit einer Angst vor Bindungen und der Unfähigkeit, von sich etwas abzugeben, verbunden. Ein solches Selbst spaltet eher Besitz- und Machtansprüche ab. Partnerschaftsstudien zeigen in diesem Zusammenhang, daß eine lange und intensive Beschäftigung mit dem eigenen Selbst bei Männern "mit mehr femininen und androgynen Elementen in die eigene Geschlechterrolle einhergeht und damit die Wahrscheinlichkeit des Abstimmens der eigenen Bedürfnisse und Rollen mit den Bedürfnissen und Rollen der Partnerin verbessert" (Olbrich 1991, S. 31).

Wenn wir solche Befunde zu unseren Thesen vom Mannsein und Frausein in Beziehung setzen, so fällt uns auf, daß die Bindungsscheu (und entsprechend Verlustangst) des Mannes in der Partnerschaft eng mit einer biografischen Bewältigung des Mannseins verbunden ist. Wo der Mann im Dilemma des männlichen Selbst verfangen ist und mit entsprechend gestörtem Selbst in die Partnerschaft eintritt, wird er versuchen die Frau (und später die Kinder) immer nach dem äußerlichen Kontrollprinzip an sich zu binden. Mit diesem geht die Angst vor Kontrollverlust einher, als verdeckte Angst vor dem Verlassenwerden. Deshalb gilt es auch als Faustregel in der Männerberatung, daß das männliche Selbst und nicht die Beziehung zur Partnerin im Vordergrund der Beratung zu stehen haben (Selbstthematisierung). An dieser Stelle sei auch an das früher schon erwähnte Winnicotsche Modell des Alleinsein-(Sich-selbst-sein-)Könnens als Voraussetzung gelungener Partnerschaft erinnert.

Nach dem Ausnahmezustand der romantischen Liebe die "von starken Phantasien (lebt), die der Tendenz nach darauf hinauslaufen, sich mit dem geliebten Partner aus der realen Wirklichkeit zurückzuziehen und in eine Traumwelt hineinzugehen" (Olbrich 1991, S. 46), verlangt die auf Lebensperspektive eingegangene Partnerschaft aktive Realitätsarbeit und Bewältigung. Aus dem romantischen Einssein wird das - entweder ritualisiert übergangene, diskursiv angegangene oder krisenhaft schwelende - Problem der Vereinbarkeit, das sozial zuerst die Frauen trifft (vgl. dazu Keiser 1997). Diese Vereinbarkeit von Familie und Beruf, von biografischer Selbstverwirklichung und Unterordnung unter die Familienrolle ist das Schlüsselproblem jeder Partnerschaft. Denn solange es nur die Frauen trifft und von den Männern für sie selbst nicht wahrgenommen wird, ist in der Partnerschaft immer auch der strukturelle Druck zur Entzweiung angelegt (und bricht in Beziehungskrisen hervor):

> "Alle Komponenten, die Frauen aus der traditionellen Frauenrolle herauslösen, entfallen auf seiten der Männer. Vaterschaft *und* Beruf, ökonomische Selbständigkeit *und* Familienexistenz sind im männlichen Lebenszusammenhang keine Widersprüche, die *gegen* die Bedingungen in Familie und Gesellschaft erkämpft und zusammengehalten werden müssen, ihre Vereinbarkeit (ist) vielmehr in der traditionellen Männerrolle vorgegeben und gesichert." (Beck 1986, S. 185).

6.5 Die biografische Entwertung der Erwerbsarbeit

Wenn ausgangs des 20. Jahrhunderts von der „Krise der Arbeitsgesellschaft" die Rede ist, so ist damit nicht gemeint, daß auch das Ende der kapitalistischen Wirtschaftsformation in Aussicht steht. Im Gegenteil: Wir machen die Beobachtung, daß sich die kapitalistischen Waren- und Verkehrsformen im Prozeß der Globalisierung noch weiter sozial entbetten (vgl. dazu Altvater/Mahnkopf 1996) und über virtuelle Waren- und Geldmärkte und übernational organisierte und gesteuerte Produktionsnetze an Umschlagsdynamik und ökonomisch-politischem Einfluß zunehmen. Der Kapitalismus ist noch abstrakter geworden und in diesem Prozeß sind auch die Faktoren, welche die Verteilung von Arbeit und den Zugang zu ihr steuern, zu einem größer werdenden Teil den nationalen Wirtschafts- und Sozialpolitiken entzogen. Die Arbeitslosigkeit entspringt also weniger einer konjunkturellen Krise, sondern einem tiefgreifenden ökonomisch-technologischen Strukturwandel des Kapitalismus. Die Krise der Arbeitsgesellschaft ist also vornehmlich die Krise der „sozialstaatlichen" Arbeitsgesellschaft: Je biografisch verteilter die Risiken der Arbeitslosigkeit nun sind, desto weniger taugt die Erwerbsarbeit als Mittel sozialer Integration. Diese sozialintegrative Seite der Krise der Arbeitsgesellschaft geht die Sozialpädagogik und Sozialarbeit etwas an, denn sie hat sich mit den desintegrativen Begleit- und Folgeerscheinungen zu befassen.

Die sozialintegrative Krise der Erwerbsarbeitsgesellschaft kommt nicht einfach „von oben" über die Menschen, sondern wird von ihnen genauso im Alltag erfahren und biografisch miterlebt. Wenn Arbeitslosigkeit zur Dauereinrichtung einer Gesellschaft wird, steht die integrative Grundfunktion der Erwerbsarbeit, eine Existenz für alle nach den durchschnittlichen Wohlfahrtsstandards der Gesellschaft zu ermöglichen, in Frage. Wenn in der Bundesrepublik weit über eine Million Menschen infolge der Arbeitslosigkeit von Sozialhilfe leben, so leben sie mit einem Minimum an Einkommen, das sie deutlich und jeden Tag fühlbar von dem normalen Niveau der Bedürfnisbefriedigung in allen Bereichen des täglichen Lebens abkoppelt. Von der Sozialhilfe zu leben bedeutet zwar, immer noch leben zu können, heißt aber auch, aus der Logik der Organisation unseres gesellschaftlichen Lebens, das an Leistung, Wohlstand und Konsum orientiert ist, herauszufallen und an der gesellschaftlichen Entwicklung nicht teilzuhaben.

Die öffentliche Tatsache, daß gegen Ende der 1990er Jahre fünf Millionen Menschen in unserer Gesellschaft arbeitslos sind, führt uns weiter vor Augen, wie die subjektiv sinnstiftende Bedeutung der Erwerbsarbeit - Erfolg, Selbstverwirklichung, Leistung, sozialer Status - aber nicht nur für die verloren geht, die keine Arbeit haben. Ihre strukturelle Bedingtheit hat die Arbeitslosigkeit inzwischen zum allgemeinen biografischen Risiko, bis in die Mitte der Gesellschaft hinein, werden lassen.

An der Sinnhaftigkeit für Arbeit zweifeln, das bedeutet aber auch, an der Rationalität des Lebensentwurfes zu zweifeln, der auf Erwerbsarbeit als konstituierendes Moment gründet und durch Arbeit auch realisierbar wird. Allerdings ist diese Schwierigkeit, ein Leben über Erwerbsarbeit zu definieren, kein Produkt der aktuellen Krise der Arbeitsgesellschaft. Die heutige Krise macht nur offenkundig, was längst vorbereitet war. Die Entwicklung der Struktur von Lohnarbeit - vor allem der durchschnittlichen Arbeit eines Facharbeiters - hat über Jahrzehnte hinweg eine Richtung genommen, die es zunehmend erschwert hat, Erwerbsarbeit als sinnstiftendes Moment für ein ganzes Leben zu begreifen. Die Normalarbeitsfigur, die sich im 19. Jahrhundert herausgebildet hat (s.o.), hat von der normativen Seite her ihre ersten Risse in der Beschleunigung der Arbeitsteilung im Anfangsdrittel des 20. Jahrhunderts bekommen. Diese Entwicklung erhielt in den 90er Jahren durch die technologischen Rationalisierungswellen einen weiteren gewaltigen Schub. In der dritten industriellen Revolution scheint der Sozialcharakter des Facharbeiters seine technologisch-ökonomische Basis eingebüßt zu haben. Die industriesoziologische Parole „Von der Erwerbsarbeitsgesellschaft zur Lebensarbeitsgesellschaft" (s.o.) bildet damit den gesellschaftlichen Widerhall dieser Entwicklung.

Dennoch muß gearbeitet werden, denn ohne Erwerbsarbeit ist es schwer, über eine Minimalexistenz hinaus konsumtiv an der Gesellschaft teilzuhaben und sozialmaterielle Lebensziele (Einfamilienhaus, Auto, Reisen, Geselligkeit) zu verwirklichen. Erwerbsarbeit wird also im Leben immer unwichtiger und wichtiger zugleich. Als Erklärungsmodell für diesen scheinbar paradoxen Zusammenhang bietet sich das der Entkoppelung von System- und Sozialintegration an, wie wir es in der Skizze zum Anomiekonzept bereits vorgestellt haben. Hörning/Michailow (1990) haben es auch direkt für das Problem der schwindenden sozialintegrativen Kraft der Arbeit expliziert:

„So ist gegenwärtig zu beobachten, daß einerseits das Erwerbssystem und die Arbeitsmarktprozesse verstärkt Einfluß auf die Verteilung von Lebenschancen nehmen, während andererseits die soziale Integrations- und Ausstrahlungskraft der Erwerbsarbeit auf Sozialformen im Schwinden begriffen ist. Zwar konnte die Wertwandelforschung aufzeigen, daß kein genereller Abfall von einer Leistungs- und Arbeitsethik, vielmehr ein Wandel und eine Differenzierung von Leistungswerten und Arbeitsorientierungen stattfindet, jedoch mußte sie auch zur Kenntnis nehmen, daß die Arbeit Bedeutungsverluste erfährt. Es ist nicht mehr als selbstverständlich anzusehen, daß die Erwerbsarbeit als alleiniges, organisierendes Zentrum der Lebenstätigkeit und als Referenzpunkt der Selbstthematisierung und sozialen Verortung in der Gesellschaft fungiert. Die überragende Stellung der Beruflichkeit [...], als zentrierender Mittelpunkt der Lebensführung und des Lebensverlaufs, wird zunehmend abgeschwächt. Gegenüber der generellen Abnahme des Stellenwerts der Arbeit für die Ausformung der Lebensführung ist aber ein gegenläufiger Prozeß festzustellen, in dem sich die Bedeutung der Erwerbsarbeit für die individuelle Existenzsicherung erhöht. Denn der Hauptanteil bei der Zuweisung von Lebenschancen wird verstärkt über die spezifische Beteiligung am Erwerbsleben gesellschaftlich verteilt und sozialpolitisch geregelt." (S. 512).

Die Entkoppelung von System- und Sozialintegration in der Erwerbsarbeitsgesellschaft bedeutet also (auf der subjektiven Ebene) nicht, daß das Individuum nun die Freiheit hätte, für die eine oder andere Perspektive zu optieren. Die systemintegrative Dimension liegt zwar als gesellschaftlich-funktionaler Bezug außerhalb (der Verfügbarkeit) des Einzelnen, wirkt aber - so das Modell - als struktureller Zwang auf die subjektive Handlungsorientierung zurück. Denn „bei aller Differenzierung der Sozialstruktur und bei aller Ausfächerung des industriellen Gesamtarbeiters spricht vieles dafür, daß die Erwerbsarbeit auch bis heute noch einen herausragenden Rang im Leben der meisten Menschen einnimmt" (König 1990, S. 331). Um sich den Freizeit- und Kulturkonsum leisten zu können, der eine sinnliche und aktivierende Selbsterfüllung von der Erwerbsarbeit weg zur „Lebensarbeit" (s.o.) ermöglichen kann, muß man sich ein Erwerbseinkommen erarbeiten. So entsteht das Paradox, daß die Voraussetzungen dafür, „sich von der Sphäre der Erwerbsarbeit entfernen zu können, [...] die Verankerung in ihr" ist (König 1990, S. 331).

Somit ist über die ganze Erwerbsbiografie hinweg ein anomisches Bewältigungsproblem der Vereinbarkeit angelegt, das sich nicht mehr nur auf das Erwachsenenalter beschränkt, sondern in der Jugend beginnt und in das Alter hineinreicht, das heute immer mehr von der Hoffnung gespeist wird, das biografisch Sinnvolle endlich abgekoppelt von der Erwerbsarbeit tun zu können (s.o.). Die sozialintegrative Krise der Erwerbsarbeit und das damit verbundene Risiko ist also ein dominantes biografisches Thema, das in seiner Tragweite auch nur von der Biografieperspektive her aufschließbar ist. In dieser Perspektive sehen wir, daß schon die Berufsfindungsproblematik im Jugendalter kein lebensaltertypisch abgrenzbares Jugendproblem mehr ist, sondern der Beginn einer biografischen Konstellation, die später nachwirken und sich als Integritätsproblematik immer wieder neu aufladen kann. Denn bereits die Jugendlichen spüren den strukturellen Zwang, für die Finanzierung ihrer jugendkulturellen Lebensstile auf die Erwerbsarbeit ihrer Eltern oder die eigene Erwerbsarbeit angewiesen zu sein und sind gleichzeitig biografisch früh von der Unsicherheit erfaßt, ob sie denn einmal eine befriedigende Arbeit bekommen. So erklärt sich das Paradox, daß Jugendliche nach immer weiteren und höheren Bildungsabschlüssen streben (vgl. Bohnsack 1991) und gleichzeitig nach jugendkulturellen Räumen suchen, in denen sie sich aus dem frühen Alltagszwang ausklinken, diesen einfach abschalten können (z.B. in der Technokultur; vgl. dazu Schneider/Töpfer 1998). Und wiederum gleichzeitig möchte die Mehrheit der Jugendlichen später eine Arbeit und einen Beruf haben, der Sinn und Spaß macht, obwohl sie doch schon früh fühlen, daß Schule und Arbeit nicht das für das Leben hergeben, was sie versprechen. So entsteht früh das biografische Integritätsproblem der *Berufsillusion*, in der die Diskrepanz zwischen der Option für die eigene biografische Erfüllung und der existentiellen Notwendigkeit zur Erwerbsarbeit übergangen wird. Schon Jugendliche erleben also das Bewältigungsproblem Arbeit nicht jugendkulturell vorläufig, sondern als „Diskontinuität in ihrer Biografie, sie müssen vielfach Brüche zwischen Erwartungen und beruflichen Chancen durch kurzfristige Umorientierungen ausbalancieren" (Heinz/Krüger 1990, S. 81). Dies kann dann zu jenem ritualisierten Anpassungsverhalten im Erwachsenenalter führen, aus dem heraus nicht mehr danach gefragt wird, ob die Arbeit, die ich tue, sinnvoll ist, sondern danach, ob sie meine biografische Selbsterfüllung irgendwie sichern kann (vgl. Kapitel 3.5. zur Biografisierung).

So erhält die Arbeit einen neuen Sinnbezug, der nicht mehr aus ihr selbst kommt, gleichzeitig aber verhindert, daß man Erwerbsarbeit als entfremdet und sinnentleert empfindet. Egal was gearbeitet wird, Hauptsache das damit verbundene Einkommen ermöglicht den Zugang zu biografieerfüllenden und damit sinnstiftenden Aktivitäten in der Vielfalt des Wohlfahrtkonsums. Die Struktur der Erwerbsarbeit kann dabei wie ein heimlicher Lehrplan wirken: Die sozialen Muster dieser nun unhinterfragten, weil positiv hingenommenen Arbeitswelt - Wettbewerb, Verdrängung und Erfolgsorientierung - wirken in die Alltagswelt und biografische Perspektivwelt hinein. Es kommt zu einer Ökonomisierung der alltäglichen Sozialbeziehungen, die von vielen dann nicht als bedrohlich empfunden, sondern als Erfolgskultur eher ästhetisiert wird. Diesen Nerv hat auch die Konsumwerbung getroffen, die genau auf diese Ästhetisierung der Konkurrenz und des individualistischen Erfolgs zielt. Hauptsache, man ist dabei und hält mit. Von der Erwerbsarbeit - als weiterhin zentralem Lebensbereich - gehen deshalb nur noch wenige Impulse für die sozialintegrativen Tugenden Solidarität und Gegenseitigkeit aus. Schon die Bildungskonkurrenz der Schule mündet in die Umschulungs- und Weiterqualifizierungskonkurrenz der Berufswelt. Der Individualisierungsschub der Bildungskonkurrenz und der Individualisierungsdruck der rationalisierten Produktionsabläufe gehen biografisch ineinander über.

Gegenläufige Bewegungen sind nur bedingt absehbar. Man hofft auf ein Abflachen der Rationalisierungswellen, weil die Grenzen der Rationalisierung sowohl am Produktions- als auch am Konsumpunkt bald erreicht scheinen: Auf der einen Seite wird auf die neue industrielle Nachfrage nach kommunikativen und kooperativen Kompetenzen der „Prozeßbeherrschung" in gruppenbestimmten Produktionsabläufen hingewiesen, in denen wieder die (nun allerdings funktionell begründete) Identifikation des Menschen mit seiner Arbeit gefordert und sozialintegrative Bezüge gefördert werden (vgl. Baethge 1990). Andererseits gilt es als ausgemacht, daß die Freisetzung von Arbeit durch Rationalisierung und Produktionsverlagerung dort ihre Grenze erreicht, wo die Inlandsnachfrage zusammenzubrechen droht, weil große Arbeitslosigkeit Kaufkraftschwund nach sich zieht.

Insgesamt aber werden die europäischen Industriegesellschaften mit einem breiten Sockel struktureller Arbeitslosigkeit rechnen müssen, der die Risiken der sozialen Ausgrenzung mit sich bringt, welche die Erwerbsarbeit als gesellschaftliche Leitkonzeption auf unabsehbare Zeit fragwürdig werden lassen (vgl. dazu Grünbuch 1993). Auch die Entwicklung der Alterspyramide hin zum überproportionalen Anteil der Älteren wird die Krise der Erwerbsarbeit nicht demografisch „lösen", sondern allenfalls neu akzentuieren: Es gehen dann zwar immer weniger Menschen der traditionellen Erwerbsarbeit nach, die Gesellschaft muß aber dennoch der Masse der Menschen Anstöße für sozialintegrative Aktivitäten vermitteln können, wenn der gesellschaftliche Zusammenhalt weiterhin gewährleistet sein soll. Da dafür aber der überkommene Erwerbsarbeitsbegriff nicht mehr hinreicht, braucht es ein erweitertes Verständnis von marktfähiger Arbeit, das längerfristig auch die reproduktive Haus- und Beziehungsarbeit mit einschließen muß. Aktuell können wir einen Anschluß an diese erweiterte Perspektive schon im Begriff der *Beschäftigung* finden. Der Beschäftigungsbegriff geht nicht vom Markt, sondern vom Menschen aus und führt seine wohlfahrtsökonomische Traditionslinie auf die ersten Krisenerlebnisse struktureller Arbeitslosigkeit in den 20er und 30er Jahren in Westeuropa und den USA zurück. Im Gegensatz zum marktfixierten Erwerbsarbeitsbegriff wird nicht gefragt, wie der Arbeitslose in den vorgegebenen Arbeitsmarkt - aus dem er schon einmal oder öfter herausgefallen ist - um jeden Preis wieder eingegliedert werden kann (und sei es um den Preis der weiteren Dequalifikation), sondern wie mit den Menschen Beschäftigungsprojekte aufgebaut werden können, für die dann - mit regionaler Vernetzungsarbeit, sozialen Verträgen (s.u.) sowie ökonomischer Kooperation mit regionalen Betrieben - *eigene Märkte* gesucht und aufgebaut werden können. Die Kooperation mit örtlichen Betrieben reicht von der Übernahme von überbetrieblichen Ausbildungseinheiten für Klein- und Mittelbetriebe, bis zur Erprobung dezentraler, ökologischer und restituierender Produktionen (auch in Kooperation mit der Wirtschaft und Entwicklung verschiedenster sozialer Dienstleistungen). Bei Beschäftigungsprojekten ist der ganzheitliche Aspekt, die Verbindung von sozialer Umgebung, Produktion/ Dienstleistung, regionalem Absatz und sozialer Marktkommunikation wichtig. Ziel ist es, regionale *Beschäftigungsmilieus* (s.o.) im ökonomisch-sozialen Austausch von Produzenten und Abnehmern zu schaffen.

Die Hinwendung zur Beschäftigungs- und damit zur sozialintegrativen Milieu- perspektive (auch wenn diese in den Beschäftigungsprojekten oft nur ansatz- weise verwirklicht ist) markiert auch für die Sozialpädagogik und Sozialarbeit, soweit sie im Bereich Arbeitslosigkeit und Berufshilfe arbeitet, ein radikales Umdenken: vom sozialkurativen zum sozialökonomischen Ansatz. Ausgelöst wurde dies vor allem durch die Lage in Ostdeutschland, wo sich nach der Wen- de eine strukturell bedingte Massenarbeitslosigkeit festgesetzt hat, angesichts derer die wirtschaftspolitische Fixierung auf den „ersten" Arbeitsmarkt nicht mehr (lange) haltbar ist und neue Markt- und Beschäftigungsperspektiven ent- wickelt werden müssen. Noch Anfang der 80er Jahre wurde (vgl. auch das Kapitel zur Armut) die Arbeitslosigkeit in (West-)Deutschland als sozialpoli- tisch befriedbares Randgruppenproblem angesehen und die Erwerbsarbeitsge- sellschaft überhaupt nicht in Frage gestellt. Deshalb hat sich auch die sozial- strukturell orientierte Sozialforschung wenig um die Arbeitslosigkeit geküm- mert:

> „Im Vergleich zur großen Depression [der frühen 1930er Jahre - L.B.] hat die Arbeitslosigkeit in den meisten Ländern, insbesondere jedoch in der Bundesrepublik, nicht den gleichen Umfang erreicht. Vor allem jedoch ist der Kreis der Betroffenen beschränkter ausgrenzbar. Die Epochen des Wirt- schaftswachstums nach dem Zweiten Weltkrieg ermöglichten einen Ausbau der sozial- und wohlfahrtsstaatlichen Einrichtungen, so daß das Erschei- nungsbild der Arbeitslosigkeit heute weit stärker als damals durch die Wirk- samkeit bzw. Unwirksamkeit der staatlich regulierten kompensatorischen Einrichtungen, insbesondere die Maßnahmen der sozialen Sicherung und der Berufsbildung beeinflußt ist." (Kaufmann/Quittmann 1984, S. 190).

Von daher war es auch nur plausibel, daß sich die sozialwissenschaftlichen Studien zur Arbeitslosigkeit in den 1980er Jahren lediglich auf individuelle (vor allem psychische und familiäre Probleme der von Arbeitslosigkeit Betroffenen) und nicht auf milieu- und gemeinwesenorientierte Dimensionen, wie sie in den früheren Studien etwa zu den „Arbeitslosen von Marienthal" aus den 30er Jahren (Jahoda u.a. 1934) bezogen. Die Marienthalstudie hatte noch gezeigt, wie Mas- senarbeitslosigkeit das kommunale Sozialklima und die alltäglichen Sozialbe- ziehungen sozial desintegrativ beeinflußten und zu einem regressiven Milieu führten, von dem aus immer weniger Antriebe der Veränderung der Lage aus- gehen konnten.

In den 90er Jahren wird die Marienthalstudie nicht zufällig wieder in den Hoch- schulen gelesen und in den Beschäftigungsdiskursen verhandelt. Es geht nun um mehr als (nur) um die psychosoziale Betreuung und soziale Absicherung „Schwervermittelbarer", deren Benachteiligung auch nach dem Sozialgesetzbuch in den persönlichen Defiziten und nicht im strukturellen Ausschluß vom Arbeitsmarkt gesehen wird. Vielmehr ergeben sich jetzt ereignis- und individu-umübergreifende Bezüge:

- Die Biografisierung der Arbeitslosigkeit im Sinne eines nicht abschätzbaren Lebenslaufrisikos lenkt den Blick von den reaktiven Interventionen auf mi-lieugestützte Beschäftigungsstrukturen, in denen sich auch regionale soziale Sicherheits- und Entwicklungsperspektiven entfalten können.

- Die informellen sozialen Netzwerke und Unterstützungssysteme brauchen neue soziale Antriebe, sollen sie nicht zu reinen Abwehr- und Abschirmme-chanismen gegenüber den Risiken der Erwerbsarbeitsgesellschaft schrumpfen und sozial regressiv werden (Entöffentlichen und Verstecken der Arbeitslo-sigkeit durch die Familie, Co-Abhängigkeiten durch passivierende Stützung der Betroffenen).

Die Erwerbsarbeitszentrierung kann - unter Mithilfe der Sozialpädagogik - auch soziokulturell aufgebrochen werden. Wir sehen heute schon in der Praxis vieler Arbeitsloseninitiativen und -zentren, daß sie eigene Aktivierungssettings zur Stärkung bzw. Wiedergewinnung des Selbstwertes außerhalb der traditionellen Erwerbsarbeitorientierung aufbauen. Die Arbeitslosen sollen spüren, daß sie Menschen sind, deren schöpferische Anlagen nicht nur von der Erwerbsarbeit abhängig sind (Maurer 1994). Von daher ist eine psychische Neustrukturierung der biografischen Orientierung insgesamt möglich, die eben nicht mehr nur durch das Nadelöhr Erwerbsarbeit gehen muß. Allerdings sind die bisherigen sozialpädagogischen Projekte der Berufshilfe sehr eng am ersten Arbeitsmarkt und an der psychosozialen Reproduktion und Stützung der personalen Voraus-setzungen der durchschnittlichen Erwerbsarbeitsexistenz orientiert. Dies er-zwingen die Förderungsrichtlinien, die sich nicht am strukturellen Problem Ar-beitslosigkeit, sondern am individuellen Problemfall des/der Arbeitslosen ori-entieren. Dadurch geraten die sozialpädagogischen Berufshilfeprojekte in eine typische Interventionsfalle: Vom ersten Arbeitsmarkt her sollen sie instrumen-telle Qualifikationen schaffen, wobei der Arbeitsmarkt die dafür funktionieren-de Persönlichkeit voraussetzt. In den Berufshilfeprojekten steht aber zwangs-läufig die Persönlichkeitsstützung und Selbstwertschöpfung nach einer anderen Logik als der des Arbeitsmarktes (s.o.) im Vordergrund, und es ist meist nicht absehbar, ob das hier Erreichte für eine den Bedingungen des ersten Arbeits-marktes adäquate Qualifizierungsstrategie so einfach instrumentalisiert werden kann. So verbleiben die Maßnahmen meist im sozialpräventiven und verhal-tensstützenden Vorfeld der institutionalisierten Normalarbeit. Nur wenige ha-ben die Chance, zu echten sozial- und berufsbiografischen Experimentierräu-men zu werden (vgl. dazu Robert 1994).

Auch unter dem Eindruck dieser restriktiven Praxis muß sich also die Sozialar-beit auf regionaler und kommunaler Ebene *beschäftigungspolitisch* engagieren.

Dann könnte sie zu einem Forum werden, in dem der Strukturwandel der Arbeitsgesellschaft in seinen sozialen Folgeerscheinungen und regionalen Entwicklungsalternativen öffentlich thematisiert und regionalpolitisch aktiviert werden kann. Dies würde aber voraussetzen, daß die beschäftigungsorientierten Träger der Sozialarbeit von dem tagespolitischen Druck entlastet werden, sich immer im zwanghaften Blick auf den ersten Arbeitsmarkt legitimieren und ausweisen zu müssen. Die regionale Vernetzung der Beschäftigungspolitik ist insofern zentral, weil es auf dieser Ebene eher gelingen kann, Kooperationsbeziehungen und arbeitsteilige Projekte mit lokalen Industrie- und Handwerksbetrieben zu entwickeln, um damit auch deren Konkurrenzphobie entgegenwirken zu können. Dies verlangt allerdings Organisationsstrukturen der Sozialarbeit, die nicht trägerhoheitlich und zentralisiert, sondern intermediär und dezentral angelegt sind. In einem solch intermediären Verständnis kann sich auch über die Beschäftigungsprojekte eine Sozialkultur (s.u.) entwickeln, in der Beschäftigung, regionale Entwicklung und soziale Integration zusammengeführt werden können. So eingebettet in die regionale Strukturentwicklung kann Arbeitslosigkeit endlich auch sozialpolitisch aktiv definiert werden: nicht länger nun als Krise der Arbeitsgesellschaft, sondern als Problematik des gesellschaftlichen Wandels und des Übergangs

„nicht vereinfachend reduktiv, sondern nun im Kontext eines weitergefaßten Verständnisses von Prozessen sozialen Wandels [...]. Die von Arbeitsmarktproblemen Betroffenen lassen sich [...] daher sinvoll eher ansiedeln auf einem Kontinuum zwischen Opfern und Protagonisten sozialer Wandlungsprozesse." (Robert 1991, S. 313).

6.6 Armsein in einer reichen Gesellschaft

Wenn in der sozialpolitischen und sozialstatistischen Diskussion von Armut die Rede ist, dann werden Einkommensgrenzen gesetzt und gewichtet. So ist im Europa der 90er Jahre nach der Definition der Europäischen Gemeinschaft *arm*, wer weniger als 50% des nationalen Durchschnittseinkommens erhält (Grünbuch 1993). Diese einkommensorientierte Armutsquote schwankte in den 90er Jahren im Vergleich der Länder der EU zwischen 10% und 20%. In der allgemeinen Diskussion zur europäischen Sozialpolitik wird aber noch ein ganz anderer Begriff von Armut gehandelt: Armut im Zusammenhang mit *sozialer Ausgrenzung*. Es wird - in der Folge der steigenden strukturellen Arbeitslosigkeit - ein Szenario an die Wand der Jahrhundertwende gemalt, nach dem in Europa eine "duale Gesellschaft" im Entstehen begriffen ist, in der die Hälfte der Bevölkerung von der ökonomischen gesellschaftlichen Entwicklung ausgeschlossen sein wird. Im prekären Zusammenspiel von (durch technologische Rationalisierung von Produktion und Dienstleistungen) freigesetzter Arbeit, Erosion der traditionalen familialen Sicherungssyteme und Entwertung von Bildung und Ausbildung (hinsichtlich ihrer sozialen Plazierungsfunktion) haben sich Armutsrisiken gebildet, die in ihrer Struktur und Pluralität nicht mehr mit dem tradierten einkommensbezogenen Armutsbegriff erfaßt werden können (Grünbuch 1993). Auch kann man sich nicht mehr darauf verlassen, daß Armut in typischen sozialen Segregationen, gleichsam "Armutsbezirken" abgegrenzt und daher auch wohlfahrtsinstitutionell verwaltbar und befriedbar ist. SozialarbeiterInnen berichten seit geraumer Zeit darüber, daß es längst nicht mehr nur die "alten Kunden" sind, die - oft über Familiengenerationen hinweg "soziale Brennpunkte" bildend - das Armutsklientel ausmachen. Zur "neuen Armut" gehören auch Gruppen alleinerziehender Mütter, junge Erwachsene in ungesicherten Arbeitsverhältnissen, Mittelschichtsangehörige, die aus dem Arbeitsprozeß freigesetzt wurden und aufgrund dieser strukturellen Arbeitslosigkeit trotz Qualifikation keine Wiederbeschäftigung finden, Familien, die durch Überschuldung einer "relativen Armut" anheimfallen und zunehmend nicht mehr in der Lage sind, ihren Alltag zu organisieren.

Dieser Zusammenhang von Strukturwandel der Arbeitsgesellschaft, strukturellem Armutsrisiko und Pluralisierung der (neuen) Armut verweist untrüglich auf die *Biografisierung* von Armut und mithin auf neue Formen des Armseins. Dieses Armsein ist nicht mehr einem fürsorgerisch geregelten Kontrollstatus, und damit einem öffentlich verwalteten Stigma unterworfen, wie die klassische Armut, mit der sich die Betroffenen abfinden und sie als ihr lebenslanges Schicksal hinnehmen mußten, sondern kann viele an Punkten der Biografie treffen, die sie von sich selbst aus nicht voraussehen können. Diese Biografisierung der Armut wird auch in den neueren Befunden der dynamischen Armutsforschung, die individuelle Armutsverläufe über mehrere Jahre hinweg verfolgt, deutlich. So bestätigt das Ergebnis, "daß die Mehrzahl der Armen und Sozialhifeempfänger nur vorübergehend arm sind bzw. Hilfe beziehen, der Bodensatz dauerhaft oder längerfristig Armer" aber geringer ist (Schäfers 1992, S. 117), die These von der Entstrukturierung der Armut und ihrer Ausdifferenzierung in neue, biografisch pluralisierte Armutsrisiken. Hinter dem Begriff "Bodensatz" verbirgt sich großenteils die traditionelle Armut, die neue Armut dagegen ist durch periodisches und unverhofft auftretendes Armwerden gekennzeichnet. Es sind Menschen, die aus der Gesellschaft herausfallen, "freigesetzt" werden und die nicht - wie die klassischen Armen - am Rande der Gesellschaft gelebt haben (vgl. auch Hanesch u.a. 1994).

Seit dem vorindustrieellen Almosenwesen und dann auch in der industriellen Moderne ist die Armut mit einem - heute wohlfahrtlich gestützten - Ausschluß aus der Gesellschaft verbunden gewesen. In der Sozialpolitik der industriellen Moderne des 19.Jahrhunderts wurden die *Arbeiterfrage*, welche die Gesellschaft zentral bewegte und die Armenfrage strikt auseinandergehalten. Der mit der Arbeiterfrage verbundene Konflikt zwischen Arbeit und Kapital prägte die Gesellschaft und setzte die die Modernisierung des Kapitalismus entstrukturierende Entwicklungsdynamik frei, aus der die Armut herausfiel (vgl. Heimann 1929). Auch Georg Simmel hatte schon um die Jahrhundertwende (1908) festgestellt, daß nach dem Verständnis der modernen Industriegesellschaft der Arme keinen Beitrag zur gesellschaftlichen Entwicklung leisten könne.

Wenn man diese, für die Moderne bis heute typische gesellschaftliche Armuts-definition auf die erweiterten Armutsrisiken der Gegenwart anwendet, wird uns die Tragweite der *neuen* Armut deutlich: Mit dem Armutsrisiko ist die Gefahr verbunden, von der gesellschaftlichen Entwicklung abgeschnitten zu werden. Damit sind wir auch bei der Armutsdefinition der "sozialen Ausgrenzung" des Europäischen Grünbuchs (1993) angelangt:

"Soziale Ausgrenzung bedeutet nicht nur ein unzureichendes Einkommen. Sie geht über die Beteiligung am Erwerbsleben hinaus und manifestiert sich in Bereichen wie Wohnung, Bildung, Gesundheit und Zugang zu Dienstleis-stungen. Davon sind nicht nur Personen betroffen, die schwere Rückschläge hinnehmen mußten, sondern ganze soziale Gruppen in Städten und ländli-chen Gebieten, die [...] unter sozialer Isolierung oder der Schwächung tradi-tionaler Formen des Zusammenlebens zu leiden haben" (S. 20).

Armutsrisiken werden bis in die Mitte der Gesellschaft hinein nicht mehr als Furcht vor dem klassischen (materiellen) Armsein gespürt. Das können sich die meisten angesichts einer Konsumgesellschaft, die suggeriert, daß alles erreich-bar ist, auch gar nicht mehr vorstellen. Es ist vielmehr die diffuse Angst vor dem "der Lage-nicht-mehr-gewachsen-Sein", das die Leute berührt. Diese Angst ist aber in unserer Gesellschaft weitgehend tabuisiert, findet keine öf-fentlichen Räume, in denen sie thematisiert werden kann. Im Gegenteil: Der gesellschaftliche Individualisierungs- und Segmentierungsprozeß hat ein So-zialklima geschaffen, in dem die Einzelnen täglich immer wieder neu demon-strieren und kultivieren müssen, daß sie "dabei" sind, "mithalten" können, keine Probleme haben oder zumindest in der Lage sind, sie nicht zu zeigen. Man kann hier geradezu von einem Betonungssyndrom sprechen. Dies gilt durchaus auch für eine breite Schicht des unteren Mittelstandes, der - mit hohem Konsumni-veau und sozialem Sicherheitsbedürfnis - hart an den Kreditlinien entlang lebt und in dessen Eigenheimen die Angst nistet, unvorhergesehene Einbrüche wie Krankheit, Erwerbslosigkeit oder der Ausfall eines familialen Mitverdieners könnten zum Absturz in die Armut führen. In diesem ambivalenten Sozialklima - Risikopotentiale und Kultivierung des Problemlosen liegen eng beieinander - gedeihen regressive, die Handlungsfähigkeit einengende Einstellungs- und So-zialmuster als Abwehrmechanismen gegen ein befürchtetes soziales Absinken und Abgeschnittensein.

Tabuisierung der Armut in einer reichen Gesellschaft, Kultivierung des Pro-blemlosen und das damit verbundene Betonungssyndrom verunmöglichen es nicht nur den von Armut Bedrohten, ihre Lage und Befindlichkeit öffentlich zu machen, sondern machen es auch der Sozialarbeit schwer, Zugänge zum Arm-sein zu finden. Wenn ich in einer reichen Gesellschaft lebe, die Armut leugnet und behauptet, ihr Sozialhilfesystem verhindere sie prinzipiell, dann schäme ich mich meiner Armut, verstecke sie und versuche alles, um in der Öffentlichkeit demonstrativ den Anschein zu erwecken, daß ich "dabei" bin - oder ich ziehe mich zurück.

In diesem Zusammenhang möchte ich ein Beispiel aus der praktischen Sozialarbeit wiedergeben, das mir exemplarisch scheint für das Problem des Armseins in einer reichen Gesellschaft und die Schwierigkeiten des sozialpädagogischen Umgangs damit. Eine Sozialhilfeempfängerin - Alleinerziehende und nicht zu den gängigen "Armutskunden" gehörig - gibt jeden Monat ihre Stütze schon in den ersten elf Tagen aus, um sich dann für den Rest des Monats mit allen möglichen Tricks und Schuldenmachen über Wasser zu halten, bis das dann auch nicht mehr geht, weil die neuen Schulden nicht mehr zu managen sind und die alltägliche Lebensführung zusammenbricht. SozialarbeiterInnen entrüsten sich oft über solche Fälle, meinen, daß die KlientInnen nicht mit ihrer Sozialhilfe haushalten, denn mit Geschick und Verzicht - man würde ihnen ja dabei helfen - müßten solche KlientInnen doch gut über die Runden kommen.

Die so argumentierenden SozialarbeiterInnen haben das Problem des "Armseins in einer reichen Gesellschaft" nicht erfaßt. Denn diese KlientInnen wollen ihre Armut nicht nur in der Öffentlichkeit verbergen, sondern sie auch vor sich selbst nicht eingestehen und ganz "normal", wie andere auch, konsumieren, um sich über den Konsum ihr Dabeisein, ihre Teilhabe an der Gesellschaft zu ermöglichen. Das Beispiel zeigt, daß diese Klientin Anschluß an soziokulturelle Bezüge bräuchte (z.B. Mütterzentren, erlebnispädagogische Selbsthilfegruppen) um in ihrer Selbstwert- und Statussuche nicht nur auf die Konsumdemonstration angewiesen zu sein. SozialarbeiterInnen im Sozialhilfebereich wiederum benötigen - neben der entsprechenden Fähigkeit einer problemorientierten (und nicht nur verhaltensfixierten) Diagnostik - Kompetenzen in der Vermittlung (Agency, s.u.) solcher soziokulturellen Anschlüsse.

Das Auftauchen neuer Armutsrisiken läßt auch das Problem der *Sozialen Sicherheit* in der Gesellschaft in einem neuen Licht erscheinen. Sicherheit - so haben wir erfahren, ist nicht nur "äußere" Sicherheit im Sinne der materiellen Absicherung bei Krankheit, Alter, Unfall und Arbeitslosigkeit, sondern wird vor allem auch als Sicherheit empfunden, angesichts sozialer Herausforderungen handlungsfähig und einer Lage gewachsen zu sein (vgl. dazu Evers/Nowotny 1987). Dieses Sicherheitsgefühl, das in unserer Gesellschaft der Sozialstaat bisher wie selbstverständlich vermittelt hat, ermöglicht es erst den Menschen, für wechselnde Anforderungen so gerüstet und verfügbar zu sein, daß sie nicht fürchten müssen, abzustürzen, wenn im Beruf, in der Bildungsplanung für die Kinder oder bezüglich der Stabilität der Familie etwas schief geht. Dieser emotionale Aspekt der Sicherheit zielt direkt auf das Selbst, auf die Betroffenheit des Menschen und damit sein Bewältigungsvermögen. Deshalb darf die Diskussion um eine allgemeine Grundsicherung nicht nur einkommens- und lohnpolitisch geführt werden, sondern muß diese sozial präventive und sozialintegrative Dimension stärker berücksichtigen (vgl. dazu Böhnisch 1995).

6.7 Biografien außer Kontrolle: Alkoholismus im Erwachsenenalter

Alkoholabhängigkeit ist eines der komplexesten und verbreitetsten Belastungsprobleme der Erwachsenenphase in unserer Industriegesellschaft.

> „Trotz des Sachverhaltes, daß der Beziehung zwischen Alkoholeinnahme und Alkoholproblemen lediglich Wahrscheinlichkeitscharakter zukommt [also nicht eindeutig kausal nachweisbar ist - L.B.], ist der Konsum keines anderen Gutes in unserer Gesellschaft - auch nicht derjenige illegaler Drogen - mit so vielen physischen, psychischen und sozialen Problemen verknüpft, wie derjenige von alkoholischen Getränken" (Müller/Weiss 1989, S. 93).

Die Verbreitung des Alkoholismus ist beträchtlich: Ende der achtziger Jahre schätzte man für Westdeutschland ein, daß fünfzehn Prozent der Männer und vier Prozent der Frauen zwischen dreißig und neunundfünfzig Jahren als alkoholgefährdet gelten (Fahrenkrug 1989, S. 86). Im Gesamtdeutschland nach der Wende scheint sich dieses Niveau eher stabilisiert zu haben.

Die physio-psychischen Erklärungsmodelle für die Alkoholabhängigkeit sind vielschichtig. Eingebettet ist der Alkoholmißbrauch in die Selbstverständlichkeit des alltäglichen Massenkonsums von Alkohol, der als Medium für Geselligkeit, Stimulans, Kommunikation und Kontakt gilt (Stein 1985). Alkohol wird zudem überall getrunken, sowohl in der Öffentlichkeit, als auch zunehmend im Privaten, so daß inzwischen schon von einer „Verhäuslichung" des Alkoholismus gesprochen wird (Reuband 1980).

Wie es nun in dieser gesellschaftlich durchgängig tolerierten, kulturell tradierten und wirtschaftlich geförderten Alkoholszenerie zur Alkoholabhängigkeit kommt, wird neben traditionellen biophysischen und lerntheoretischen Begründungen in neuerer Zeit vor allem auf die zunehmenden gesellschaftlichen Überforderungstendenzen und die Erosion zentraler Kontrollmilieus zurückgeführt. Dabei wird die für viele nicht mehr allein bewältigbare Individualisierung und das Ausgesetztsein in einer beschleunigten arbeitsteiligen Gesellschaft als allgemeiner Bezugsrahmen angeführt. Dieser - so würden wir in unserer bisherigen Begrifflichkeit sagen - *anomische* Alkoholmißbrauch braucht natürlich für sein Ausbrechen jeweils individuelle Konstellationen, die zu einem Scheitern des Bewältigungshandelns führen: Prekäre Arbeits- und Familienkonstellationen, brüchige soziale Netzwerke. Die „Mißbrauchskarriere" selbst ist in der Regel in stigmatisierende Prozesse und Strukturen der familialen „Co-Abhängigkeit" (s.u.) eingebettet. Verbunden damit wird eine deutliche Biografisierung des Alkoholmißbrauchs konstatiert, die Einbettung in kontrollierende und sanktionierende Sozialmilieus, wie Betriebe und Gemeindeöffentlichkeiten, ist nicht mehr selbstverständlich gegeben. Mit der Verhäuslichung und der allseitig leichter gewordenen Erreichbarkeit des Alkoholkonsums (mit einer Angebotspalette und Werbung die hohen Aufforderungscharakter hat) hat sich zudem eine dichte Gelegenheitsstruktur entwickelt.

Macht schon diese allgemeine sozialkulturelle Bedingungskonstellation den Alkoholmißbrauch zum sozialpädagogisch relevanten Bewältigungsproblem, so wird diese Indikation im Verlauf der Abhängigkeitskarrieren und der entstehenden sozialen Folgeprobleme noch weiter bestätigt. So kann es im Verlauf der Alkoholikerkarrieren zu pathogenen Umstrukturierungen des sozialen Umfeldes (vor allem der Familie) kommen. Da viele der damit verbundenen psychosozialen Folgen nicht öffentlich sichtbar und unterhalb des sanktionierten Normbruchs liegen, sind vor allem interaktiv intervenierende und alltäglich begleitende Maßnahmen - eben die der Sozialpädagogik und Sozialarbeit - erforderlich.

Angesichts der enormen Verbreitung des komplexen psychosozialen Problemkreises der Alkoholabhängigkeit bzw. -gefährdung kann der Alkoholismus als exemplarisches Beispiel für die Suchtproblematik und ihr Bewältigungsspektrum im Erwachsenenalter thematisiert werden. Der Sozialpädagogik und der Sozialarbeit kommt heute im Arbeitsfeld der Alkoholismustherapie nicht nur aus diesen allgemeinen Gründen heraus eine zunehmend bedeutendere Aufgabe zu, als dies in den früher klinisch und verhaltenstherapeutisch gesteuerten Behandlungsmodellen der Fall war (vgl. dazu Klemm 1996). Auch im praktischen Ablauf der Alkoholtherapie hat die Sozialpädagogik und die Sozialarbeit eine deutliche Aufwertung erfahren. Dies ist auf drei Erkenntnisse zurückzuführen:

- Der Umgang der Alkoholabhängigen mit ihrer Sucht wird stärker als früher in der sozialisatorischen Bewältigungsdimension gesehen. Da man erkannt hat, daß die Problematik des Kontrollverlusts und des „Wegbrechens" der informellen sozialen Netze im Mittelpunkt des Alkoholdramas steht, kommt dem Aufbau psychosozialer Kompetenzen bei der Auseinandersetzung des Alkoholikers mit sich selbst und der sozialen Umwelt ein hoher Stellenwert zu. Dabei sind alle vier Grunddimensionen der Lebensbewältigung - Selbstbefindlichkeit, Rückhalt, Orientierung, Normalisierung - gleichermaßen tangiert. Die Biografie ist dabei unbestreitbar Medium der Therapie geworden, biografische Interventionsmethoden (s.u.) spielen in der Alkoholtherapie eine wichtige Rolle.

- Die Nachsorge außerhalb der stationären Einrichtungen wird heute zunehmend als gleichgewichtiger Teil der Behandlung anerkannt. Hier geht es vor allem um sozialpädagogische Begleit- und Unterstützungsprogramme, die eine Entstigmatisierung und den (Wieder-)Aufbau (alter und) neuer sozialer Netzwerke ermöglichen sollen. Gleichzeitig ist mit der Erkenntnis der Bedeutung einer sozialpädagogischen Nachsorge die Einsicht gewachsen, daß dies auch Rückwirkungen auf die Struktur des stationären Behandlungsprozesses haben muß. So wird in diesem Zusammenhang gefordert, daß schon in der klinischen Behandlungsphase „mit gleichem Nachdruck auf die Bedeutung von sozialer Kompetenz und Lebensbewältigungsfähigkeiten hingewiesen wird, wie auf den Krankheitscharakter der Alkoholproblematik. Angesichts des relativen Anteils Behandelter, die dem Krankheitsmodell nicht folgen, stellt sich weiter die Frage nach der für diese Gruppe angemessenen Form der Rückfallprävention [...], das heißt das Analysieren von Situationen mit erhöhtem Rückfallrisiko, das Erkennen von frühen Warnzeichen und das Erlernen von Bewältigungstechniken und -strategien für solche Situationen bzw. für den Rückfall selbst" (Müller/Weiss 1989, S. 107).

- Schließlich gewinnt die sozialpädagogisch und sozialarbeiterische Komponente in der Alkoholikerrehabilitation ihre Bedeutung aus der Erkenntnis des „Co-Alkoholismus" (auch Para-Alkoholismus genannt). Mit diesem Begriff ist der Sachverhalt umschrieben, daß die soziale Umgebung des/der Betroffenen - vor allem die Familie - auf spezifische Weise in das Suchtspektrum einbezogen ist, bzw. daß der/die Süchtige auch die Verhaltens- und Interaktionsmuster seiner/ihrer näheren sozialen Umgebung mitbeeinflußt oder gar strukturiert:

„Co-Abhängige, in der Regel diejenigen, die den Abhängigen lieben und sich zu ihm hingezogen fühlen, aber auch Kollegen und Freunde, machen sich unbemerkt und unbewußt zu Komplizen der Sucht, denn sie schützen den Trinkenden vor den Konsequenzen seines Verhaltens, in dem sie ihn z.B. bei seinem Arbeitgeber wegen Zahnschmerzen entschuldigen, obwohl er in Wirklichkeit wegen Übelkeit nicht aufstehen kann; sie erledigen alle anfallenden Aufgaben im Haushalt, regeln die Finanzen und organisieren das Familienleben oder vertuschen als Kollegen Fehler und Ausfälle" (Pflüger 1994, S. 15/16).

Co-Abhängigkeit beginnt also mit solchen, uns allen alltagsbekannten Verhaltensweisen gegenüber Angehörigen oder Bekannten, in deren Lebensschwierigkeiten man einbezogen wird. Dieses „sich mit dem Anderen beschäftigen" wird problematisch, wenn es mehr Zeit und psychosoziale Energie als alles andere in Anspruch nimmt und man zunehmend emotional und sozial von dieser Fixierung auf den Alkoholiker abhängig, an ihn gebunden wird. „Schließlich wird diese Abhängigkeit von einer anderen Person zu einem pathologischen Zustand, der die coabhängige Person in allen anderen Beziehungen beeinträchtigt" (Rennert 1990, S. 160). Es entsteht eine unausweichliche Gegenseitigkeit, ein aufeinander Angewiesensein, in dem der/die Abhängige Abschirmung und Entlastung von der eigenen Verantwortung, sowie Statuszuwachs und Macht in der Beziehung und nach außen erhält. Wenn Co-Abhängigkeit chronisch wird, entsteht ein „Verleugnen der Realität durch zwanghaftes Verhalten und Unterdrückung von eigenen Gefühlen" (Rennert 1990, S. 160).

So können sich also auch beim Co-Abhängigen selbstdestruktive und sozial desintegrative Persönlichkeits- und Verhaltensformen entwickeln. Die Phasen, die Co-Abhängige durchlaufen, können durchaus mit den Phasen verglichen werden, welche für den Alkoholabhängigen typisch sind: Fassade nach außen aufrecht erhalten; Versuch, den Abhängigen persönlich zu kontrollieren, um dessen Konsum zu steuern oder davon abzulenken; Übernahme von Verantwortlichkeiten, die früher eigentlich im Kompetenzbereich des Abhängigen lagen; Akzeptieren der Rationalisierungsmechanismen des Abhängigen (z.B. Alkohol fördert Kreativität); Kollaboration (Mithilfe bei Beschaffung); endlich Unterwerfung unter die Logik der Abschirmung und Vermeidung (Rennert 1990).

Mit dem Aufweis der Co-Abhängigkeit verschiebt sich aber auch die therapeutische und sozialpädagogische Zugangsdimension zum Alkoholismus. Es geht nun nicht mehr um den/die einzelnen Abhängigen, sondern um ein pathologisches Beziehungsgeflecht, das seine größte Dichte in der co-abhängigen Familie hat. „Mit dem Konzept Co-Alkoholismus [...] wurde Alkoholismus nämlich nicht mehr als die Erkrankung eines Individuums im Familienverband begriffen, sondern als Familienkrankheit" (Appel 1991, S. 166).

Die Familie gerät in Gefahr, in soziale Isolation zu geraten, Selbstwert und Handlungsfähigkeit der Frau werden deutlich beschädigt, weibliche Selbstmechanismen der Zurücknahme freigesetzt (Schuldübernahme etc.). Vor allem die Kinder leben angesichts des unkalkulierbaren Verhaltens des Abhängigen und der sozialen Isolierung der Familie unter Streß. Lernschwierigkeiten in der Schule, sozialer Rückzug gegenüber der Gleichaltrigenkultur und ritualisierte Unterwerfung unter das Familiendiktat der nach außen abschirmenden Co-Abhängigkeit, sind die Folgen. So kann bei co-abhängigen Kindern und Jugendlichen die entwicklungsnotwendige Auseinandersetzung mit sich selbst und die produktive Ablösung von den Eltern blockiert werden (vgl. dazu Pflüger 1994).

> „Kinder von Alkoholikern leiden noch als Erwachsene an den Wunden und Verletzungen, die sie in ihrer Kindheit erfahren haben und quälen sich oft ein Leben lang allein mit versteckten Angst-Schuld-Rachegefühlen" (Lambrou 1990, S. 15).

Es ist sicher aufgefallen, daß in der bisherigen Darstellung der *männliche* Erwachsene immer wieder als Alkoholabhängiger in den Vordergrund getreten ist. Angesichts des deutlich überproportionalen Anteils von Männern an dieser Problemgruppe und des Umstandes, daß bei Frauen Alkohol- und Medikamentenmißbrauch eng beieinander liegen (und damit ein differentes, eher nach innen gerichtetes Suchtmuster entsteht), ist die bisher beschriebene Alkoholabhängigkeit durchaus als männliche zu bezeichnen und kann deshalb auch mit unseren Zugangskonzepten zum Mannsein und zur männlichen Lebensbewältigung aufgeschlossen werden. Über die Bewältigungsmuster Externalisierung, Körperferne und Kontrolle (s.o.) läßt sich der männlich geprägte Alkoholismus gut strukturieren. Gleichzeitig ist zu vermuten, daß die mehr nach innen gerichteten Suchtmuster bei Frauen - selbstdestruktives Verhalten wie Selbstzweifel und Autoaggressivität, Depressionen und Ängste (vgl. dazu Wernado 1992) - auch bei den co-abhängigen Frauen auftreten können.

Es wurde bereits darauf hingewiesen, daß der Kontrollverlust der einschneidende Bruch in der Suchtkarriere eines Alkoholabhängigen ist. Aus der Perspektive männlicher Lebensbewältigung bedeutet dies nicht nur, daß das männliche Bewältigungsprinzip Kontrolle (s.o.) versagt, sondern auch, daß es sich nun gegen den Abhängigen selbst wendet. Kontrollverlust tritt ein, „wenn der Alkoholiker unfähig wird, auch nur kleine Alkoholmengen in gesellschaftlich üblichem [...] Rahmen zu trinken, [so daß] schon ein kleiner Schluck zu einem alkoholischen Exzeß führt, ohne daß der Betroffene noch imstande ist, diesem Prozeß Einhalt zu gebieten" (Klemm 1996, S. 29). Dieser psycho-physische Verlust der Selbstkontrolle ist in der Regel verbunden mit einem sozialen Realitäts- und Kontrollverlust. Auch wenn das soziale Umfeld - Arbeit, Freunde, Selbstrepräsentanz in der kommunalen Öffentlichkeit - längst weggebrochen ist, versuchen Alkoholabhängige durch Aggressivität und Klammern Außenkontrolle zu erzwingen. In der Familie ist es dann meist die Co-Abhängigkeit der anderen Familienmitglieder, welche den Schein aufrecht erhält und dem Alkoholiker suggeriert, daß er noch sozial oben ist, auch wenn er in den typischen Stimmungsschwankungen und depressiven Tiefs von der dunklen Ahnung des Gegenteils heimgesucht wird. Er hat die Kontrolle über sich und die anderen verloren und muß sie dennoch mit allen Mitteln aufrechterhalten. Bis hinein in die stationäre Therapie versuchen die Männer Kontrollmacht irgendwie zu demonstrieren, indem sie die äußere Kontrolle über sich behalten, daß heißt gerade keine Form von Schwäche zeigen wollen. Junge Erwachsene - so wurde mir aus der Therapiepraxis berichtet - legen es in therapeutischen Männergruppen immer wieder krampfhaft darauf an, durch „Cliquenklammern", das heißt demonstratives männliches Imponier- und Abwertungsgehabe untereinander in der Therapiegruppe, Schwäche und Angst zu unterdrücken.

Der männliche Bewältigungsmechanismus der Kontrolle - nach außen alles unter Kontrolle zu haben und nach innen keine Gefühle der Schwäche und Hilflosigkeit zuzulassen - bricht zusammen, wenn ihm die Scheinkrücken der Co-Abhängigkeit um ihn herum in der klinischen Therapie weggezogen worden sind. Die letzte verzweifelte Abwehr gegen diesen Zusammenbruch des außengestützten männlichen Selbst wird dann im Verfahren der „Kapitulationstherapie" zerschlagen: Der Abhängige wird mit seiner totalen biografischen Niederlage, mit der Erkenntnis konfrontiert, daß es nie mehr so werden wird wie früher. Gleichzeitig werden aber auch neue Beziehungsangebote gemacht, die er aus dem Akzeptieren seiner Schwäche heraus erlangen und zunehmend sozial integrieren kann. Im therapeutischen Zusammenbruch des Alkoholabhängigen werden wohl wie in keiner anderen psychosozialen Belastungssituation im Erwachsenenalter die Doppelbödigkeit und Krisenanfälligkeit der männlichen Bewältigungsprinzipien freigesetzt: Nicht nur der innere und äußere Kontrollverlust als erzwungenes Eingeständnis der Unfähigkeit, mit sich selbst allein - und nicht nur über die anderen - ins Reine zu kommen, macht dem Manne zu schaffen. Auch der ihm biografisch immer wieder verwehrte Zugang zu seinem Körper und die männliche Stummheit machen sich problematisch bemerkbar. Er hat seinen Körper immer nur durch dessen Funktionieren wahrgenommen

(Maschinenkörper), die Zunge war zwar durch den Alkohol gelöst, aber jetzt, unter dem Entzug des Alkohols, ist er doppelt stumm geworden.

Die Arbeit der SozialtherapeutInnen und SozialpädagogInnen besteht nun darin, dem Patienten zu zeigen, daß auch das erzwungene Eingeständnis der Hilflosigkeit nicht zur Zerstörung führt (vgl. Gruen), sondern sich andere soziale Wege auftun, die nun keine illusionären Auswege zu sein brauchen. Die Integritätsthematik stellt sich radikal neu: Das, was war, ist als Überwundenes, aber doch biografisch Zugehöriges, Teil einer Bewältigungsbiografie. Nicht das, was biografisch erreicht, sondern was bewältigt wurde, wird zum Maßstab der weiteren Lebensperspektive. Die Alkoholtherapie ist damit zu einem exemplarischen Szenarium einer bewältigungsorientierten Intervention in der Risikogesellschaft geworden.

7. Lebensbewältigung im Alter

Das letzte Drittel des zwanzigsten Jahrhunderts ist durch einen deutlich sozialen und kulturellen Strukturwandel des Alters gekennzeichnet. Das Motto, 'Mit dem Alter fange doch das eigentliche Leben erst richtig an, man könne im Ruhestand nun endlich das tun, was einen im fremdbestimmten Arbeitsprozeß immer verwehrt wurde - seinen eigenen Interessen nachgehen, für sich selbst etwas tun', ist in den Mittelpunkt der Werbe- und Konsumsymbolik und der Alltagsrede über das Alter gerückt. Vor allem die Konsumwirtschaft hat die älteren und alten Menschen als die neue Konsumgruppe des ausgehenden zwanzigsten Jahrhunderts entdeckt. Im konsumwirtschaftlichen Kalkül gibt es längst nicht mehr „das" Alter, sondern verschiedenartige Altersgruppierungen mit entsprechend unterschiedlichen Konsummotivationen. Der Konsummarkt scheint also das Alter in Bewegung zu bringen und umgekehrt. Ältere Menschen verfügen heute - im Durchschnitt - über mehr Zeit und Geld denn je, sind genußfreudiger und selbstbewußter geworden. Sie gelten nicht mehr länger als Kostenfaktor - mit den traditionellen Etiketten „inaktiv" und „hilfsbedürftig" behaftet - sondern als kommerzielle und damit auch (in der konsumwirtschaftlichen Sprache) gesellschaftliche „Aktivposten". Mit vitalen Sechzigern und Siebzigern wird heute offensiv geworben. Gleichzeitig geht man davon aus, daß es in diesen Altersgruppen deutliche Differenzierungen in der Konsummotivation gibt und weiter geben wird: Die jungen Alten, die vitalen Sechziger, die aktiven Siebziger (bis in die Achtziger hinein) und die Hochbetagten sollen als Kunden nicht in einen Topf geworfen werden.

Dennoch hält sich auch im Alltagsbewußtsein ein entgegengesetztes Stereotyp vom Alter: Das Stereotyp des physisch, psychisch und sozial abgehalfterten alten Menschen. Dies mahnt uns wiederum, daß das Erscheinungsbild eines neuen aktiven Konsumalters nicht darüber hinweg täuschen darf, daß es sich hier vor allem um Gruppen handelt, die über entsprechende finanzielle, materielle und soziale Ressourcen verfügen. Die Sozialarbeit wird in diesem Kundenspektrum kaum ihr Klientel haben, sieht man davon ab, daß sozial- und kulturpädagogische Animation in der Erwachsenen- und Altenbildung aufgrund der neuen Altersaktivitäten Fuß gefaßt hat. Gleichzeitig wäre es aber genauso falsch, die Soziale Altenarbeit (Schweppe 1996) nur in der Szenerie der „passiven" Alten - Krankheit, Pflege, soziale Benachteiligung und soziale Isolation - anzusiedeln. Naegele/Tews (1993) weisen in diesem Zusammenhang darauf hin, daß es sich um diese Polarisierung nicht so einfach um (aus unterschiedlichen Zeiten stammende) Meinungsstereotype handelt, sondern daß die Gefahr der Polarisierung des Alters in der gegenwärtigen Struktur der Altersentwicklung angelegt ist:

„Auf der einen Seite nimmt das 'negative Alter' zu, steigen die 'klassischen' Altersrisiken und kommen neue 'Probleme' dazu. Auf der anderen Seite hat sich ein quantitatives positives Alter herausgebildet, das sich unter anderem durch ökonomischen Wohlstand, Konsum- und Freizeitorientierung auszeichnet" (Naegele/Tews 1993, S. 349).

Tews schlägt deshalb vor, von „Problemgruppenminderheiten" und „innovativen Minderheiten" zu sprechen, um dieser Polarisierungstendenz (mit der Gefahr der Spaltung der Altengesellschaft, s.u.) aus dem Weg zu gehen, um den Blick auf die durchschnittliche Normalität des modernen Alters richten zu können. Allerdings darf diese polare Sichtweise nicht dazu führen, daß die Sozialarbeit auf die Problemgruppenminderheit abgedrängt wird. Denn diese Tendenz zur Polarisierung ist nicht primär ein anthropologisches, sondern ein sozialpolitisches Problem des Alters, das so lange bleiben wird, wie „Zustände der Behinderung und chronischen Krankheit angesichts fortdauernder oder nur geringfügig geschlossener gesetzlicher Regelungslücken den Hochbetagtenstatus bei Hilfe- und Pflegebedürftigkeit in breiten sozialen Kreisen auf Hilfe- und Pflegeniveau festzurren" und die „Pflegeversicherung auch nur sehr partiell Entlastung [schafft], weil sie vorrangig die Netto-Sozialhilfeausgaben senkt" (Schmidt 1994, S. 63).

Die Tendenzen zur Individualisierung des Älterwerdens (Kade 1994) und die damit verbundenen Chancen, die in der Biografisierung der Lebensführung im Alter in Richtung auf ein *eigenes Leben* liegen, stehen also immer in der Spannung zum Risiko des pflege- und unterstützungsbedürftigen „abhängigen Alters". Sozialpolitisch kann deshalb ein neues „autonomes Alter" nicht ohne Bezug zu diesem abhängigen Alter gedacht werden (Schmidt 1994).

7.1 Strukturwandel des Alters und Altern als biografischer Prozeß

Das Alter ist zwar von seinem Ende, dem Tod, nicht aber von seinen Anfängen her eindeutig bestimmbar. Seit den 80er Jahren wird die demografisch zunehmende Gruppe der „Jungen Alten" (vgl. Butler u.a. 1988) thematisiert, die zwischen dem Erwerbsstatus und dem gesellschaftlich definierten und kulturell tradierten Altersstatus liegen. Deshalb müssen wir auch hier wieder zwischen dem biografischen Prozeß des *Alterns* und der gesellschaftlich-systemischen Definiton des *Alters* unterscheiden. In dieser Spannung konstituiert sich das „sozialpädagogische" Alter als Bewältigungskonstellation. Dabei finden wir, wie in den anderen Lebensaltern auch, einen harten systemischen Kern des Alters, der sich in der modernen Geschichte des Alters (s.o.) herauskristallisiert hat, und um den bis heute die biografischen Themen älterer Menschen kreisen: Die *Entberuflichung*, die mit den Jahren zunehmend verwoben ist in die körperlichen Alterungsvorgänge.

Kaum eine Lebensphase scheint biografisch so geprägt und darin wiederum so ambivalent wie das Alter angesichts seiner gesellschaftlichen Neubewertung und sozialen Öffnung zur vierten (oder fünften) Lebenschance mit neuen Kompetenzanforderungen. Zwar spielt weiter die Frage eine Rolle, ob und wie aus der vorgängigen Biografie psychosoziale Kompetenzen vorhanden sind, an die an der sozialisatorischen Schwelle zum Alter angeknüpft werden kann. Gleichzeitig wird eine allgemeine *Biografisierung* beobachtet: Immer mehr ältere Menschen fügen sich nicht mehr in die tradierten gesellschaftlichen Rollenvorgaben, sondern versuchen, eigene Lebensperspektiven und Lebensstile im Alter zu entwickeln. Gestützt wird diese Entwicklung durch die sozialdemografische Prognose, welche das Alter als eine der dominanten Lebens- und Sozialformen in den Industriegesellschaften des nächsten Jahrhunderts aufziehen sieht. Dementsprechend ist uns allen inzwischen die sozialdemografische Altenprognose für die deutsche Gesellschaft geläufig: Im Jahr 2030 (dem Hochrechnungsjahr der demografischen Prognostik) werden fast vierzig Prozent der Bundesbürger sechzig Jahre und älter sein. Natürlich ist diese Altenzunahme nicht linear, sondern differiert in den einzelnen Alterskohorten (vgl. dazu Tews 1993, S. 16ff.). Tews faßt die damit verbundene enorme demografische Verschiebung in die Formel vom „dreifachen Altern", die besagt, daß mehr alte Menschen im Verhältnis zu weniger werdenden Jüngeren noch immer etwas älter werden" (Tews 1993, S. 17). In dieser Formel ist auch die Tendenz enthalten, daß es auf der einen Seite in Zukunft zwar immer mehr aktive alte Menschen geben, gleichzeitig aber auch die Zahl der sehr Altgewordenen und Hochbetagten, die abhängig und in Pflege sein werden, zunehmen wird.

Der Strukturwandel der Altersphase im ausgehenden zwanzigsten und beginnenden einundzwanzigsten Jahrhundert ist also ambivalent. Alle inzwischen einvernehmlich diskutierten Merkmale dieses Strukturwandels - Verjüngung, Entberuflichung, Feminisierung, Singularisierung und Hochaltrigkeit - haben demnach ihre zwei Seiten:

- Die *Verjüngung* des Alters führt einerseits dazu, daß der Anteil der aktiven Alten ansteigt, gleichzeitig aber der krisenhafte Wandel der Arbeitsgesellschaft mit ihrer Rationalisierungsproblematik massiv in den Prozeß des Alterns hineinreicht: Der Altersübergang - vor allem auch der erzwungene Vorruhestand - ist bei vielen nicht mehr biografisch-homogen, sondern stellt sich als Übergang von Freisetzungen, prekären Arbeitsverhältnissen und Dequalifikationen. Dadurch wird der Übergangsprozeß durch neue Belastungsfaktoren und Bewältigungsprobleme kompliziert. Ganz abgesehen davon schwächt ein früher, risikoreicher Altersübergang die biografische Akzeptanz des Alters, die sonst bei einer gelungenen (und nach geltenden Normalitätskriterien „abgeschlossenen") Berufskarriere gegeben ist.

- Damit sind schon die Probleme der *Entberuflichung* angesprochen: „Zumindest in den alten Bundesländern betrifft die Entberuflichung längst nicht alle älteren Arbeitnehmer gleichermaßen, sondern wirkt sich sozial selektiv aus.

Besonders betroffen sind ArbeitnehmerInnen mit beruflich niedrigem Status, unzureichenden fachlichen Qualifikationen und eingeschränktem Gesundheitszustand. Das tritt häufig auch noch kumulativ auf. Innerhalb der Gruppe der 'Entberuflichten' wiederum sind psychisch, sozial und finanziell erneut diejenigen belastet, die vorher schon auf den inner- und außerbetrieblichen Arbeitsmärkten zu den Benachteiligten zählten" (Dieck/Naegele 1993, S. 40). Integritätsstörungen, Anomiezustände und Angst vor Einbruch sozialer Sicherheit, die aus der erzwungenen Diskrepanz von biografischem Wollen und gesellschaftlicher Zurückweisung entstehen können, machen den Altersübergang zu einer eigenständigen Lebensphase, die wesentlich enger mit dem Erwerbsalter verknüpft ist, als es der per Definition vom Erwerbsalter abgesetzte Begriff der Entberuflichung ausdrückt.

- Auch die *Singularisierung*, das heißt der wachsende Anteil mit zunehmendem Alter Alleinstehender, ist durchaus ambivalent zu betrachten. Auf der einen Seite wird auf die empirische Untersuchungslage hingewiesen, nach der „Isolation und Vereinsamung und höherer Kontaktbedarf häufiger bei Alleinlebenden anzutreffen" sind (Tews 1993, S. 31). Gleichzeitig darf aber vermutet werden, daß diese Isolierungstendenzen vor allem bei denjenigen auftreten, die in der Zeit vor dem Alter in ihren Kontakten auf die Erwerbsmilieus und/oder ihre(n) Partner(in) angewiesen, also nicht selbständig waren. Mit den bis in die Familie und Partnerschaft hinreichenden gesellschaftlichen Individualisierungstendenzen wächst aber die Chance und Fähigkeit schon zu Erwerbszeiten, alleinzusein und dennoch soziale Kontakte aufbauen zu können. Engel/Nestmann und andere (1996) haben dies empirisch sehr eindrücklich für alleinstehende Frauen beschrieben. Hier hilft uns die von Gottschalch (1988) getroffene Unterscheidung von Alleinsein und Einsamsein weiter, auf die wir anfangs schon hingewiesen haben. Allerdings verlangt dieses „Alleinsein-können ohne den Sozialbezug zu verlieren" eine hohe Fähigkeit zum Selbstbezug und zur Selbstthematisierung. Die Frauen müssen auch mit dem Alter besser zurechtkommen, denn wenn wir nun den hervorstechenden sozialdemografischen Bezug in Betracht ziehen, daß es jenseits der Ruhestandsgrenze fast doppelt soviel ältere Frauen als ältere Männer gibt (rd. 7 Mio zu 4 Mio, Statistisches Bundesamt 1993), scheinen ja die Frauen den Übergang zum Alter besser bewältigen zu können.

- Denn die Fähigkeit zum Selbstbezug - so haben wir an früherer Stelle argumentiert - scheint bei Frauen stärker ausgebildet zu sein als bei den außenorientierten Männern. Insofern hat auch der Trend zur *Feminisierung* des Alters seine zwei Seiten. Allerdings kommt es wohl auch bei Frauen darauf an, daß diese Fähigkeit zu Zeiten der Familienhaushalts- und Erwerbsphase schon ausbalanciert war und nicht der Mann die Außenkontakte monopolisiert hatte. Auf jeden Fall überwiegen die Frauen bei der Inanspruchnahme sozialer Hilfeangebote, und dies hängt nicht nur damit zusammen, daß sie während der Familienhaushalts- und Erwerbszeit kein eigenes oder ein niedrigeres Einkommen hatten und deshalb später eher von der Altersarmut heimgesucht werden. Vor allem ist die Feminisierung des Alters durch die Grundstruktur geprägt, „daß sich die Merkmale 'Hochaltrigkeit' und 'Singularisierung' zusammen mit dem Merkmal 'Feminisierung' in einem Cluster verdichten" (Niederfranke 1994, S. 47). Allerdings darf nicht außer acht gelassen werden, daß nicht nur die berufliche, sondern auch die familiale Selbständigkeit von Frauen heute gegenüber früheren Frauengenerationen gewachsen ist und damit eine größere soziale Kompetenz des Alleinseins in das Alter eingebracht werden kann. Die verbreitete Zuschreibung, Frauen seien durch ihr Hausfrauendasein gewohnt, auch im Alter sozial zurückgezogen und bescheiden leben zu können, trifft auf moderne Hausfrauen, die den Haushalt als sozial offenen Reproduktionsort begreifen (vgl. Fegebank 1997), so nicht mehr zu.

- Sicher erreicht die Feminisierung angesichts einer vergleichsweise höheren Lebenserwartung von Frauen ihr problematisches Ausmaß in der *Hochaltrigkeit* der über Achtzigjährigen. Chronische Krankheitszustände und Pflegebedürftigkeit überwiegen. „Die Negativseite dominiert. Ihr ist dennoch entgegenzusteuern. Auch unter den Hochaltrigen bleibt die Mehrheit lange Zeit in einer nicht nur negativ zu kennzeichnenden Situation" (Tews 1993, S. 32). Auch wenn hier die Lebensbewältigung oft stark auf Aushalten und Umgang psycho-physischer Begrenztheit reduziert ist, gibt es immer noch soziale Bezüge, auch wenn sie extrem eingeengt sind. Vor allem über den Empfang von Anteilnahme und über die Chance, in dieser Anteilnahme dem Anteilnehmenden etwas geben zu können, entwickeln sich gegenseitige Signale der Humanität, die auf die alten Menschen und ihr Gegenüber ausstrahlen. So werden Zustände des Wohlbefindens und der menschlich-naturhaften Geborgenheit für die betroffenen alten Menschen erlebbar. Hier wäre, zielstrebiger als bisher, eine Sozialanthropologie der Pflege und nicht nur eine Pflegeethik, zu entwickeln, in der die menschlich-kreatürlichen Impulse und Angebote psychisch-physisch reduzierter Hochbetagter erkannt, verstanden und in die soziale Interaktion der Pflege aufgenommen werden können.

Die Ambivalenzen, die im Strukturwandel des Alters in der modernen Industriegesellschaft liegen, machen noch immer deutlich, daß eine Polarisierung des Alters in Aktive und Abhängige der Pluralität heutiger Lebensmöglichkeiten und -formen im Alter nicht gerecht wird. Außerdem liegt in stark polaritätsbildenden Stereotypen die Gefahr der mythischen Verallgemeinerung und Betonung. Man kann also nicht den althergebrachten Defizitansatz - Alter als Abbau - durch den Aktivismusansatz ablösen, denn beides sind Zuschreibungen, die sich leicht von der Wirklichkeit abheben und zu fatalen Stigmatisierungen und Etikettierungen führen können, welche den Betroffenen dann keinen Raum und keine Bestärkung mehr für ein individuell-differentes Altern lassen.

In dieser Hinsicht hat es die differentielle Psychogerontologie der siebziger und achtziger Jahre geschafft, das Defizitmodell zu überwinden, welches das Alter durch Abbau psychischer Funktionen und Funktionsverlust charakterisiert sieht (Thomae 1987, S. 29). Sie hat vielmehr eine Fülle von Befunden zur „Potentialität" und damit zur Entwicklungsfähigkeit im Alter erarbeitet. Diese Erkenntnisse zur „Plastizität" des Alters (Baltes 1983) sind für uns in der Sozialpädagogik/Sozialarbeit besonders brauchbar, weil sie Hinweise auf aktivierbare Bewältigungskompetenzen im Alter geben.

> „Schulbildung, sozialer Status, aktivierende und weniger aktivierende Umgebung [...] [sind] einige der Faktoren, welche in einem engen Zusammenhang mit der [...] Kompetenz im Sinne [...der] Fähigkeit zur weitgehend eigenständigen Lebensführung stehen. Darüber hinaus sind die Höhe der Ausgangsbegabung, biografische Konstellationen, wie persönliche und familiäre Belastung von Bedeutung [...]. Außerdem sind die Erwartungen, die andere an die eigene Person stellen, bzw. die man selbst an sich stellt, von großer Bedeutung für Konstanz und Veränderung des Zustandes" (Thomae 1987, S. 46).

Damit hat die „differentielle Gerontologie" das Altern als biografischen Entwicklungsprozeß definiert, der zwar in seiner Intensität und Qualität auf eine Abhängigkeit von der vorgängigen Biografie, dessen potentielle Plastizität aber auch auf eigenständige Entwicklungsqualitäten hindeutet. S.H. Filipp hat diesen Zusammenhang interaktionistisch interpretiert und ist dabei zu einer Art „Grundformel" für eine Sozialisationstheorie des Alters gekommen:

> „Die Analyse des Alterns aus sozialhistorischer und sozialökologischer Perspektive geht [...] von der Grundannahme aus, daß menschliche Entwicklung ein Höchstmaß an Plastizität besitzt und daß die jeweils betrachteten Entwicklungsverläufe auch im Hinblick auf den historischen und ökologischen Kontext, innerhalb dessen sie sich vollziehen, zu relativieren sind [...]. Der Begriff Altern meint also differentielles Altern, das sich in Interaktion mit den Veränderungen vollzieht, welche die Lebenssituation der Einzelindividuen auf den einzelnen Ebenen kennzeichnen." (Filipp 1987, S. 385).

Solche sozialisationsrelevanten Aspekte des Alterns sind vor allem in den Befunden zur „sozialen Kompetenz" im Alter zu erkennen. Unter „sozialer Kompetenz" wird dabei die Fähigkeit des alten Menschen verstanden, sich in einem realistischen Selbstkonzept in der sozialen Umwelt zu verorten und von diesem Ort aus seine sozialen Beziehungen aufzubauen und zu kontrollieren.

Wie bei allen empirischen und altersgruppenbezogenen Befunden der Gerontologie mindert die historische Relativität der Forschung ihren Wert. So ist es wohl plausibel, daß die Alten der sechziger und siebziger Jahre in ihrem Bildungs- und Berufsstatus den heutigen und künftigen alten Menschen weit unterlegen waren. Das heißt, die Gerontologie wird mit Fortschreiten der Bildungsexpansion und -mobilisierung zu immer wieder neuen Befunden kommen müssen, da Bildungs- und Berufsstatus das spätere Selbstkonzept und damit die soziale Kompetenz im Alter maßgeblich beeinflussen. So stehen Befunde, nach denen Frauen im Alter - vor allem solche mit niedrigem Bildungsstatus und hoher Abhängigkeit vom männlichen Partner - beim Tod des Mannes sozial isoliert sind (abgesehen von verwandtschaftlichen Bezügen) neben solchen, nach denen Frauen mit höherem Bildungsstatus und biografischer Selbständigkeit im Alter eher soziale Außenaktivitäten entfalten, als der männliche Rentner (Haske 1990, vgl. dazu auch Kap.7.4). Denn die Alterszufriedenheit und die Motivation für ein eigenes Leben im Alter sind - nach Aussagen der psychogerontologischen Kompetenzforschung (vgl. dazu Thomae 1987) - dort gegeben, wo ein entsprechendes biografisches Fundament durch einen gehobenen Bildungs- und Berufsstatus (durch den multiple Lebensinteressen ermöglicht werden) gelegt wurde.

Insgesamt lassen sich für den sozialpädagogischen Zugang „biografische Lebensbewältigung" folgende Charakteristika der heutigen Lebensphase Alter zusammenfassen:

- Die Übergangsalter und das Altern selbst verlaufen nicht eindimensional als allgemeiner Abbau und Rückzug (Disengagement, das heißt sich zurückziehen und aus dem Sozialen herausziehen, um nicht überfordert zu werden), sondern es gibt verschiedene Sozialformen und Praktiken des Alterns, die nebeneinander existieren. Mit dieser Pluralisierung des Alters sind verschiedenartige Altersstile verbunden. In solchen Lebensstilen ist der Anspruch vermittelt, sich im Alter nicht zurückziehen zu müssen, sondern sozial präsent zu sein.

- Im Alter selbst können körperliche, intellektuelle und kommunikative Fähigkeiten auf einem hohen Niveau gehalten oder wiederhergestellt werden. Gleichzeitig verlangt das Alter eine hohe Kompetenz in der Bewältigung kritischer Lebensereignisse - biografisch einschneidene Krankheiten, Partnerverlust, radikale Änderung der Lebensumstände durch Umzug ins Heim, Pflegebedürftigkeit etc. - die das Eingeständnis der eigenen Hilflosigkeit und die Fähigkeit des Umgangs damit voraussetzen.

- Im Alter wirkt ein besonderes Integritätsprinzip. So wie man sich als Erwachsener mit seiner bisherigen Biografie arrangieren muß, um ein stabiles Selbstkonzept ausbilden zu können, geht es nun im Alter darum, daß man zu dem Eingeständnis in der Lage ist, ab jetzt begrenzt zu sein. Dies ist die Voraussetzung, das Niveau zu halten, von dem aus man Möglichkeiten der Entwicklung im Alter und über das Alter suchen kann. S.-H. Filipp (1987) hat dieses, auch schon von Erikson formulierte, Integritätsprinzip des Alters wie folgt zusammengefaßt: „Die Krise des höheren Erwachsenenalters zeige sich in der Auseinandersetzung mit der eigenen Endlichkeit. Die konstruktive Überwindung liege im Aufbau [...] einer positiven Bilanzierung des eigenen Lebens und einer Integration der vielfältigen eigenen Erfahrungen" (S. 387). Dies ist möglich, indem sich das Kompetenzgefüge ausbalanciert. Einem deutlichen Abbau von mechanisch fluiden Kompetenzsegmenten (wie z.B. Nachlassen der Verarbeitungsgeschwindigkeit) steht die Verdichtung von qualitativ-kristallinen Segmenten (Erfahrung, Expertise, biografische Distanz) gegenüber (Hasselhorn 1996).

Die Hervorhebung der Alterskompetenz erhält in der zunehmenden Individualisierung und Biografisierung des Alters (Kade 1994) erst ihr eigentliche Bedeutung. In dem Maße, in dem sich viele Menschen im biografischen Prozeß des Alterns nicht mehr primär an dem tradierten gesellschaftlichen Altersbild, sondern an der Weiterführung und Gestaltung ihres eigenen Lebensprojekts orientieren, ist das Alter nicht mehr so einschneidend abgesetzt oder gar abgekoppelt von den vorgängigen Lebensphasen. Dies um so eher, als die Zäsur der Entberuflichung dadurch gemildert oder vielleicht gar einmal nivelliert wird, daß auch das Erwerbsalter deutlich biografisiert (und damit entstrukturiert) ist und so der Aspekt der „Lebensarbeit" (s.o.) stärker in den Vordergrund tritt. Diese kann dann im Alter - dessen Bewältigung ja stark von der vorangegangenen Lebensphase beeinflußt ist - fortgesetzt werden.

Ein deutliches empirisches Indiz für die Biografisierung des Alters ist die Selbstwahrnehmung alternder und alter Menschen. Ein Großteil von ihnen fühlt sich nicht alt. Dabei ist eine bezeichnende Differenzierung bemerkbar, die ein Licht auf den Prozeß des biografischen Alters wirft und das Wirken tradierter Altersstereotype trotz Biografisierung vor allem in der Übergangsphase sichtbar macht. Hasselhorn (1996) faßt dies - vor dem Hintergrund entsprechender Erhebungen - wie folgt zusammen.

„Die gesellschaftlich dominierenden Alterserwartungen haben die Funktion von Stereotypen, mit denen sich jeder einzelne um so mehr auseinanderzusetzen hat, je mehr er sich selbst dem hohen Erwachsenenalter nähert [...]. Während die befragten jüngeren Erwachsenen eine Altersabnahme in nahezu allen Altersbereichen - außer der Weisheit - befürchteten, glaubten die Sechzig- bis Achtzigjährigen, sich in allen Funktionsbereichen - außer der Weisheit - verbessert zu haben. Betrachtet man nur die Alterserwartungen von Senioren, so zeigt sich eine andere Diskrepanz. Alte Menschen neigen nämlich dazu, bei anderen Personen gleichen Alters große Leistungseinbußen und negative Altersveränderungen zu erwarten, nicht aber bei sich selbst". (S. 11).

Diese Aussagen verstärken wiederum - nicht nur für das Alter - die eingangs gemachte Annahme, daß die Biografisierung die Lebensalter zwar tendentiell entstrukturiert, aber nicht auflösen kann. Vielmehr wirken die in den tradierten Lebensaltern enthaltenen gesellschaftlichen Erwartungen und Stereotype trotz Biografisierung weiter und werden vor allem in der Übergangsphase sichtbar. Das moderne Alter steht somit in der Spannung von biografischer Altersperspektive und gesellschaftlicher Altersdefinition; daraus erwächst die allgemeine Bewältigungsproblematik des Alterns (s.u.). Hier stellt sich die anomische Spannung zwischen System- und Sozialintegration lebensaltertypisch neu: Angesichts der Krise der Arbeitsgesellschaft (s.o.) bleibt die Entberuflichung als rigider Einschnitt nicht nur erhalten, sondern wird in ihrer ausgrenzenden Wirkung sozialpolitisch weiter verschärft (Vorruhestand), während in der sozialintegrativen Perspektive der Lebenswelten die biografische Orientierung an altersübergreifender „Lebensarbeit" (s.o.) wächst.

Dennoch darf die Überwindung des Defizitansatzes durch das Kompetenzmodell und die Biografisierungsperspektive nicht dazu führen, das Alter hauptsächlich als moderne Sozialisationsphase zu sehen und so unbefragt in die Linearität des modernistischen Fortschrittsdenkens einzupassen. Dies würde das Alter, nun wiederum von der anderen Seite her, unter Druck setzen. Denn Altern steht unter der besonderen Spannung des Entlastetseins von gesellschaftlichen Zwängen und dem Integritätsproblem der absehbaren Endlichkeit des Lebens. Alter biografisch zu nutzen, heißt auch und vor allem, diese neue Chance des *Menschseins* zu nutzen. Der humane Gewinn des Alters liegt demnach nicht in einer einfachen Verlängerung der industriellen Normalbiografie mit anderen Mitteln, sondern in der Spannung zum eigenen Menschsein bei weiter und neu bestehender gesellschaftlicher Teilhabe. Diesen, gerade für die Sozialpädagogik so zentralen Aspekt hat vor allem Christel Schachtner in ihrem eigensinnigen Buch „Störfall Alter" (1988) thematisiert. Sie hebt heraus, daß mit Alter und Tod die „sinnlich-leibliche" Existenz des Menschseins hervortritt, die sich der modernen industriellen Verwertung des Menschen von Natur aus widersetzt und damit zum „Störfall" wird. Alternde Menschen passen nicht in die Welt des flexiblen, leistungsbereiten, austauschbaren und immer wieder erneuerungsfähigen „Maschinenleibs", des Arbeits- und Schönheitskörpers. Das Verwiesensein auf zyklische Zeitstrukturen steht im Gegensatz zur linearen Orientierung der Erwerbskarriere (vgl. ausf. Schachtner 1988, S. 137ff.). In der biografischen und sozialen Durchsetzung des Alters als sozial eigenständiger Lebensphase und ihrer gesellschaftlichen Anerkennung ist also immer ein prinzipieller Konflikt zwischen unterschiedlichen Verständnissen vom Menschsein in der Moderne angelegt.

Insofern hat die Biografisierung eine *neue* Ambivalenz in das Alter gebracht. Einerseits hat sie für viele die Möglichkeit eröffnet, auch das Alter in die Gestaltung des „eigenen Lebens" genauso einzubeziehen wie andere Lebensphasen. Der Umstand, daß es biografisch und lebensweltlich für den Einzelnen verfügbarer ist als z.B. das Erwerbsalter, verstärkt diese Aufwertung erheblich. Von dieser Biografisierung erwartet man sich in der Altersdiskussion der 1990er Jahre auch Rückwirkungen auf die gesellschaftliche Bedeutung des Alters. Dieses scheint immer weniger Restkategorie der Moderne zu sein (s.o.), denn die Biografisierung ermöglicht „ein Zurückholen oder eine Reintegration des höheren Erwachsenenalters in die Normalität postmoderner Gesellschaft" (Schmidt 1994, S. 62). Die Biografisierung löst aber nicht das besondere Integritätsproblem des Alters auf, sondern verlangt im Gegenteil ein *eigenes* Verhältnis zum Tod, das nun stärker selbst erarbeitet werden muß. Erwartung der Endlichkeit aus der Altersautonomie des Selbst und außengeleitete Verdrängung liegen dabei dichter beieinander. Insgesamt halten sich aber die psychosozial aktivierenden Akzente, welche im Prozeß der Biografisierung gesetzt sind. Um so dringlicher ist die Frage an die Altenarbeit und Altenpflege zu stellen, wie sie mit den Biografisierungstendenzen umgeht: ob sie in der Lage ist, auch den abhängigen Alten Ansätze - wie beschränkt sie durch Krankheit und Behinderung auch immer sein mögen - für ein „eigenes Leben" zu ermöglichen.

7.2 Alter als zeiträumliche Bewältigungskonstellation

Festzuhalten bleibt aber, daß die Kongruenz von Biografie und gesellschaftlich definierten Lebensaltern zu Ausgang des zwanzigsten Jahrhunderts in den westlichen Industriegesellschaften zunehmend geschwunden ist. Das Alter erscheint nicht länger als Restphase des Lebens, sondern als Lebensphase mit bisher nicht so gekannter sozialdemografischer und individualbiografischer Dynamik: Die Menschen leben in unterschiedlichen Formen des Alterns länger und viele wollen oder können aus diesem Alter auch etwas für sich machen. Ins Alter ist Potentialität gekommen und: Alter wird von vielen alten Menschen nicht mehr einfach sozial „hingenommen", sondern aktiv bewältigt und gestaltet.

Wenn wir uns nun dieser sozialpädagogisch relevanten Bewältigungskonstellation Alter zuwenden, so ist uns dabei bewußt, daß wir es immer noch mit einem statischen Altersmodell zu tun haben. Wir beschreiben, wie die Menschen die Lebensphase Alter „vorfinden", sie in dieser vorgegebenen Konstellation zu bewältigen und sich in ihr biografisch einzurichten versuchen. Später, in der dynamischen Perspektive des *Alterns* werden wir dann fragen, wie die Menschen, die heute noch nicht zu den Alten zählen, durch die neue, eben biografische Form des Altwerdens das öffentliche Altersbild verändern können.

Die Bewältigungskonstellation Alter weist in allen Bewältigungsdimensionen lebensalterspezifische Probleme auf, die - relativ unabhängig vom jeweiligen gesundheitlichen Zustand - quer durch alle Altersgruppierungen gehen. Mit dem Eintritt in die durchschnittliche Altersphase - so wie das Alter bis jetzt in unserer Gesellschaft eingerichtet, das heißt, wie es in den gesellschaftlichen Erwartungen an alte Leute und in den Institutionen, die sich mit alten Leuten beschäftigen, definiert ist - verändert sich das psychosoziale Magnetfeld von Befindlichkeit, Rückhalt und Orientierung entsprechend dem strukturellen Zwang, den Entberuflichung und Entstrukturierung sozialer Beziehungen ausüben. Dies ist ja schon in der allgemeinen Darstellung sozialgerontologischer Wandlungstendenzen angeklungen. Wir wollen dies in den Dimensionen des Zeitverständnisses, der sozialräumlichen Einbindung und des Lebenssinns herausarbeiten.

Alter als Zeitbruch -
Von der linearen Erwerbs- zur zyklischen Alterszeit

Der Übergang vom Erwachsenenalter in das Rentenalter ist für die meisten Menschen eine einschneidende biografische Zeitumstellung, da die in der mittleren Lebenszeit strukturierte Biografie nach der Linearität des modernen Arbeitsprozesses ausgerichtet war. Man durchlief seine Berufszeit - meist in aufeinanderfolgenden Stufen als Berufs „karriere" - mit einer fortlaufenden Perspektive, in der neue Berufserfahrungen gemacht, bisherige umgewichtet, aber auch entwertet wurden. Gerade die ungeheure Beschleunigung des technologischen Wandels in Industrie, Dienstleistung und Verwaltung hat diese Linearität neu geprägt. Man mußte und muß immer wieder auf neue Entwicklungen „gefaßt" sein, kann dieses Neue aber immer weniger auf die bisherigen eigenen biografischen Erfahrungen beziehen, sondern ist ihm offen ausgesetzt. „Mithalten" und „Anschluß finden" sind längst als Synonyme für diese unbedingte beschleunigte Linearität der technologisch-ökonomischen Wachstumsprozesse und ihrer sozialen Konsequenzen in die Alltagssprache eingegangen. Im ständigen Marken- und Produktewechsel der Konsumwirtschaft findet diese Entwicklung ihre reproduktive Entsprechung. Längst sind die Sonn- und Feiertage - bei uns in Deutschland bislang noch grundgesetzlich geschützt - kein Tabu mehr: Maschinenauslastung und betriebsorientierte Schichtprogramme halten nicht nur immer mehr Menschen rund um die Uhr in Gang, sondern verschärfen auch die zudem schon längst vollzogene Entstrukturierung der zeitlichen Zuordnungen und Rhythmen von Arbeit und Freizeit (vgl. dazu Müller-Wichmann 1984, Nowotny 1993). Unterschiedliche Arbeits-, Frei- und Ferienzeiten existieren nebeneinander, wir erleben das am augenfälligsten in den Großstädten, wenn zur konventionellen Arbeitszeit - also am Vormittag oder am frühen Nachmittag - sich Tausende auf den Straßen bewegen.

Aber auch die Menschen, die im Erwerbsalter nicht im produktionsgesteuerten Arbeitsprozeß stehen und Haus- und Erziehungsarbeit leisten - vor allem Frauen - sind von dieser produktionsfixierten Linearität erfaßt. Der durchschnittliche Haushalt steht unter dem linearen Zeitdiktat des arbeitenden Mannes (zudem dann noch der berufstätigen Frau) und der zur Schule gehenden Kinder. Dazu kommt die lineare Konsumperspektive, die sich vor allem im Familienhaushalt und den eher vom Haushalt aus gesteuerten Freizeit- und Ferienaktivitäten breitmacht. Im Konsum erhält der postmoderne Mensch *die* Teilhabe am ökonomischen Wachstum und Fortschritt, die ihm im Arbeitsprozeß zunehmend verwehrt ist. Arbeit und Konsum verschränken und potenzieren sich so - was den Lebensrhythmus anbelangt - zu einer Linearität des Zeitverständnisses, die in die biografische Perspektive der erwerbstätigen Menschen auch so verschränkt eingeht: *wann* erreiche und verdiene ich mit meiner Arbeit in meinem Beruf *was* und *wann* kann ich mir *was* leisten. Aus der einfachen Arbeitsbiografie ist eine in sich verwobene Arbeits- und Konsumbiografie geworden (vgl. wiederum den biografischen Begriff der *Lebensarbeit*, s.o.).

Linearität und Beschleunigung als Orientierungs- und Antriebsmuster der Zeiterfahrung im mittleren Erwerbs- und Konsumalter verlieren nun im Alter ihre strukturierende Bedeutung:

> „Im Alter kommt es zu einem stärkeren Gewahr-werden der Kluft [...] zwischen dem gesellschaftlich verankerten Konzept einer beschleunigten Zeit und der metabolischen Eigenzeit des viel langsameren Körpers. Die Beschleunigung der Zeit als Strategie gegen die Zeitlichkeit des Lebens verliert im Alter die Kraft der Überzeugung. Sie vermittelt keine Sicherheit mehr. Es kommt zu einer Entbergung aus dem gesellschaftlich verankerten Zeitverhältnis mit Gefühlen der Ratlosigkeit, Einsamkeit und Angst." (Wulf 1996, S. 45).

Im Gegensatz zum linearen Zeitverständnis, das dem stetigen und beschleunigten Wachstum und der fortschreitenden Differenzierung von Produktion und Konsum verhaftet ist, steht die *zyklische* Zeiterfahrung, die an die innere und die ihn umgebende Natur des Menschen gebunden ist. Der menschliche Körper, seine psycho-physischen Energien, die ihn umgebende Natur im Wechsel von Tag und Nacht, den Jahreszeiten und der Wiederkehr des Wachstums und Lebensrhythmus der Pflanzen und Tiere sind zyklisch strukturiert. Der Mensch braucht sie als Zeitkontexte der Regeneration und der Rückbesinnung auf sich selbst. Diese zyklische Zeiterfahrung hat in der vorindustriellen Epoche den Lebensrhythmus und das Verhältnis der Lebensalter - wir haben dies bereits am Bild der Lebenskreise kennengelernt - beherrscht. Die lineare Moderne hat das Zyklische entwertet, in ihrem technologischen Drang zur Naturbeherrschung überformt. Aber - erinnern wir uns an den ersten Hauptteil, wo wir Betroffenheit und Befindlichkeit als Spannung zwischen äußerem Sozialen und innerer menschlicher Natur charakterisiert haben - der Mensch ist angewiesen auf diesen zyklischen Naturbezug, nicht nur um sich im Hinblick auf den Arbeitsprozeß wieder fit zu machen, sondern vor allem auch, um bei sich selbst, den Selbstbezug und die Selbstverwirklichung zu finden. So entsteht das verbreitete Paradox, daß wir auf zyklische Lebensgehalte von unserer menschlichen Natur her angewiesen sind, daß sich aber in der hektischen Linearität von Arbeit und Konsum eine Mentalität herausbildet, die dieses Angewiesensein auf die Natur entwertet und entöffentlicht. Dieses Paradox setzt sich in der Beobachtung fort, daß sich Menschen auf ihren Ruhestand freuen, weil sie hoffen, endlich mal „zur Ruhe", daß heißt zu sich selbst zu kommen, und dann, wenn es soweit ist, beklagen, daß man mit seiner Zeit nichts anzufangen weiß, daß man sich wertlos und zunehmend aus dem gesellschaftlichen Alltag ausgeschlossen fühlt. Der Konsumfaktor kann das nicht aufwiegen. Wenn man sieht, wie normiert und rationalisiert heute die Kaufmärkte sind, wie sie immer das Neueste anbieten und wie wenig Rücksicht sie im Einkaufsalltag auf Vertrautes nehmen, dann wird einem wiederum deutlich, wie sehr die Konsumwelt durch die Linearität der Arbeitswelt geprägt ist. Aus dem durch den Konsum also nur teilweise geminderten, oft relativ abrupten Übergang vom linearen zum zyklischen Zeitverständnis erwächst eine für das Alter spezifische anomische Konstellation, die sich in Betroffenheiten und Befindlichkeiten niederschlägt. Dies fordert sozialpädagogisches Verstehen und Orientierungsbeistand für die alten Menschen heraus, welche diesen Übergang nicht allein bewältigen können. Dies kann - darauf werden wir im Interventionsteil näher eingehen - von infrastrukturellen Angeboten über gestützte Quartier- und gemeindebezogene Netzwerke bis hin zur gezielten zyklischen Animation der Pflege reichen. Im Mittelpunkt steht dabei die Aufgabe, den individuell-biografischen Wert zyklischer Lebenstätigkeit und die daraus erwachsenden neuen Möglichkeiten der Gemeinschaft den alten Menschen erlebbar zu machen und den gesellschaftlichen Wert zyklischer Lebensformen im Alter öffentlich darzustellen.

Vor dem Hintergrund dieses allgemeinen sozialpädagogischen Zugangs zum Problem der Zeitbewältigung im Alter gibt es eine Reihe von alltagspraktischen Aspekten, die berücksichtigt werden müssen, wenn der Übergang vom linearen zum zyklischen Zeitverständnis in eine Balance gebracht werden soll. Auch der zyklisch geprägte Lebensalltag muß strukturiert, mit sozialen und kulturellen Spannungsbögen und Höhepunkten versehen sein. Nur: Diese Herausforderungen und Überraschungen sind nicht mehr konkurrent organisiert, sondern aus einem gesuchten und gefundenen Selbst heraus, das die Beziehung zu anderen - nun in sozialer Großzügigkeit - gestalten kann. In diesem Sinne muß alten Menschen auch geholfen werden, den Verlust des alltagskonstituierenden industriellen Rhythmus von Arbeit und Freizeit zu überwinden. Das gängige Etikett vom Alter als der „Nur noch Freizeit" ist eben eine negative Ableitung (es wird ja nicht mehr im konventionellen Sinne gearbeitet) und verdeckt den individuellen und gesellschaftlichen Eigenwert der Alterszeit.

Aus dieser Betrachtung des Zeitspektrums des Alters lassen sich also eine Fülle von Anknüpfungspunkten für eine sozialpädagogische Bildungs- und Beratungsarbeit mit alten Menschen finden. Allerdings hat diese Analyse einen Haken. Sie ist zu statisch, d.h., sie geht von konventionellen Parametern des gesellschaftlich strukturierten Alterns aus. Natürlich ist der Zeitbruch im Übergang vom Alter zum (Vor-)Ruhestand so einschneidend, weil die marktdefinierte Erwerbsarbeit der einzige Maßstab ist und nur so das Alter als Arbeitsverlust und Entberuflichung erscheint. Könnten wir schon im Erwerbsalter unsere soziale Identität an einer wesentlich erweiterten und so gesellschaftlich anerkannten Arbeitsdefinition - Lebensarbeit / einschließlich der Haus- und Beziehungsarbeit - festmachen, wären diese Brüche im Altersübergang wohl erheblich gemindert und bestünde die Chance, auch im Alter gesellschaftlich anerkannte Arbeit zu verrichten. Wenn Hausarbeit, soziale Beziehungsarbeit und Arbeit in Gemeinschaftsdiensten, die in der Regel außerhalb des Marktes getätigt werden und deshalb gesellschaftlich abgewertet sind, gesellschaftlich der konventionellen Arbeit gleichgestellt werden, hätten die Menschen die Chance, Arbeitserfahrungen auch aus den mittleren Jahren in die Altersphase mitzunehmen und in einer neuen, dem Altersstatus und der Autonomie des Alters entsprechenden Arbeitsidentität - etwa im Sinne von „Tätigsein" (vgl. Schmidt 1996) - weiterzuentwickeln. Wir sehen also, daß uns die Problematik der geschlechtshierarchischen Arbeitsteilung und der industriegesellschaftlichen Denunziation des Beschäftigungsbegriffs (im Vergleich zum konventionellen marktorientierten Arbeitsbegriff) bei der sozialpädagogischen Bestimmung des Alters wieder einholt.

Dem Alter Raum geben - Raumverlust und Raumaneignung im Alter

Alter bedeutet Veränderung - erst einmal Verengung und Verlust - von Sozialraum und damit auch Schwächung der psychosozialen Entfaltungs- und Bewältigungsmöglichkeiten. Aus der Sozialraumtheorie (s.o.) wissen wir, daß für die Lebensphasen, die noch nicht oder nicht mehr durch institutionalisierte Rollen und Funktionen strukturiert und positioniert sind, die soziale Verfügung über Räume entwicklungsnotwendig ist. Was das Kindes- und Jugendalter und die ihnen zugeordnete Sozialpädagogik anbelangt, so ist diese Erkenntnis fachliches Allgemeingut geworden. Beim Alter tut man sich da vor allem deshalb schwerer, weil der Zusammenhang von Alter und Entwicklung - wie er für Kinder und Jugendliche unstrittig definiert ist - zwar inzwischen wissenschaftlich bestätigt (s.o.), sozial und gesellschaftlich aber noch längst nicht anerkannt, geschweige denn in unser Alltagsverständnis übergegangen ist.

Im Alter nehmen wir für die meisten Menschen erst einmal einen räumlichen Bruch im territorialen Sinne wahr: Der Weg zur Arbeitsstätte, der den Alltag strukturiert hat, entfällt, der territoriale Rückzug auf Wohnung oder Altenheim hat begonnen. Diese äußere Raumverengung gibt schon genug Anlaß für eine Seniorenberatung. Das Wohnen reicht nun in den Mittelpunkt der Lebensgestaltung und dieses bräuchte bei vielen eine eigene Animation, da sie gerade in den mittleren Jahren die Wohnung stark nach außen funktionalisiert, das heißt auf die Erfordernisse des Arbeitsprozesses und der Kindererziehung zugeschnitten haben. Deshalb haben sie in den mittleren Jahren wenig neuen lebensweltlichen Gestaltungssinn im Wohnbereich entwickeln und ins Alter mitbringen können. Vor und während der Familiengründung strömt man noch in die Wohnparadiese, die eigene Wohnung ist Teil des gemeinsamen Lebenstraumes; später wenn dieser abebbt, verflacht auch der Wohntraum und weicht der lustvolle Gestaltungsantrieb dem Zweckmäßigkeitsdenken. Im Alter muß also geradezu wieder gelernt werden, die Wohnung als Lebensmittelpunkt für sich zu entdecken und zu gestalten. Neben der Neugewichtung der Wohnfunktion bekommt auch das Wohngebiet im Alter einen neuen Stellenwert. Alte Menschen sind stärker auf die räumliche Nahwelt verwiesen, denn die räumliche Mobilität, wie sie sich in der Anfahrt zur täglichen Arbeitsstätte und in den mit Beruf und Arbeit verbundenen Sozialkontakten entwickelt hat, ist zumindest zum Teil im Alter verloren gegangen. Jetzt kommt zum Tragen, ob sie sich in der mittleren Lebenszeit räumliche Mobilität außerhalb der Arbeitsbezüge schaffen und sie einüben konnten (sonst bleibt als Gewohnheit der Fernseher, nun aber nicht mehr abends, sondern den Tag über).

Gleichzeitig aber ist vielen in der mittleren Lebensphase das Wohngebiet auf eine bestimmte Art fremd geworden. Es wird vornehmlich von Kindern und Jugendlichen bevölkert, die sich so anders verhalten, als konforme Erwachsene es gewohnt sind und deshalb als störend empfunden werden. Im Alter merkt man dann, daß die Räume auf eine Art und Weise besetzt sind, die man nicht so ohne weiteres nachvollziehen und annehmen kann. Sogar die Bänke sind vollgeteckt. So kann es kommen, daß man sich in dieser Wohnumwelt „deplaziert" fühlt.

Dieses kleine räumliche (Wieder)-Erkennungsszenario läuft wohl täglich in den Wohnvierteln unserer Städte ab. Der sozialpädagogische Ansatzpunkt heißt deshalb: (Wieder-)Aneignung der räumlichen Nahwelt, die für viele alte Menschen zwar irgendwie vertraut, aber keine aktivierende Sozialwelt ist, weil das soziale Geschehen Alter scheinbar keine sozial signifikanten Räume strukturieren kann. Da geben die Boule- und Piazza-Gesellschaften der Alten in den südeuropäischen Ländern schon mehr her. Wir reden von Kinder- und Jugendräumen und -kulturen, von Altenräumen und Altenkultur sprechen wir nicht. Nun gibt es aber plausible Gründe dafür, daß das Alter eigene sozialräumliche Aneignungsmöglichkeiten braucht, um zu einer sozial eigenständigen Lebensphase werden zu können. Zum einen ist es der besondere Entwicklungstypus des Alters - Identitätsformation außerhalb und nach der Erwerbsbiografie -, zum anderen die Notwendigkeit, innerhalb dieses Entwicklungstypus' neue Kompetenzen der sozialen Orientierung und des sich gesellschaftlichen Zurechtfindens zu erwerben, die nicht über arbeitsmarktgesteuerte Positionen vermittelt werden - eben sozialräumliche Kompetenzen. Was wir im Kapitel zur sozialräumlichen Aneignung bei Kindern hergeleitet haben, bekommen wir nun wieder zurückgespiegelt - allerdings als seitenverkehrtes Bild, denn die Unmittelbarkeit des kindlichen Eindrucks ist inzwischen biografisch verloren gegangen. Aber auch im Alter geht es um die Frage, wie man sich in seiner räumlichen Umgebung lebensaltertypisch wiederfinden kann.

Der tradierte Satz, daß die Alten vom „Früher" leben und deshalb geduldete oder auch liebgewordene Relikte im Wohngebiet sind, spricht dem Alter eine aktuelle sozialräumliche Kompetenz und Entwicklungsfähigkeit ab. Sicher wird inzwischen der sozialökologische Wert des Alters gewürdigt, der z.B. darin liegen kann, daß alte Menschen Zeugen und Mahner für historisch-organische Stadt- und Gemeindeentwicklung sein können. Als solche sind sie als besondere Beteiligte in den Bürgerforen der kommunalen Entwicklungsplanung zu respektieren. Genauso wichtig ist aber die Erkenntnis, daß mit der Anerkennung des Alters als eigenständige Entwicklungs- und Sozialisationsphase die sozialräumlichen Entfaltungschancen für alte Menschen - vor allem für die, welche nicht konsummobil sein können - neu definiert werden müssen. In den konventionellen sozialräumlichen Altersdefinitionen - „Rückzug" oder „Zurückhaltung" - ist deshalb ein Bild der „Desozialisation des Alters" und nicht das einer eigenen Sozialisationsperspektive enthalten. Diese Überlegung führt uns aber schon in das dynamische Bewältigungsmodell des Alters, das wir im nächsten Abschnitt thematisieren wollen.

Altsein und neuer Lebenssinn - zur Entkoppelung der Sinnfrage von der konventionellen Arbeitsorientierung

Die Sinnfrage hat sich für alte Menschen in der vormodernen Zeit (s.o.) nicht so sehr wie heute gestellt. Die Alten waren eingebunden in die lebensalterübergreifenden Milieus der Lebenskreise, in welche die Gegenseitigkeit der Generationen und die entsprechenden Generationsverpflichtungen eingelassen waren. Dem Alter gehörte die Weisheit und die Erfahrung und auch wenn es sich - nach dem tradierten Lebenskreisdenken - gesellschaftlich zurückhalten sollte, so war es doch um seiner Erfahrung willen aufzusuchen und zu hören (vgl. dazu Riedel 1971, Münchmeier 1997). Sicher war das ein idealitäres Ordnungs- und Erziehungsbild, das im Alltagsgeschehen der Vormoderne vielfach unterlaufen wurde, aber es war doch eine gesellschaftlich sanktionierte Altersdefinition.

Mit der Koppelung des Lebenssinns an die Erwerbs- und ihr zugeordnete Familienarbeit wurden die Lebensphasen und -umstände, die durch Erwerbsverlust gekennzeichnet sind, zu tendenziell „sinnlosen" Lebensphasen: Alter, Arbeitslosigkeit, Nichtseßhaftigkeit. Ausgenommen in diesem arbeitszentrierten modernen Denken sind natürlich jene frühen Entwicklungsphasen - Kindheit und Jugend -, die sich erst auf ein „sinnvolles" Arbeits- und Berufsleben zubewegen. Diese enge Sinnbindung an die Arbeit ist vor allem in jenen modernen Arbeitsgesellschaften prägend, die sozial und kulturell wenig pluralisiert und - gerade über die Arbeit - hochkollektiv organisiert sind. Leute, die durch ihre Lebensformen demonstrieren, daß sie in der konventionellen Arbeit nicht ihren zentralen Lebenssinn sehen, werden in solchen Gesellschaften schnell als Assis (Asoziale) stigmatisiert. So z.B. in der DDR-Gesellschaft, wo es auch - außer in einigen Großstädten - keine subkulturellen Räume für solche Aussteiger gab. Natürlich war man auch in der alten Bundesrepublik schnell mit Etiketten wie „Hedonismus" und „Aussteigermentalität" bei der Hand. Aber hier gab es wenigstens plurale Strukturen und relativ zahlreiche subkulturelle Räume für ein Leben „neben" der etablierten Arbeitsgesellschaft. So konnten sich partiell und bei Minderheiten durchaus neue Lebensformen auch ins Altern hinein entfalten. Im Durchschnitt aber ist ein aktives Alter bisher nur als „Konsumalter" (s.o.) lebbar, die Entberuflichung wertete und wertet auch in der pluralen Industriegesellschaft das Alte ab und weist ihm einen Sinnverlust zu. Interessant ist in diesem Zusammenhang wiederum der Versuch in der DDR und anderen staatssozialistischen Gesellschaften, Alte und Arbeit dennoch nicht ganz zu entkoppeln und so dem Alter wenigstens einen Rest Arbeitssinn zu verleihen. Die „Rentnerbrigaden" und Veteraneneinsätze, aber auch die Art, wie z.B. die „Volkssolidarität" (gesellschaftliche Organisation zur Altenbetreuung) in der DDR alte Menschen über soziale Arbeit aktiviert hat, waren Modelle, die nach der Wende sozialpolitisch übergangen und desavouiert wurden. Ihre Schwäche, die unbedingte Bindung sinnvoller Aktivität an die Arbeit, bleibt unbenommen; ihre Stärke aber, alte Menschen in allgemeine Sozialzusammenhänge einzubinden, ist ein immer noch und immer wieder diskutables Integrationsmodell.

Dennoch bleibt die Aufgabe, dem Alter als eigenständige Sozialisationsphase auch einen eigenen Lebenssinn zuzuerkennen. Die Konsumindustrie - so haben wir es bereits geschrieben - hat dies längst entdeckt. Aber - so haben wir auch argumentiert - der Konsum ist an die lineare Produktionslogik gebunden, ist ständiger Verbrauch und Entwertung des Verbrauchten und zudem - im Sinne des aktiven, erweiterten Konsums - nur den alten Menschen zugänglich, die das Geld und die Gesundheit dafür haben.

Deshalb bietet es sich an, die Sinndiskussion im Alter ähnlich zu führen, wie wir es bei der Zeit- und Raumthematik getan haben, in dem wir sie von der konventionellen Erwerbsarbeit entkoppeln und an die lebensphasentypischen Seinszustände und Befindlichkeiten anbinden. Vor allem an die Chance, im Alter ein direkteres Verhältnis zu sich selbst und der zyklischen Naturhaftigkeit des Menschseins so finden zu können, daß - von diesem wiederentdeckten Lebensort aus - ein neues Verhältnis zum Sozialen sich entwickeln kann, das in seinem leibseelisch gegründeten Eigensinn und seiner biografisch entlasteten Nonkonfirmität andere als biografisch eingefahrene Selbstwertbezüge und wieder soziale Neugier auf andere eröffnen kann:

„Im Alter droht das in Unwirklichkeit Gehaltene zur unabweisbaren Lebensrealität zu werden. Leben drängt an die Oberfläche, sowohl in Form unerfüllter Bedürfnisse, Phantasien und Taten als auch in Gestalt von Krankheit und Gebrechlichkeit. Auch noch im beschädigten Leib gibt sich das Leben zu erkennen als ein Sträuben und Aufbegehren gegen eine Realität, die seine Ansprüche ignoriert [...]. Der alte Mensch stellt - ohne das selbst wollen zu müssen - lebenslange Bemühungen um Konformität in Frage, provoziert den Widerspruch, weckt möglicherweise grenzüberschreitende Wünsche, liefert Anhaltspunkte für ein Leben gegen den Strich" (Schachtner 1988, S. 221).

Hier liegt auch der Ansatzpunkt für eine milieubildende Altenarbeit. Sie muß in ihren Angeboten ein Anregungsmilieu schaffen können, das nicht auf Defizite der alten Menschen schielt, sondern ihrem oft verdecktem, weil übergangenem Anderssein eine soziale Resonanz und Ermutigung bieten und auch bei den alten Leuten Lust aneinander und Neugier aufeinander wecken kann.

7.3 Altern in biografischer Perspektive

Wir sind bisher lebensaltertypisch nach der vorgegebenen Struktur der industriellen Arbeitsgesellschaft und den darin eingeschriebenen Altersdefinitionen und -rollen ausgegangen. Entsprechend haben wir uns - das ist das Problem der Altersforschung -, sowohl was Untersuchungsergebnisse als auch Erfahrungen und Assoziationen zur Bewältigungskonstellation Alter anbelangt, auf die gegenwärtigen Alten und ihr Altern bezogen. Wir konnten aber wenig darüber aussagen, wie Alter in Zukunft sein wird. Nun wissen wir, daß Altsein vom biografischen Altwerden mitgeformt wird und schätzen, daß viele, die jetzt in den mittleren Jahren sind, anders alt werden und anderes vom Alter erwarten, als das gegenwärtig gültige Altersbild und die dazugehörigen Altersrollen hergeben. Auch die Sozialpädagogik und Sozialarbeit zum Alter ist da immer noch sehr statisch (vgl. z.B. Karl 1993): Es wird wie üblich demografisch hochgerechnet und ein enorm steigender Bedarf an Alten- und Pflegearbeit prognostiziert und dabei - implizit, weil nicht thematisiert - vom gegenwärtigen Altersbild ausgegangen.

Matilda Riley und John Riley (1994) sehen in ihrer aufregend öffnenden Arbeit über „individuelles und gesellschaftliches Potential des Alters" gerade in solchen statischen Modellen das „Dilemma der Diskrepanz zwischen den Stärken und Fähigkeiten einer wachsenden Anzahl alter Menschen in den westlichen Industrienationen und den unangemessenen Rollenstrukturen, die diese Gesellschaften für die Anwendung, Belohnung und Erhaltung dieser Fähigkeiten bereitstellen" (S. 437), nicht erkannt und deshalb immer wieder reproduziert. Es wird eben von den gegenwärtigen Altersstrukturen ausgegangen und angenommen, daß die jetzt noch nicht alten Menschen in diese hineinwachsen. Demgegenüber wäre der Blick auf das gegenwärtige und zukünftige Altern dieser Menschen zu richten und zu fragen, wie sich deren Altern von dem der jetzt Alten unterscheidet. Weiter wäre zu thematisieren, wie die gesellschaftlichen Institutionen und Rollensysteme zu verändern sind, damit das *biografisch* gewandelte Altern in ein gesellschaftlich gewandeltes Alter münden kann.

Die Rileys greifen noch einmal den Defizit- und Abbaumythos des Alterns (s.o.) auf und setzen dem den „realen Alterungsprozeß" entgegen, in dem sich auch im frühen und späteren Alter kompensatorisch und neu Kompetenzen herausbilden können. Da - wie wir bereits gesehen haben - die psychosoziale Qualität des Alterns maßgeblich abhängig ist von den psychosozialen Bedingungen der vorgängigen Biografie, vor allem in den mittleren Jahren, liegt es auf der Hand, daß im Durchschnitt besser gebildete und ausgebildete, von äußeren Arbeitsbedingungen weniger belastete und durch anspruchsvolle Arbeit besser biografisch motivierte Menschen anders alt werden. Vor allem werden sie sich individuell nicht mehr mit der sozialen Entwertung des Alters abfinden, wie dies viele der jetzigen Alten gewohnt sind. Gleichzeitig wissen wir, daß im Alter selbst - sogar im Pflegestand, durch aktivierende Herausforderungen seitens der sozialen Umwelt, also gleichsam durch Sozialisationsimpulse - der psychosoziale Abbau weitgehend verändert werden kann:

„Die Grenzen der Leistungsfähigkeit alter Menschen liegen also weniger in ihren [physischen - L.B.] Fähigkeiten als vielmehr in den sozialen Räumen, die sie mit zunehmenden Alter wahrnehmen oder eben nicht wahrnehmen können. [...] Der Platz der älteren Menschen in der modernen Gesellschaft ist zutreffend als eine 'Rolle der Rollenlosigkeit' bezeichnet worden. Veränderungen in der gesellschaftlichen Rollenstruktur sind hinter den sich rasch verändernden Fähigkeiten und Bedürfnissen der älteren Menschen zurückgeblieben" (Riley/Riley 1994, S. 442/443).

Wie können wir diesen strukturellen Bezugsrahmen der Diskrepanz von gesellschaftlich definierter Altersrolle und dem individuell-biografischen Altwerden und Altsein auf die sozialpädagogische Handlungsebene umsetzen? Nach der bisherigen Argumentation bietet sich hierfür das Lebensstilkonzept und die pädagogische Perspektive der (Hilfe zur) Lebensstilaktivierung an. Alte Menschen entwickeln zunehmend eigene Lebensstile und können durch die damit erzeugte Praxis - gerade weil sie vom gesellschaftlich Erwarteten abweicht - Aufmerksamkeit erregen und Durchbrüche in der öffentlichen Akzeptanz erzielen. Hier kann auch der in der mehr sozialisatorischen Argumentation der Rileys vernachlässigte, von Christel Schachtner wiederum leidenschaftlich betonte) leib-seelische Aspekt der Befindlichkeit, Betroffenheit und des Mann- und Frauseins konzeptionell eingebunden werden. Dabei wird deutlich, daß das traditionelle Konzept der „Lebenszufriedenheit" (Havighurst 1963) als hingenommenes, schicksalhaftes Gleichgewicht zwischen den biologischen, psychischen und sozialen Altersumständen und der daran geknüpften Befindlichkeit für die Bestimmung des modernen Alterns nicht mehr ausreicht. Natürlich hat die Alltagsmeinung, man solle alte Menschen „in Ruhe lassen" weil sie auch selbst in Ruhe gelassen werden wollen, insoweit ihren lebensweltlichen Sinn, als man das Alter - entsprechend den biografischen Bedingungen des Lebenszyklus' - nicht beliebig durchgängig und linear mobilisieren und aktivieren kann. Zum Alter gehört auch das Privileg, verlangen zu können, vom arbeitsgesellschaftlichen Streß verschont zu bleiben und sich immer auch sozial zurückziehen zu können. Wir brauchen also ein Konzept von Lebenszufriedenheit, das die Balance von *selbstgewähltem* Rückzug und *selbstbestimmter* Aktivität zum Hintergrund nimmt. Hier wäre auch die Gruensche Autonomieperspektive (s.o.) im Alter anzusiedeln. Es böte sich deshalb an, zwischen „ritualisierter Lebenszufriedenheit" und (biografisch strukturierter) „reflexiver Lebenszufriedenheit" zu unterscheiden. Man käme so zu einer qualitativen Bestimmung und Differenzierung des Rückzugsverhaltens im Alter und würde es nicht durch einen unreflektierten Aktivitätsbegriff übergehen oder denunzieren. Aus der Balance von Aktivität und selbstbestimmtem Rückzug definiert sich wohl auch die *Handlungsfähigkeit* im Alter. In dieser Balance ist damit auch die für das Alter typische Bewältigungsperspektive zu thematisieren.

Reflexive Lebenszufriedenheit im Alter äußert sich in Lebensstilen. Mit dem Konzept des Lebensstils läßt sich die Befindlichkeits- und Betroffenheitsdimension mit der Handlungs- und Normalisierungsdimension des Alters verbinden. Sozialpsychologische und soziologische Lebensstilanalysen des Alters bieten daher Anknüpfungspunkte für die sozialpädagogische Konzeptualisierung. Die Psychogerontologie sieht im Konzept des Lebensstils vor allem auch den Vorteil, das *differentielle* Altern in seinen verschiedenen biografischen Formen zu beschreiben. Kennzeichen von Lebensstilen im Alter ist eine typische Verschränkung von dem Alter vorangegangenen biografischen Erfahrungen/Stilen und den im Alter erlebten Belastungen und Chancen. Lebensstile im Alter sind durch eine „hohe Variabilität" gekennzeichnet - sie rekurieren auf unterschiedliche Biografien - und weisen nicht nur Kontinuitäten, sondern auch Diskontinuitäten zum früheren Leben auf. Das heißt, daß sich manches aus dem Erwerbs- und Familienalter ins Alter hinein verlängert, aber manches im Alter bewußt anders versucht wird, weil man in jüngeren Jahren im Arbeits- und Familienstreß schlechte Erfahrungen gemacht hat und nun keine Rücksicht mehr nehmen und sich nicht mehr institutionellen Zwängen unterordnen muß: Man kann etwas Neues versuchen.

Dazu aber braucht es personale Motivation und soziale Anstöße, denn das Alter mit seinen unausweichlichen Gesundheitsrisiken und kritischen Lebensereignissen (Partnerverlust, Verlust früherer Kontakte, etc.) birgt die strukturelle Tendenz des Rückzugs und des hoffnungslosen Hinnehmens (so ist es halt von Natur aus) als gesellschaftliches Stigma in sich. Dennoch ist das Sich-Abfinden mit der Endlichkeit (als zentrales psychisches Integritätsproblem des Alters) immer wieder (meist halbbewußt) auftretender Kristallisationspunkt der Lebensbewältigung und darf auch in einer aktiv und offen formulierten Lebensstilkonzeption nicht übergangen werden. Lebensstildefintionen im Alter sind auch maßgeblich durch das Selbstkonzept strukturiert: Wie ich einschätze, daß ich von anderen als alt angesehen werde, was mir andere zutrauen und zu was mich andere ermutigen. Die Herausbildung von Lebensstilen im Alter ist also ein multipler biografischer Prozeß, in dem das Individuum Motive und Interessen entwickelt, Lebensstile für sich auszuformen und zu gestalten. Darin ist auch eine deutliche Bewältigungsdimension enthalten, denn Lebensstile verhelfen dazu, das eigene (Normalisierungs-)verhalten in Belastungs- und Bewältigungssituationen zu kennen und kalkulieren zu können, sowie sein eigenes Bewältigungsniveau Anderen gegenüber zu signalisieren und zu demonstrieren. Diese Potentialität und das Prozeßhafte, die mit dem Lebensstilkonzept thematisiert werden können, werden in der Lebensstildiskussion zum Alter besonders hervorgehoben (vgl. dazu Tokarski 1993). So wird z.B. deutlich, daß alte Menschen nicht nur altersgemäß konsumieren, so wie es ihnen die Konsumindustrie vorgibt und den Konsum nur entlang dieser Vorgaben erweitern und differenzieren, sondern daß sie den auf sie abzielenden Konsum aktiv nutzen, um eigene Lebensstile zu entfalten und zu demonstrieren, die sich auch auf anderes Sozialverhalten erweitern. Der Konsum im Alter ist also nicht nur als passive Kompensation zum Erwerbsverlust anzusehen, vielmehr können die aktivierenden Alinuetiketten der Konsumwerbung (s.o.) durchaus als stilinspirierend gedeutet werden. Unter diesem Gesichtspunkt können auch andere altersbezogene Lebensbereiche beurteilt werden. So macht es durchaus Sinn, die Altenhilfe in ihren stationären und ambulanten Einrichtungen danach zu befragen, ob die alten Menschen sich dort nur den vorhandenen Einrichtungs- und Pflegebedingungen anpassen sollen, oder ob die Angebote zur Lebensstilinspiration und -entwicklung beitragen können.

Um dem gerecht zu werden, müssen aber mindestens zwei zentrale Voraussetzungen erfüllt sein: Die Alten müssen sich biografisch *differentiell* und *öffentlich* entfalten können. Eine Alteneinrichtung, die nur einen uniformen Lebensstil zuläßt, der sich z.B. nur aus der Einrichtung und Ablaufstruktur eines Heims ableitet und sich öffentlich über Ruhebänke und behüteten Gruppenausgang realisiert, wird sicher keine Lebensstile im Alter befördern können. Diese Ebene dieser „Performanz" - sich von anderen unterscheiden, gleichzeitig aber anderen zugehörig sein und über sozialräumliche Interaktion und soziale Partizipation Öffentlichkeit teilhaftig erfahren -, ist - so haben wir es bereits anfangs dargestellt - das zentrale Antriebs- und Steuerungssegment bei der Lebensstilbildung. Jetzt verstehen wir auch, warum die Perspektive des „differentiellen Alters" für eine Alterssozialisation so wichtig ist. Früher habe ich immer nur geschmunzelt, wenn meine damals schon alte Mutter sich immer mit dem Argument geweigert hat, in den örtlichen Altenclub zu gehen, sie gehe nicht gern unter diese alten Leute, obwohl sie auf der Straße und beim Einkaufen gern mit Gleichaltrigen (oder auch mit Jüngeren) „geratscht" hat. Inzwischen verstehe ich, daß sie sich damit beileibe nicht gegen ihr Altsein wehren wollte, sondern gegen den möglichen Verlust ihres differentiellen und biografisch erworbenen Lebensstils, der in der inszenierten Homogenität und ritualisierten Zufriedenheit eines Altenclubs möglicherweise untergegangen oder zurückgesetzt worden wäre.

Differentieller Habitus, sozialräumliche Aneignungs- und sozialöffentliche Partizipationschancen als Antriebe für eine eigene Lebensstilbildung im Alter verweisen wiederum auf sozialintegrative Funktionen des Lebensstils, wie wir sie im theoretischen Bezugsrahmen zu Anfang dieses Buches thematisiert haben. Lebensstile symbolisieren Teilhabe und Zugehörigkeit zum Gesellschaftlichen von unten her, vor allem dann, wenn von der Gesellschaft über ihre starren und defizitär formulierten Altersrollen keine sozialintegrativen Impulse für das Alter ausgehen.

Aus der positiven Beziehung zwischen Lebensstilbildung und „erfolgreichem Altern" (Hasselhorn 1996) ergibt sich auch der zentrale Anknüpfungspunkt für eine Sozialpädagogik des Alters als Hilfe zur Aktivierung und Strukturierung von Lebensstilen. Diese - so haben wir in unseren sozialräumlichen Überlegungen bereits hingewiesen - müssen gerade im Alter wieder neu eingebettet werden. Die Aktivierung von Lebensstilen ist also mit Konzepten der Milieubildung und Netzwerkarbeit zu verknüpfen. Minnemann/Lehr (1994) konnten in diesem Zusammenhang darstellen, daß alte Menschen durchaus offen gegenüber Strategien sozialer Unterstützung sind, und sie nicht - wie in Altersstereotypen behauptet - aus ihrer strukturellen Rückzugssituation prinzipiell ablehnen.

Nun müssen wir wiederum unterscheiden zwischen den alten Menschen, die genug gesundheitliches, finanzielles aber auch kulturelles Kapital haben, um im Alter mobile und nahraumübergreifende Lebensstile entfalten zu können und denen, die auf den sozialen Nahraum und deshalb auf ein verläßliches Milieu angewiesen sind. Die Letzteren werden wohl eher zum Klientel der Sozialarbeit gehören. Hier stellt sich aber auch umso mehr die sozialpädagogische Aufgabe, diese Milieus zu öffnen, damit sie nicht zu regressiven und stereotyp-homogenen „Altenmilieus" werden, in denen alltägliche Verläßlichkeiten und Geborgenheit zum äußeren Ritual erstarrt sind. Offene Milieus in der Altenarbeit sind dagegen dadurch gekennzeichnet, daß sie Individualität und biografisch-differentielle Lebensstilansätze auch im sozialen Nahraum zulassen und immer wieder behutsam aktivieren können.

7.4 Alte Frauen und alte Männer

Der Zusammenhang von Selbstkonzept und sozialem Bewältigungsverhalten, wie er gerade auch in der Lebensstildimension enthalten ist, muß nun auch im Alter - genauso wie in den bisherigen Lebensphasen - geschlechtsspezifisch formuliert werden. Ursula Lehr kommt in ihrem Standardwerk „Zur Situation der älteren Frau" (1987) entsprechend zu dem Schluß, daß es „vielfach die anerzogene und negative Selbsteinschätzung [ist], die dann den alten Menschen, besonders aber die alte Frau, erst zu einer 'unausstehlichen Alten' werden läßt" (S. 17). Auch die Erwartungen an das Alter seien bei Frauen negativer als bei Männern, wobei die Frauen mit besserer Schulbildung und Berufstätigkeit weniger pessimistisch auf ihr bevorstehendes Alter blicken als solche mit niedriger Bildung und ohne eigenständige Berufstätigkeit (ebd. S. 16). Der empirische Hintergrund der Befunde stammt aus den siebziger Jahren und man müßte meinen, daß anfangs des 20. Jahrhunderts angesichts der Fortschritte der sozialen Frauenemanzipation die Frauen wesentlich selbstbewußter und in diesem Selbstbewußtsein auch ins Alter hinein stabiler sein müßten. In der neueren Literatur wird auch entsprechend festgestellt, daß sich viele der älter werdenden Frauen heute nicht mehr so selbstverständlich wie früher ausschließlich an der traditionellen Frauenrolle orientieren (Backes 1993). Ihnen ist bewußt, daß die wirtschaftliche Selbständigkeit und eigene soziale Kontakte außerhalb der Familie Abhängigkeit, Armut und Vereinsamung im Alter verhindern können. Manche haben es auch schon früh über ihre Mütter erfahren, die ihren Töchtern - oft bei gleichzeitiger Hoffnung auf einen „guten Mann" - ein besseres, selbständigeres Frauenleben als das eigene wünschen.

Dennoch scheint, trotz der beruflichen und kulturellen Emanzipation der Frau, die psychische Belastung und soziale Benachteiligung, die sich in einem negativen Selbstkonzept niederschlägt, nicht verschwunden, sondern in neuem Gewande aufzutreten. Denn auch wenn Frauen berufstätig sind, bleibt die Problematik der Vereinbarkeit von Familie und Beruf (s.o.) und die damit verbundenen psychischen und sozialen Zusatzbelastungen bestehen. Gleichzeitig hält sich - trotz alltäglicher Emanzipationspraxis - in der Gesellschaft weiterhin ein, der geschlechtshierarchischen Arbeitsteilung entsprechendes, traditionelles Frauenbild:

„Das Paradox am Strukturwandel westlichen Lebens und Arbeitens sind die nach wie vor wirksamen geschlechtshierarchischen Mechanismen der Zuweisung und Ausgrenzung, die trotz steigender Erwerbsbeteiligung und Qualifikation von Frauen weiter existieren und die Eigenständigkeit [...] für sie riskanter machen als für Männer" (S. 180). „Der Gewinn an Freiheit bedeutet zugleich ein Mehr an Unsicherheit, das unter anderem durch staatliche Sicherungssysteme kompensiert werden muß. Diese sind jedoch bislang so gut wie nicht darauf ausgerichtet, sondern tragen ihrerseits weiter zu einer geschlechtsspezifischen Diskriminierung bei." (Backes 1993, S. 178).

So kommen auch die Frauen, die sich nicht mehr an der traditionellen abhängigen Frauenrolle orientieren, mit einer immer wieder anomischen Verlaufsbiografie ins Alter, dem sie dann zwangsläufig befangener entgegensehen als Männer, zumal sich auch die öffentlichen Geschlechterstereotype im Alter - im Vergleich zu den anderen Lebensphasen - hartnäckiger zu halten scheinen.

In dieser in sich widersprüchlichen Grundstruktur können wir unschwer unser Anomiemodell der Entstrukturierung des Verhältnisses von System- und Sozialintegration erkennen: Das Gesellschaftssystem baut weiter auf der geschlechtshierarchischen Arbeitsteilung als Grundfeste der industriellen Produktion auf, in dem es zwar nicht mehr automatisch und rigide Männer und Frauen, sondern die ökonomischen Bereiche von industrieller Reproduktion und häuslich-sozialer Reproduktion unterschiedlich bewertet. Frauen haben dadurch subjektiv an gesellschaftlichem Spielraum gewonnen, gleichzeitig können sie aber der systemischen „strukturellen Gewalt" der weiter existierenden geschlechtshierarchischen Arbeitsteilung nicht entrinnen. Sie sind also - bis ins Alter - zum fortlaufenden Normalisierungshandeln gezwungen, die Bewältigungslinien verlaufen dabei entlang der Vereinbarkeitsproblematik.

Dies wird offensichtlich, wenn man Untersuchungen zur Situation familiengebundener verheirateter Frauen und familienungebundener lediger Frauen bewältigungsbiografisch vergleicht. Die Erhebung von Metz-Göckel/Müller (1986) zeigt, daß trotz steigender und im Gegensatz zu früher deutlicher Beteiligung der Männer im häuslich-familialen Arbeitsbereich die Frauen stärker an den Haushalt und die Kindererziehung gebunden sind und in familialen Krisensituationen (z.B. Krankheit, Pflege) eher zu Hause bleiben. Auch die Arbeitslosigkeit trifft sie (aufgrund des hohen Anteils prekärer und flexibler Arbeitsverhältnisse bei Frauen) eher und zwingt sie in den häuslichen Bereich zurück. Zwar ist nicht zu übersehen, daß Frauen mit diesem Rückzug in den Haushalt eine eigene geschlechtstypische Möglichkeit besitzen, der industriellen Arbeitslosigkeit zu Hause etwas Befriedigendes entgegenzusetzen, zumal der moderne Haushalt sozial offener ist und Zeit für soziale Kontakte - z.B. über die Kinder und die Nachbarschaftsaktivitäten - zuläßt. Grundsätzlich bleibt aber die Abhängigkeit von der Erwerbsarbeit des Mannes und der damit verbundene strukturelle Zwang des „Sich-zurücknehmen-müssens" erhalten. Diese einschränkende Struktur läßt sich aber auch bei erwerbsfähigen Frauen - vor allem in flexibilisierten Arbeitsverhältnissen - beobachten:

„Ob die Frauenerwerbsarbeit zu einer ausgeprägteren und entwickelteren sozialen Integration führt, ob dadurch z.B. mehr Kontakte gepflegt werden, hängt von den Arbeitsbedingungen und der Kombination von Belastungen der betreffenden Frau ab. Es sind Beispiele denkbar, in denen die Mehrfachbelastung und der spätere berufliche Ausstieg zu einer Einschränkung der Kontakte ebenso beitragen, wie zu einer erheblich gefährdeten Gesundheit. Es sind aber auch Beispiele denkbar, in denen die außerhäusigen Kontakte Anlaß und erste Gelegenheit zu längerfristigen Kontakten und zur Entwicklung neuer Interessengebiete sind, die beide zu befriedigenderem Leben im Alter führen." (Backes 1993).

Die moderne familiengebundene Frau - ob sie nun einer Erwerbsarbeit nachgeht oder nicht - hat zwar die traditionelle einseitige Prognose der zwangsläufigen Altersbenachteiligung durchbrochen, das höhere Altersrisiko für Frauen ist aufgrund ihrer in sich ambivalenten Lebenslage im Familien- und Erwerbsalter geblieben. Dazu kommt unter dem Gesichtspunkt geschlechtsspezifischer Sozialisation (s.o.) noch die Erfahrung hinzu, daß sich in Kindheit und Jugend immer noch ein weiblicher Habitus entwickelt, der die Bewältigungskompetenzen von Mädchen und Frauen mit der Bindung an das Häusliche verknüpft.

Wenn demgegenüber statistische Erhebungen zeigen, daß die „Außenorientierung der älter werdenden Frau" zunimmt, während die Männer sich im Alter deutlich mehr nach innen orientieren (Kade 1994, S. 37), ja sogar nach außen abschließen (s.u.), so ist das kein Widerspruch zu den bisherigen geschlechtstypischen Befunden. Vielmehr bestätigt sich damit der im Kapitel „Männliche und weibliche Lebensbewältigung" thematisierte Zusammenhang, daß Frauen auch über Außenkompetenzen verfügen, diese aber unter dem gelernten Eindruck der Dominanz männlicher Außenaktivitäten zurückhalten. Im Alter, wenn die Frauen dann alleinstehend sind oder die Männer ihre Außenkontakte einbüßen und sich an ihre Partnerin hängen, können sie dann diese übergangenen Außeninteressen im Besuch von Bildungsangeboten, Nachbarschaftsarbeit und Ehrenamt realisieren.

In diese Richtung kann man auch die Studie von Engel/Nestmann u.a. (1996) interpretieren, die zeigt, daß im mittleren Lebensalter zwar unverheiratete, alleinstehende Frauen durchaus und wohl überwiegend erfolgreich altern. Da „erfolgreiches Altern" vor allem an der Chance und Fähigkeit gemessen wird, im Alter befriedigende Sozialkontakte zu erhalten bzw. aufzubauen, lassen diese Befunde den Schluß zu, daß die Autonomie gegenüber einer geschlechtshierarchischen Familienbindung und die in der zweiten Hälfte des zwanzigsten Jahrhunderts sich vollzogene Entstigmatisierung der alleinstehenden Frau, die sozialen und psychischen Altersrisiken dieser Frauen geringer erscheinen lassen:

Über das ganze Leben hinweg sind alleinstehende Frauen also von dem geschlechtshierarchischen Bewältigungsdruck Familie entlastet. Dies ist ein Indikator dafür, daß die Frauen in den Familien dringend eine Entschärfung der geschlechtshierarchischen Vereinbarkeitsproblematik brauchen und daß die gesellschaftliche Höherbewertung der Hausarbeit und ihre Anerkennung in durchgängigen Hausfrauenrentenanwartschaften als dringliches sozialpolitisches Ziel, gerade auch im Hinblick auf das Frauenalter, anzusehen ist. Dementsprechend muß natürlich den Männern schon vor dem Alter eine eigenständige Beteiligung an der Haushalts- und Erziehungsarbeit sozialpolitisch und von der Berufs- und Erwerbsseite her ermöglicht werden, damit die männliche Erwerbsarbeit reproduktionsfreundlicher und familienverträglicher gestaltet werden kann.

Bis dahin wird das, durch die konsumtiven Lebensstile weitgehend verdeckte, System der geschlechtshierarchischen Arbeitsteilung und die ebenfalls vielfach latent ablaufende geschlechtsspezifische Sozialisation ihren strukturellen Einfluß auf die öffentlichen Meinungsstereotype über die ältere Frau haben und damit das weibliche Selbstkonzept nachhaltig beeinflussen. „Altsein und Frausein [...] bringt Rollenerwartungen mit sich, die sich gegenseitig in ihrer negativen Wirkung verstärken" (Lehr 1987, S. 9).

Lehr zeigt in diesem Zusammenhang, daß die negativen Altersstereotype in bezug auf Frauen biografisch aus den Geschlechterstereotypen im Lebenslauf erwachsen und im Alter dann dem immer noch vorherrschenden Defizitmodell angepaßt werden: Die alte Frau als eingeschränkte und nicht mehr mitkommende Person. Es ist die hilflose alte Frau, die in Verkehrsfilmen über die Straße geführt wird. Auch in den Lesebüchern kommt sie immer noch schlechter als der alte Mann weg und in der Werbung ist ihre „liebenswerte Zurückgebliebenheit" und ihr Altmodischsein sprichwörtlich.

Wenn wir uns nun dem Mannsein im Alter zuwenden, so scheint der biografische Bruch auf den ersten Blick doch wesentlich gravierender als bei den Frauen. Vor dem Hintergrund der bisherigen Erkenntnisse zur männlichen Lebensbewältigung ist es nur plausibel, daß es dem älteren Mann zu schaffen macht, daß seine nach außen gerichtete biografische Integrität bedroht ist. Mit der Entberuflichung verliert er seinen Status als (alleiniger oder hauptsächlicher) Ernährer der Familie, als beruflicher Experte und erfährt, daß sein soziales und öffentliches Ansehen nicht mehr selbstverständlich gegeben ist. Er ist auf die Partnerin und deren Bereitschaft angewiesen, ihn in den Haushalt einzubinden bzw. dort zu dulden. Das Einschneidendste aber ist wohl: er muß mit sich selbst zurechtkommen.

Dabei wird er nicht selten von seinen eigenen, in der vorgängigen Biografie aufgebauten Abstraktionen „übermannt": Er hat sich sein ganzes Leben lang an sein *Außen* geklammert, an die sozialen und sexuellen Abstraktionen der Überlegenheit. Er bräuchte nun sein *Inneres* und erschrickt, wenn es sich ihm als hohle und leere Männerhülse präsentiert.

Neben dem Bruch mit dem sozialen Außen und der damit verbundenen Angst vor dem Verlust der Kontrolle über sich und andere (s.o.), ist es vor allen Dingen die Angst vor dem Zusammenbruch der sexuellen Potenz, die vielen alten Männern zu schaffen macht. Dieser Horror vor der Impotenz ist nur vordergründig ein sexuelles Problem. Denn gerade für Männer mit geringem Selbstwertgefühl und schwachem Selbstbild - also mangelnder Autonomie im Sinne A. Gruens - ist in der Sexualität symbolisch vieles von dem aufgehoben, auf das sie im Verlauf der männlichen Sozialisation (s.o.) verzichten mußten, bzw. was ihnen genommen wurde: die Wünsche und Gefühle nach Nähe, Verschmelzung, Regression und Selbstbezug (Schmidt 1988). Deshalb *muß* der Mann Sexualität *haben*, so wie er die dahinterliegenden Gefühle in ihr abspalten *mußte* (Gilmore 1991). So ist sexuelle Potenz zur männlichen Abstraktion und damit zum nach außen gerichteten Bewältigungsproblem, mithin auch alltagskulturell zum Ausweis von Männlichkeit geworden.

Im Alter scheint vieles für den Mann zusammenzulaufen und ihn zu beeinträchtigen, was sich im männlichen Dilemma der Autonomie biografisch aufgebaut und verfestigt hat: die Fixierung auf das Außen, das Funktionieren-Müssen, die Abspaltung der inneren Hilflosigkeit, das erlernte Dominanzstreben, die Leistungsorientierung (vgl. dazu Fooken 1986/1989, Kasten 1996). Auch die statistische Tatsache, daß Männer früher sterben als Frauen, wird auf das Wirken einer rigiden männlichen Geschlechterrollenfixierung in der männlichen Biografie und ihren Niederschlag in entsprechenden Krankheitsbildern zurückgeführt (Fooken 1986). Ebenso verhält es sich mit der deutlich höheren Selbstmordneigung älterer Männer im Vergleich zu älteren Frauen:

„In allen Industrieländern steigt die Selbstmordquote für Männer ab 65 Jahren deutlich an und übertrifft die weibliche Selbstmordquote, die ab 65 in den meisten Ländern zurückgeht, bei weitem. Zur Erklärung dieses Sachverhaltes werden vor allem Faktoren herangezogen, die mit dem männlichen Geschlechterrollenstereotyp in Verbindung stehen." (Kasten 1996, S. 207)

Der biografische Bruch, den das Alter mit sich bringt, kann auch die männliche Sozialisationsperspektive des Außen noch einmal besonders akzentuieren: Es gibt alte Männer, die mit dem Verlust des sozialen Außen auch für sich eine radikale Trennung nach außen vollziehen (Schachtner 1986), sozial abweisend werden, um so die Kontrolle über sich und die Welt subjektiv behalten zu können.

Das bestärkt mich weiter in der Annahme, daß die Typik und Verfügbarkeit.der „männlichen" und „weiblichen" Bewältigungsmuster (Außen/Innen) primär ein Dominanzproblem ist (vgl. Kap.6.2.) und erst in diesem Kontext zum Kompetenzproblem wird. Dies wird auch durch entwicklungspsychologische Befunde gestützt: „Während bei ihnen [den Männern - L.B.] die Machtthematik zwar im mittleren Lebensalter zunimmt, verliert sie im Alter wieder an Bedeutsamkeit" (Hasselhorn S. 22). Man könnte also sagen: Das Alter dekonstruiert den männlichen Sozialisationstypus.

Allerdings haben wir uns bisher wiederum nur mit dem uns zeitgenössisch bekannten Alter befaßt und nicht mit dem biografischen Prozeß des Alterns des Mannes, der vor dem eigentlichen Lebensabschnitt Alter beginnt und von dem aus - zumindest für die Jüngeren - noch nicht absehbar ist, in welchen Altersstatus er übergehen wird. Schon die Altersstudien der 90er Jahre zeigen, daß der Geschlechterdualismus im Alter längst nicht mehr so rigide ist und sich die männlichen und weiblichen Geschlechterrollen durchaus aneinander annähern können (Kasten 1996). Auch wird - im Kulturvergleich - beobachtet, daß sich Männer im Alter auch nach Innen bewegen und „weich" werden können, d.h. sie entdecken nun für sich in biografischer Selbstthematisierung, daß sie nicht mehr ihre Gefühle abspalten *müssen* (Behrend u.a. 1987) und die ungewohnte Abhängigkeit von anderen, die sie im Alter zum ersten Mal erfahren, auch positiv empfinden können. Dabei wird deutlich, daß die direkte Lebensphase vor dem Alter (bzw. vor der Entberuflichung) den biografisch bedeutsamen Scheideweg markiert, an dem eine Reversibilität der Geschlechterrollen in den Blick gerät:

> „Manche Autoren sprechen von einer durchgängigen 'Rollenumkehr', um das Geschlechterverhältnis der Frauen und Männer zu charakterisieren, die sich in der zweiten Hälfte des mittleren Erwachsenenalters befinden. Andere Forscher reden vorsichtiger von einer 'Geschlechterrollenreise', die in diesem Lebensabschnitt angetreten wird und schlagen vor, zwischen traditionsorientierten und weniger traditionsorientierten Paaren zu unterscheiden." (Kasten 1996, S. 199)

Diese lebensalterübergreifenden Zusammenhänge zeigen wiederum die Fruchtbarkeit der biografischen Betrachtungsweise und unterstreichen die Notwendigkeit, sozialpädagogische Hilfen im Alter nicht nur an punktuellen Bewältigungsereignissen, sondern an der biografischen Bewältigungsperspektive anzusetzen. Dabei spielt die Erinnerungsarbeit (s.o.) eine wichtige Rolle: Erst durch Vergegenwärtigung des in der früheren Biografie immer wieder Abgespaltenen gelingt das „Loslassenkönnen" (Fooken 1986), das für die Lebensarbeit alter Männer nach der Entberuflichung zu zentral scheint. Vor allem macht uns diese Analyse aber deutlich, wie eng der Geschlechteraspekt und der sozialpädagogische Zugang in der Altenarbeit zusammenhängen, denn die Bewältigungsdimension im Alter wird besonders über die altersbiografische Freisetzung des Mann- und Frauseins sichtbar. Deshalb sind auch die „geriagogische(n) Konsequenzen" (Klingenberger 1992) geschlechtsspezifisch zu formulieren. Auch das, was wir zur sozialpädagogischen Altenarbeit im Zusammenhang mit dem Wandel des Zeit-, Raum- und Sinnverständnisses oben formuliert haben, kann nun noch einmal - über die allgemeinen Probleme der Bewältigung des Alters hinaus - geschlechtsspezifisch gewichtet werden.

7.5 Spaltung der Altengesellschaft?

In der Konsumgesellschaft sind die Alten eine attraktive Zielgruppe des Marketings geworden, die Konsumindustrie hat das Alter entdeckt (s.o.), der Konsummarkt setzt von seiner Struktur her auf Individualisierung und Biografisierung. Nach den Alltagszwängen des Erwerbslebens wird das Alter nun zur individuellen Zerstreuungsszenerie, in der - soweit man kaufkräftig genug und physisch dazu in der Lage ist - Freizeit- und Bildungskonsum nachgeholt werden können. Über den Konsummarkt entfalten sich - differenziert nach Konsumkraft, Nachfrageprofil und Aktionsradius - neue und individuell attraktive Generationssegmente des Alters; gleichzeitig fördert dieser individualistische Markt ein im Alter besonders schmerzlich spürbares Prinzip der Selektion und Auslese: Diejenigen, die materiell und physisch nicht mithalten können, bleiben für diesen Markt und damit auch im Verständnis des Alters als neue Konsumgeneration wertlos.

Ob es eine gesellschaftliche Aufwertung des Alters geben wird, kann sich deshalb nicht auf dem Konsummarkt entscheiden, sondern dort, wo die „nicht Marktfähigen" aufgehoben sind, in der öffentlichen Altenarbeit und Altenpflege. Die gesellschaftliche Aufwertung des Alters ist also nicht über die Konsumbeteiligung erreichbar, sondern über eine soziale Beteiligung der Alten im Rahmen sozialintegrativer Sozialpolitik. Ob dies gelingt, entscheidet sich daran, ob die öffentlichen Maßnahmen und Einrichtungen der Altenarbeit und Altenpflege sozialintegrativ und nicht sozial ausgrenzend strukturiert sind und den alten Menschen sozialräumlich erweiter- und gestaltbare Beteiligung am kommunalen Alltag aus ihren Befindlichkeiten und Lebensstilen heraus ermöglichen. Ein solcher Strukturwandel der Altenpflege hin zu flexiblen und kombinierten Hilfesystemen, die den Aufbau eigener lebensweltlicher Bezüge ermöglichen, kann institutionell aber nur gelingen, wenn der entsprechende wohlfahrts- und verteilungspolitische Hintergrund vorhanden ist. Es braucht nicht nur eine gesellschaftlich anerkannte wohlfahrtsethische und sozialintegrative Definition des Alters, sondern vor allem auch eine wohlfahrts- und verteilungspolitische Setzung von Prioritäten: Wohlstand darf nicht länger nur an einer Verbesserung und Ausdifferenzierung des Konsumgüterniveaus gemessen werden, sondern vor allem an der Verbesserung der sozialintegrativen, auf helfende Gegenseitigkeit gerichteten differentiellen Lebensqualität auch bei jenen, die nicht konsummarktfähig sind.

Sozialintegrative Altenpolitik ist also nicht nur Versorgung und Verwaltung der Alten, sondern die Ermöglichung ihrer Teilhabe am gesellschaftlichen Entwicklungsprozeß. Noch aber gilt: damit Alter nicht zum gesellschaftlichen „Störfall" wird, muß es entsprechend verwaltbar, steuerbar und berechenbar sein - von der Rentenversicherung bis hin zur Heim- und Familienpflege. Daß der Preis für sozialstaatliche Berechenbarkeit die soziale und kulturelle Stillegung der Alten sein kann, wird in solchen modernen Modellen der Altersversorgung unterschlagen. Anders ausgedrückt: Ihnen liegt ein Generationsbild Alter zugrunde, das Alter an dem mißt, was früher geleistet worden ist, und nicht an dem, was Alter an Lebensqualität heute ausmacht und was an Lebenspotentialität in ihm steckt. Wenn alte Menschen mit Forderungen nicht nur an ihre Altersversorgung, sondern mit allgemeinen gesellschaftlichen Ansprüchen und Forderungen - mit dem Anspruch sowohl auf Öffentlichkeit ihrer Lebensformen als auch auf Anerkennung eines entsprechenden gesellschaftlichen Status -, als konfliktfähige gesellschaftliche Gruppen auftreten, dann sind sie nach dem tradierten Versorgungsmodell nicht mehr berechenbar. Alter wird wieder - nun in anderem Sinne - zum „Problem", das über die gesellschaftliche Altersdefinition hinaus auf das allgemeine Generationenverständnis der Gesellschaft weist.

Deshalb ist es auch ein zentrales Problem der postindustriellen Gesellschaft, nicht isoliert eine Neudefinition des Alters zu finden, sondern integrativ einer gesellschafts- und verteilungspolitischen Neudefinition des gesamten Generationszusammenhanges - in der Jugend, Erwerbsstatus und Alter auch in einer neuen Gegenseitigkeit verortet werden können - Priorität zu geben. Dies verlangt eine Neubewertung der Jugend des Erwerbsalters und des Alters gleichermaßen. Die Chancen zur Reflexivität und Gelassenheit, die im Alter liegen und die in Einzelfällen immer wieder in die Beiträge alter Menschen zur Politik und Erziehung, sowie zur Produktion von kulturellen Gütern einfließen, muß aus der individuell-biografischen Zufälligkeit herausgehoben und gesellschaftlich rückgebunden werden.

In der sozialen Wirklichkeit ist diese gesellschaftliche Rückbindung kaum zu beobachten. Der Trend zur sozialräumlichen Ghettoisierung der unterschiedlichen Altersgruppen zeigt sich am auffälligsten in der modernen Stadtentwicklung, die auf eine quartierähnliche Segregation entlang unterschiedlicher Einkommensschichten hinausläuft: Die gutverdienenden Singles und „Dinks" (double income, no kids) bleiben in den sanierten, innerstädtischen Altbauvierteln unter sich, während kinderreiche Familien in die städtischen Peripherien abwandern und die Alten in ihren Wohnstiften und Seniorenheimen - untereinander auch wieder nach Einkommen sozialräumlich gestaffelt - verbleiben. Diese Entwicklung setzt sich in der Ausdifferenzierung vieler öffentlicher Lebensbereiche fort. Alte haben ihre eigenen Reiseveranstalter und ihre eigenen Reiseziele, ihre eigenen Seniorenprogramme in den Volkshochschulen, besuchen Theater und Kinos, Lokale und Geschäfte, in denen sie weitgehend unter sich bleiben. Die öffentlichen und halböffentlichen Räume, in denen die Generationen naturgemäß aufeinandertreffen, werden im Zuge dieser Entwicklung kontinuierlich entmischt. Es kommt also in den nächsten Jahren darauf an, diesen Trend zur Ghettoisierung und Isolation der Alten zu stoppen. Eine veränderte Siedlungs- und Wohnungsbaupolitik, in der die Koexistenz verschiedener Altersgruppen und das Nebeneinander unterschiedlicher Lebensformen zur Maxime gemacht wird, kann hier den Weg weisen. Die gegenseitige Öffnung für die spezifischen Ressourcen der jeweiligen Altersgruppen könnte in der Form stadtteilbezogener Kooperationen und Hilfen erreicht werden (vgl. zu entsprechenden Projekten Schweppe 1996).

In der Altenpflege - in den stationären Altersheimen noch mehr als in der Familienpflege - kann sich eine fatale Schere ausbilden: Die Intensivierung der Spezialbetreuung und der Spezialdienste für die Alten verstärkt oft ihre soziokulturelle Ghettoisierung und damit den traditionellen Status als „Überflüssige", als Menschen also, die nicht mehr gebraucht werden. In den Familien wird dies zwar individuell durch die Familienbindung gemildert. Aber eine soziokulturelle Eigenständigkeit, die eine wesentliche Voraussetzung für einen neuen Generationsstatus Alter darstellt, ist in der ausschließlichen Angewiesenheit auf die Familie, von der man sich beim Aufbau eines „eigenen Alters" auch wieder ablösen müßte, schwer zu erreichen, zumal in der Familienpflege immer auch die in der Pflege prekäre Umkehrung der Eltern-Kinder-Hierarchie bewältigt werden muß. Da überdies die Pflegenden vor allem die Frauen (Töchter) sind und angesichts der Individualisierung und Biografisierung des Frauseins auch in der Familie die Frauen im häuslichen Pflegebereich immer mehr zur „knappen Ressource" (Beck-Gernsheim 1996) werden, ist auch von daher eine netzwerkorientierte Öffnung der Familienpflege unabweisbar. Deshalb gilt für Familien- und Heimpflege gleichermaßen, daß die infrastrukturellen Voraussetzungen geschaffen werden müssen, daß unterschiedliche Altersgruppen im Gemeinwesen *aufeinander bezogen* zusammen leben können. Ein möglicher Ansatz hierfür ist das Berliner Modell „Jüngere Alte helfen älteren Alten", in dem alte Leute demonstrieren, daß sie sich selbst und anderen helfen können und nicht nur abhängige Empfänger von Hilfe sein müssen (vgl. Fink 1988).

Eine Sichtweise dagegen, welche die Alten auf ihre Rolle als Hilfsbedürftige und Versorgungsfälle festlegt, stabilisiert das ausgrenzende Bild von Gebenden und Nehmenden: „Wer nur fragt, was für die Alten getan werden kann, hat dem Prinzip der Gegenseitigkeit schon eine Absage erteilt. Auf den wechselseitigen Austausch aber kommt es an, soll ein Leben - ein junges ebenso wie ein altes - lebendig bleiben, soll Vorsorge getroffen werden gegen Verleugnung, Vergessen, Erstarren" (Schachtner 1988). Aus dieser Sicht muß das Verständnis von Altenpflege nicht nur zuwendend, sondern interaktiv formuliert werden. In der offiziellen Pflegeliteratur wird zwar von den „Lebensaktivitäten" ausgegangen, ihre ungewichtete Aufzählung - Atmen, Essen, Ausscheiden, Sauberkeit, Bewegen, Kommunizieren, Mann- und Frausein, Sicherheitsbedürfnis, Sterben (nach Pomykala 1996) - verweist aber eher auf die Sicht eines durchweg reduzierten Menschseins, einer auch hinsichtlich dieser Lebensäußerungen auf Standardisierung drängenden Pflege. Solange die Pflege kein eigenständiges Menschen- und Gesellschaftsbild hat und gegenüber der abschiebenden Gesellschaft politisch durchzusetzen versucht, und solange die „Nutzerorientierung" nur als Problem der Arbeitsorganisation (nutzerfreundliche Zeiten und Pflegeabläufe) und damit einseitig von der äußeren Zuwendung her definiert wird, bleibt die Altenpflege ein nachrangiger Bereich, der nur über ihre Organisationslogik in die moderne und rationalisierte Gesellschaft integriert ist. Vom besonderen Menschsein kann sich da wenig durchsetzen, geschweige denn gesellschaftspolitisch rüberkommen. Deshalb braucht die bislang medizinischtechnisch fixierte Pflege eine sozialpädagogische Einbettung, in der dieses7 Menschsein aktiviert werden kann. Dies kann vor allem über das geschehen, was auch vielen abhängigen alten Menschen geblieben ist - ihre persönliche Biografie (Mader 1994). Indem erkannt ist, daß die Möglichkeiten interaktiver und sozialer Vergegenwärtigung des eigenen Lebens im Lebensrückblick die Lebenszufriedenheit erhöhen und damit „erfolgreiches Altern" begünstigen (Hasselhorn 1996, S. 20), erhalten biografische und generationsbezogene Methoden der aktivierenden Altenbildung (vgl. Karl 1994, Tietgens 1994) ihren besonderen Stellenwert.

So ist zu befürchten, daß sich die „Altengesellschaft" - wenn sich der marktförmige Vergesellschaftstrend und die Ökonomisierung so fortsetzt und keine neuen sozialintegrativen Modelle vom Menschen her entwickelt werden - zunehmend in „junge Alte", „aktive Alte" (vor allem Rentner, die nicht auf fremde Hilfe angewiesen sind), „alte Alte" (teilweise auf fremde Hilfe angewiesen) und Pflegebedürftige (ganz auf fremde Hilfe angewiesen) aufspalten wird. Gerade die große Gruppe der Pflegebedürftigen ist dem Marktmodell heillos ausgeliefert, der erste Schritt in Richtung einer sozialen Segregation der Pflegebedürftigen ist längst getan. Es besteht die Gefahr, daß die Alten geteilt werden in die einen, die mit 75 Jahren künstlerisch tätig sind und um die Welt reisen, und die anderen, die in den Geruch kommen, mit ihrem Leben nicht verantwortungsvoll umgegangen zu sein und der Gesellschaft „schuldhaft" zur Last zu fallen. Das wäre der späte Fluch der Biografisierung.

8. Interventions- und Arbeitsprinzipien einer biografisch orientierten Sozialpädagogik und Sozialarbeit der Lebensalter

8.1 Das Interventionsparadox und die Grundprinzipien sozialpädagogischer Intervention

So wie wir die Lebensalter nicht nur als gesellschaftliche sondern vor allem auch als biografische Bewältigungskonstellationen verstanden haben, können wir auch die sozialpädagogischen und sozialarbeiterischen Hilfen und Angebote zur Lebensbewältigung biografisch strukturieren. So gesehen, stellen sie mehr oder weniger nachhaltige Interventionen in das biografische Geschehen dar. Dabei wissen wir, daß sich die sozialpädagogischen Interventions- und Arbeitsprinzipien nicht einfach (direkt) aus der Analyse ableiten lassen. Dies hängt zum einen mit dem generellen wissenschaftstheoretischen Problem zusammen, daß die sozialwissenschaftliche Erkenntnis der Strukturen und Gesetzmäßigkeiten von Bewältigungskonstellationen und -verhalten nicht automatisch Veränderungs- und Interventionswissen generieren kann. Wir erfahren im Gegenteil immer wieder, daß Strukturwissen kein Veränderungswissen ist, sondern daß sich manchmal eine scheinbar unüberwindbare Kluft auftut zwischen dem, was wir über die psychosozialen Probleme der KlientInnen wissen und der (beschränkten) Möglichkeit, dieses Wissen in praktisches Handeln umzusetzen. Ja, oft besteht sogar die Gefahr, daß dieses Wissen uns ohnmächtig macht: Wir wissen zuviel und können doch so wenig tun. Dieses Dilemma sucht nicht nur die Sozialpädagogik und Sozialarbeit heim. Es ist bezeichnend für die industriellen Gesellschaften der Spätmoderne zu Ausgang des 20. Jahrhunderts. Wir haben uns im Prolog bereits darauf eingestimmt: Wir können erklären, warum die wachstumsbornierte Industriegesellschaft mit ihrer Globalisierungs- und Rationalisierungsbesessenheit die sozialen Probleme der Arbeitslosigkeit, sozialen Ausgrenzung, die ökologischen und kulturellen Krisen erzeugen *muß* und wie entsprechend die pathologischen Erscheinungen in unserer Alltagswelt (zumindest vermittelt) auf diese Krisenprobleme bezogen werden können. Wir können auch Perspektiven der Zügelung und Rehumanisierung solcher Entwicklungen wissenschaftlich durchdenken, aber wir sind nicht in der Lage - auch wenn wir über solches alternatives Wissen verfügen - das herrschende ökonomistische und dehumanisierende Denken maßgeblich zu beeinflussen. Schlimmer noch: Wir können wissenschaftlich begründen, warum trotz

„besseren Wissens" so weiter gewirtschaftet wird. Der deutsche Sozialphilosoph Max Horkheimer, Begründer der Frankfurter Schule der Kritischen Theorie, hat eine Maxime formuliert, die meines Erachtens hilft, mit unserem Interventionsparadox einigermaßen produktiv umzugehen. Er sagte sinngemäß: Wir müßten theoretische Pessimisten und praktische Optimisten sein; wir sollten das Schlimmste befürchten und das Beste versuchen. Diese Maxime greift die Idee von der bleibenden Eigenständigkeit der menschlichen Praxis auch angesichts übermächtiger technisch ökonomischer Strukturen auf. Auch der Beherrschte ist in der Herrschaftsbeziehung nicht restlos aufgegangen, es bleibt das vom Herrschenden nicht völlig ausschließbare Menschsein, sagt der englische Soziologe Anthony Giddens (1988). Der Glaube an den Menschen als Sinn der Geschichte, den die Pädagogen der vorigen Jahrhundertwende hartnäckig hochgehalten haben, muß von uns erst wieder gefunden werden. Dazu gehört aber auch die Wiederbelebung jener Unbefangenheit, die uns im rationalistischen Fortschrittsoptimismus des spätmodernen Zeitalters abhanden gekommen ist.

Das moderne Interventionsparadox - steigendes Wissen über die strukturellen Bedingungen führt nicht zu entsprechend großer Interventionsmacht, sondern eher gegenläufig zu Ohnmacht und Frustration - hat bei uns in der Sozialpädagogik und Sozialarbeit noch eine besondere Note: Wir haben es nicht nur mit diesen begrenzenden und frustrierenden Interventionsbarrieren zu tun, sondern sind auch dem Eigensinn unserer KlientInnen und Adressaten ausgesetzt, die sich zu allem Überdruß noch zusätzlich gegenläufig verhalten können: sie teilen oft nicht unsere Diagnose, passen sich manchmal lieber den für sie verhängnisvollen Umständen an, als daß sie aus ihnen hinauszukommen trachten und sehen unser Hilfeangebot eher als Einmischung oder gar als Gefahr des Verlustes ihrer personalen und sozialen Eigenständigkeit. Auch das können wir ja mit unserer Bewältigungstheorie erklären: Das Erlangen subjektiver und akzidentieller Handlungsfähigkeit steht bei vielen KlientInnen vor der Frage, ob damit - auf den weiteren Lebenslauf gesehen - biografische Chancen vergeben und Ressourcen blockiert werden.

Soweit die „interventionsphilosophische" Seite des Nachdenkens über sozialpädagogisches Handeln, die uns das immer währende Politische an der Sozialarbeit ins Gedächtnis ruft. In der Praxis haben wir neben dem Interventionsparadox auch mit dem Problem zu kämpfen, daß wir als SozialpädagogInnen zwar sozialwissenschaftliche Strukturanalyse betreiben, ein Großteil unserer Interventionspraxis aber eine pädagogische ist: Wir wollen auf Menschen einwirken, ihnen Unterstützung geben und gegebenenfalls Kompetenzen vermitteln, mit denen sie ihre Handlungsfähigkeit auch gesellschaftlich anerkannt wiedererlangen und ihre Biografie wieder in Fluß bringen können. Wir haben ja in diesem Sinne auch schon versucht, das über die empirische Sozialforschung gewonnene sozialisationstheoretische Wissen zu den Lebensaltern *sozialpädagogisch zu transformieren*: Lebensalter als Bewältigungskonstellationen. Das war der erste wichtige Schritt, um einen Zusammenhang zwischen Theorie und Praxis herzustellen, den sozialpädagogischen Zugang zu den Lebensaltern zu ermöglichen.

Dies ist zwar elementare Voraussetzung einer Sozialpädagogik und Sozialarbeit, daß sie sozialwissenschaftliches Wissen sozialpädagogisch aufbereitet (aus der üblichen sozialwissenschaftlichen Jugendforschung zum Beispiel kann man nicht einfach Jugendarbeit „destillieren"), damit ist aber das Problem noch nicht gelöst. Denn nun beginnt in der Regel jenes komplexe Doppelspiel, daß die sozialarbeiterische Intervention so anspruchsvoll werden läßt: Wir müssen uns in unserem professionellen Handeln *gleichzeitig* an strukturellen Bewältigungsproblemen und personalem Handeln orientieren, doch beides folgt - siehe oben - in der Regel einer jeweils anderen Logik. Wieder können wir sagen, wir haben dies im Bewältigungsparadigma (Handlungsfähigkeit und Norm können auseinanderfallen) eingefangen. Es bleibt jedoch eine Lücke, die durch ein eigenes professionelles Paradigma überbrückt werden muß. Ein Beispiel dafür bietet die „akzeptierende" Jugend- und Sozialarbeit (vgl. dazu Krafeld 1992): Das subjektive Bewältigungshandeln - wie es sich auch bei der Gewalttätigkeit Jugendlicher zeigt - muß verstanden werden und für sich als solches akzeptiert werden; es darf aber nur Ausgangsbedingung, nicht aber Maßstab der Intervention sein. Die so erzeugte „Blackbox" der Intervention haben die Professionellen durch Erweiterung und Pluralisierung von Interventionsräumen und -zeiten, durch die Kunst des indirekten Vorgehens und der Umwege zu überbrücken. Daraus ergibt sich das sozialräumliche Grundprinzip sozialpädagogischer Intervention in biografischer Perspektive.

Wichtig wird Theorie für die Sozialpädagogik und Sozialarbeit dort, wo sie die pädagogische und helfende Beziehung strukturell entlasten, Schuld- und Ohnmachtsgefühle rationalisieren und Beziehungsfallen entschärfen kann. Theorien sind auch dazu da, daß sie den Einzelfall in einen vergleichbaren Kontext setzen, also verallgemeinern können. Vergleichbarkeit erhöht die Professionalität, entstrukturiert ich-bezogenes Handlungsverständnis und öffnet den Blick dafür, daß man manches in der KlientInnenbeziehung, in der man befangen ist, nicht selbst tun, sondern auslagern und vernetzen sollte. Pragmatisch betriebene Theorie zwingt zum räumlichen Entscheidungsdenken. SozialpädagogInnen und SozialarbeiterInnen sind nicht nur über professionelle Beziehungen Helfende, sondern auch Vermittelnde, im angelsächsischen Sinne des Wortes „Agenten": Makler, nicht nur von direkter sozialer Hilfe, sondern auch von Zugängen zu sozialen Ressourcen für die Weckung und Stärkung von Selbsthilfeaktivitäten. Auch dieses zweite Grundprinzip sozialpädagogischer Intervention wird uns in allen Arbeitsfeldern begegnen.

Wir haben bis jetzt den Interventionsbegriff recht weit gefaßt und sehr allgemein als Handlungsbegriff - durch psychosoziale Probleme hervorgerufenes und auf die Veränderung der Problemstrukturen und -abläufe bezogenes Handeln - gefaßt. Burkhard Müller weist zu Recht darauf hin, daß - wohl auch um dem Interventionsparadox im professionellen Handeln zu entgehen - der sozialpädagogische Handlungsbegriff enger zu fassen ist (obwohl wir dadurch nicht dem allgemeinen Paradox entgehen). Er faßt unter den Begriff der Intervention „die notwendigen Leistungen" und hält sich dabei an die Einteilung des Kinder- und Jugendhilfegesetzes, welche den erzieherischen Bedarf (Anamnese), die zu gewährende Art der Hilfe (Diagnose) und die leistungsbezogene Intervention fachprozessual auseinanderhält (1993, S. 69). Dabei macht er darauf aufmerksam, daß „jede qualifizierte Intervention [...] auch Elemente der Anamnese, der Diganose und Evaluation enthalten" muß (S. 69). So breit er aber nun umfassend fachlich strukturiert, wollen wir auch im Weiteren dieser Einführung den Interventionsbegriff verstehen. Dabei zeigt B. Müllers Aufforderung, Intervention immer als Kompromiß zwischen dem berechtigten Willen der KlientInnen und der fachlichen Rationalität zu gestalten, auch auf die biografische Dimension des Interventionshandelns.

Zu den Vorteilen des biografischen Ansatzes gehört, daß er den Blick auf die Frage lenkt, ob und wie sozialpädagogische und sozialarbeiterische Interventionen biografische Bedeutung für die KlientInnen haben, in ihre Biografie eingehen. Dort, wo die Intervention den ganzen Alltag „rund um die Uhr" strukturiert - in der Heimerziehung (vgl. Wolf 1995), im Altenheim, oder in stationären Therapien - ist das offensichtlicher, aber auch prekärer als bei offenen Hilfen, wo der biografische Effekt meist erst dann deutlich wird, wenn die KlientInnen und Adressaten über den Interventionsanlaß und die Interventionsdauer hinaus, *von sich aus* die Sozialarbeit im Sinne eines Netzwerkimpulses (s.u.) weiter freiwillig in Anspruch nehmen. Wenn auch die Art der biografischen Integration der Hilfen bzw. die entsprechenden Effekte der Hilfen nicht meßbar sind, so hält die Biografieperspektive doch zu einem reflexiven Einsatz der Hilfen an. Sind die sozialpädagogischen Hilfen biografisch - in das Selbst- und Weltbild der KlientInnen - integrierbar oder werden sie zum biografischen Fremdkörper, der letztlich dann doch wieder abgestoßen wird? Diese Gefahr besteht vor allem dann, wenn die KlientInnen keine biografische Perspektive in den Hilfen sehen. Der bloße Kontroll-, Verwahr-, oder Deeskalationscharakter, der z.B. allen Erziehungshilfen in der Jugendhilfe anhaftet, schafft noch keine Akzeptanz bei den KlientInnen. Auch das Problem, daß die Interventionsmaßnahmen stigmatisierende Wirkung entfalten, über Aktenkonstruktionen eine „Karriere", eine „zweite" Biografie aufbauen können, die dann schließlich von den KlientInnen resignierend übernommen wird, ist in diesem Zusammenhang zu thematisieren. Das dritte Grundprinzip der Intervention heißt also *biografische Reflexivität*: Es verweist uns auf das Problem, daß sozialpädagogische und sozialarbeiterische Interventionen nicht kulturell neutral sind, sondern immer auch bestimmte Menschenbilder und Definitionen von Normalität und Zumutbarkeit enthalten, die von den KlientInnen gespürt und den SozialarbeiterInnen - meist verdeckt - zurückgegeben werden.

Ihr besonderes Profil erhalten der biografische Bewältigungsansatz und das Prinzip der biografischen Intervention vor allem auch dadurch, daß in ihnen die interaktive Dimension freigelegt und betont ist. Jede personale Hilfe enthält einen impliziten oder expliziten pädagogischen oder helfenden Bezug, dessen biografische Bedeutung je nach Lebensalter variiert. Ob dies nun im Jugendalter der Jugendarbeiter als der „andere Erwachsene" ist, in Lebenskrisen des Erwachsenenalters dagegen die aus der eigenen Hilflosigkeit immer noch zugängliche Autoritätsperson oder im Alter die Vertrauens- und Vermittlungsfigur zur gesellschaftlichen Außenwelt - immer werden SozialarbeiterInnen über ihre Berufsrolle hinaus emotional in ihrer Persönlichkeit, ihrem *Sozialarbeitersein* angegangen. Wir haben die Möglichkeiten und Grenzen dieses *Pädagogischen Bezugs* schon im Jugendkapitel thematisiert. Allgemein aber gilt als viertes Grundprinzip biografischer Intervention, daß die SozialarbeiterInnen sich der intervenierenden Bedeutung ihrer Persönlichkeit, dem *Pädagogischen Bezug* ihres Handelns - über die berufliche Rollenfunktion hinaus - bewußt werden.

Schließlich muß die Aktivierung von Persönlichkeit und Biografie bei den Adressaten selbst aktiv „anschlagen", wenn die biografische Intervention gelingen soll. Wir haben in unserer theoretischen Grundlegung des Bewältigungskonzepts die Bedeutung der Selbstwertkomponente in Bewältigungskonstellationen hervorgehoben. Biografische Interventionen versuchen, Selbstwert - auch auf Umwegen und in indikationsfremden Bezügen wie z.B. der kulturellen Animation - wieder zu aktivieren. Dabei bewegen sich die SozialarbeiterInnen in zwei - oft sich gegenseitig verstärkenden - stigmatisierenden Definitionskreisen. Zum einen ist die Belastungs- und Bewältigungskonstellation beim Klient selbst negativ besetzt: Verlust der Handlungsfähigkeit, Selbstwerteinbußen, soziale Isolation und Haß auf andere können zur Selbststigmatisierung führen. Gleichzeitig sind die institutionalisierten Reaktionsanlässe und Indikationen oft negativ und stigmatisierend definiert: Abweichendes Verhalten, Schulversagen, Suchtabhängigkeit, Unfähigkeit zur strukturierten Lebensführung bis hin zur Verwahrlosung ... Wie kann in diesem Definitionskreisel von Fremd- und Selbststigmatisierung überhaupt neuer Selbstwert aufgebaut werden? Gleichzeitig wissen wir aber, daß die KlientInnen mitziehen müssen, daß es ihnen möglich werden muß, eigene Fähigkeiten aufzuschließen. Die daran anknüpfende Zauberformel des *Empowerment*, die heute in der Sozialarbeit so gern und schnell gebraucht wird, hat also ihre Tücken. Erst in der prekären Spannung zur Möglichkeit der Entstigmatisierung erhält die Perspektive des *Empowerment* einen seriösen Anstrich. Dieses fünfte Grundprinzip biografischer Intervention setzt also bei den SozialarbeiterInnen sehr viel an Empathie und professioneller Risikobereitschaft voraus und berührt wiederum - neben professionellen Motivierungsfähigkeiten - die persönliche Sphäre des Sozialarbeiterseins. Es ist aber zugleich das Prinzip, von dem aus sich die biografische Interventionsperspektive am besten entfalten läßt.

8.2 „Empowerment" als Leitperspektive biografischer Intervention

Wie sehr sich eine biografie- und bewältigungsorientierte Sozialpädagogik der Lebensalter dazu eignet, der praktischen Interventionstätigkeit einen theoretisch-reflexiven wie handlungsinspirativen Rahmen zu geben, zeigt sich am Beispiel des *Empowerment*. Dieses aus der community psychology stammende Interventionsprinzip moderner Sozialarbeit (Rappaport 1985), das sich quer durch alle Angebote und Hilfen ziehen soll und mit dem biografischen Denken, wie wir es in den Grunddimensionen biografischer Intervention dargestellt haben, eng verknüpft ist, kann deshalb zusammen mit der Milieubildung (s.u.) als das zentrale „Leitprinzip" für die Strukturierung der sozialpädagogischen und sozialarbeiterischen Interventionen gelten.

Empowerment meint die Befähigung der KlientInnen, einen eigenen Beitrag zur Problemlösung erbringen und dafür auch verfügbare soziale Unterstützung - vor allem in der sozialräumlichen Nahwelt, im sozialökologischen Bezug (Stark 1996) - aktivieren zu können. Heinrich Keupp hat auch den Hinweis auf den gesellschaftlichen Hintergrund der Propagierung dieses Interventions- und Arbeitsprinzips gegeben:

„Statt Einpassung von Subjekten in vorhandene soziale Zusammenhänge kommt es [...] darauf an, Menschen zu befähigen, sich selbst solche sozialen Zusammenhänge zu schaffen" (1996, S. 164).

Dies verweist auf den Zusammenhang von Lebensbewältigung und Sozialintegration, wie wir ihn zu Anfang im konzeptionellen Bezugsrahmen der Individualisierung und Biografisierung entwickelt haben. Die Suche nach Handlungsfähigkeit bei der Bewältigung schwieriger Lebenssituationen ist immer als Versuch zu sehen, Selbstwert (dennoch) zu erhalten und irgendwie - auch durch sozial destruktives Verhalten - sozialen Anschluß zu finden oder die Suche nach sozialem Anschluß zu signalisieren. Diese Bewältigungsorientierung wird nun im Prinzip des *Empowerment* als „gestaltende Bewältigung" (Stark 1996, S. 94ff.) für die sozialarbeiterische Praxis positiv gewendet. Die KlientInnen sollen durch Eigentätigkeit ihren Wert erkennen und über - auch von ihnen selbst gesuchte - soziale Anerkennung eine sozial konstruktive Einbindung in ihre Umwelt erreichen.

Indem wir in unserer Einführung die Lebensalter als *Bewältigungskonstellationen* strukturiert haben, ist es uns nun auch möglich, dieses Interventionsprinzip lebensaltertypisch zu differenzieren.

So erinnern wir uns, daß ein typisches Strukturdilemma des modernen Jugendalters darin besteht, daß Jugendliche - trotz gesellschaftlich zugestandener Schutz- und Experimentierräume - schon früh mit der Frage konfrontiert werden, was sie in der Gesellschaft wert sind, wer ihnen diese Wertschätzung entgegenbringt und wo sie ihre gesellschaftlichen Chancen als *Jugendliche* finden und sich sozial kenntlich machen können. Der Konsum, so haben wir weiter argumentiert, speist zwar die heutige Jugendkultur und verdichtet die jugendkulturelle Symbolik, ist aber strukturell nicht in der Lage, psychosozialen Selbstwert über die Konsumsituation hinaus biografisch zu strukturieren und zu festigen. Konsum ist grenzenloser Verbrauch, Selbstwertschöpfung gelingt aber nur über eine Eigentätigkeit, die sich selbst Ziele und Grenzen setzen kann. Am Beispiel der Medien wurde bereits deutlich gemacht, wie über eigenständige Medienproduktionen eine kritische Mediennutzung und gleichzeitig Selbstwertschöpfung und soziale Aktivierung gerade bei Jugendlichen möglich wird. Andere Beispiele finden wir dort, wo die Jugendarbeit lokale und regionale Anregungs- und Gelegenheitsstrukturen schafft, in denen Jugendliche ihren öffentlichen Raum finden und eigene Projekte und Interessen mit eigenen Öffentlichkeitsformen darstellen können (vgl. dazu Böhnisch/Münchmeier 1990). Die oft beklagte Interessenlosigkeit der Jugend am lokalen und regionalen Geschehen hängt auch damit zusammen, daß Jugendliche nicht wissen und nicht zurückgespiegelt bekommen, was sie gesellschaftlich wert sind und wie ihr sozialer und kultureller Eigensinn in der Kultur einer Region aufgenommen oder stillschweigend ausgegrenzt wird. Das Prinzip des *Empowerment* kann aber genauso die Erziehungshilfe und die sozialpädagogischen Angebote für straffällige Jugendliche strukturieren: Immer wieder erleben wir, daß in Cliquen vor allem männliche Jugendliche (vgl. das Kapitel zur Peergroup) ihre Individualität eher unterdrücken und ihr Verhalten vom Cliquendruck abhängig machen. Solche Jugendliche sind dann nicht selten hilflos, wenn sie ohne die Clique mit sich selbst umgehen sollen. Deshalb brauchen gerade männliche Jugendliche Raum und soziale Beziehungen, in denen sie auch losgelöst von der Clique und den damit verbundenen (sozial abweichenden bis kriminellen) Verhaltensmustern, ihre personale Befindlichkeit, ihre Hilflosigkeit und ihre Angst vor sozialem Verlust offenbaren können. Erst die Chance - so haben wir bei A. Gruen gelernt - mit der eigenen Hilflosigkeit ohne Angst (vor der Clique, dem männlichen Statusverlust, dem eigenen Versagen etc.) umzugehen, schafft die Voraussetzung für neue Selbstwertschöpfung und soziale Eigentätigkeit (auch der alten oder neuen Peergroup gegenüber). Auch in der Mädchenarbeit ist das Prinzip *Empowerment* vor allem in der Methode der Selbstthematisierung enthalten. Mädchen sollen sich im Verhältnis zu ihrem Körper, in ihrem öffentlichen Auftreten und ihrer Lebens- und Berufsperspektive nicht länger vom männlichen Blick leiten lassen und der männlichen Dominanz unterordnen, sondern sich selbsttätig erproben und kennenlernen, was in ihnen steckt. Schon diese Beispiele zeigen, wie wichtig die geschlechtsspezifische Rückbindung des *Empowerment* ist (was in der üblichen Adaption des Konzepts durch die Jugendhilfe oft übergangen wird). Es verweist uns auf das Junge- und Mädchensein als Bewältigungskontext, in dem geschlechtstypische Schwächen und Stärken neu gepolt werden müssen, soll es zu einer sozial konstruktiven Aktivierung von Mannsein und Frausein - als emotionale Grundschichten des Selbstwerts - kommen können. An diesem Beispiel wird aber auch erahnbar, wie schwierig *Empowerment* ist, wenn die damit verbundenen Verhaltensaufforderungen von den Betroffenen als abweichend vom Normalen empfunden werden. So empfinden es gerade Jungen subjektiv oft als gegen die herrschende Normalität gerichtet, wenn sie ihr männliches Dominanzverhalten aufgeben sollen. Denn ein Junge, der Schwächen (vor sich selbst) zugibt, widerspricht dem herrschenden Männlichkeitstyp und braucht Angebote und Gelegenheiten der Milieuveränderung, damit er nicht gleich wieder und vielleicht noch stärker unter den Druck der Clique gerät.

Im Erwachsenen- und Erwerbsalter wird der Wert des *Empowerment* bei kritischen Lebensereignissen und damit verbundenen Identitätskrisen deutlich. Hier fordert das Zurückgeworfenwerden auf das „nackte" Mannsein und Frausein die Dekonstruktion der sonst schützenden Rollenkonstruktionen und Funktionshülsen. Erst so kann sich eine Konfrontation mit sich selbst und dem biografisch Gewordenen als Voraussetzung des Aufbaus einer neuen Selbstwertperspektive entwickeln. Das innerpsychische Paradox des *Empowerment* - um stark zu werden muß sich Verlust und Schwäche in meinem Selbst integrieren und so als Teil meiner Selbst anerkennen können - wird in der Empowermentliteratur viel zu wenig thematisiert. Hier wird vielmehr wie selbstverständlich von einer personalen Konstruktion ausgegangen, in der bisher übergangene und versteckte Ressourcen durch entsprechend aktivierende Intervention verfügbar gemacht werden können. *Empowerment* braucht aber als Voraussetzung einen schützenden Milieubezug (s.u.), in denen sich jenes Vertrauen und jener psychosoziale Rückhalt entwickeln können, durch den die Annahme von Schwäche und Hilflosigkeit durch die KlientInnen selbst erst möglich wird. Auch ist es gar nicht so einfach, wie es die Empowermentdiskussion immer wieder suggeriert, neben - oder verbunden mit - der Bestärkung der betroffenen Person *bestehende* soziale Beziehungen als informelle Unterstützungssysteme („Networking") zu aktivieren. Wir haben am Beispiel des Co-Alkoholismus recht drastisch erlebt, wie das informelle Netzwerk mit der Zeit so geknüpft wird, daß es zum Unterstützungs- und Abschirmungssystem des Alkoholismus und nicht der Rehabilitation wird.

Gerade bei solchen persönlichkeitsbedrohenden und soziale Beziehungen destruierenden Lebenskrisen (ähnliches gilt auch für die Arbeitslosigkeit oder die Gewalt in der Familie), in denen das bisherige Selbstbild und die darauf bezogenen informellen Netzwerke disfunktional, d.h. eher das Dilemma verstärkend wirken, braucht es Hilfen zum Neuaufbau sozialer Netzwerke. Keupp (1996) nennt dies „Stiften von sozialen Zusammenhängen", vor allem oder gerade auch in Verbindung mit „Gleichbetroffenen", wenn die alltäglichen Netzwerke nicht so beeinflußt werden können, daß eine Unterstützung in Richtung Verhaltensänderung oder Sich-mit-sich-selbst-zurechtfinden in der veränderten Lebenslage möglich wird.

Auch im Alter ist es nicht so einfach, *Empowerment*-Strategien einzufädeln. Im Kapitel „Lebensbewältigung im Alter" wurde ja schon bezweifelt, daß man so mir nichts dir nichts vom traditionellen Defizitansatz zum modernen Kompetenzansatz bei der Bewältigung des Altseins überspringen könne. Gerade alte

Menschen haben typische Integritätskrisen zu bestehen - ein weiteres Leben aufbauen trotz nahender Endlichkeit - und müssen erst wieder Kompetenzen erwerben, um soziale Netzwerke zu knüpfen; Netzwerke, die von ihnen selbst ausgehen und auf sie zulaufen, sich also nicht - besonders wenn man im Seniorenheim ist - in der Gewährungs- und Abhängigkeitskultur der (besuchenden) Herkunftsfamilie erschöpfen. Wir haben in diesem Zusammenhang vor allem hervorgehoben, daß es im Alter - bei weitgehendem Verlust der über die Erwerbsarbeit entwickelten Zeitstrukturen und sozialen Netzwerke - darauf ankommt, zyklische Zeitorientierungen (als Stabilisierung der Integrität) anzunehmen und sozialräumliche Kompetenz zu erwerben. Dies scheinen mir die beiden basalen Voraussetzungen für die Neustrukturierung des Selbst zu sein, die notwendig sind, damit Strategien des *Empowerment* von den alten Menschen auch in ihre Lebensführung und in ihr Weltbild integriert werden können.

Wenn nun deutlich geworden ist, daß *Empowerment* als klienten- und selbsthilfeorientierte Interventionsstrategie eine Neustrukturierung des Selbst bei den Betroffenen voraussetzt, so können wir uns nun der anderen Seite, den SozialarbeiterInnen und den helfenden Institutionen zuwenden, denen diese Strategie unzweifelhaft eine tiefgreifende Neubesinnung im Hilfe- und Interventionsverständnis abverlangt. Denn Empowerment ist mehr als nur eine Methode, es verlangt vielmehr eine entsprechende professionelle „Haltung" (Stark 1996) ab. Sicher ist schon deutlich geworden, daß die traditionelle Hilfeorientierung, d.h. sowohl die Definition der Hilfebedürftigkeit als auch die der helfenden Zuwendung und Intervention, einem Interventionsverständnis weichen muß, das auf *Kooperation* mit dem Klienten setzt und darauf aus sein muß, daß sich die Intervention *in der Interaktion* entwickelt. In diese Richtung weist auch die Vorschrift zur Erstellung eines Hilfeplans im Kinder- und Jugendhilfegesetz. Das fängt schon bei der *Anamnese* an, bei der es darum geht, die Vorgeschichte des Klienten aufzuklären, um seine gegenwärtige Befindlichkeit und sein Verhalten biografisch einzuordnen und im Hinblick auf Hilfe planen und darauf bezogene Prognosen einschätzen zu können (vgl. zu Anamnese allgemein: Kähler 1988). Obwohl die Anamnese ein biografisches Verfahren ist und deshalb genug Raum für die *Selbstthematisierung* der KlientInnen bieten müßte, hat sie sich in der Praxis eher in Richtung Fremddefinition, Schematisierung und Standardisierung entwickelt. Die „Eigenanamnese" ist dabei meist eine Informationsgewinnung unter anderen, sie wird den KlientInnen abverlangt und eher in das System der unterschiedlichen Informationsquellen eingepaßt, als daß sie eine selbstthematisierende Dynamik entfalten könnte. An der Anamnese scheiden sich also schon die professionellen Geister: Bin ich darauf aus, den KlientInnen in mein vorgegebenes Hilferepertoire einzupassen oder kann ich das professionelle Risiko eingehen, den Betroffenen die Chance „selbsterarbeiteter Lösungen" (Keupp) zu geben, die dann möglicherweise nicht in das vorhandene Repertoire passen und von mir ein - von meinem professionellen Selbstbewußtsein her vielleicht risikoreiches - Eingehen auf die KlientInnen verlangen. Burkard Müller hat letzteres zum Grundprinzip einer produktiven Anamnese, in die sich auch die Betroffenen strukturierend einbringen können, erklärt: „Es geht bei der Anamnese nicht darum, einen Fallhintergrund aufzudecken und in den Griff zu bekommen, sondern darum, die Chancen zu verbessern, daß sich die notwendigen Hintergrundinformationen von selbst erschließen" (1993, S. 84). Und als erste und hauptsächliche „Arbeitsregel" stellt er in diesem Zusammenhang auf: „Anamnese heißt, einen Fall wie einen unbekannten Menschen kennenlernen" (S. 84).

Ich möchte dies in der Linie unseres biografischen Ansatzes noch weiter akzentuieren. Wenn wir aus der Logik einer biografisch strukturierten Sozialpädagogik der Lebensalter die Menschen als „Producer of there own biography" (Offer 1981) begreifen lernen und einen Perspektivenwechsel auch in der Richtung vornehmen, daß die eigene „Lebensarbeit" (s.o.) und nicht nur die Erwerbsarbeit und äußere Rollenerfüllung das biografische Maß sind, dann muß das auch für die KlientInnen der Sozialarbeit gelten. Dann müssen wir danach trachten, daß die Interventionen in einen *Hilfediskurs* eingebettet sind. Das heißt, die KlientInnen dürfen nicht länger als fürsorgliche Objekte behandelt werden, die lernen sollen Hilfen anzunehmen und sich interventionsgerecht zu verhalten, sondern sie sollen die Chance und den Raum haben, ihr Bewältigungsbemühen als eigene biografische Leistung zu betrachten und zu schätzen. Dieses Prinzip der Selbstbestätigung, das wir in der soziokulturellen Arbeit längst hochhalten, muß auch zum fachlichen Grundsatz in den Erziehungshilfen und in Interventionen bei abweichendem Verhalten sein: Die KlientInnen sollen stolz darauf sein können, daß sie sich wieder herausarbeiten!

Damit hat aber die Strategie des *Empowerment* eine Dimension angenommen, die weit über das Fachliche hinausgeht. Denn wenn wir die KlientInnen primär als zu unterstützende Subjekte und nicht nur als Adressaten für Angebote begreifen, müssen wir nicht nur ihre biografische Individualität, sondern auch ihre gesellschaftliche Selbständigkeit - als Rechtssubjekte - anerkennen. Letztere liegt aber außerhalb der fachlichen Zuständigkeit der Sozialarbeit. Nun geht dieser Aspekt in der modernen Fachdiskussion, in der entweder der lebensweltliche Zuschnitt der Hilfen oder die Kundenorientierung der Dienstleistung gefordert wird, ungewollt - weil eben fachlich nicht begreifbar - unter. Dem lebensweltlichen Blick entgeht oft, daß die KlientInnen nicht nur Alltagsbewältiger sind, sondern auch einen öffentlichen Bürgerstatus haben; die Kundenorientierung fragt - wie am Konsummarkt abgeschaut - wenig danach, wie selbsttätig die Nachfrage der Adressaten zustande gekommen ist und ob sie überhaupt Marktalternativen haben.

Wir stoßen hier auf die grundsätzliche Problematik, daß die Sozialpädagogik und Sozialarbeit mit ihrer fachlichen Intensivierung ihre gesellschaftspolitische Rückbindung ziemlich vernachlässigt hat. Das Bild von den KlientInnen, die sich durch ihr abweichendes Verhalten aus der Gesellschaft hinausmanövriert haben und nun - über die sozialarbeiterischen Hilfen - wieder integriert werden sollen, ist trotz aller fachlichen Modernisierung das Leitbild der Intervention geblieben. Was aber qua Normalitätsdefinition und in der sozialen Alltagsrealität durchaus zutreffen mag - und insofern ist die Perspektive der Reintegration als *fachliche* Indikation weiter richtig - kann politisch für die KlientInnen zum Bumerang werden. Denn sie sind ja nicht nur Subjekte in einer Hilfebeziehung, aus der heraus sie wieder sozial in die Gesellschaft zurückfinden sollen, sondern genauso *Rechtssubjekte*. Und in diesem Status bleiben sie - solange ihnen keine Bürgerrechte aberkannt sind - Mitglieder der Gesellschaft wie alle anderen, auch wenn sie sich sozial abweichend verhalten.

> „Die wichtigste Erkenntnis [...] ist die Einsicht in die Dialektik von Rechten und Bedürftigkeiten [...]. Erst in den 70er Jahren wurde - nicht zuletzt infolge heftiger Konflikte zwischen wohlwollenden HelferInnen und zunehmend eigene Ansprüche formulierenden KlientInnen - die Ebene der Rechte als unabhängige Begründungsinstanz für Handeln oder dessen Unterlassung 'entdeckt' [...]. In Zeiten wachsenden Sozialbudgets ist eher die Vorstellung gewachsen, daß bei uns Professionellen die Angelegenheiten der Betroffenen in guten Händen seien. [...] Die Krise des Sozialstaates hat auch für viele Betroffene sichtbar gemacht, daß ihre Rechte keineswegs in Wohlfahrtsleistungen gesichert sind und mit deren Abbau auch gefährdet sind und eigenständig vertreten und abgesichert werden müssen." (Keupp 1996, S. 165).

Gerade ausgangs des 20. Jahrhunderts, als die fiskalische Krise des Sozialstaates in eine strukturelle umgeschlagen ist (strukturelle Freisetzung sozialer Unsicherheit unter gesellschaftlicher Rationalisierungsdynamik), zwingt diese Spannung zwischen fürsorgerischer Hilfe und eigenständigen sozialen Rechten zu einem neuen Verständnis von Öffentlichkeit in der Sozialarbeit. Denn die breite Professionalisierung und fachliche Institutionalisierung der sozialen Dienste in den 70er und 80er Jahren hat auch zu einer Entöffentlichung geführt. Es ist nicht nur die Sozialarbeit selbst, die sich über Umfang, Differenzierung und lebensweltliche Ausrichtung ihrer Dienste unhinterfragt in die Allzuständigkeit für ihre KlientInnen hineinmanövriert hat. Die Gesellschaft - in gewisser Folge dieser professionellen Entwicklung - fühlt sich nicht mehr zuständig für die KlientInnen der Sozialarbeit, die ja nach dem Alltagsverständnis vieler Bürger dafür bezahlt wird, daß sie sich um dieses Klientel kümmert und die Gesellschaft damit unbehelligt läßt. Skandalisierungen sozialer Probleme, die noch in den 60er und 70er Jahren die Presse durchzogen haben, sind ausgangs der 90er Jahre nicht mehr gefragt. Eher wird die Sozialarbeit selbst publizistisch angegriffen, daß sie ihren Kontroll- und Interventionsverpflichtungen - zum Beispiel im Bereich sexueller Gewalt gegen Kinder - nicht nachkommt. Somit drohen die KlientInnen der Sozialarbeit in eine Versorgungsfalle zu geraten: Ihre Ressourcen, die sie vor allem über die sozialarbeiterischen Hilfesysteme erhalten, werden immer mehr gekürzt, sie haben aber demgegenüber wenig Chancen, ihre Rechte öffentlich zu machen, da sie in der Anwaltschaft eben dieser nun eingeschränkten Sozialarbeit gefangen sind. Gleichzeitig sind die öffentlichen Instanzen der Sozialverwaltung aufgrund ihrer hoheitlichen und bürokratischen Verfassung strukturell nicht in der Lage, diesen Konflikt öffentlich zu machen (s.u.). Die Frage bleibt, inwieweit hier ein künftig auch politisch zu forcierender Wohlfahrtspluralismus mit einer kooperativen aber konfligierenden Struktur von öffentlichen/freien Trägern, Selbsthilfegruppen und privaten Wohlfahrtsunternehmen eine Öffnung des relativ geschlossenen Wohlfahrtssytems erreichen und auch Raum für die Einforderung von sozialen Rechten schaffen kann (vgl. Evers/Olk 1996).

Als Fazit gilt, daß *Empowerment* als interventionsleitende Strategie der Sozialarbeit nur dann strukturell greift (und mehr ist als nur eine neue Etikettierung gehabter Praxis), wenn das gesamte Interventionsfeld restrukturiert und neu aufgeladen wird: Die KlientInnen brauchen Raum zur Selbstthematisierung, die professionelle Sozialarbeit muß von einem versorgenden in ein kooperatives Interventionsverständnis überführt werden, die Allzuständigkeit muß aufgegeben werden, damit Platz wird für die Artikulierung der sozialen Rechte der KlientInnen. Um die Perspektiven in der Alltagspraxis zu realisieren, am konkreten Fall sensibel dafür werden zu können, lohnt es sich, sich einige Fragen so einffach, aber auch so konsequent zu stellen, wie es Burkhart Müller getan hat: Was fordert *mich* überhaupt zum Handeln auf? Wo gibt es noch *andere* Ressourcen? Muß ich das Problem sofort lösen oder ist es vordringlicher, erst ganz andere Schritte des biografischen Einvernehmens zu unternehmen? Was kann ich aus eigener sozialpädagogischer Zuständigkeit tun und was nicht? (Müller 1993, S. 97ff).

8.3 Milieubildung

Diese notwendige räumlich-biografische Orientierung der Sozialarbeit, die hier zum Ausdruck kommt, braucht aber ein entsprechendes Konzept, das vom Empowermentbegriff zwar abverlangt, nicht aber theoretisch abgedeckt werden kann. Denn das *Empowerment* soll ja nicht wieder in die Hände der SozialarbeiterInnen gelegt werden, sondern diese sollen Bedingungen für Eigentätigkeit und Aktivierung schaffen helfen. Wir haben an früherer Stelle - in den Grunddimensionen der Lebensbewältigung - dargelegt, daß Aktivierung immer auch einen psychosozialen Rückhalt braucht, der einem das Gefühl vermittelt, der Lage gewachsen zu sein. Wir haben diesen Rückhalt lebensweltlich mit dem Milieubegriff zu erfassen versucht, sozialpolitisch mit dem Begriff der sozialen Sicherheit. SozialarbeiterInnen, die am Konzept des *Empowerment* orientiert sind, richten ihr Handeln also auf Schaffung bzw. Verbesserung jener Milieubedingungen, die *Empowerment* erst begünstigen und stützen können. Neben das biografisch rückgebundene Interventionsprinzip des *Empowerment* tritt also das sozialräumliche Arbeitsprinzip der *Milieubildung*.

Wir haben Milieu bereits als biografisch verfügbaren, sozialräumlichen und sozialemotionalen Kontext der Gegenseitigkeit beschrieben, in dem sich Bewältigungskompetenzen entwickeln und auf den Normalisierungshandeln rückgebunden ist. Den sozialen Prozeß der Entwicklung und Strukturierung solcher

Kontexte bezeichnen wir als *Milieubildung,* einen Prozess, den die Sozial-pädagogik und Sozialarbeit nur in geschlossenen Settings (z.B. geschlossene Unterbringung in der Heimerziehung oder in der längerfristigen stationären Suchttherapie) selbst initiieren, den sie aber in der sozial offenen Alltagswelt nur begleiten, stützen und mitstrukturieren kann. Dabei ist die sozialarbeiterische Intervention immer von der Perspektive der „offenen Milieubildung" geleitet, denn nur offene demokratische Milieus in der gelungenen Balance von Kollektivität und Individualität können Bewältigungskompetenzen und erweiterte Handlungsfähigkeit aktivieren. Im Begriff des „offenen Milieus" ist der Respekt vor der Integrität des Anderen innerhalb und außerhalb der Milieugrenzen als strukturierendes Charakteristikum enthalten. Regressive Milieus dagegen sind dadurch gekennzeichnet, daß in ihnen Rückhalt, Geborgenheit und Gegenseitigkeit auf Kosten anderer, ja über die Unterdrückung und Ausgrenzung anderer gesucht wird. Gewalttätigkeit zum Beispiel geschieht vor dem Hintergrund regressiver, ethnozentristischer Milieubildung. Weil also der Begriff „Milieubildung" für sich allein so ambivalent ist, braucht es die begriffliche Präzisierung des „offenen Milieus". Das schließt aber nicht aus, daß wir - im Sinne *akzeptierender* Jugend- und Sozialarbeit - erst einmal verstehen, warum sich KlientInnen in regressiven und autoritären Milieus geborgen und wohl fühlen. Wir haben ja bei A. Gruen erfahren, wie Hilflosigkeit abgespalten, auf Schwächere projiziert und in Gewalt umgesetzt wird. Erst wenn wir diesen Zusammenhang verstehen und als subjektiven Schritt der KlientInnen akzeptieren, können wir Angebote anderer, offener Milieubildung machen. Dies wird behutsam und - wie ich vorschlage - in vier aufeinander aufbauenden Entwicklungsstufen geschehen müssen: Zuerst kommt das Verstehen, dann das Aktivieren, danach der Aufbau von stabilen Interaktionen und schließlich die infrastrukturelle Absicherung.

Unsere empirischen Erfahrungen zeigen, daß die Jugend- und Sozialarbeit *milieubildend* wirken kann (vgl. dazu Rudolph/Wolf/Böhnisch 1998). Das pädagogische Modell Milieubildung, das ich unter diesen Prämissen vorschlage, hat demgemäß vier Entwicklungsdimensionen: eine personal-verstehende, eine aktivierende, eine pädagogisch-interaktive und eine infrastrukturelle Dimension - die zwar sukzessive aufgebaut, aber letztlich aufeinander bezogen werden müssen.

In der *personal-verstehenden Dimension* geht es um das Akzeptieren der basalen sozialemotionalen Funktionen, welche der „mitgebrachte" Milieubezug für die Klienten und Adressaten hat, um das Verstehen von Milieu als personal verfügbarem Bewältigungskontext. Selbstwertkonstitution und Bildung von sozialer Orientierungssicherheit werden vor allem dort zu Funktionen des Milieus, wo Selbstwert- und Orientierungsbezüge nicht über die gesellschaftlichen Institutionen - Schule, Arbeit, lokale Öffentlichkeit - aufgebaut werden können. Für den Pädagogen ist es deshalb wichtig, daß er in diesem Sinne das Milieu seiner Klienten nicht von vornherein als defizitär oder „schädigend" versteht, sondern als soziale Praxis, die um funktionale Äquivalente zu erweitern ist.

In der *aktivierenden Dimension* steht die „Qualifizierung" des Milieus als Ressource der alltäglichen Lebensbewältigung und des Normalisierungshandelns im Vordergrund. Zum einen kann die Pädagogik einen wesentlichen Beitrag für einen „gelungeneren Alltag" (Thiersch) der Betroffenen leisten. Diese milieuorientierte Alltagspädagogik ist als Voraussetzung für die Aktivierung und sozialintegrative Weiterentwicklung des Milieubezugs so wichtig, daß wir darauf näher eingehen werden. Zum zweiten: Die Aktivierung muß vorsichtig begonnen werden; es müssen eigene lokale Räume verfügbar gemacht werden, in die man sich immer wieder zurückziehen, sich geborgen fühlen kann. Solche „Milieu-Refugien" dürfen nicht als Rückfall in die alte ethnozentrische Ausgrenzungs- und Isolierungsmentalität mißverstanden werden, sondern als „Milieupol" in Spannung zum öffentlichen Aktions- und Kontrollpol. Die Klienten und Adressaten tauschen hier untereinander in der gewohnten Alltagssicherheit die Erlebnisse und Erfahrungen, die Erfolge und Mißerfolge ihrer „sozialen Wagnisse" aus. Das schafft auch differentielle Lernerfahrungen, wenn „die Stimmung trotz allem" mit dem verglichen wird was früher war, als man sich noch verkroch oder agressiv isolierte. Reisen, Feste, Ausstellungen, Erkundungen in denen die Betroffenen zu Experten ihres eigenen Muts und ihrer sozialen Risikobereitschaft gemacht werden, gehören hier zu den pädagogisch aufbereitbaren Mitteln. Schließlich zeigt sich in dieser aktivierenden Dimension auch, wie sehr das Geschlechterverhalten emotional/sozialräumlich und damit milieuvermittelt ist. Milieuorientierte Pädagogik ist deshalb zwangsläufig mit dem Bewältigungsmodus des Mannseins und Frauseins, Junge- oder Mädchenseins konfrontiert und mithin Geschlechterpädagogik.

In der *pädagogisch-interaktiven Dimension* ist die Stellung der PädagogInnen selbst im Milieu angesprochen. Vertrauen und Autorität sind hier die Schlüsselbegriffe. Die helfende Beziehung wird über das Milieu und nicht als Helfer-Klient-Dyade aufgebaut, so daß SozialarbeiterInnen für alle Milieuzugehörigen gleich erreichbar und *über diese Erreichbarkeit* (vermittelt) milieuzugehörig sind. „Vertrauen" ist eine Kategorie individueller psychosozialer Sicherheit und eines gemeinsam erfahrenen und geteilten positiven Sozialklimas, das über den Habitus der PädagogInnen inszeniert und demonstriert wird und den milieuinternen Streß (soziometrische Konkurrenz um Zuwendungen seitens der PädagogInnen, Verteilungskampf um knappe soziale und kulturelle Gratifikationen, der im regressiven Milieu, mangels funktionaler Äquivalente, oft in Gewalttätigkeit untereinander mündet) mildert und abbaut. Milieurückgebundenes Vertrauen als „Milieuklima" bildet den Kontext, in dem Beratung gerade mit denen möglich ist, die ihre Probleme nicht so ohne weiteres auf einen festen Zeitpunkt oder sprachlichen Ausdruck (z.B. Jungen und Männer) bringen können, denn Beratung bezieht sich ja auf emotionale Befindlichkeiten und Betroffenheiten und die lassen sich nur in sozialräumlich geschützten und sich sozialemotional öffnenden - also milieubezogenen - Arrangements aufschließen (vgl. dazu auch Böhnisch/Münchmeier 1990).

Autorität bietet Orientierung, zeigt Grenzen auf und gibt Alltagssicherheit, wenn es sich um eine milieuvermittelte Autorität handelt, die also auf gemeinsam erfahrenen und geteilten Bindungen beruht. Dieser Aspekt der auf Bindungen beruhenden Autorität ist in der westdeutschen sozialpädagogischen Diskussion stark vernachlässigt, wenn nicht gar denunziert worden (vgl. dazu Böhnisch 1994, S. 237ff.) Denn wir im Westen haben vor allem auf „diskursive" Autorität über kritisches Aushandeln zwischen PädagogInnen und KlientInnen gesetzt und dabei oft übersehen, daß unsere in solchen Verhaltensformen ungeübten KlientInnen von dieser Kritikzumutung überfordert waren und sich nicht selten - zu unserer frustrierten Verwunderung - in autoritäre Gesellungs- und Unterordnungsformen ziehen ließen. Ähnliches erleben wir zur Zeit in der Jugend- und Sozialarbeit in Ostdeutschland: Da in der DDR der öffentliche kritische Diskurs tabu war, hatte sich bei vielen - besonders bei Jugendlichen - ein alltagsbezogenes, auf Milieubindungen gründendes Autoritätsverständnis - gegenüber Eltern, erwachsenen aber auch gleichaltrigen Bezugspersonen im Milieu - eingespielt. Nach der Wende gab es aufgrund der massiven Milieubrüche auch Autoritätsbrüche - nicht so stark gegenüber den Eltern, aber stark bei Lehrern und Bezugspersonen im betrieblichen und Freizeitbereich - durch welche die Anziehungskraft autoritärer Gruppierungen verstärkt wurde. Die Strategie der Jugendarbeit hier darf deshalb zumindest vorerst nicht konfliktpädagogisch sein, sondern sollte mit der Förderung milieugebundener, aber demokratisch zugänglicher, d.h. auch die Milieugrenzen öffnender und ins Milieu vermittelnder Autoritäten beginnen. Hier kam den ostdeutschen Jugend- und SozialarbeiterInnen eine für das westdeutsche Jugendverständnis neuartige Aufgabe zu, die sie auch - wie man z.B. im ostdeutschen Antigewaltprogramm AgAG sehen konnte - erstaunlich gut anpackten. Das hängt wohl damit zusammen, daß viele von ihnen „Semiprofessionelle" sind, also nicht aus der Sozialarbeit kommen und deshalb die milieuorientierte Arbeit nicht als zu erlernendes professionelles Programm, sondern als Chance begreifen, sich selbst biografisch einzubringen, d.h. die eigenen Lebenserfahrungen mit den Zeiterfahrungen der Jugendlichen zu verknüpfen und somit selbst als Person milieubildend wirken zu können.

Die *vierte Dimension* milieuorientierter Pädagogik schließlich ist die des *Ressourcenmanagements* über die Milieugrenzen hinaus. Dies geschieht vor allem über Netzwerkorientierung und Netzwerkbildung. Da diese nicht nur die strategischen Konzepte sind, über die sich die notwendige Öffnung der Milieus bzw. die Erweiterung der Milieugrenzen organisieren lassen, sondern auch eine eigene konzeptionelle Herkunft und Begründung für sich in Anspruch nehmen, werde ich sie an späterer Stelle in diesem Kapitel noch eingehende behandeln.

Soweit die Dimensionierung einer Pädagogik der Milieubildung. Ihr Kern - das ist unschwer aus der bisherigen Argumentation zu erkennen - ist die *Alltagsarbeit*, insbesondere mit sozial desintegrierten Individuen und Gruppen, mit dem Ziel einen geregelten, selbstverständlichen und verläßlichen Alltag zu schaffen (vgl. dazu Thiersch 1986). Hier kann die Jugend- und Sozialarbeit ein neues

Magnetfeld aufbauen, in dem sie sich als verläßlicher „Pol" verortet. Sozial desintegrierte, problembelastete Menschen stehen aufgrund der damit einhergehenden Einschränkung der Handlungsfähigkeit unter einem besonderen Alltagsstreß. Hier trägt die sozialpädagogische Alltagsarbeit - einen festen Ort, feste Zeiten, verläßliche Zuwendungen und basale soziale Dienstleistungen bietend - maßgeblich zur Deeskalation und Entspannung bei. Ärgerlich ist nur, daß diese alltagsorientierte Arbeit in der pädagogisch-professionellen Diskussion zumindest in Westdeutschland immer noch nicht für voll genommen wird, ja sogar denunziert wird, weil sie nicht an das „Pädagogisch-Eigentliche" heranreiche. Dies ist wohl nur aus der spezifisch deutschen pädagogischen Ideologietradition heraus zu begreifen, in der englischen Community-work-Szene dagegen ist eine solche Arbeit hoch angesehen. Vielleicht können auch hier die „unbefangenen" Erfahrungen und Initiativen in den neuen Bundesländern auf die manchmal doch professionell recht verkrustete und versäulte pädagogische Fachszenerie in Westdeutschland „zurückwirken". Denn diese milieustabilisierende „Alltagsarbeit"ist Voraussetzung für die soziale Aktivierung im Milieu und über die Milieugrenzen hinaus. Erst vor einem solchen verläßlichen sozialemotionalen/sozialräumlichen *Rückhalt* aus kann das Risiko der sozialräumlichen Erweiterung und ungewohnten Begegnungen und Konfrontationen mit Anderen und sozial Neuem eingegangen werden. Auch hier braucht das „Sich-Aussetzen" in der Begegnung und der milieuübergreifenden Aktivität einen alltäglichen Rückzugs- und Schutzraum.

Das Milieukonzept akzentuiert in seiner Tradition die lebensweltlich-emotionale Erfahrung des Selbst in der *Gemeinschaft* und *Gleichsinnigkeit* der Milieuzugehörigkeit. Beim Netzwerk- und Social-support-Konzept wiederum steht die interaktiv-kognitive Ebene der Gegenseitigkeit und Gleichgerichtetheit *der Interessen* im Vordergrund (vgl. zur begriffsgeschichtlichen Ableitung beider Konzepte Böhnisch 1994). Beide haben also eine unterschiedliche sozialintegrative Qualität, wobei „Milieu" deutlich mehr im lebensweltlichen Nahbereich, „Netzwerk" hingegen eher im Zwischenbereich („Mesobereich") von lebensweltlichen und systemisch-gesellschaftlichen Zusammenhängen angesiedelt ist (Nestmann 1989). In diesem Sinne werden sozialen Netzwerken gesellschaftliche Funktionen in der Richtung zugehofft, daß sie angesichts der „dualen polarisierenden Entwicklung verschiedener Gesellschaftsbereiche in der nachindustriellen Periode" mehr gesellschaftliche Balance schaffen oder doch zumindest dazu beitragen könnten, daß „die Lebenswelten gegenüber den systemischen Zwängen widerständiger und eigensinniger werden können" (Mackensen 1985, S. 12ff).

Wir wollen uns aber unterhalb dieser spekulativ gesellschaftlichen Ebene mit der Erkenntnis bescheiden, daß soziale Netzwerke „intermediäre" Konstrukte sind, die Milieu- und Gesellschaftsbezüge vermitteln können. Das können wir wohl am deutlichsten bei den Selbsthilfeinitiativen und Netzwerkorganisationen im psychosozialen und gesundheitlichen Sektor beobachten: Milieuverdichtete Erfahrungen von Leiden und Betroffenheit (Mikroebene) verbinden sich mit erkannter Gleichgerichtetheit der Interessen (Mesoebene) und führen so zur öffentlichen Artikulation und Organisation eines sozialen Problems (Makroebene). In dieser Konstellation erkennen wir unschwer, daß das Netzwerkkonzept einen Milieuaspekt hat, dabei aber nur ein Segment des Milieubegriffs umfaßt, wiewohl auch der Milieubegriff weit in den Netzwerkbegriff hineinreicht, wenn wir seine sozial-emotionalen und sozialökologischen Annahmen betrachten (vgl. Nestmann 1988).

Wir brauchen also für eine handlungsorientierte Konstruktion des Milieuparadigmas - wie wir sie im pädagogischen Konzept der „offenen Milieubildung" begonnen haben - einen „Netzwerkanschluß". Wir halten uns dabei pragmatisch an die in der Netzwerkdiskussion bisher gut ausgearbeitete „Mesoperspektive" nach welcher der Netzwerkbegriff „eine Brücke (schafft) zwischen den Beteiligten der primären sozialen Umgebung von Menschen und ihren Beziehungen zu den weitergehenden sozialen Gemeindestrukturen" (Nestmann 1989, S. 109). Die „Brücke", welche diese Netzwerkperspektive für unser Konzept offener Milieubildung zu schlagen in der Lage wäre, könnte dabei folgendermaßen aussehen: In der Erweiterung der Milieuperspektive zur Netzwerkperspektive wird eine „zweite Ebene" einbezogen, d.h. die milieuverhaftete emotionale Dimension wird um die Interessendimension in ihren Grenzen erweitert, geöffnet und damit aktiviert. Denn Milieus, wenn sie unter sozialem Druck stehen - Armutsmilieus, Milieus von Arbeitslosen, Milieuformen benachteiligter Jugendlicher, die zu Gewalt neigen - haben die Tendenz, sich „nach innen" - regressiv, ethnozentrisch oder hin zur Ohnmacht und Apathie - zu entwickeln. Die Öffnung nach außen gelingt dann meist nur über die Netzwerkintervention: Erfahrungen vermitteln, daß man trotz seiner Lage den Anderen etwas zu bieten hat und daß Andere Interesse an einem haben (Selbstwertdimension), daß man mehr davon hat, wenn man sich nicht über Gewalt und Abwertung Anderer oder soziale Isolation abgrenzt und abschirmt, sondern Beziehungen zu Anderen - auch Fremden - für sich nutzen kann und daß sich über ein solch milieuöffnendes Beziehungsnetzwerk bisher einander als fremd und ungleich Gegenüberstehenden ein neues Aktivitätsniveau öffnet. Das fängt bei der Information über Andere und Anderes an: Bei fremdenfeindlichen jugendlichen Gewalttätern beobachten wir immer wieder, daß sie über die, welche sie hassen und verachten, nichts wissen, daß sie magische Feindbilder aufbauen und daß es deutlich deeskalierend und sogar anregend wirkt, wenn sie diesen Anderen gewollt begegnen.

Gerade die Pädagogik der „funktionalen Äquivalente" (vgl. das Kapitel Risikoverhalten) braucht Netzwerke, in denen diese auch aktiviert werden können. Ich muß als Sozialarbeiter eine Vorstellung einer solchen Netzwerkaktivierung haben können, ohne dabei die Rückzugsmöglichkeit in die Milieugeborgenheit zu verschließen. Zur lokalen Netzwerkorganisation gehören gerade auch die in Ostdeutschland gewordenen „Runden Tische", welche nicht nur institutionelle Verknüpfungen ermöglichen, sondern auch ein offenes Sozialklima schaffen können, in dem die Schwellen zwischen den lokalen Sozialwelten gesenkt und Toleranzen für neue soziale Experimente entstehen können.

Insgesamt könnte man für jede Sozialarbeit mit sozial Benachteiligten und von kritischen Lebensereignissen Betroffenen formulieren, daß sie sowohl eine Milieu- als auch eine Netzwerkperspektive haben muß. Denn erst über die Netzwerkorientierung kann die milieupädagogische Programmatik der „offenen Milieubildung" realisiert und die Aktivierung „aus dem Milieu heraus" organisiert werden. Milieubezogene Arbeit ist erst einmal - so wie wir es dargestellt haben - Ermöglichung und Sicherung einer sozialemotionalen - Vertrauen, Selbstverständlichkeit, Sicherheit, Normalität gewährleistenden - „Alltagsbasis". Der Netzwerkbezug strukturiert diese Alltagsbasis in Richtung Aufschließung und Aktivierung der eigenen und gegenseitigen Möglichkeiten als Ressourcen und Suche nach „Anschlüssen" über die Milieugrenzen hinaus. Das gilt für die Jugendhäuserarbeit, die Suchtberatung, die Obdachlosenarbeit genauso wie für die Familien- und Altenhilfe. Gerade bei einer sozial benachteiligten Klientel kann über die Aneignung und zunehmende alltägliche „Netzwerkerfahrung" etwas von jenem „kulturellen Kapitel" anwachsen, das in der individualisierten Gesellschaft für die notwendige personale und soziale „Inszenierung" von selbständiger Lebensbewältigung und Lebensführung gebraucht wird.

8.4 Räumliches Denken und Social Agency

Die biografisch-räumliche Perspektive der Milieubildung kann auch die fachliche Diskussion um die Gemeinwesenarbeit (vgl. dazu allgemein Boulet/Kraus/ Oelschlägel 1980) wieder beleben. Diese wurde in den 70er Jahren in Westdeutschland als Partizipations- und Konfliktstrategie der Stadtentwicklung und Medium der sozialen Integration der Bewohner in neuen urbanen Trabantenstädten entwickelt. Angesichts des offensichtlichen Zusammenhangs von psychosozialen Problemen, sozialen Konflikten und sozial desintegrativer Raum- und Siedlungsstruktur in den neuen Stadtteilen lag es auf der Hand, psychosoziale Probleme und darauf bezogene Hilfen nicht von den Einzelnen oder spezifischen Gruppen (zum Beispiel Jugendcliquen), sondern von der Problemstruktur des Stadtviertels her, des Gemeinwesens also, zu definieren. Um dies der ansässigen Bevölkerung erfahrbar und bewußt zu machen, war die soziale und politische, auf das gemeinsame Wohngebiet bezogene Aktivierung der Bewohner ein zentraler Aspekt jeder sozialpädagogisch initiierten und gestützten Gemeinwesenstrategie. Seit den 80er Jahren ist diese gemeinwesenpolitische Dimension deutlich verblaßt, und die Gemeinwesenarbeit hat sich zur bloßen Methode der Sozialarbeit rückentwickelt (C.W. Müller 1996). Als solche zentriert sie sich wieder auf die professionelle Sozialarbeit, welche das Gemeinwesen nicht mehr in seiner sozial-räumlichen Eigendynamik, sondern als Quelle diagnostischer Information und Kontrollrahmen sozialpädagogischer Intervention betrachtet. Was von der sozialpolitisch orientierten und in soziale Bewegungen eingebundenen früheren Gemeinwesenarbeit geblieben und methodisch umgemünzt worden ist, ist die Aufforderung, die Betroffenen zur Partizipation bzw. Selbsthilfe zu aktivieren, die Probleme der Zielgruppen vor allem auch im Zusammenhang ihrer örtlichen Lebensverhältnisse zu betrachten und die unterschiedlichen Anbieter von Hilfen im Gemeinwesen zur Kooperation zu bewegen.

In Ostdeutschland, wo nach den Milieuumbrüchen und sozialen Segregationen nach der Wende in den Stadtvierteln erst wieder ein „neues" Gemeinwesen aufgebaut werden mußte (vgl. dazu Neunter Jugendbericht 1994), zeigte sich aus der Praxis der vornehmlich biografisch orientierten SozialarbeiterInnen heraus, daß die biografische Interventionsperspektive eine Dimension des Gemeinwesens freisetzen kann, die in der bisherigen Fachdiskussion weitgehend im Hintergrund geblieben war. Kids, Jugendliche und Erwachsene hängen an ihrem Stadtteil aber leben „ihr" Gemeinwesen alltäglich ganz unterschiedlich aus. Die damit zusammenhängenden Konflikte (Kids stören die Erwachsenen etc.) verdecken, daß das Gemeinwesen für *alle* seine Bewohner - nun aber lebensalterverschieden - ein Stück äußerer Biografie ist. Diese läßt sich - so wie mir SozialarbeiterInnen aus ihren Erfahrungen berichteten - in Stadtteilfesten und gemeinsamen kulturellen Projekten aktivieren, ohne daß dabei die Konflikte verdeckt, dafür aber vielleicht doch besser verstanden werden. Die erwachsenen Bewohner lernen besser mit ihrem Mißtrauen und ihrer diffusen Angst vor den Jugendlichen im Viertel umzugehen (ohne diese Angst natürlich zu verlieren) und die lärmende Öffentlichkeit der Kids eher - durchaus im Sinne eines Milieurückhalts - ertragen. Die über den gemeinsamen biografischen Rückbezug aktivierbare soziale Transparenz - übrigens eine zentrale Kategorie der Gemeinwesenarbeit - hilft den SozialarbeiterInnen wiederum, mehr gemeinsame Öffentlichkeit für ihre Aktivitäten für Kids und Jugendliche zu erreichen und damit vom Konfliktanwalt einzelner Gruppen zum *Makler* („Agent") im Gemeinwesen zu werden. Das Verständnis von Gemeinwesenarbeit hat sich in diesem Sinne also in die Richtung gewandelt, daß sie vom „sozialräumlichen Zugriff auf soziale Probleme" (Stimmer 1994, S. 198) als professionelle Methode der Sozialarbeit zur biografisch-sozialräumlichen Verständigung über soziale Probleme unter professioneller Mithilfe der Sozialarbeit werden kann.

Als *Social Agency* (in der Übersetzung von „sozialer Vermittlung") könnte man überhaupt den Teil der Tätigkeit der SozialarbeiterInnen kennzeichnen, der sich über den direkten Hilfebezug zu den KlientInnen hinaus ins Sozialräumliche bewegt. Der biografischen Interventionsorientierung entspricht die sozialräumliche *Agency*. Aus der Erkenntnis der biografischen Ganzheit der Problembelastung und -bewältigung bei den KlientInnen heraus versuche ich, nicht nur die Hilfen im engeren Sinne aufeinander zu beziehen, sondern - im Anschluß an die Netzwerkperspektive - auch die sozialen Handlungen der KlientInnen erweitern zu helfen und entsprechend soziale und kulturelle Gelegenheiten im Wohn- und Stadtteilumfeld zu vermitteln. *Social Agency* als Arbeitsphilosophie der modernen kommunalen Jugendarbeit hat also auch seine Berechtigung in der Erziehungshilfe und den Problemeninterventionen im Erwachsenenalter und Alter.

Die biografisch-sozialräumliche Orientierung schärft auch die Sinne für ein methodisches Vorgehen, das in der klassischen maßnahmezentrierten Sozialarbeit immer ein Stiefkind geblieben ist: das der Beobachtung. Die beobachtende Erfahrung und weniger die rollentrainierte ist das professionelle Plus der Sozialpädagogik, das sie den institutionell gebundenen Berufen des schulischen Bildungsbereichs und des Erwerbssektors voraus haben.

Soziale Räumlichkeit und Sein im Sinne der eingangs skizzierten Zugangsbefindlichkeit hängen übrigens eng zusammen. Wir haben im Verlauf dieser Einführung an den verschiedensten Beispielen immer wieder erfahren, wie sich - in den Lebensaltern unterschiedlich und je typisch - Befindlichkeiten nicht in den Funktionsausübungen oder im Rollenhandeln ausdrücken, sondern in den sozialräumlichen Bezügen der Aneignung und Ausgrenzung. Wenn wir unsere KlientInnen im Sinne der akzeptierenden Sozialarbeit „verstehen" wollen, dann müssen wir also einen *sozialräumlichen* Zugang zu diesen Befindlichkeiten suchen. Schon die ersten explorativen Begegnungen mit den KlientInnen und die späteren, die Bewältigungsverläufe begleitenden Gespräche haben - im Gegensatz zu funktional-standardisierten Abläufen - einen offenen, mithin räumlichen Zuschnitt. Dieser kann sich in dem Maße zum abgrenzbaren sozialräumlichen Setting entwickeln, indem er durch fachliche Handlungen des Begegnens, Begleitens, Vermittelns zum von den KlientInnen erfahrbaren und überschaubaren Raum des Sich-selbst-Findens und Rückhalt-Bekommens wird. Ein wichtiges Strukturierungselement sind aber die SozialarbeiterInnen selbst: In ihrer Professionalität *und* Persönlichkeit werden sie zu Bezugs- und Fluchtpunkten dieses Möglichkeitsraums. Dazu soll im abschließenden Kapitel mehr gesagt werden.

So gesehen ist die Sozialraumanalyse und sozialräumliche Handlungsorientierung in der Sozialpädagogik/Sozialarbeit viel mehr als nur ein territorial verstandenes Verfahren, sondern *die* professionstypische Herangehensweise an die biografische Bewältigungsproblematik. In seinen biografischen Brüchen und Befindlichkeiten äußert sich der Mensch räumlich, Sozialarbeit ist in diesem Sinne teilnehmende Beobachtung oder auch beobachtende Teilnahme an diesem sozialräumlichen Bewältigungsgeschehen. Als solche ist sie integraler Bestandteil der Intervention, hört mit der vollzogenen Maßnahme keineswegs auf, sondern wird nun erst recht aufgefordert: Erweitert, strukturiert die getroffene Maßnahme den Möglichkeitsraum des Klienten, oder verengt sie ihn, macht sie ihn vielleicht gar noch unübersichtlicher? Und vor allem: Welche sozialräumlich-biografischen Kompetenzen des Sich-Zurechtfindens, Rückhalt-Suchens und sozialintegrativen Normalisierungshandelns erwerben die KlientInnen und wie macht sich das in typischen Alltagssituationen (die sich durchaus auch systematisieren lassen) bemerkbar?

8.5 Intervention als Eingriff

Wir haben bisher versucht Interventionen biografisch, aus der Lebenswirklichkeit der KlientInnen in ihrem Lebenslauf zu strukturieren und von da aus Anforderungen an die Institutionen der Jugendhilfe und Sozialarbeit zu richten. Dabei sind wir immer wieder auf den Konflikt gestoßen, der zwischen den biografisch-lebensweltlichen und den bürokratisch-administrativen Prinzipien in der Sozialpädagogik und Sozialarbeit angelegt ist und haben entsprechende Forderungen an die Institutionen gestellt. Wie aber die Hilfeinstitutionen der Jugendhilfe und Sozialarbeit in der Lage sind, darauf zu reagieren, wurde bisher nicht thematisiert. Dabei gehört es zum unverzichtbaren strategischen Wissen für SozialarbeiterInnen, daß sie dies einschätzen und von ihrer biografischen Interventionsorientierung her mit den öffentlichen und verbandlichen Trägern umgehen können. Deshalb wollen wir uns im folgenden die institutionell-administrative Seite der Intervention vor Augen führen und fragen, wie wir dieses Wissen integrieren, d.h. in strategisches Handeln ummünzen können, ohne dabei unsere biografisch-lebensweltliche Perspektive zu verlieren.

Sozialpädagogische und sozialarbeiterische Interventionen beginnen meist nicht als Verständigungsprozesse, sondern als *Eingriffe*, also als öffentliche, hoheitliche Akte, welche in die Biografie einschneiden: die Einweisung in ein Erziehungsheim, die Androhung oder Verhängung von Jugendstrafen, die Einweisung in stationäre Therapien, die Einführung von äußeren Kontrollen der Lebensführung. Eingriffe sind Interventionen „unter Rückgriff auf Machtmittel" (B. Müller 1993, S. 110). Diese Eingriffe richten sich in der Regel nach dem Tatbestand des „öffentlich sanktionierten" abweichenden Verhaltens, das heißt eines Verhaltens, das von der sozialen Umwelt nicht mehr toleriert wird oder werden kann. Die öffentliche Sanktion kann verschieden sein: Das fängt damit an, daß Jugendliche mit Strafe bedroht werden, weil ihr Verhalten ein öffentliches Ärgernis in den Augen maßgeblicher Erwachsener darstellt, weil Sucht- oder Gewaltverhalten die Familie gefährdet, weil jemand zur alltäglichen Lebensführung sichtbar nicht mehr fähig ist. Eingriffe haben lebensaltertypische Strukturen und Auswirkungen.

So geht z.B. die Jugendhilfe davon aus, daß der sanktionierende Eingriff und die darauf folgenden sozialpädagogischen Maßnahmen in erster Linie dazu dienen, Jugendliche zu resozialisieren, wieder gemeinschaftsfähig zu machen. Was in den Jugendlichen selbst vorgegangen ist, welchen „Bewältigungscharakter" dieses abweichende Verhalten hat, bleibt angesichts der öffentlichen Priorität dieser Eingriffsperspektive erst einmal zweitrangig. Es ist eine Aufgabe der damit befaßten SozialpädagogInnen, daß sie dem Bewältigungsaspekt Geltung verschaffen. Sie müssen im Heim oder in der Resozialisierungsmaßnahme erst das Klima, das entsprechende Milieu dafür schaffen und den vorherrschenden institutionellen Zwangscharakter abbauen. Die nächste Schwierigkeit besteht dann darin, mit den Jugendlichen selbst in ein pädagogisches Verhältnis zu kommen, das ein Anknüpfen an den sozialpädagogischen Bewältigungsaspekt möglich macht. Viele Jugendliche teilen die öffentliche Einschätzung ihres Verhaltens keineswegs, sehen sich zu unrecht diesen Eingriffen ausgesetzt, verweigern sich dann auch dem sozialpädagogischen Zugang, weil sie die SozialpädagogInnen erst einmal als Teil dieser Eingriffs- und Zwangsapparatur sehen. Die Jugendlichen handeln ja selbst unter Bewältigungsdruck: Für sie ist das abweichende Verhalten, die Tat, ein Lösungsversuch für eigene biografische Lebensprobleme, so wie wir es aus der Logik des Bewältigungshandelns dargelegt haben: Mangelnder Selbstwert, wenig soziale Bindung, Rückhalt und Anerkennung, wenig Kompetenz für sozial verträgliches Normalisierungshandeln und erhebliche biografische Orientierungsschwierigkeiten spielen hier zusammen. Es braucht also einen eigenen sozialpädagogischen Annäherungsprozeß, bis die Jugendlichen erkennen und spüren, daß ihnen der pädagogische Zugang etwas bieten, daß man über ihn auch auf andere Weise zu Lösungen ihrer Probleme kommen kann. Dabei müssen wir uns vor Augen halten, daß die Jugendlichen sich nicht nur an dem sozialpädagogischen Hilfeangebot, sondern genauso an dem sozial-administrativen Eingriffsvorgang orientieren. Denn sie sind ja diesem Eingriff ausgesetzt, sind „auffällig" geworden, haben ein öffentliches *Etikett* weg, das wir nicht so einfach über lebensweltlich orientierte Hilfen aus der Welt schaffen können. Wir müssen also bei allen sozialpädagogischen Zugängen vor allem zu delinquenten und sozial abweichenden Jugendlichen immer die eigene Reaktion des Jugendlichen auf den administrativen Eingriff und die - unsere biografische Interventionsorientierung oft durchkreuzenden - Auswirkungen dieses Eingriffs auf den Hilfeprozeß analysieren. Dabei können uns die Erkenntnisse aus den Theorien des „Labeling approach" (Etikettierungsansatz) zwei wichtige Hinweise geben (vgl. zum Etikettierungsansatz allgemein Peters 1989, Lamnek 1993):

Bei abweichendem Verhalten ist nicht nur das Verhalten selbst, sondern sind die Definitionen und Zuschreibungen des Verhaltens sehr oft ausschlaggebend. Wenn ein Jugendlicher aus einer sozial stigmatisierten Familie stammt oder aus einem Viertel mit „schlechtem Ruf", kommt er in seinem abweichenden Verhalten eher in Gefahr eines kriminellen Verdachts bzw. einer öffentlichen und polizeilichen Sanktion, als jemand aus einem „betuchten" Viertel oder aus der Mittelschicht, aus Kreisen also, wo man noch annimmt, daß die Eltern das schon regeln werden. Wenn aber jemand schon im Jugendamt „in der Akte" ist, seinen schlechten Ruf auch behördlich „weg hat", öfter „auffällig" war, wird man von vornherein von ihm oder von ihr annehmen, daß er oder sie einen Hang zum abweichenden Verhalten hat und wird die ganze Persönlichkeit pauschal in diese Richtung einschätzen.

Das öffentlich sichtbare Verhalten Jugendlicher unterliegt immer wieder den jeweils in der Öffentlichkeit geltenden normativen Definitionen darüber, was Jugendliche tun dürfen, was für Jungen erlaubt und für Mädchen schicklich ist. Viele Jugendliche, die in den 50er Jahren unter Etiketten wie „sexuelle Verwahrlosung" oder „Streunertum" in Zwangserziehung kamen, würden es bei dem heutigen, wesentlich aufgeklärteren öffentlichen Sittenkodex längst nicht mehr erdulden müssen. Angesichts dieser sozial-strukturellen Willkür, die Eingriffe an sich haben, ist es Aufgabe der SozialpädagogInnen - so gut es innerhalb ihrer Arbeitsbedingungen geht - Anwälte für die Jugendlichen zu sein.

Aus der Etikettierungstheorie läßt sich für die Jugendpädagogik eine weitere Erkenntnis ziehen: Jugendliche, die in ihrer familialen und sozialen Umgebung keine Chance haben, sich gegen solche Etikettierungen und Zuschreibungen zu wehren, Alternativen kennenzulernen, übernehmen diese Zuschreibungen mit der Zeit selbst, verhalten sich dann auch tatsächlich so, wie man es von ihnen aufgrund der negativen Etikettierung erwartet. Sie integrieren also diese Zuschreibungen in ihr Selbstbild, sie kann zum Grundmuster ihres Lebenslaufs im Sinne einer *kriminellen Karriere* werden. Hier ist es für die SozialarbeiterInnen besonders schwer, einen Ansatzpunkt zu finden. Sie hören dann oft: 'Lieber brumme ich meine Strafe ab, als daß ich mich auf euch einlasse'.

Hier können uns Konzepte wie das der Milieubildung helfen. Es muß gelingen, solche Jugendlichen in Milieubezüge zu bringen, in denen die Zwangsläufigkeit des Handelns aus dem kriminellen Selbstbild heraus unterbrochen werden kann, in denen sich Gelegenheiten auftun, wo die Jugendlichen spüren und erfahren, daß sie sich auch anders verhalten können und daß dieses andere Verhalten für sie befriedigend und perspektivenreich ist. Dazu brauchen die SozialarbeiterInnen wiederum Raum, um das dafür notwendige Klima des Vertrauens schaffen zu können. Dieser milieubildende Raum, der abseits von Amtsstuben und -zeiten sein muß, ist zwingende Voraussetzung für sozialpädagogisches Handeln, das die stigmatisierenden Wirkungen von Eingriffen mildern oder auflösen soll und ist damit Teil der sozialpädagogischen Professionalität. Als solche muß sie von den Trägern anerkannt werden.

Damit wären wir auch bei der allgemeinen professionellen Forderung, wie sie Burkhard Müller (1993)auf den Punkt gebracht hat: Eingriffe dürfen „keine Elemente enthalten, die vorhandene Potentiale selbstverantwortlichen Handelns zerstören" (S. 110) - wie z.B. vorsätzlich inszenierte degradierende und selbstwertherabsetzende Akte genauso wie ein entmündigendes overprotecting - und „Eingriffe müssen mit Vesuchen verknüpft sein, zumindest längerfristig Eingriffshandeln in gemeinsames Handeln zu transformieren" (S. 111). Für das letztere hat sich in der sozialarbeiterischen Praxis die Faustregel herausgebildet, den mit dem Eingriffsakt verbundenen Teil des Problems - das Delikt, die Auffälligkeit - von der Person zu trennen, damit diese erst einmal wieder zu sich selbst kommen (Betroffenheit s.o.) und aus einem, nun aus der eigenen Biografie positiv rekonstruierten Selbstwert heraus, ein aktives Verhältnis zu ihren Möglichkeiten der Bewältigung bekommen kann.

8.6 Sozialpädagogisches Handeln und Verwaltungshandeln

Sozialverwaltungen - seien sie nun als kommunale und regionale Behörden oder als Verwaltungsapparatur der Wohlfahrtsverbände organisiert - tun sich schwer, solche offenen milieubezogenen und integrierten Hilfeangebote in ihrem Verständnis von Jugend- und Sozialarbeit unterzubringen. Denn öffentliche Verwaltungen sind nach ganz anderen Prinzipien strukturiert als sozialpädagogische und sozialarbeiterische Handlungsfelder. Sie arbeiten nach bundes- und landesweit gleichen und vergleichbaren Regeln und Verfahren, sie sind an abstrakten Fällen orientiert und nicht an konkreten Personen. Die Verwaltung wird tätig, wenn bestimmte normierte Tatbestandsmerkmale zutreffen, wenn die Ansprüche der Hilfesuchenden rechtlich gedeckt sind und wenn die gesetzlichen Leistungsvoraussetzungen gegeben sind (vgl. dazu im Überblick: Münder u.a. 1993, Maas 1996). Verwaltungen kontrollieren die ihnen unterstellten Einrichtungen auch nach dem Prinzip der Wirtschaftlichkeit. Ist die Einrichtung ausgelastet, paßt sie sich in ihren Ausgaben an den Rhythmus des Haushaltsjahres an? Es gibt gerade bei Jugendeinrichtungen immer wieder Konflikte. Jugendhäuser zum Beispiel kann man nicht an der Größe des Besucherstammes messen. Sie sind Orte mit wechselnder Attraktivität und unterschiedlicher lokaler Bedeutung für Jugendliche, die auch unterschiedlich lange und unterschiedlich intensiv dort verbleiben. Auch richten sich die räumlichen und kulturellen Bedürfnisse Jugendlicher nicht nach einer starren Haushaltsplanung. Schließlich müssen die Jugendhäuser variabel eingerichtet und organisiert sein, damit sie den sich wandelnden Jugendstilen entsprechen können. Damit sperren sie sich auch dem verwaltungsmäßigen Rhythmus einer fünfjährigen Renovierungszeit. Diese Beispiele können wir im Prinzip auf alle sozialpädagogischen und sozialarbeiterischen Arbeitsfelder übertragen, sofern sie - wie zum Beispiel in der Beratung - mit offener Milieubildung und biografischer Strukturierung der Hilfen zu tun haben. Sozialpädagogisches Handeln braucht also Offenheit und Flexibilität, setzt an der Person und ihrem Milieu an, ist Situationsveränderungen ausgesetzt und braucht Mittel, um Milieusituationen kurzfristig verändern zu können. Sozialpädagogisches Handeln ist also im Prinzip unbürokratisch strukturiert.

Aber trotzdem müssen Bürokratie und Sozialpädagogik und Sozialarbeit miteinander auskommen. Und da zeigt sich: Verwaltungen sind nicht so starr, haben Ermessensspielräume, die in der Sozialverwaltung traditionell größer sind als in anderen administrativen Bereichen. Neben die klassische „Konditionalbindung" der Verwaltung (d.h. sie wird nur dann tätig, wenn die der Norm entsprechenden Voraussetzungen vorliegen) ist eine *sozialstaatliche Zweckbindung* getreten. Das heißt die Verwaltungen orientieren ihr Handeln inzwischen stärker an individualwohlfahrtlichen (soziale Dienstleistung) und gemeinwohlfahrtlichen Zwecken (etwa die Verbesserung der sozialen und kulturellen Infrastruktur einer Gemeinde, die Förderung sozial benachteiligter Gruppen, die

286

Betonung präventiver, also vorbeugender Maßnahmen, die Schaffung von Entwicklungsmodellen etc.). Diese sozialstaatliche Zweckbindung hat das Verhältnis zwischen Verwaltung und Sozialpädagogik flexibler und kooperativer gemacht. Dieser Wandel von der Eingriffs- zur Dienstleistungsverwaltung bildet sich auch im neuen Kinder- und Jugendhilfegesetz (KJHG 1991) ab. Vor allem in neuen Verfahrensregeln zum individuellen Hilfeplan (§ 36) und zur Jugendhilfeplanung (§80) wird die zweckgerichtete Dienstleistungsorientierung gesucht (vgl. dazu Klatetzki 1994). Die administrative Orientierung an der Zweckbindung hat dazu geführt, daß auch Verwaltungen sozial lernen. Zweckgerichtete Aktivitäten können eben nicht nach bürokratischen Regeln durchgeplant werden, bergen Ablaufrisiken in sich. Hier sind auch die neuen Strategien des *Controlling* hilfreich. Unter *Controlling* verstehen wir einen Steuerungsprozeß (s.o.), der - am Handlungszweck orientiert - versucht, das Zusammenspiel von rechtlich und wirtschaftlich normierten Größen und offenen sozialpädagogischen Erfordernissen so zu regulieren, daß synergetische Effekte entstehen. So wird nicht mehr gefragt: Wo wird mein Handeln durch die finanziell verfügbaren Mittel begrenzt, sondern: Was kann ich aus den verfügbaren Mitteln alles machen, wie kann ich sie durch produktive Vernetzungen, Multiplikator- und Empowermentprozesse entwicklungsfähig einsetzen? *Controlling*-Prozesse können - so paradox es klingen mag - gerade bei fiskalischem Druck auf die Sozialarbeit die Handlungssituation neu öffnen und Alternativen erschließen. Dazu gehört auch, daß Verwaltungen Interventionsbereiche dort ausgliedern, wo sie das Konfliktrisiko nicht tragen können. Denn trotz der modernen Zweckbindung wirkt ja das Konditionalprinzip der öffentlichen Verwaltung weiter. Danach können Verwaltungen Konflikte, die nicht allein rechtlich regelbar sind, schwer steuern. Dies sind vor allem Konflikte, welche die Trennung von Öffentlichkeit und Privatheit durchbrechen und Parteilichkeit verlangen. Dies sind Problembereiche wie zum Beispiel Gewalt in der Familie oder Ansprüche, die soziale Bewegungen stellen. Hier empfiehlt es sich, die entsprechenden Einrichtungen und Aktivitäten aus der öffentlichen Verwaltung auszugliedern und Initiativgruppen und gemeinnützigen Vereinen zu übergeben. So sind heute Frauenhäuser, Beratungsstellen für unterschiedliche Initiativgruppen, aber auch betreutes Wohnen (Jugendwohngruppen für gefährdete Jugendliche) und Jugendhäuser außerhalb der öffentlichen Verwaltung organisiert. Diese beschränkt sich auf die Aufgabe, die Förderung solcher Einrichtungen nach Leistungsansprüchen und Infrastrukturnotwendigkeiten zu gewährleisten.

Dieses kooperative Verhältnis von öffentlicher Verwaltung und lokalen Vereinen und Initiativen hat sich in den 70er Jahren entwickelt und erhält in den 90er Jahren, angesichts der fiskalischen Krise des sozialen Sektors und der Notwendigkeit der Entstrukturierung öffentlicher Leistungserbringung im Sinne eines Wohlfahrtspluralismus (vgl. dazu Evers/Olk 1996), eine neue Bedeutung. Vor allem die Zuständigkeiten werden neu gegliedert: Öffentliche Verwaltung ist für die sozialpädagogische und sozialarbeiterische Arbeit notwendig, weil sie soziale Leistungen für alle öffentlich gewährleistet und aus dieser Gewährleistungspflicht heraus Ansprüche auf diese Leistungen einlösen und ihre Erreichbarkeit für alle garantieren kann. Öffentliche Verwaltungen können in diesem Sinne vor allem die Rechte derer wahren, die als sozial Benachteiligte wenig Chancen der Eigeninitiative und Selbsthilfe haben. In dieser produktiven Beschränkung auf ihr Wesentliches wird die Verwaltung für die Sozialpädagogik kalkulierbar. Die Grundformel heißt also: Sozialarbeit und Verwaltung können in ein produktives Verhältnis zueinander gebracht werden, des Einen Grenzen sind des Anderen Ausgangspunkt. Als fachliches Handeln muß sich die Sozialpädagogik aber primär auf die biografische Interventionsperspektive beziehen können.

8.7 Sozialpädagogisches Handeln in der Hierarchie sozialer Probleme

Die Art und Weise, wie die Sozialarbeit und die ihr zugeordneten Problemlagen öffentlich anerkannt und im Verhältnis zu anderen sozialen Problemen gesellschaftlich gewertet und gewichtet werden, beeinflußt ihre öffentlichen Funktionsmöglichkeiten und ihren Problemzugang. Den gesellschaftspolitischen Mechanismus, in dem solche Gewichtungen und Zuschreibungen vorgenommen werden, bezeichnen wir mit dem Begriff *soziale Probleme*. Soziale Probleme sind sozialpolitische Definitionen, die sich auf gesellschaftliche Tatbestände beziehen, in denen gesellschaftlich abweichende oder risikohafte soziale Tendenzen zum Ausdruck kommen. Sie werden nach ihrem Risikocharakter in einer politischen Prioritätenhierarchie bewertet. Wenn etwas öffentlich zum sozialen Problem gemacht wird, dann hat es gesellschaftspolitische Aufmerksamkeit, dann wird seine gesellschaftspolitische Bearbeitung auch vorangetrieben.

Soziale Probleme haben ihre gesellschaftlichen *Problemkarrieren*. Diese reichen von der öffentlichen Skandalisierung, bei der über Medien und soziale Bewegungen Aufmerksamkeit für das Problem erzeugt wird, über die institutionelle Reaktion auf diese Skandalisierung bis hin zur gesellschaftlichen und institutionellen Bearbeitung des Problems. Letztere ist vor allem den sozialpädagogischen und sozialarbeiterischen Einrichtungen und Maßnahmen aufgegeben. Dabei kann für die Sozialarbeit und Sozialpädagogik ein durchaus ambivalenter Effekt entstehen: Sie findet zwar in der Phase der öffentlichen Skandalisierung Verbündete und Unterstützung; wenn sie aber dann das Problem professionell bearbeitet, verliert die gesellschaftliche Öffentlichkeit das Interesse daran, weil es ja bei der Sozialarbeit in „guten Händen" liegt und diese ja auch dafür bezahlt wird. Das kann dann so weit gehen, daß die Sozialarbeit öffentlich dafür verantwortlich gemacht wird, ob soziale Probleme - die eigentlich einer gesellschaftlichen Thematisierung bedürfen - „gelöst" werden oder nicht. Dies wurde bei den ausländerfeindlichen Gewalttaten Jugendlicher in den 90er Jahren deutlich, als die Politiker weniger nach den gesellschaftlichen Ursachen fragten, sondern nach der „Jugendpflege" riefen.

Am Beispiel der Jugendarbeitslosigkeit kann man diese Problemkarrieren von der öffentlichen Skandalisierung bis hin zur Integration des Problems in die Sozialarbeit und die damit verbundene „Entgesellschaftung" studieren. In den 70er Jahren wurde die Jugendarbeitslosigkeit in der Bundesrepublik als brisantes soziales Problem gehandelt, heute wird sie als regelbar angesehen. Das hat einmal ökonomisch etwas mit dem Strukturwandel der Arbeitsgesellschaft, mit den veränderten Bedeutungen von Qualifikation und Bildung und der Entwertung des Humankapitals für die ökonomische Reproduktion unserer Gesellschaft zu tun. Damit hat sich Arbeitslosigkeit qualitativ verändert, ist zum Problem der Einzelnen geworden. Die Veränderungen der öffentlichen Problemeinschätzungen sind aber auch darauf zurückzuführen, daß sich in der Zwischenzeit - seit den 70er Jahren - eine Fülle sozialpädagogisch begleiteter Einrichtungen zur Berufsförderung, zur Stützung der Berufsfindung und Berufsvorbereitung und zur Betreuung arbeitsloser Jugendlicher gebildet haben. Damit sind, gesellschaftlich gesehen, Puffer geschaffen worden, welche das Problem Jugendarbeitslosigkeit nicht mehr direkt zum gesellschaftlichen Risiko werden lassen. Das soziale Problem Jugendarbeitslosigkeit ist auf die pädagogisch-fachliche Ebene verschoben worden. Wir sprechen in diesem Zusammenhang von einem „Cooling-out"-Effekt.

Für die Sozialpädagogik und Sozialarbeit ist ein solcher Mechanismus höchst zweischneidig. Auf der einen Seite braucht sie die Skandalisierung der Lebensprobleme vor allem benachteiligter Gruppen der Bevölkerung, um auf sie aufmerksam zu machen, um über dieses gesellschaftliche Gewicht mehr fachliche Mittel und Möglichkeiten zu bekommen. Auf der anderen Seite verführt die zunehmend professionelle und fachliche Ausstattung der Sozialpädagogik und Sozialarbeit die Gesellschaft dazu, sich Lebensschwierigkeiten und soziale Benachteiligungen nicht mehr im Status „sozialer Probleme" anzunehmen, sondern sie gleich - auch wenn sie öffentlich massiv auftreten - der fachlichen Behandlung zu überweisen. Man kann das auch im kommunalpolitischen Bereich sehr gut beobachten. In dem Maße, in dem die kommunale Apparatur der Jugend- und Sozialhilfe sich fachlich und professionell entwickelt und ausdifferenziert hat, werden Probleme benachteiligter Gruppen in der kommunalpolitischen Öffentlichkeit meist nur noch als fachliche Zuständigkeitsprobleme und nicht als soziale Probleme, die einer öffentlichen kommunalpolitischen Auseinandersetzung bedürfen, behandelt. Deshalb ist es wichtig, daß die Professionellen lernen, eine jugend- und sozialpolitische Sensibilität zu entwickeln, aus der heraus sie sich gegen sozialpolitische Überforderungen in ihrer fachlichen Zuständigkeit wehren und aus dieser politisch sensibilisierten Fachlichkeit heraus Signale an kommunalpolitische Gruppierungen oder soziale Initiativgruppen senden können. Denn diese Gruppen sollen ja Träger des demokratischen Konflikts in der Gemeinde sein, und dieser demokratische Konflikt ist der Kontext, in dem die Lebensprobleme und Interessen von Individuen und Gruppen öffentlich artikuliert und ihre Anerkennung zu sozialen Problemen durchgesetzt werden kann.

8.8 Steuerung aus der Sicht biografischer Intervention

Sozialpolitische Sensibilität und kommunalpolitisches Verständnis sind für die Professionellen der Sozialpädagogik und Sozialarbeit um so wichtiger, als mit der fiskalischen Krise des Sozialstaats und der öffentlichen Haushalte zu Ende des 20. Jahrhunderts sich massive gegenläufige Tendenzen entwickeln. Unter dem Druck, die öffentlichen Sozialausgaben reduzieren zu müssen, wurde der breit angelegte Versuch gemacht, die sozialen Dienste - angelehnt an Maßstäbe der organisatorischen und betriebswirtschaftlichen Steuerung - neu zu ordnen . Dabei wurden nicht selten ganz unterschiedliche Logiken der fachlichen Intervention und betriebswirtschaftlichen Effizienz miteinander vermischt, so daß der fatale Eindruck entstand, man könne Sozialpädagogik und Sozialarbeit einer industriellen Rationalisierungslogik unterwerfen. Deshalb schienen all die biografisch und sozialräumlich orientierten Konzepte, wie wir sie dargestellt haben, von ihren Umwegen, integrativen Ansätzen und personalen Offenheiten her zu aufwendig und zu teuer. Eine Polarisierung der Sozialarbeitsszene in jene, die betriebswirtschaftlich stringent und jene, die pädagogisch kompromißlos argumentieren, bahnte sich an. Ich meine dagegen: Wenn die betriebswirtschaftliche und fachliche Logik auseinandergehalten und vor diesem Hintergrund organisatorische und sozialpolitische Phantasie entwickelt wird, läßt sich eine Perspektive aufrechterhalten die lautet: qualitative Reform der Sozialarbeit trotz fiskalischer Kriseneinbußen im öffentlichen Sektor. Es muß also die Grenze zwischen dem qualitativen Problem der Rationalisierung in der Sozialarbeit und dem ökonomischen Rationalisierungzwang beachtet werden. Die betriebswirtschaftliche Grenze ist - zynisch argumentiert - spätestens dort erreicht, wo man vor die industrielle Vergleichslogik gestellt wird, KlientInnen zur Betreuung in Billiglohnländer mit zwei Mark Betreuungssatz die Stunde auszufliegen und nach drei Jahren wieder heimzuholen. Deshalb soll im Folgenden ein Argumentationsangebot gemacht werden, vor dessen Hintergrund eine differenzierte und reflexive Teilhabe an der Steuerungsdiskussion möglich wird.

Während industrielle Arbeitsprozesse in ihrer arbeitsteiligen Produktionsweise stets differenziertere und höherwertige Produkte (Integration der zerlegten Arbeitsvorgänge auf nun höherem Produktionsniveau) hervorbringen, ist die soziale Arbeitsteilung nicht nur durch integrative, sondern auch durch sozial desintegrative Bezüge strukturiert. Denn die soziale Arbeitsteilung wird zwar über die ökonomisch-technischen Entwicklungen induziert (soziale Differenzierung der Berufe, Aufteilung oder gar Spaltung der Lebensbereiche, zunehmende Anonymität durch Komplexität der sozialen Beziehungen), muß aber eben von Menschen in ihren Lebensformen bewältigt und gestaltet werden. Was nun im Bereich der ökonomisch-technischen Arbeitsteilung als rational erscheint, kann bei den Menschen zu massiven Orientierungs- und Bewältigungsproblemen bis hin zu pathologischen Auswirkungen führen. Durkheim hatte dafür den Begriff der Anomie eingeführt: Wenn Menschen Geschwindigkeit und Komplexität der Arbeitsteilung nicht mehr nachvollziehen können und sich selbst als Menschen in ihren Bedürfnissen und Befindlichkeiten nicht mehr im sozialen Geschehen wiederfinden, kann jener („anomische") Zustand sozialer Regellosigkeit entstehen, der sozial desintegrative und psychopathologische Folgen bei Einzelnen und Gruppen hervorrufen kann. Horkheimer u.a. haben später in ihrer berühmten Untersuchung zu „Autorität und Familie" (1934) diesen in sich widersprüchlichen Zusammenhang fortgeschrittener kapitalistischer Arbeitsteilung am Beispiel der Familie exemplifiziert. Die Familie in der industriekapitalistischen Gesellschaft reproduziert einerseits (täglich) das System der kapitalistischen Arbeitsteilung (Trennung und Komplementarität von Produktion und familialer Reproduktion), muß aber andererseits (wiederum täglich) die *sozialen* Stör- und Desintegrationseffekte der Ökonomie auffangen. Sie muß also doppelt funktionieren und handelt sich dadurch eine widersprüchliche, wenn nicht gar oft pathogene familiale Binnenstruktur ein (s.o.). Die ökonomisch-technische Rationalität der kapitalistischen Arbeitsteilung produziert also - ihrer Struktur nach - zwangsläufig soziale Irrationalitäten, die von den Menschen bewältigt werden müssen. Dort aber, wo dies nicht gelingt, müssen soziale Dienste die Bewältigung stützen oder in fremde (öffentliche) Regie nehmen. Da die Menschen in ihrer jeweiligen biografischen Einzigartigkeit und ihrem Eigensinn nicht (durchweg) sozial standardisiert auf solche Desintegrationserscheinungen reagieren, müssen die auf die Bewältigung abzielenden sozialen Dienste personenbezogen sein.

Solche Bewältigungsprobleme führen aber nicht nur zu passiven Leidenszuständen, sondern generieren auch aktive soziale Ansprüche auf Prävention und soziale Gegenwelten zu den technisch-ökonomischen Risiken - so hat bereits I. Nahnsen (1975) am Beispiel des Arbeitsschutzes argumentiert (s.o.). Die Modernisierung der kapitalistischen Wirtschaft bringt nicht nur ökonomisch funktionale, sondern auch sozial eigensinnige und weiterführende, dem Ökonomischen nicht selten entgegengesetzte Ansprüche hervor. Dieses Phänomen der Ambivalenz des sozialkapitalistischen Modernisierungsprozesses zieht sich durch die moderne Geschichte unserer Industriegesellschaft seit der Einführung des Arbeitsschutzes und dem Erstarken der Arbeiterbewegung bis zu den heutigen sozial anspruchsvollen Selbsthilfegruppen und Bürgerinitiativen.

Die Notwendigkeit und die besondere Struktur personenbezogener sozialer Dienste sind also historisch in der sozialen Irrationalität und Ambivalenz der sozialkapitalistischen Arbeitsteilung begründet. Soziale Dienste können deshalb nicht derselben Logik der Rationalisierung unterworfen werden wie technisch-ökonomische Prozesse. Man muß in der sozialarbeiterischen Rationalisierungsdebatte vielmehr unterscheiden zwischen *Strukturprinzip* und *Organisationsform*. Das historische Strukturprinzip sozialer Dienste liegt dabei quer zum institutionellen Organisationsprinzip. Denn wenn man soziale Dienste ihrer Struktur nach rationalisieren will, muß man eklatante Qualitätseinbußen in Kauf nehmen, denn sie können dann nicht mehr das leisten, was sie ihrer historisch gewordenen Struktur nach leisten sollen und müssen.

Für soziale Dienste sind - im Kontrast zu technisch-ökonomischen Produktionsvorgängen - vier Struktureigenschaften charakteristisch:

- Soziale Dienste sind *personengebunden.*

- Sie erfordern die *gleichzeitige* Anwesenheit vom Dienstleistenden und Dienstleistung („uno-acto-Dienste"). Diese Anwesenheit ist durch eine Beziehung qualitativ strukturiert: es konstituiert sich ein pädagogischer Bezug der Gegenseitigkeit von Erwartung und Zuwendung.

- Soziale Dienste sind nicht „lagerfähig". Sie müssen immer wieder neu hergestellt werden. Das „Bereithalten" sozialer Dienste besteht also nicht im Bereithalten des Produkts, sondern in der immer wieder verfügbaren und über die aktuelle Dienstleistung hinaus institutionell gesicherten Professionalität des Dienstleistenden.

- Viele bereitgestellte soziale Dienstleistungen werden nicht so sehr durch den tatsächlichen Dienstleistungsakt, sondern durch „Organisieren", „Planen" und „Warten" verbraucht. Auch dies ist ein oft übergangener wichtiger Punkt im Blick auf die Rationalisierungsdebatte: während im industriellen Produktionsbereich Rationalisierungseffekte vor allem auch durch Abbau der Lagerhaltung erzielt werden, ist dies im Bereich der sozialen Dienste strukturell unmöglich, denn - siehe die vorangegangene Argumentation - das Produkt Dienstleistung ist gar nicht lagerungsfähig, muß immer neu hergestellt werden und das Bereithalten von Dienstleistungsprofessionalität hat deshalb keinen Lagerungscharakter. Auch wenn man nicht einmal auf Prävention eingestellt wäre - ein gesellschaftspolitisches Muß für jede soziale Dienstleistung - könnte man ohne diese Bereithaltung von Professionalität nicht problemgerecht „reagieren" (es sei denn, man greift wieder auf das alte ordnungsstaatliche Prinzip zurück und bekämpft soziale Probleme polizeilich, durch Überwachen und Strafen). Übrigens sei beim Rationalisierungsargument der verkürzbaren Lagerhaltung angemerkt, daß die damit unbestreitbaren verbundenen Rationalisierungseffekte z.T. zu Lasten der öffentlichen Hand gehen, das Problem also innersystemisch verschoben wird. Wir brauchen nur auf Deutschlands Straßen zu schauen und die enorme Zunahme der Lastwagen in den 80er und 90er Jahren registrieren: Die Lagerhaltung hat sich von den Fabrikhallen auf die Straßen verlagert und wird per Computer und Funk hin und her dirigiert. Die Kosten dieser rollenden Lagerhaltung - Straßenabnutzung, Umweltbelastung, Verkehrsstau etc. - schlagen in den Industriekontoren aber nicht zu Buche, dafür aber in den öffentlichen Haushalten.

Ein weiteres wichtiges Unterscheidungsmerkmal zwischen sozialem und ökonomischem Prinzip liegt in der Adressatenfrage. Dort wo die Ökonomie den Dienstleistungsbegriff braucht, spricht sie ja vom „Kunden". Auch in der Debatte zur Rationalisierung sozialer Dienstleistungen wird an prominenter Stelle mit dem Kundenbegriff operiert: es gehe ja keineswegs nur um Einsparungen und „Verschlankungen", vielmehr solle die Qualität sozialer Dienste dadurch verbessert werden, daß sie „kundengerechter" gestaltet sind. Auch hier müssen wir wieder zwischen Strukturprinzip und Organisationsform sozialer Dienste unterscheiden. Im Hinblick auf eine Organisationsreform liegt vieles im Argen und ist viel zu tun: Dezentralisierung, Beteiligung, Evaluation etc. sind hier die Stichworte, auf die wir unter dem Oberbegriff des „Sozialmanagement" noch einzugehen haben.

Vom Strukturprinzip der sozialen Dienstleistung her ist der Kundenbegriff aber fragwürdig. Er ist und bleibt - seiner ökonomischen Herkunft her - ein Marktbegriff und kann von der Sozialarbeit nicht einfach für ihre strukturell anderen Zwecke umdefiniert werden. Es war zuerst der Automobilkönig Henry Ford, der im großen Rahmen Produktion als Dienstleistung proklamierte, im Produkt also die Erfüllung der Wünsche des Kunden (und nicht des Profitstrebens des Unternehmens) und den Weg zu jenem kollektiven Glück sah, das die amerikanische Verfassung ihren Bürgern bis heute verheißt. Wenn wir heute in die Werbung schauen, sehen wir diesen amerikanischen Konsumtraum Fords symbolisch längst auf die Spitze getrieben: die Produkte verwandeln die Menschen, die sie konsumieren - physisch, psychisch, sozial, ethisch. Im Marketing wird diese (hergestellte) Einheit von Produzent und Konsument mit dem integralen Begriff des *Prosumenten* umschrieben. Dieser Begriff geistert auch in der Diskussion um die Reform der sozialen Dienste herum. Sind also Adressaten sozialer Dienste mit solchen Kunden bzw. Prosumenten vergleichbar?

Luhmann und Schorr (1982) haben in diesem Zusammenhang einmal von einem strukturellen Technologiedefizit der sozialen Arbeit gesprochen, das daher rühre, daß die soziale Arbeit nicht nur mit standardisierungsfähigen Wünschen der Adressaten zu tun habe, zu denen sie in einer Angebot-Nachfrage-Relation in Beziehung treten kann, sondern mit Verhaltensbeeinflussung und Personenveränderung. Gleichzeitig seien aber diese Adressaten auch eigenwillig (ohne aber dadurch ein neues Marktverhältnis zu schaffen), entzögen sich dem Angebot (ein Drogenabhängiger tritt selten freiwillig auf den „Rehabilitationsmarkt" der Sozialen Arbeit). Dadurch entstünde ein strukturelles Technologiedefizit der sozialen Arbeit. Diese Argumentation spielt der unsrigen - nun von der Adressatenseite her - entgegen: Technologische Strukturänderungen - Rationalisierung also - sind nur dort durchschlagend möglich, wo im Klientenbereich der Sozialen Arbeit das Technologiedefizit am geringsten erscheint, die „Kundenwünsche" standardisierbar sind und deshalb in eine planbare und rationalisierungsfähige Angebot-Nachfrage-Relation eintreten können. Und so ist es nach der bisherigen Argumentation keine Überraschung, daß gerade im Sektor der Altenpflege die ökonomisch inspirierten Privatisierungs- und Rationalisierungsstrategien am weitesten gediehen sind. Die Technologisierung und Rationalisierung der Pflege ist deswegen so weit fortgeschritten, weil - um mit Luhmann zu sprechen - der Eigensinn des Alten oder Kranken in seinem Verhalten nicht mehr durchschlagen kann (er/sie ist ja „stillgestellt") und Personenänderungen in der Regel nicht beabsichtigt sind: Krankheit und Alter werden als Zustand verwaltet. Die „Satt-und-Sauber-Pflege" kann so als standardisiertes, rationalisiertes und dennoch kundengerechtes Paket auf den Pflegemarkt gebracht werden. Was außen vor bleibt ist alles das, was eben nicht rationalisierungsfähig ist, aber zum Wesen sozialer Dienste gehört: das Dasein, die ungezielte Zuwendung und Bestätigung aber auch die soziale Aktivierung. Gerade letzteres, die soziale Aktivierung mit ihren unvorhersehbaren Nebenfolgen, könnte den Patienten zum „Störfall" (Schachtner 1988) einer technologisierten Pflege machen.

Nachdem wir das Wesen sozialer Dienste an der Problematik ihrer Rationalisierung deutlich gemacht und zwischen Strukturprinzip und Organisationsform unterschieden haben, wollen wir uns nun auch der Organisation sozialer Dienste und den Möglichkeiten ihrer Erneuerung zuwenden. Wir sprechen aber nun nicht mehr von der „Rationalisierung sozialer Dienste", sondern deutlich abgesetzt von der „Reform der Organisation sozialer Dienste" und begeben uns dabei in den Bereich des Sozialmanagement (vgl. dazu im Überblick: Flösser/Otto 1992, Schwarz 1994). Dieses geht davon aus, daß die Organisationsformen der Sozialarbeit betriebsähnlich gestaltet und kontrolliert werden können. Wichtigste allgemeine Grundbegriffe dieses Sozialmanagements sind: Zielhierarchie, Qualitätssicherung, Evaluation und Controlling.

Bei der Erstellung von *Zielhierarchien* geht es um die Setzung von Prioritäten mit Haupt- und Unterzielen, Prioritäten sind zeitlich (was zuerst), räumlich (wo vor allem) und sachlich (z.B. flankierend oder direkt intervenierend) definiert. Bei der *Qualitätssicherung* steht auch die Frage im Vordergrund, ob die Organisation überhaupt in der Lage ist, sich an die vorgegebenen Aufgaben anzupassen. Kann sich z.B. eine bürokratische und öffentliche Organisation wie das Jugendamt in Konfliktzonen wie „Gewalt in der Familie" oder „Schuldnerberatung" begeben, oder wäre es nicht besser, solche Dienste auszulagern und konfliktfähigen freien Trägern zu überlassen? Zur Qualitätssicherung gehört auch, daß man die Settings überprüft, in denen soziale Dienste organisiert und angeboten werden: entstehen durch die Art und Weise, wie ein Beratungsangebot organisiert ist (z.B. die „Komm-Struktur", die vom Klienten eigenständige Motivation und Artikulationskompetenz verlangt) bei manchem Kliententyp Schwellenprobleme. Qualitätssicherung und Evaluation hängen eng zusammen. Die Evaluation bezieht sich auf die Adäquanz der Leistungen: Wenn sich herausstellt, daß es an den falschen Öffnungszeiten und Angebotsformen eines Jugendhauses liegt, daß die Besucher ausbleiben, so hat man im Jugendhaus entweder ein falsches empirisches Bild von der Jugend oder verschließt sich den Entwicklungen in der Jugendkultur (man möchte die Jugend dem eingefahrenen Angebot anpassen). Für die Evaluation ist das Problem der mangelnden Besucher/falsche Öffnungszeiten aber nur ein Indiz, von dem aus der Gesamtzusammenhang Jugendhaus im Hinblick auf die Entwicklungen in der Jugendkultur rekonstruiert werden muß: Vielleicht muß das Haus seine jugendkulturelle Funktion ändern und nicht nur die Öffnungszeiten (z.B. vom festen Angebotsort zum jugendkulturellen Treff- und Umschlagpunkt), oder auch zu neuen Angebotsprofilen (z.B. Jugendsozialarbeit) kommen.

Zur *Evaluation* gehört auch die „Evaluation der Evaluierung", d.h. die reflexive Überprüfung der Evaluationsprinzipien im Sinne der oben erläuterten Strukturbesonderheiten sozialer Dienste. Welche KlientInnen verfügen überhaupt über jene Kundensouveränität, die in marktorientierten Steuerungsmodellen unterstellt wird? Dazu kommt, daß - vgl. Luhmann/Schorr - auch Dienstleistungen organisiert werden müssen, die nicht immer dem subjektiven Willen des Klienten entsprechen (Bsp. Suchthilfe, Resozialisierung). Wir sehen hier, daß auch die Evaluation im Bereich sozialer Dienste nicht linear-rational, sondern kommunikativ - im kritischen Abwägen - erfolgen muß. Dazu braucht es eine Evaluationskultur (z.B. die Facharbeitskreise in einem Jugend- und Sozialamtsbezirk) die genug Schutz für die Diskussion von Fehlern und genug Rückhalt für Experimentieren bietet. Dazu gehört auch das Abwägen zwischen dem, was professionell erledigt werden muß und dem, was sich von den lebensweltlichen Ressourcen her entwickeln kann (Empowerment). Hier ist auch eine nicht zu unterschätzende Verbindung zum Controlling gegeben.

Denn beim 'Controlling' geht es nicht nur um die innere und äußere Stimmigkeit von Arbeits- und Organisationsabläufen, sondern auch um die Integration der sozialen Dienste in das gesellschaftliche Umfeld, ihre praktische und alltägliche Legitimation. Dem liegt die Erkenntnis zugrunde, daß mangelnde öffentliche Akzeptanz und mangelnde Anschlußfähigkeit der Leistungsformen und -inhalte an aktuelle gesellschaftliche Diskurse die gesellschaftliche Beweglichkeit und damit auch die organisatorische Elastizität der sozialen Dienste einschränken können.

8.9 Professionalität, Persönlichkeit und kommunaler Sozialdiskurs

Die menschliche Eigensinnigkeit und je biografische Besonderheit ihrer KlientInnen, welche der Sozialpädagogik und Sozialarbeit eine durchgängige Rationalisierung und Verbetrieblichung ihres Arbeitsfeldes verbieten, stellen auch entsprechende Anforderungen an den sozialpädagogischen Beruf. Sowie in der sozialpädagogischen Intervention nicht von Personen abstrahiert werden kann, so kann die sozialpädagogische Professionalität nicht die Persönlichkeit der SozialpädagogInnen, die ja auch immer in Beziehung zu den KlientInnen steht, abstrahieren. Hans Thiersch (1998) hat das Verhältnis von Professionalität und Persönlichkeit auf die Formel gebracht: Ohne theoriegeleitete und fachlich autonome Professionalität keine Distanz zum Klienten, ohne persönliche Offenheit aber keinen praktischen Anfang in der Hilfebeziehung, die immer - auch wenn es die SozialarbeiterInnen nicht wahr haben wollen - durch personale Gegenseitigkeit strukturiert ist. Und im Zuge der Biografisierung der Lebensbewältigung scheint diese Personalität stärker freigesetzt als früher (wir haben dies im Jugendkapitel ausführlich dargestellt). Thiersch zeichnet damit ein scheinbar paradoxes Bild vom Beruf der Sozialarbeit, das aber beim näheren Hinsehen an Plausibilität gewinnt, da es um zwei Aspekte geht, die auf unterschiedlichen Ebenen liegen, sich aber nicht prinzipiell widersprechen müssen: Sozialpädagogische Professionalität erfordert die Vereinbarkeit von pädagogisch-professioneller *Distanz* und pädagogisch-persönlicher *Nähe*.

Pädagogisch-professionelle Distanz - so Thiersch - bedeutet nicht nur, daß die Sozialpädagogik und Sozialarbeit ein eigenständiges Theorie- und Methodenrepertoire, eine relative Autonomie im beruflichen Handeln und eine entsprechenden Funktions- und Berufsstatus besitzen muß, damit sie öffentlich anerkannt sind. Professionelle Distanz ist gerade in den sozialen Diensten deshalb so wichtig, weil über sie die Menschen nach ihrer sozialen Lage und den damit verbundenen Lebensproblemen - also sozial *gerecht* - und nicht nach ihrem subjektiv-individuellen Verhalten (bei dem SozialarbeiterInnen in Gefahr laufen, voreingenommen zu sein) beurteilt und behandelt werden. Diese Rationalität der professionellen Hilfebeziehung betrifft aber nur die soziale Positionierung des Hilfesuchenden, sie kann nicht die menschlich-personale Seite erfassen, die eigensinnig und deshalb rational nicht auflösbar ist, die zwar von der professionellen Diagnose getrennt, in der pädagogischen Hilfebeziehung aber berücksichtigt werden muß.

Diese menschlich-personale Seite hat mit den Biografisierungstendenzen an Gewicht gewonnen. Wir haben in der Perspektive des „Pädagogischen Bezugs" erfahren, daß das Kindes- und Jugendalter durch einen pädagogischen Aufforderungscharakter strukturiert ist, der Jugendliche nach „anderen Erwachsenen" suchen läßt. Auch SozialarbeiterInnen, die in sozialpädagogischen Beratungsdiensten oder in der Sozialhilfe mit KlientInnen des mittleren Lebensalters zu tun haben, berichten zunehmend davon, daß sie nicht nur als VertreterInnen von Institutionen angefragt sind, an die man Ansprüche richtet oder von denen man distanzierte Dienstleistungen erwartet. Sie werden auch als Personen gesehen, die in die Biografie treten und damit biografische Bezüge herstellen: erwartet wird Empathie, soziale Anerkennung, alltägliche Lebenshilfe durch mentale Ermunterung und Unterstützung, aber auch durch Grenzen setzen und Standpunkte aufzeigen. Hier wiederholt sich also vieles - und diese Reversibilität ist ja aus dem Biografisierungstheorem heraus begründbar -, was wir an sozialpädagogischen Zugängen im späteren Jugendalter kennengelernt haben. In der Altenarbeit schließlich wird die pädagogisch-persönliche Beziehung zur strategischen Dimension der Hilfe: Die Betreuenden werden zu wichtigen biografischen Orientierungspunkten für die alten Menschen, die sich an ihnen - meist latent - alltäglich vergewissern wollen, ob es ihnen gelungen ist, im Alter einen Lebensstil zu finden, der sozial akzeptabel ist, mit dem man sich auch in die soziale Außenwelt trauen kann.

Die Biografisierung der Lebensverhältnisse und Bewältigungsmuster übt damit auch Druck auf die sozialarbeiterische Profession aus: Sie kann nicht mehr nur an die institutionelle Rationalität rückgebunden werden (vgl. zur Krise der Institutionen angesichts der Individualisierung Junge 1996), sondern muß auch die Entfaltung des Persönlichen in der eigenen professionellen Umwelt ermöglichen. SozialarbeiterInnen müssen also auch - neben dem fachlichen Status - soziales Ansehen in der Gemeinde oder dem Stadtviertel erwerben können. Die Entfaltung des Persönlichen nach innen, in die Hilfebeziehung hinein, wird - so meine Erfahrung mit SozialarbeiterInnen - vor allem dann biografisch gestützt und sozial gefördert, wenn die Professionellen auch von *außen* als Persönlichkeiten wahrgenommen werden, und aus dieser Wahrnehmung heraus auf ihr Handeln vertraut wird. Davon können vor allem SozialarbeiterInnen in offenen Arbeitsfeldern, in denen die fachliche Handlung den Bürgern nicht so ohne weiteres einsichtig ist - Gemeinwesenarbeit, mobile und offene Formen der Jugendarbeit, Altenarbeit und Beratung -, berichten. Da das Persönliche also nicht aus dem fachlich Standardisierten erwächst, sondern in seiner Offenheit und Autonomie in den Biografien der SozialarbeiterInnen gründet, braucht es ein entsprechendes Referenzsystem der Anerkennung: die soziale Akzeptanz seitens der lokalen Bevölkerung und Gemeindeöffentlichkeit. So wie Kulturschaffende als eigensinnige Bezugspersonen und Mediatoren einer Regionalkultur anerkannt werden, könnten SozialarbeiterInnen - sicher in der personalen Einzigartigkeit eingeschränkter - als alltägliche Repräsentanten einer kommunalen Sozialkultur gelten. Darüber muß man sich aber in einer Gemeinde verständigen können, d.h. diese Sichtweise kann nur aus einer allgemeinen und öffentlichen Verständigung über die Bedeutung des Sozialen in der Gemeinde erwachsen.

Eine solche *doppelte Professionalität* braucht also neben der fachlich-institutionellen eine sozial-diskursive Legitimation: Dieses wird aber nur dann erreichbar, wenn die Bevölkerung die sozialen Probleme ihrer Gemeinde auch als die ihren sieht und nicht einfach auf die Fachdienste der Sozialarbeit abschiebt. Der offenen Professionalität der Sozialpädagogik und Sozialarbeit muß also eine kommunale Sozialkultur entsprechen. Unter einer *kommunalen Sozialkultur* verstehe ich eine immer wieder neu herzustellende Gemeindeöffentlichkeit, in der über den sozialen Bestand und die soziale Entwicklung der Gemeinde gestritten und sich über geteilte soziale Gemeinwerte verständigt werden kann. Diese Sozialkultur ist kommunitär und zivil, weil sie die Menschen über Positionen und Professionen hinweg als *Bürger* aktiviert und verpflichtet. So wie wir die Janusköpfigkeit des modernen Sozialisationsprozesses erkannt und den Wert sozialen Milieurückhalts in der offenen Industriegesellschaft eingeschätzt haben, bekommt auch die Identifikation und soziale Rückbindung an die eigene Gemeinde einen neuen gesellschaftlichen Sinn.

In Deutschland nach der Wende ist diese Besinnung auf eine „civil culture" des Sozialen in beiden Gesellschaften überfällig. In Ostdeutschland hat der Versuch, über „Runde Tische" das kommunale Sozialgeschehen nach den Milieuumbrüchen der Wende neu einzuschätzen und „zu vermessen", anfangs zu bemerkenswert integrativen Ergebnissen geführt. In dem Maße, in dem inzwischen die „Runden Tische" aber von Professionellen und Experten bevölkert werden, haben sie ihre civil-culture-Qualität eingebüßt und sind zu jugend- und sozialpolitischen Meinungs- und Koordinierungsplenen geworden. In Westdeutschland wiederum hat man über zwanzig Jahre hinweg die kommunale Sozialkultur vernachlässigt: man lebte im Überschuß, konnte immer wieder neue soziale Dienste finanzieren und damit kommunale Sozialkonflikte einigermaßen befrieden. Darüber hat sich eine Mentalität sozialer Distanzierung eingespielt, die sich ungefähr wie folgt gibt: Wenn wir schon so viele Sozialarbeiter und Sozialarbeiterinnen bezahlen, dann sollen sie uns auch die sozialen Probleme vom Leibe halten. Es war schließlich auch diese Haltung, welche die Herausbildung sozialer Randgruppen in den Städten förderte. Dazu kam, daß die Binnenwanderungen und Bevölkerungsumschichtungen im Zuge der westdeutschen Regionalentwicklung in den 70er und 80er Jahre dazu führten, daß viele Klein- und Mittelstädte nur noch zur Hälfte von Alteingesessenen bewohnt und die standortorientierten Neubürger bald das kommunale Gesicht prägten. Es entstand eine ökonomisch ausgerichtete „Standortkultur", die sich gerade dadurch auszeichnete, daß das konflikthafte Soziale in den Hintergrund und die marktgeschönte Fassade der wettbewerbsfähigen Kommunen in den Vordergrund gerückt wurde. Die Stadt ohne Probleme, die Hochglanzkommune war das Leitbild, an dem sich auch sozial benachteiligte Bürger zu orientieren hatten. Es *durfte* einfach keine Probleme geben, denn diese waren ja bei der Sozialarbeit gut aufgehoben.

Heute, angesichts der fiskalischen Krise der Sozialpolitik bei steigenden Problemen von sozialer Desintegration, neuer Armut und Sozialhilfebedürftigkeit sind die Kommunen in eine Sozialschere geraten. Sie können die sozialen Dienste nicht mehr bezahlen, gleichzeitig steigen die Ansprüche der Bürger an Bildung und Versorgung ihrer Kinder und an öffentlicher Sicherheit. Allerdings sind solche Ansprüche oft diffus, eher Befürchtungen in Hinblick auf drohende Bildungs- und Ausbildungskonkurrenz und schleichendem Sozialabbau, denn diskursfähigen Positionen.

Beide Entwicklungen - sowohl die ostdeutsche und die westdeutsche - haben miteinander gemein, daß die Professionellen der Sozialpädagogik und Sozialarbeit kommunalpolitisch stillgestellt sind. Sie starren gebannt auf das Damoklesschwert der Personal- und Projektkürzungen, verrichten Dienst nach fachlicher Vorschrift und leisten sich angesichts tatsächlicher oder vorgestellter Existenzbedrohungen nicht mehr den Luxus sozialer Phantasie. Im Bemühen, eigene professionelle Anteile zu halten sind manche von ihnen untauglich für einen neuen sozialen Diskurs geworden, der professionsübergreifend geführt werden muß aber keineswegs - wie befürchtet - professionsbedrohend ist. Die Professionsgeschichte der Sozialarbeit in Westdeutschland lebt noch zu sehr von den 70er Jahren, als ein vollbeschäftigungs- und überschußgewisser Sozialstaat politische und fachliche Sozialdiskurse zugleich hoheitlich fördern und ineinander übergehen lassen konnte: fachliche Modernisierung und Demokratisierung des Sozialstaates liefen als Modernisierungsschub zusammen. Heute, da das Fachliche vom Politischen längst entkoppelt ist, kann der fachpolitische Widerstand gegen den Sozialabbau nicht den kommunalpolitischen Diskurs ersetzen. Im Gegenteil: SozialarbeiterInnen können als (sachverständige) *Bürger* dazu beitragen, daß ein politischer Sozialdiskurs entsteht, bei dem es um die soziale Integration der Gemeinde - ihrem sozialen Kitt - geht und nicht mehr nur um Verteidigung und Durchsetzung von Sozialpositionen im Gemeindehaushalt.

Wird dieser an einer „civil culture" orientierte Sozialdiskurs eröffnet, so ist schnell sichtbar, daß die alten Sozialverträge in der Kommune nicht mehr stimmen. Diese waren eingebettet in traditionelle Selbstverständlichkeiten, die heute zu Ideologien einer individualisierten Bürgerschaft geworden sind: Bürgersinn, Zusammenhalt, Gemeinwohl. Sie werde um so mehr beschwört, je weniger sie eingelöst sind. Auch hier wirkt das Prinzip der Modernisierungsfalle (Wahl 1989). In der Wirklichkeit ist die kommunale Sozialwelt ein Apparat fachlicher Zuständigkeiten ohne bürgergetragene Sozialkultur. Jeder schaut wie er zurechtkommt und stellt soziale Ansprüche aus seinem Egobezirk heraus. Bildungs- und Jugendpolitik interessiert nur, wenn es um die eigenen Kinder geht, soziale Probleme sind dazu da, daß sie einem vom Leibe gehalten werden.

Ein Diskurs um neue Sozialverträge muß deshalb am anderen Ende der bisherigen Öffentlichkeitsstrategie kommunaler Sozialpolitik ansetzen. Es geht nicht mehr darum, BürgerInnen für (fachlich abgeschirmte) soziale Projekte „zu gewinnen" und ihnen dabei das Gefühl zu geben, sie hätten Dingen zuzustimmen, die ihnen selbst nichts bringen und Menschen zu Gute kommen, die sie eigentlich nichts angehen. Deshalb muß - wie dies aus der langen Geschichte von Gesellschafts- und Sozialverträgen bekannt ist - an der Integritätsfrage des Einzelnen angeknüpft werden: Du und deine Familie werden sich in dieser Stadt nur wohl fühlen und sozial eingebunden sein können, wenn ihr peilt, daß es euren Kindern in Kindergarten und Schule nur gut geht, wenn auch etwas für die anderen Kinder und Jugendlichen getan wird. Ihr müßt begreifen, daß gleichberechtigte Lebensräume für ausländische MitbürgerInnen die kulturelle Qualität und das soziale Wohlbefinden in der Gemeinde eher steigern als eine Ghettoisierung, die Abgrenzung, Abwehr und Angst erzeugt und in diesem Sinne regressiv auf das kommunale Klima zurückwirkt und schließlich auch: Wenn du in unserer Stadt so alt werden willst, wie du dich jetzt fühlst, dann mußt du dich auch um die kommunalen Generationenbeziehungen und soziale Öffentlichkeit für alte Leute kümmern und dich auch mit anderen BürgerInnen darüber verständigen können. Die kommunalen Institutionen sind in diesem diskursiven Modell nicht mehr die ersten (und bisher meist einzigen) Ansprechpartner sondern sie erhalten nun die Funktion, solche Diskurse um neue Sozialverträge anzustoßen und Raum dafür zu geben.

Diskurse und Vereinbarungen zu neuen Sozialverträgen beginnen im Kleinen und hoffen so auf den späteren kommunalen Synergieeffekt: Verträge zwischen Lehrern und Schülern in den Klassen, Verträge der Eltern untereinander um den Kindergarten herum, Verträge zwischen der Polizei und Jugendlichen, zwischen Altersheimen und Vereinen, interkulturelle Verträge zwischen Bewohnergruppen im Stadtteil aber auch Sozialverträge mit ortsansässigen Firmen, in denen deren kommunale Sozialverpflichtung ausgehandelt und niedergelegt sind.

Die Sozialpädagogik und Sozialarbeit spielt in diesen Sozialdiskursen eher die indirekte Rolle der Vermittlerin. Sie versucht dazu beizutragen, Fachlichkeit und Bürgerinteresse zusammenzubringen. Denn daß die Zeiten für solche Sozialdiskurse reif geworden sind, ist kein fachlich-professionelles, sondern ein zivilisatorisch-politisches Problem. Angesichts der sozialen und räumlichen Entbettung zunehmend globalisierter Wirtschaftsbeziehungen bedarf es des Aufbaus sozialräumlich gebundener Sozialsysteme, in denen die Menschen ihr eigenes Menschsein fühlen, spüren und praktizieren können, in denen aber auch ihr soziales Menschtum seinen Rückhalt findet. Das Thema der Janusköpfigkeit des Sozialen in der Moderne, das uns in diesem Buch immer begleitet hat, hat uns auch am Schluß wieder eingeholt.

Literatur

Achter Jugendbericht: Bericht über Bestrebungen und Leistungen der Jugendhilfe. Hrsg.: Der Bundesminister für Jugend, Familie Frauen und Gesundheit. Bonn 1990.

AgAG-Jugendstudie. TU Dresden, Institut für Sozialpädagogik und Sozialarbeit. Ms. Dresden 1995.

Alheit, P.: Was die Erwachsenenbildung von der Biografie- und Lebenslaufforschung lernen kann. In: Lenz, W. (Hrsg.): Modernisierung der Erwachsenenbildung. Wien/Köln/Weimar 1994.

Allerbeck, K.: Ein Generationenkonflikt. In: Jugend, Jugendprobleme, Jugendproteste. Berlin/Köln/Mainz 1982.

Allerbeck, K./Hoag, W.: Jugend ohne Zukunft? München 1985.

Alkoholismus. Die Krankheit der Familie. In: Sozialmagazin Heft 3/1994.

Altvater, E./Mahnkopf, B.: Grenzen der Globalisierung. Münster 1996.

Ariès, P.: Geschichte der Kindheit. München und Wien 1975.

Appel, C.: Frauen - Alkoholismus - Gesellschaft. Freiburg 1991.

Arbeitsgruppe Vorschulerziehung: Anregungen zur Pädagogischen Arbeit im Kindergarten. München 1975-1979.

Armut im modernen Wohlfahrtsstaat. Hrsg. von S. Leibfried und W. Voges. Sonderheft 32/1992 der Kölner Zeitschrift für Soziologie und Sozialpsychologie (KZfSS). Opladen 1992.

Arnold, H.: Von der Armenfrage zur Arbeiterfrage - Arbeiterbildung und Arbeiteridentität. In: Niemeyer, Ch./Schröer, W./ Böhnisch, L. (Hrsg.): Grundlinien Historischer Sozialpädagogik. Weinheim und München 1997.

Arnold, R./Kaltschmid, J.: Erwachsenensozialisation und Erwachsenenbildung. Frankfurt/Berlin/München 1986.

Aufenanger, S.: Medientheoretische Ansätze. In: Diskurs, Heft 1/1994.

Baacke, D.: Jugend und Subkultur. München 1972.

Baacke, D.: Der sozialökologische Ansatz zur Beschreibung und Erklärung des Verhaltens Jugendlicher. In: Deutsche Jugend, Heft 6/1980.

Baacke, D.: Die 6-12jährigen. Weinheim und Basel 1984.

Baacke, D.: Konformität und abweichendes Verhalten. In: Heigl-Evers, A. (Hrsg.): Sozialpsychologie, Band 1. Die Erforschung der zwischenmenschlichen Beziehungen. Weinheim und Basel 1984.

Baacke, D.: Jugend und Jugendkulturen. Weinheim und München 1987.

Backes, G.M.: Frauen zwischen 'alten' und 'neuen' Alter(n)srisiken. In: Naegele, G. (Hrsg.): Lebenslagen im Strukturwandel des Alters. Opladen 1993.

Backes, G.M.: Armut im Alter - (k)ein Thema mehr(?). In: Neue Praxis, Heft 2/1994.

Baethge, M.: Erwerbstätige Jugend. In: Markefka, M./Nave-Herz, R. (Hrsg.): Handbuch der Familien- und Jugendforschung, Band. 2. Jugendforschung. Neuwied und Frankfurt/Main 1990.

Baethge, M./Hantsche, B., u.a.: Jugend: Arbeit und Identität. Opladen 1989.

Baltes. P.B.: Zur Psychologie der Intelligenz im Alter - nur Abbau oder auch Entwicklung? In: Jahrbuch 1983 der Max-Planck-Gesellschaft. Göttingen 1983.

Barabas, F., u.a.: Jahrbuch der Sozialarbeit 1975. Reinbek b. Hamburg 1976.

Barthelmes, J./Mayer-Kleffel, V.: Wie halten Sie es mit Gewalt? Ausgewählte Literatur zur Wirkung von Gewaltdarstellungen in Medien. In: Diskurs, Heft 1/1994.

Barthelmes, J./Sander, E.: Gewinn statt Gefährdung? Der Medienumgang von Jugendlichen als Ausdruck persönlicher Geschmackskultur. In: Diskurs, Heft 1/1994.

Bartjes, H.: Der Zivildienst als Sozialisationsinstanz. Weinheim und München 1996.

Bast, Ch.: Weibliche Autonomie und Identität. Untersuchungen über die Probleme von Mädchenerziehung heute. Weinheim und München 1988.

Bauer, R.: Sich wechselseitig veredeln ... - Zur sozialgeschichtlichen Durchsetzung des bürgerlichen Familienideals. In: Deutsches Jugendinstitut (Hrsg.): Wie geht's der Familie? München 1988.

Beck, U.: Risikogesellschaft. Auf dem Weg in eine andere Moderne. Frankfurt/Main 1986.

Beck, U./Beck-Gernsheim, E.: Das ganz normale Chaos der Liebe. Frankfurt/Main 1990.

Beck, U., u.a.: Eigenes Leben. Ausflüge in die unbekannte Gesellschaft, in der wir leben. München 1995.

Beck-Gernsheim, E.: Das halbierte Leben. Männerwelt Beruf, Frauenwelt Familie. Frankfurt/Main 1980.

Beck-Gernsheim, E.: „Wir wollen niemals auseinandergehen ..." - Zur Geschichte von Partnerwahl und Ehe. In: Deutsches Jugendinstitut (Hrsg.): Wie geht's der Familie? München 1988.

Beck-Gernsheim, E.: Generation und Geschlecht. In: Liebau, E./Wulf, Ch. (Hrsg.): Generation. Versuche über eine pädagogisch-anthropologische Grundbedingung. Weinheim 1996.

Becker, H./Eigenbrod, I./May, M., u.a.: Pfadfinderheim, Teestube, Straßenecke. Jugendliche Cliquen und ihre Sozialräume. Frankfurt/Main 1984.

Behrend, Ch., u.a.: Die ergraute Gesellschaft. Argumentationslinien in der nationalen und internationalen Diskussion. In: Deutsches Zentrum für Altersfragen (Hrsg.): Die ergraute Gesellschaft. Berlin 1987.

Benjamin, J.: Die Fesseln der Liebe. Frankfurt/Main 1990.

Benjamin, J.: Phantasie und Geschlecht. Basel, Frankfurt/M. 1993.

Berndt, J.: Alte Gleise? Neue Wege? Berufliche Situationen von Erzieherinnen in Sachsen - dargestellt am Beispiel von Kindertagesstätten des Projekts 'Sachsen-Modell'. Ms. TU Dresden. Institut für Sozialpädagogik und Sozialarbeit. Dresden 1996.

Bernfeld, S.: Sysiphos oder die Grenzen der Erziehung. Wien 1929.

Berger, P.L./Luckmann, Th.: Die gesellschaftliche Konstruktion der Wirklichkeit. Frankfurt/Main 1969.

Betrifft Mädchen. Mädchenarbeit. Pflicht oder Kür der Jugendhilfe. Zentralstelle zur Förderung der Mädchenarbeit. Münster 1993.

Bilden, H.: Geschlechtsspezifische Sozialisation. In: Hurrelmann, K./Ulich, D. (Hrsg.): Neues Handbuch der Sozialisationsforschung. Weinheim und Basel 1991.

Bitzan, M./Funk, H.: Geschlechterdifferenzierung als Qualifizierung der Jugendhilfeplanung. In: Boley, E./Herrmann, F. (Hrsg.): Jugendhilfeplanung als politischer Prozeß. Neuwied/Kristel/Berlin 1995.

Blos, P.: Adoleszenz. Stuttgart 1974.

Blossfeld, H.P./Mayer, K.U.: Die gesellschaftliche Konstruktion sozialer Ungleichheit im Lebenslauf. In: Soziale Welt, Sonderband 7/1990.

Bohnsack, F.: Veränderte Jugend - Veränderte Schule? In: Bohnsack, F./Nipkow, K.E.: Verfehlt die Schule die Jugendlichen und die allgemeine Bildung? Münster 1991.

Bohnsack, R., u.a.: Die Suche nach Gemeinsamkeit und die Gewalt in der Gruppe. Opladen 1995.

Bolte, K.M./Voß, G.G.: Veränderungen im Verhältnis von Arbeit und Leben. In: Reyher, L./Kühl, J. (Hrsg.): Resonanzen. Beiträge zur Arbeitsmarkt- und Berufsforschung Nr. 111 (JAB). Nürnberg 1988.

Borscheid, P.: Der alte Mensch in der Vergangenheit. In: Akademie der Wissenschaften zu Berlin. Forschungsbericht 05. Berlin 1992.

Bothmer, H.v.: Benachteiligte Jugendliche - chancenlos? In: Modernisierungsbedarf und Innovationsfähigkeit der beruflichen Bildung. Hrsg. von der Friedrich-Ebert-Stiftung. Bonn 1996.

Böhnisch, L.: Sozialpädagogik des Kindes- und Jugendalters. München und Weinheim 1992.

Böhnisch, L.: Gespaltene Normalität. Weinheim und München 1994.

Böhnisch, L.: Schule als anomische Struktur. In: Melzer, W./Schubarth, W. (Hrsg.): Schule, Gewalt und Rechtsextremismus. Opladen 1995.

Böhnisch, L.: Über die alten und neuen Väter. In: Böhnisch, L./Lenz, K. (Hrsg.). Familien. Weinheim und München 1997.

Böhnisch, L.: Pädagogische Soziologie. Eine Einführung. Weinheim und München 1996.

Böhnisch, L./Schefold, W.: Lebensbewältigung. Soziale und pädagogische Perspektiven an den Grenzen der Wohlfahrtsgesellschaft. Weinheim und München 1984.

Böhnisch, L./Münchmeier R.: Pädagogik des Jugendraumes. Weinheim und München 1990.

Böhnisch, L./Winter, R.: Männliche Sozialisation. Weinheim und München 1993.

Böhnisch, L./Lenz, K. (Hrsg.): Familien. Eine interdisziplinäre Einführung. Weinheim und München 1997.

Böhnisch, L./Schröer, W.: Sozialpädagogik unter dem Einfluß der Jugendbewegung. In: Niemeyer, Ch./Schröer, W./Böhnisch, L.: Grundlinien Historischer Sozialpädagogik. Weinheim und München 1997.

Böhnisch, L./Fritz, K./Seifert, Th.: Wissenschaftliche Begleitung des 'Aktionsprogrammes gegen Aggression und Gewalt' (AgAG). Münster 1997.

Böpple, F./Knüfer, R.: Generation XTC. Techno und Ekstase. Berlin 1996.

Böttcher, W.: Soziale Auslese im Bildungswesen. In: Die Deutsche Schule. Heft 2/1991.

Boulet, J./Kraus, O./Oelschlägel, D.: Gemeinwesenarbeit. Bielefeld 1980.

Bourdieu, P.: Die feinen Unterschiede. Frankfurt/Main 1982.

Brandtstädter, J./Greve, W.: Entwicklung im Lebenslauf als Kulturprodukt und Handlungsergebnis. Aspekte der Konstruktion und Kritik. In: Schneewind, K.A. (Hrsg.): Psychologie der Erziehung und Sozialisation. Enzyklopädie der Psychologie. Serie I: Pädagogische Psychologie. Göttingen/Bern/Toronto/Seattle 1994.

Braun, F.: Lokale Politik gegen Jugendarbeitslosigkeit. München 1996.

Brenner, G./Hafeneger, B. (Hrsg.): Pädagogik mit Jugendlichen. Weinheim/München 1996

Bronfenbrenner, U.: Die Ökologie der menschlichen Entwicklung. Stuttgart 1981.

Brusten, M./Hohmeier, J. (Hrsg.): Stigmatisierung. 2 Bde. Neuwied und Darmstadt 1976.

Bühler, J.-Chr. von: Die gesellschaftliche Konstruktion des Jugendalters. Weinheim 1990.

Butler, G., u.a.: Die jungen Alten. Baden-Baden 1988.

Charlton, M./Neumann, K.: Medienkonsum und Lebensbewältigung in der Familie. München 1986.

Charlton, M./Neumann-Braun, K.: Medienkindheit, Medienjugend. Eine Einführung in die aktuelle kommunikationswissenschaftliche Forschung. München 1992.

Chodorow, N.: Das Erbe der Mütter. Psychoanalyse und Soziologie der Geschlechter. München 1985.

Clemens, W.: Soziologische Aspekte eines 'Strukturwandels des Alters'. In: Naegele, G./ Tews, H. P. (Hrsg.): Lebenslagen im Strukturwandel des Alters. Opladen 1993.

Colberg-Schrader, H./v. Derschau, D.: Sozialisationsfeld Kindergarten. In: Hurrelmann, K./Ulich, D. (Hrsg.): Neues Handbuch der Sozialisationsforschung 1991.

Colemann, J. M.: The Adolescent Society. Glencoe 1961.

Conen, M. L.: Mädchen flüchten aus der Familie. München 1983.

Connell, R. W.: Gender and Power. Cambridge 1987.

Conrad, C.: Altwerden und Altsein in historischer Perspektive. In: Zeitschrift für Sozialisationsforschung und Erziehungssoziologie (ZSE), Heft 1/1982.

De Mause, L. (Hrsg.): Hört ihr die Kinder weinen. Eine psychogenetische Geschichte der Kindheit. Frankfurt/Main 1977.

Degenhardt-Marten, C.: Rollenstereotype in der Schule. In: Luca, R., u.a. (Hrsg.): Frauen bilden - Zukunft planen. Bielefeld 1992.

Deinet, U.: Raumaneignung in der sozialwissenschaftlichen Theorie. In: Böhnisch, L./Münchmeier, R.: Pädagogik des Jugendraums. Weinheim und München 1990.

Deinet, U.: Das Konzept 'Aneignung' im Jugendhaus. Opladen 1992.

Deutschmann, C.: Zeitflexibilität und Arbeitsmarkt. Zur Entstehungsgeschichte und Funktion des Normalarbeitstages. In: Offe, C. (Hrsg.): Arbeitszeitpolitik. Frankfurt/Main 1982.

Dewe, B./Frank, G./Huge, W.: Theorien der Erwachsenenbildung. Ein Handbuch. München 1988.

Dieck, M./Naegele, G.: 'Neue Alte' und alte soziale Ungleichheiten - vernachlässigte Dimensionen in der Diskussion des Altersstrukturwandels. In: Naegele, G./Tews, H. P.(Hrsg.): Lebenslagen im Strukturwandel des Alters. Opladen 1993.

Düring, S.: Wilde und andere Mädchen. Die Pubertät. Freiburg i. Breisgau 1993.

Durkheim, E.: Der Selbstmord. Neuwied 1973.

Durkheim, E.: Über soziale Arbeitsteilung. Frankfurt/Main 1988.

Egger, R.: Biografie als Erweiterungsstruktur der Einzeldisziplin Erwachsenenbildung. In: Lenz, W. (Hrsg.): Bildungsarbeit mit Erwachsenen. München/Weinheim 1994.

Eisenstadt, S. N.: Von Generation zu Generation. München 1956.

Elias, N.: Über den Prozeß der Zivilisation. 2 Bände, Frankfurt/Main 1976.

Elkind, D.: The hurried child. Growing up too fast, too soon. New York 1981.

Enders, U.: Sozialpädagogische Familienhilfe. Fortschritt oder Rückschritt der Jugendhilfe. In: Karsten, M.-E./Otto, H.U. (Hrsg.): Die Sozialpädagogische Ordnung der Familie. Weinheim und München 1987

Enders-Dragässer, U./Fuchs, C.: Jungensozialisation in der Schule. Frankfurt/Main, Darmstadt 1988.

Enders-Dragässer, U./Fuchs, C.: Interaktionen der Geschlechter. Sexismusstrukturen in der Schule. Weinheim und München 1989.

Engel, F./Nestmann, F./Niepel, G./Siekendiek, U.: Weiblich, ledig, kinderlos und alt. Opladen 1996.

Engel, U./Hurrelmann, K.: Psychosoziale Belastungen im Jugendalter. Berlin/New York 1989.

Engelfried, C.: Strategien im Umgang mit Männlichkeiten. Diss. Tübingen 1996.

Erdheim, M.: Psychoanalyse und das Unbewußte in der Kultur. Frankfurt/Main 1988.

Erikson, E. H.: Identität und Lebenszyklus. Frankfurt/Main 1995).

Erikson, E. H.: Jugend und Krise. Die Psychodynamik im sozialen Wandel. Stuttgart 1970.

Evers, A./Olk, Th.: Wohlfahrtspluralismus. Opladen 1996.

Evers, A./Nowotny, H.: Über den Umgang mit Unsicherheit. Frankfurt/Main 1987.

Eyferth, H./Otto, H.U./Thiersch, H. (Hrsg.): Handbuch zur Sozialarbeit/Sozialpädagogik. Neuwied und Darmstadt 1987.

Fahrenkrug, H.: Trinkgewohnheiten und Trinkstile. In: Drogen und Drogenpolitik. Ein Handbuch. Hrsg. von S. Scheerer und I.Vogt. Frankfurt/Main, New York 1989.

Fegebank, B.: Familie und Haushalt - eine übergangene Differenz. In: Böhnisch, L./Lenz, K.: Familien. Weinheim und München 1997.

Felber, H.: Benachteiligt! Benachteiligt? Jugendliche und Junge Erwachsene Ostdeutschlands in Projekten der Jugendberufshilfe. Leipzig 1993.

Fend, H.: Sozialgeschichte des Aufwachsens. Frankfurt/Main 1988.

Ferchhoff, W.: Jugend an der Wende des 20. Jahrhunderts. Lebensformen und Lebensstile. Opladen 1993.

Filipp, S.-H.: Das mittlere und höhere Erwerbsalter im Fokus entwicklungspsychologischer Forschung. In: Oerter, R./Montada, L.: Entwicklungspsychologie. Weinheim 1987.

Fink, U. (Hrsg.): Der neue Generationenvertrag. München 1988.

Flitner, A.: Soziologische Jugendforschung. Darstellung und Kritik aus pädagogischer Sicht. Heidelberg 1963.

Flösser, G./Otto, H. U. (Hrsg.): Sozialmanagement oder Management des Sozialen? Bielefeld 1992.

Fölling-Albers, M. (Hrsg.): Veränderte Kindheit - veränderte Grundschule. Frankfurt/Main 1989.

Fölling-Albers, M.: Der Individualisierungsanspruch der Kinder - eine neue pädagogische Orientierung „vom Kinde aus"? In: Neue Sammlung, Heft 3/1993.

Fooken, I.: Männer im Alter - Psychologische und soziale Aspekte. In: Zeitschrift für Gerontologie, Heft 4/1986.

Fooken, I.: Kompetenz im Alter - Ein Beitrag zur Psychologie des Mannes. In: Rott, Ch./Oswald, F. (Hrsg): Kompetenz im Alter. Vaduz 1989.

Franzen-Hellersberg, L.: Die jugendliche Arbeiterin. Ihre Lebensweise und Lebensform. Tübingen 1932.

Franzkowiak, P.: Risikoverhalten und Gesundheitsbewußtsein bei Jugendlichen. Berlin/Heidelberg/New York/Toronto 1986.

Freese, K.: Alltag und Gefährdung bei 10-14jährigen. In: Jugendschutz Heute. Heft 2/1985.

Friedländer, W./Pfaffenberger, H.: Grundbegriffe und Methoden der Sozialarbeit. Neuwied und Darmstadt 1976.

Friedrich, P., u.a.: Die 'Lücke'-Kinder. Zur Freizeitsituation der 9-14jährigen. Weinheim und Basel 1984.

Funk, H.: Nicht am Rande, sondern mittendrin. Lebensbewältigung von Mädchen im ländlichen Raum. München 1991.

Funk, H.: Familie und Gewalt - Gewalt in Familien. In: Böhnisch, L./Lenz, K. (Hrsg.): Familien. Weinheim und München 1997.

Gabriel, G./Schäfer, H.: Biografische Ansätze zur Zielgruppenbeschreibung: Erfahrungsbericht aus der arbeitsweltbezogenen Jugendsozialarbeit. In: Jugend, Beruf, Gesellschaft. Heft 1-2/1996.

Gefesselte Jugend. Fürsorgeerziehung im Kapitalismus (Autorenkollektiv). Frankfurt/Main 1973.

Geißler, K. H./Ebner, H. G.: Interaktionsstrukturen in der Erwachsenenbildung. In: Enzyklopädie Erziehungswissenschaft. Band 11. Erwachsenenbildung. Hrsg. von E. Schmitz und H. Tietgens (1984). Stuttgart-Dresden 1995.

Gerhards, J.: Soziologie der Emotionen. Weinheim und München 1988.

Giddens, A.: Die Konstitution der Gesellschaft. Grundzüge einer Theorie der Strukturierung. Frankfurt/Main, New York 1988.

Giesecke, H.: Politische Bildung in der Jugendarbeit. München 1972.

Gilligan, C.: Die andere Stimme. Lebenskonflikte und Moral der Frau. München 1984.

Gillis, H.: Geschichte der Jugend. Weinheim und Basel 1980.

Gilmore, D.: Mythos Mann. Rollen, Rituale, Leitbilder. München und Zürich 1991.

Glaser, H.: Kulturarbeit, soziale. In: Kreft, D./Mielenz, I. (Hrsg.): Wörterbuch Soziale Arbeit. Weinheim/Basel 1996.

Götz, R./Seitz, W.: Familiale Erziehung und jugendliche Delinquenz. Frankfurt/Main 1979.

Gottschalch, W.: Wahrnehmen, Verstehen, Helfen. Heidelberg 1988.

Gottschalch, W.: Soziologie des Selbst. Heidelberg 1991.

Grabrucker, M.: 'Typisch Mädchen ...' Prägung in den ersten drei Lebensjahren. Ein Tagebuch. Frankfurt/Main 1985.

Graf, A.M.: Mündigkeit und Anerkennung. Gesellschafts- und bildungstheoretische Begründungen sozialpädagogischen Handelns. Weinheim und München 1996.

Grathoff, R.: Milieu und Lebenswelt. Frankfurt/Main 1991.

Griese, H.M.(Hrsg.): Sozialisation im Erwachsenenalter. Weinheim und Basel 1979.

Griese, H.M.: Sozialisationstheorie und Erwachsenenbildung. Hannover 1991.

Gruen, A.: Der Wahnsinn der Normalität. Stuttgart 1988.

Gruen, A.: Der Verrat am Selbst. Die Angst vor Autonomie bei Mann und Frau. München 1992.

Grünbuch Europäische Sozialpolitik. Kommission der Europäischen Gemeinschaft (Hrsg.). Luxemburg 1993.

Haan, N.: Coping and Defending. New York 1977.

Habermas, J.: Legitimationsprobleme im Spätkapitalismus. Frankfurt/Main 1973.

Habermas, J.: Theorie kommunikativen Handelns, 2 Bde. Frankfurt/Main 1981.

Halfeld, A.: Amerika und der Amerikanismus. Jena 1927.

Hagemann-White, C.: Wir werden nicht zweigeschlechtlich geboren ... In: Hagemann-White, C./Rerrich, M. S. (Hrsg.): FrauenMännerBilder - Männer und Männlichkeit in der feministischen Diskussion. Bielefeld 1988.

Hagemann-White, C.: Sozialisation: Weiblich-Männlich? Opladen 1994.

Hanesch, W. u.a.: Armut in Deutschland. Reinbek bei Hamburg 1994.

Hänsel, D.: Kinder fordern uns heraus - Überlegungen zum Wandel des Lehrerseins. In: Schäfer, G. H. (Hrsg.): Soziale Erziehung in der Grundschule. München 1994.

Hardach-Pinke, I.: Zwischen Angst und Liebe. Die Mutter-Kind-Beziehung seit dem 18. Jahrhundert. In: Martin, I./Nitsche, A. (Hrsg.): Zur Sozialgeschichte der Kindheit. Freiburg/München 1986.

Hardach-Pinke, I.: Kindheit in Bewegung. Aus zwei Jahrhunderten deutscher Sozialgeschichte. In: Deutsches Jugendinstitut (Hrsg.): Was für Kinder. München 1993.

Harms, G./Preissing, Ch./Richtermeier, A.: Kinder und Jugendliche in der Großstadt. Berlin 1985.

Haske, H.E.: Kumulative Benachteiligung von Frauen im Alter. In: Howe, J., u.a. (Hrsg.): Lehrbuch der psychologischen und soziologischen Alterswissenschaft. 2 Bände. Heidelberg 1990.

Hasselhorn, M.: Alter und Altern. Forschungsbericht 5. Institut für Pädagogische Soziologie der TU Dresden 1996. Erschienen in: Keller, H. (Hrsg.): Lehrbuch Entwicklungspsychologie. Bern 1997.

Havighurst, R.J.: Developmental Tasks and Education. New York 1951.

Havighurst, R.J.: Dominant concerns in the life. In: Schenk-Danziger, L./Thomae, H. (Hrsg.): Gegenwartsprobleme der Entwicklungspsychologie. Göttingen 1963.

Heimann, E.: Soziale Theorie des Kapitalismus. Tübingen 1929 (Frankfurt/Main 1980).

Heinz, R. H.: Arbeit, Beruf und Lebenslauf. Weinheim und München 1995.

Heinz, W. R./Krüger, H.: Jugendliche vor der Hürde des Arbeitsmarkts. In: Bois-Reymond du, M./Oechsle, M.: Neue Biografien? Zum Strukturwandel der Jugendphase. Opladen 1990.

Held, J./Horn, H./Marvakis, A.: Gespaltene Jugend! Politische Orientierungen jugendlicher ArbeitnehmerInnen und ihre subjektiven Begründungen im Kontext gesellschaftlicher Veränderungen. Opladen 1995.

Henkel, O./Wolff, U.: Berlin Underground. Techno und Hiphop zwischen Mythos und Ausverkauf. Berlin 1996.

Heitmeyer, W.: Soziale Desintegration und Gewalt. In: AgAG-Berichte und Materialien, Nr. 2. Gegen Aggression und Gewalt. Frankfurt/Main 1992.

Heitmeyer, W., u.a.: Die Bielefelder Rechtsextremismus-Studie. Weinheim und München 1992.

Hetzer, H.: Kindheit und Armut. Leipzig 1929.

Herrmann, U.: Was heißt Jugend? Jugendkonzeptionen in der deutschen Sozialgeschichte. In: Jugend, Jugendprobleme, Jugendprotest. Hrsg. von der Landeszentrale für Politische Bildung Baden-Württemberg. Stuttgart/Berlin/Köln/Mainz 1982.

Herrmann, U.: Das Konzept der Generation. In: Neue Sammlung Heft 3/1987.

Herrmann, U.: Jugendbewegung. In: Böhnisch, L./Gängler, H./Rauschenbach, Th. (Hrsg.): Handbuch Jugendverbände. Weinheim und München 1991.

Hetzer, H.: Kindheit und Armut. Leipzig 1929.

Hirsch, J../Roth, R.: Das neue Gesicht des Kapitalismus. Hamburg 1986.

Hirsch, R.D.: Partnerverluste im Alter: die einsamen Frauen. In: Karl, F./ Fridrich, I. (Hrsg.): Partnerschaft und Sexualität im Alter. Darmstadt 1991.

Hite, S.: Hite Report II. Die sexuellen Vorlieben und Praktiken des männlichen Geschlechts. München 1982.

Hitzler, R./Honer, A.: Lebenswelt - Milieu - Situation. In: Kölner Zeitschrift für Soziologie und Sozialpsychologie (KZfSS), Heft1/1984.

Hochstrasser, F.: Konsumismus und Soziale Arbeit. Bern/Stuttgart/Wien 1995.

Hollstein, W./Meinhold, M.: Sozialarbeit unter kapitalistischen Produktionsbedingungen. Frankfurt/Main 1973.

Holzkamp, K.: Sinnliche Erkenntnis. Historischer Ursprung und gesellschaftliche Funktion der Wahrnehmung. Frankfurt/Main 1973.

Holzkamp, Ch./Rommelspacher, B.: Frauen und Rechtsextremismus. Wie sind Mädchen und Frauen verstrickt? In: Sozial Extra, Heft 6/1991.

Honig, M.S.: Verhäuslichte Gewalt. Frankfurt/Main 1984.

Honig, M.S./Leu, H.R./Nissen, U.: Kindheit als Sozialisationsphase und als kulturelles Muster. Zur Strukturierung eines Forschungsfeldes. In: Honig, M.S./Leu, H.R./Nissen, U.: Kinder und Kindheit. Weinheim und München 1996.

Honneth, A.: Kampf um Anerkennung. Frankfurt/Main 1992.

Honneth, A.: Posttraditionale Gemeinschaften. In: Brumlik, M./Brunkhorst, H. (Hrsg.): Gemeinschaft und Gerechtigkeit. Frankfurt/Main 1993.

Hopf, A.: Außenflächen, Straßen und Verkehr in der Wohnumwelt bei Kindern. In: Fölling-Albers, M. (Hrsg.): Veränderte Kindheit - veränderte Grundschule. Frankfurt/Main 1989.

Hörning, U.H./Michailow, M.: Lebensstil als Gesellschaftsform. Zum Wandel von Sozialstruktur und Sozialer Integration. In: Soziale Welt, Sonderheft 7/1990.

Horkheimer, M.: Allgemeiner Teil. In: Horkheimer, M. u.a. (Hrsg.): Studien über Gewalt und Familie (1936). Lüneburg 1987.

Hornstein, W., u.a.: Lernen im Jugendalter. Gutachten und Studien der Bildungskommission 54. Stuttgart 1975.

Hornstein, W.: Aufwachsen in Widersprüchen. Jugendsituation und Schule heute. Stuttgart 1990.

Horstkemper, M.: Schule, Geschlecht und Selbstvertrauen. Weinheim und München 1987.

Hradil, S.: Alte Begriffe und neue Strukturen. Die Milieu-, Subkultur- und Lebensstilforschung der 80er Jahre. In: Hradil, S. (Hrsg.): Zwischen Bewußtsein und Sein. Zur Vermittlung 'objektiver Lebensbedingungen' und 'subjektiver Lebensweisen'. Opladen 1992.

Hundsalz, A./Klug, P./Schilling, H. (Hrsg.): Beratung für Jugendliche. Weinheim und München 1995.

Hurrelmann, K./Ulich, D. (Hrsg.): (Neues) Handbuch der Sozialisationsforschung. Weinheim und Basel 1989 (1991).

Hurrelmann, K.: Familienstreß, Schulstreß, Freizeitstreß. Weinheim und Basel 1990.

Hurrelmann, K.: Lebensphase Jugend. Weinheim und München 1995.

IPOS (Institut für praxisorientierte Jugendforschung). Jugendliche und junge Erwachsene in Deutschland. Mannheim 1995.

Jahoda, M. u.a.: Die Arbeitslosen von Marienthal (1934). Frankfurt/Main [4]1975

Jordan, E./Sengling, D.: Jugendhilfe. Weinheim und München 1989.

Jugend 1992. Lebenslagen, Orientierungen und Entwicklungen im vereinten Deutschland. Band 2. Jugendwerk der Deutschen Shell. Opladen 1992.

Junge, M.: Individualisierungsprozesse und der Wandel der Institutionen. In: Kölner Zeitschrift für Soziologie und Sozialpsychologie (KZfSS). Heft 4/1996.

Kähler, H.D.: Anameseerhebung und Praxisforschung. In: Heiner, M. (Hrsg.): Praxisforschung in der sozialen Arbeit. Freiburg i.B. 1988.

Kade, S.: Individualisierung und Älterwerden - der paradoxe Weg in die Moderne. In: Kade, S. (Hrsg.): Individualisierung und Älterwerden. Bad Heilbrunn 1994.

Kalb, P., u.a.: Jugendarbeit und Schule. Weinheim 1994.

Karl, F.: Sozialarbeit in der Altenhilfe. Freiburg i. Breisgau 1993.

Karl, F.: Individualisierung und Polaritäten im Alter - Folgerungen für Bildungsangebote. In: Kade, S. (Hrsg.): Individualisierung und Älterwerden. Bad Heilbrunn 1994.

Karsten, M.E.: Die „arme" Krisenfamilie ist die Familie der Sozialarbeit. In: Karsten, M.-E./Otto, H.U.: Die sozialpädagogische Ordnung der Familie. Weinheim/München 1996.

Kasten, H.: Weiblich-männlich. Geschlechterrollen und ihre Entwicklung. Berlin/Heidelberg 1996.

Kastner, P./Silbereisen, R.: Jugendentwicklung und Drogen. In: Specht, W. (Hrsg.): Die gefährliche Straße. Bielefeld 1987.

Kaufmann, F.X.: Zukunft der Familie im vereinten Deutschland. München 1995.

Kaufmann, F.X./Quitmann, I.: Welche sozialen Folgen hat die Arbeitslosigkeit? In: Arbeitslosigkeit. Hrsg. von der Landeszentrale für Politische Bildung Baden-Württemberg. Stuttgart/Berlin/Köln/Mainz 1984.

Kauke, M.: Kinder auf dem Pausenhof. Soziale Interaktion und soziale Norm. In: Behnken, U./Janmann, O. (Hrsg.): Kindheit und Schule. Weinheim und München 1995.

Keiser, S.: Vereinbarkeit von Familie und Beruf - Nur eine Fragenfrage? In: Böhnisch, L./Lenz, K. (Hrsg.): Familien. Weinheim und München 1997.

Kerber, I.: (Mit) Jungen im Kindergarten. In: Winter, R./Willems, H. (Hrsg.): Was fehlt, sind Männer. Schwäbisch Gmünd und Tübingen 1991.

Kerstan, D./Schock, K.: Was tun Kinder am Nachmittag. Stellen neuere empirische Untersuchungen ein Plädoyer für die offene Arbeit mit Kindern dar? In: Offene Spielräume, Heft 1/1934.

Keupp, H.: Psychisches Leiden und alltäglicher Lebenszusammenhang aus der Perspektive sozialer Netzwerke. In: Röhrle, B./Stark, W. (Hrsg.): Soziale Netzwerke und Stützsysteme. Tübingen 1985.

Keupp, H.: Lebensbewältigung im Jugendalter. In: Risiken des Heranwachsens. Materialien zum Achten Jugendbericht 1990.

Keupp, H.: Empowerment. In: Kreft, D./Mielenz, I. (Hrsg.): Wörterbuch Soziale Arbeit. Weinheim und Basel 1996.

Key, E.: Das Jahrhundert des Kindes. Berlin 1908.

Kinder- und Jugendhilfegesetz (Achtes Buch Sozialgesetzbuch). Hrsg. vom Bundesminister für Familie, Senioren, Frauen und Jugend. Bonn, 1991

Klees, R., u.a.: Mädchenarbeit. Weinheim und München 1989.

Klatetzki, Th.: Flexible Erziehungshilfen. Ein Organisationskonzept in der Diskussion. Münster 1994.

Klemm, H.: Alkoholismus. In: Kreft, D./Midenz, I. (Hrsg.): Wörterbuch Soziale Arbeit. Weinheim und Basel 1996.

Klingenberger, H.: Ganzheitliche Geragogik. Ansatz und Thematik einer Disziplin zwischen Sozialpädagogik und Erwachsenenbildung. Bad Heilbrunn 1992.

Klinkmann, N.: Gewalt und Langeweile. In: Kriminologisches Journal, Heft 4/1982.

Kloas, P.-W.: Die Benachteiligtenförderung wird erwachsen - die Zielgruppen auch. In: Jugend, Beruf, Gesellschaft, Heft 1-2/1996.

Knapp, A.: Die vergessene Differenz. In: Feministische Studien, Heft 1/1988.

König, H.: Die Krise der Arbeitsgesellschaft und die Zukunft der Arbeit. Zur Kritik einer aktuellen Debatte. In: Leviathan Sonderheft 11/1990.

Kohlberg, L: Zur kognitiven Entwicklung des Kindes. Frankfurt/Main 1974.

Kohli, M: Antizipation, Bilanzierung, Irreversibilität. Dimensionen der Auseinandersetzung mit beruflichen Problemen im mittleren Erwachsenenalter. In: Zeitschrift für Sozialisationsforschung und Erziehungssoziologie (ZSE), Heft 2/1982.

Kohli, M.: Erwachsenensozialisation. In: Enzyklopädie Erziehungswissenschaft. Bd. 11, Erwachsenenbildung. Hrsg. von E. Schmitz und H.Tietgens (1984). Stuttgart/Dresden 1995.

Kohli, M.: Lebenslauftheoretische Ansätze in der Sozialisationsforschung. In: Hurrelmann, K./Ulich, D.: Neues Handbuch der Sozialisationsforschung. Weinheim und Basel 1991.

Kracauer, S.: Die Angestellten. (1930). Frankfurt/Main 1973.

Krafeld, F. I. (Hrsg.): Akzeptierende Jugendarbeit mit rechten Jugendcliquen. Bremen 1992.

Krappmann, L./Oswald, H.: Freunde, Gleichaltrigengruppe, Geflechte. Die soziale Welt der Kinder im Grundschulalter. In: Fölling-Albers, M. (Hrsg.): Veränderte Kindheit. Frankfurt/Main 1989.

Krappmann, L.: Sozialisation in der Gruppe der Gleichaltrigen. In: Hurrelmann, K./Ulich, D.: Neues Handbuch der Sozialisationsforschung. Weinheim und Basel 1991.

Krappmann, L.: Streit, Aushandlungen und Freundschaft unter Kindern. In: Honig, M. S./Leu, H. R./Nissen, U. (Hrsg.): Kinder und Kindheit. Weinheim und München 1995.

Krappmann, L./Oswald, H.: Alltag der Schulkinder. Weinheim und München 1995.

Krappmann, L./Oswald, H.: Unsichtbar durch Sichtbarkeit. Der teilnehmende Beobachter im Klassenzimmer. In: Behnken, I./Jaumann, O. (Hrsg.): Kindheit und Schule. Weinheim und München 1995.

Krenz, A.: Der „Situationsorientierte Ansatz" im Kindergarten. Freiburg/Basel/Wien 1991.

Kriz, J.: Grundkonzepte der Psychotherapie. München 1989.

Kropotkin, P.: Gegenseitige Hilfe in der Entwicklung. Leipzig 1904.

Krüger, W.: Beratung als Aufgabe der Erwachsenenbildung. In: Enzyklopädie Erziehungswissenschaft. Band 11, Erwachsenenbildung. Hrsg. von E. Schmitz und H. Tietgens (1984). Stuttgart-Dresden 1995.

Kühnel, W./Matuschek, I.: Gruppenprozesse und Devianz. Weinheim und München 1995.

Kusczinsky, J.: Geschichte des Alltagslebens des Deutschen Volkes, Bd 4. Köln 1982.

Lambrou, U.: Familienkrankheit Alkoholismus im Sog der Abhängigkeit. Reinbek b. Hamburg 1990.

Lamnek, S.: Theorien Abweichenden Verhaltens. München 1993. (Neubearbeitung 1994.)

Lazarsfeld, P.: Jugend und Beruf. Jena 1931.

Lazarus, R.S.: Streß und Streßbewältigung. Ein Paradigma. In: Filipp, S.-H. (Hrsg.): Kritische Lebensereignisse. München 1981.

Lechner, M.: Enteignung sozialer Räume. Vom Anspruch der Kinder auf eine eigene Welt. In: Offene Spielräume, Heft 4/1995.

Leggewie, C.: Die 89er - Portrait einer Generation. Hamburg 1995.

Lehr, U.: Zur Situation der älterwerdenden Frau. München 1987.

Lenz, K.: Die vielen Gesichter der Jugend. Frankfurt/Main, New York 1988.

Lenz, K./Böhnisch, L.: Zugänge zu Familien - Ein Grundlagentext. In: Böhnisch, L./Lenz, K. (Hrsg.): Familien. Weinheim und München 1997.

Leu, H. R.: Selbständige Kinder - Ein schwieriges Thema für die Sozialisationsforschung. In: Honig, M. S./Leu, H. R./Nissen, U. (Hrsg.): Kinder und Kindheit. Weinheim und München 1996.

Libreria delle donne di Milano (Hrsg.): Wie weibliche Freiheit entsteht. Berlin 1988.

Luhmann, N./Schorr, E. (Hrsg.): Zwischen Technologie und Selbstreferenz. Frankfurt/Main 1982.

Lüscher, K.: Generationenbeziehungen - Neue Zugänge zu einem alten Thema. In: Lüscher, K./Schultheis, F. (Hrsg.): Generationenbeziehungen in postmodernen Gesellschaften. Konstanz 1993.

Maas, U.: Soziale Arbeit als Verwaltungshandeln. Weinheim und München 1996.

Machwirth, E.: Die Gleichaltrigengruppe (peer-group) der Kinder und Jugendlichen. In: Schäfers, B. (Hrsg.): Einführung in die Gruppensoziologie. Heidelberg/Wiesbaden 1994.

Mackensen, R.: Bemerkungen zur Soziologie sozialer Netzwerke. In: Röhrle, B./Stark, W. (Hrsg.): Soziale Netzwerke und Stützsysteme. Tübingen 1985.

Mader, W.: Emotionalität und Individualität im Alter - Biografische Aspekte des Alterns. In: Kade, S. (Hrsg.): Individualisierung und Älterwerden. Bad Heilbrunn 1994.

Mahr, B.: Die Benutzer-Generation. Oder der Bruch mit der Theorie. In: Kursbuch, Heft 121/1995.

Mannheim, K.: Das Problem der Jugend in der modernen Gesellschaft. In: Mannheim, K.: Diagnose unserer Zeit. Frankfurt/Main 1952.

Mannheim, K.: Das Problem der Generationen (1926). In: Friedeburg, L. v. (Hrsg.): Jugend in der modernen Gesellschaft. Köln/Berlin 1965.

Mansel, J./Hurrelmann, K.: Alltagsstreß bei Jugendlichen. Weinheim und München 1991.

Marburger, H./Klees, R./Schumacher, M.: Mädchenarbeit. Weinheim und München 1989.

Maurer, A.: Moderne Arbeitsutopien. Zum Verhältnis von Arbeit, Zeit und Geschlecht. Opladen 1994.

McRobbie, A./Savier, M.: Autonomie - aber wie? München 1982.

Minnemann, E./Lehr, U.: Der ältere Mensch in der Familie und Gesellschaft. In: Olbrich, E./Sammes, K./Schramm, A. (Hrsg.): Kompendium der Gerontologie. Landsberg/Lech 1994.

Miller, W. B.: Die Kultur der Unterschicht als Entstehungsmilieu für Bandendelinquenz. In: Sack, F./König, R: (Hrsg.): Kriminalsoziologie. Frankfurt/Main 1968.

Mitterauer, M.: Problemfelder einer Sozialgeschichte des Alters. In: Konrad, H. (Hrsg.): Der alte Mensch in der Geschichte. Wien 1982.

Mollenhauer, K.: Einführung in die Sozialpädagogik. Probleme und Begriffe der Jugendhilfe. Weinheim und Basel 1964.

Mollenhauer, K.: Erziehung und Emanzipation. München 1968.

Möller, K. (Hrsg.): Nur Macher und Machos? Geschlechtsreflektierende Jungen- und Männerarbeit. Weinheim und München 1997.

Muchow, M./Muchow, H. H.: Der Lebensraum des Großstadtkindes (1935). Reprint Bensheim 1978.

Mückenberger, U.: Normalarbeitsverhältnis: Lohnarbeit als normativer Horizont sozialer Sicherheit. In: Sicherheit und Freiheit. Zur Ethik des Wohlfahrtsstaates. Hrsg. von Ch. Sachße und H. T. Engelhardt. Frankfurt/Main 1990.

Müller, B.: Sozialpädagogisches Können. Ein Lehrbuch zur multiperspektiven Fallarbeit. Freiburg i. Breisgau 1993.

Müller, C.W.: Gemeinwesenarbeit (GWA). In: Kreft, D./Mielenz, I.: Wörterbuch Soziale Arbeit. Weinheim, Basel 1996.

Müller, H.P.: Sozialstrukturen und Lebensstile. Der neuere theoretische Diskurs über soziale Ungleichheit. Frankfurt/Main 1992.

Müller, H.U.: Junge Erwachsene in der Großstadt. DJI-Materialien. München 1991.

Müller, H.U.: Fragile Identitäten und offene Optionen. Lebensentwürfe junger Erwachsener in einer westdeutschen Großstadt. In: Walther, A. (Hrsg.): Junge Erwachsene in Europa. Opladen 1996.

Müller, R./Weiss, W.: Problematisches Trinken. Ansätze zur Erklärung, Prävention und Therapie. In: Drogen und Drogenpolitik. Ein Handbuch. Hrsg. von S. Scheerer und I. Vogt. Frankfurt/Main, New York 1989.

Müller-Wichmann, Ch.: Zeitnot. Weinheim und Basel 1984.

Münchmeier, R.: Zugänge zur Geschichte der Sozialarbeit. München 1981.

Münchmeier, R.: Von der Unterordnung zum Gegenüber. Zum Wandel im Generationenverständnis. In: Böhnisch, L./Lenz, K. (Hrsg.): Familien. Weinheim und München 1997.

Münchmeier, R./Peukert, D.: Historische Grundstrukturen und Entwicklungsprobleme der deutschen Jugendhilfe. In: Sachverständigenkommission Achter Jugendbericht (Hrsg.): Lebensverhältnisse Jugendlicher, Band I. München 1990.

Münder, I., u.a.: Frankfurter Lehr- und Praxiskommentar zum KJHG. Münster 1993.

Musgrove, F.: Youth and Social Order. London 1964.

Naegele, G./Tews, H.P. (Hrsg.): Lebenslagen im Strukturwandel des Alters. Opladen 1993.

Naegele, G./Tews, H.P.: Theorieansätze und -kritik zur Altersentwicklung. In: Naegele, G./Tews, H.P. (Hrsg.): Lebenslagen im Strukturwandel des Alters. Opladen 1993.

Nahnsen, I.: Bemerkungen zum Begriff und zur Geschichte des Arbeitsschutzes. In: Osterland, M. (Hrsg.): Arbeitssituation, Lebenslage und Konfliktpotential. Frankfurt/Main 1975.

Natorp, P.: Sozialpädagogik. Stuttgart 1899.

Negt, O.: Kindheit und Kinder-Öffentlichkeit. In: Grüneisl, G./Zacharias, W. (Hrsg.): Die Kinderstadt. Reinbek bei Hamburg 1989.

Nestmann, F.: Die alltäglichen Helfer. Berlin/New York 1988.

Nestmann, F.: Förderung sozialer Netzwerke - eine Perspektive pädagogischer Handlungskompetenz. In: Neue Praxis, Heft 2/1989.

Nestmann, F.: Familie als soziales Netzwerk und Familie im sozialen Netzwerk. In: Böhnisch, L./Lenz, K.: Familien. Weinheim und München 1997.

Neugarten, B.C.: Age or Need? Public policy for older people. Beverly Hills 1982.

Neunter Jugendbericht. Bericht über die Situation der Kinder und Jugendlichen und die Entwicklung der Jugendhilfe in den neuen Bundesländern. Hrsg. vom Bundesministerium für Familie, Senioren, Frauen und Jugend. Bonn 1994.

Niederfranke, A.: Pluralisierung von Lebenslagen und Lebensstilen älterer Frauen. In: Kade, S. (Hrsg.): Individualisierung und Älterwerden. Bad Heilbrunn 1994.

Niemeyer, Ch./ Schröer, W./Böhnisch, L. (Hrsg.): Grundlinien Historischer Sozialpädagogik. Weinheim und München 1997.

Niesyto, H.: Erfahrungsproduktion mit Medien. Weinheim und München 1991.

Niesyto, H.: Medien als Erfahrungsräume. In: Böhnisch, L./Münchmeier, R.: Pädagogik des Jugendraums. Weinheim und München 1993.

Niesyto, H.: Sozialvideographie. Ms. TU Dresden, Institut für Sozialpädagogik und Sozialarbeit. Dresden 1994.

Nissen, U.: Geschlechtsspezifische Sozialisation in öffentlichen Räumen. In: Deutsches Jugendinstitut: Jahresbericht 1989. München 1990.

Noam, G.: Selbst, Moral und Lebensgeschichte. In: Edelstein, W./Nunner-Winkler, G./Noam, G. (Hrsg.): Individualisierung und Älterwerden. Bad Heilbrunn 1994.

Noelle-Neumann, E./Rothenberg, W.: Erfahrungen und Einstellungen zum Alter. In: Klose, H. u.a. (Hrsg.): Altern hat Zukunft. Opladen 1993.

Nohl, H.: Jugendwohlfahrtspflege. Heidelberg 1927.

Nohl, H.: Aufgaben und Wege der Sozialpädagogik. Vorträge und Aufsätze von Herman Nohl. Weinheim 1965.

Nohl, H.: Die Theorie der Bildung. In: Nohl, H./Pallert, L.: Handbuch der Pädagogik. 1. Band: Die Theorie und Entwicklung des Bildungswesens. Langensalza 1933.

Nordlohne, E./Hurrelmann, K./Holler, B.: Jugendspezifische Belastungen und die Rolle des Arzneimittelkonsums. In: Steinhausen, H.C. (Hrsg.): Das Jugendalter. Bern/Stuttgart/Toronto 1990.

Nowotny, H.: Eigenzeit, Entstehung und Strukturierung eines Zeitgefühls. Frankfurt/Main 1993.

Nunner-Winkler, G.: Adoleszenz - Krisenverlauf und Wertorientierung. In: Baacke, D./Heitmeyer, W. (Hrsg.): Entwicklungspsychologie. München/Wien/Baltimore 1982.

Oelkers, J.: Reformpädagogik. Weinheim und München 1989. (Neuausgabe 1996).

Oerter, R./Montada, L. (Hrsg.): Entwicklungspsychologie. Ein Lehrbuch. München/Wien/Baltimore 1982. (Neuausgabe 1993).

Oerter, R.: Lebensbewältigung im Jugendalter. Weinheim 1985.

Offer, D.: Adolescence. A psychological self portrait. New York 1981.

Olbrich, E.: Partnerschaft und Liebe im Erwachsenenalter und Alter: Entwicklung in der Beziehung. In: Karl, F./Fridrich, I. (Hrsg.): Partnerschaft und Sexualität im Alter. Darmstadt 1991.

Olk, Th.: Jugend und gesellschaftliche Differenzierung - Zur Entstrukturierung der Jugendphase. In: Zeitschrift für Pädagogik. 19. Beiheft. Weinheim und Basel 1985.

Opaschowski, H.W.: Herausforderung Freizeit. Perspektiven für die 90er Jahre. Hamburg 1990.

Oswald, H.: Beziehungen zu Gleichaltrigen. In: Jugend 1992, Band 2. Jugendwerk der Deutschen Shell. Opladen 1992.

Oswald, H.: Kinder und ihre Freunde - Kommunikation mit Gleichaltrigen und Erwachsenen. In: Graeßner, G./Manntel, Ch./Püttbach, E. (Hrsg.): Gefährdungen der Kindheit. Opladen 1993.

Peters, E., du Bois-Reymond, M.: Zwischen Anpassung und Widerstand. Junge Frauen im Modernisierungsprozeß. In: Walther, A. (Hrsg.). Junge Erwachsene in Europa - Jenseits der Normalbiografie. Opladen 1996.

Peters, H.: Devianz und soziale Kontrolle. Weinheim und München 1989.

Pflüger, R.: Alkoholismus. In: Sozialmagazin Heft 3/1994.

Piaget, I.: Der Aufbau der Wirklichkeit beim Kinde. Stuttgart 1974.

Piaget, I.: Meine Theorie der geistigen Entwicklung. Hrsg. von R. Fatke. Frankfurt/Main 1985.

Pilz, G. u.a.: Sport und Gewalt. Schorndorf 1982.

Pomykala, B.: Altenpflege. Stuttgart/Jena 1996.

Popp, K./Tillmann, K.-J.: Jugend und Familie - mehr Kontinuität als Wandel? In: Neue Sammlung, Heft 4/1990.

Postmann, N.: Das Verschwinden der Kindheit. Frankfurt/Main 1983.

Pretzschner, H.: Vormoderne Frauenbilder und Familialisierung des Frauseins in der bürgerlichen Gesellschaft. In: Lenz, K./Böhnisch, L. (Hrsg.): Familien. München und Weinheim 1997.

Projektgruppe Jugendbüro und Hauptschülerarbeit. Subkultur und Familie als Orientierungsmuster. Zur Lebenswelt von Hauptschülern. München 1977.

Puhl, R. (Hrsg.): Sozialarbeitswissenschaft. Neue Chancen für theoriegeleitete Soziale Arbeit. Weinheim/München 1996

Raab, E., u.a. (Hrsg.): Handbuch Schulsozialarbeit. München 1987

Rappaport, J.: Ein Plädoyer für die Widersprüchlichkeit: ein sozialpädagogisches Konzept des 'Empowerment' anstelle präventiver Ansätze. In: Verhaltenstherapie und psychosoziale Praxis, Heft 2/1985

Rauschenbach, Th./Gängler H.: Soziale Arbeit und Erziehung in der Risikogesellschaft. Neuwied/Kristel/Berlin 1992.

Rennert, M.: Co-Abhängigkeit: Was Sucht für die Familie bedeutet. Freiburg 1990.

Rerrich, M.S.: Balanceakt Familie. Zwischen alten Leitbildern und neuen Lebensformen. Freiburg 1988.

Reuband, K.H.: Alkoholkonsum in der Bundesrepublik. In: Berger, H., u.a. (Hrsg.): Alkoholkonsum und Alkoholabhängigkeit. Stuttgart 1980.

Riley, M.W./Riley, I.W.: Individuelles und gesellschaftliches Potential des Alterns. In: Baltes, P.B./Mittelstraß, I./Staudinger, U.M. (Hrsg.): Alter und Altern. Ein interdisziplinärer Studientext zur Gerontologie. Berlin 1994.

Riedel, M.: Wandlungen des Generationenproblems. In: Opaschewski, H.W. (Hrsg.): Jugendliche Gegenwartsprobleme. Bad Heilbrunn 1971.

Robert, G.: Subventionierte Arbeit. In: Brock, D., u.a. (Hrsg.): Übergänge in den Beruf. Zwischenbilanz zum Forschungsstand. München 1991.

Robert, G.: Sozialisation im Bereich sozialer Ausgrenzungen und neuer sozialer (Zwischen-)Lagen. In: Treu, B. u.a. (Hrsg.): Theorie und Praxis der Bekämpfung der Langzeitarbeitslosigkeit in der EU. Weinheim 1994.

Robert-Bosch-Stiftung (Hrsg.): Jugendhilfe und Arbeitsförderung. Bände 1-2. Gerlingen 1995/96.

Röhner, Ch.: Geschlechterverhältnisse - Jungen in der Grundschule. In: Winter, R./Willems, H.: Was fehlt, sind Männer. Ansätze praktischer Jungen- und Männerarbeit. Schwäbisch Gmünd und Tübingen 1991.

Röhrle, B./Stark, W. (Hrsg.): Soziale Netzwerke und Stützsysteme. Tübingen 1985.

Rohwer, K.: Die Kinder und die Arbeit haben sich verändert. In: Verbandskurier des Forums für Kinder- und Jugendarbeit/Hamburger Spielplatzinitiativen e. V. Hamburg 1992.

Rolff, H.G./Zimmermann, P.: Kindheit im Wandel. Eine Einführung in die Sozialisation im Kindesalter. Weinheim und Basel 1985.

Rommelspacher, B.: Mitmenschlichkeit und Unterwerfung. Zur Ambivalenz der weiblichen Moral. Frankfurt/Main 1992.

Rosenbaum, H.: Formen der Familie. Untersuchungen zum Zusammenhang von Familienverhältnissen, Sozialstruktur und sozialem Wandel in der deutschen Gesellschaft des 19. Jahrhunderts. Frankfurt/Main 1982.

Rudolph, M./Wolf, B./Böhnisch, L. (Hrsg.): Lebensort Jugendarbeit. Weinheim und München 1998.

Rühle, O.: Die Seele des proletarischen Kindes. Dresden 1925.

Sachße, Ch.: Mütterlichkeit als Beruf. Sozialarbeit. Sozialreform und Frauenbewegung 1871-1929. Frankfrut/Main 1986.

Sachße, Ch./Tennstedt, F.: Geschichte der Armenfürsorge in Deutschland. Vom Spätmittelalter bis zum Ersten Weltkrieg. Stuttgart 1980.

Schachtner, Ch.: Störfall Alter. Für ein Recht auf Eigen-Sinn. Frankfurt/Main 1988.

Schachtner, Ch.: Vom Verschwinden des Alters. In: Kade, S. (Hrsg.): Individualisierung und Älterwerden. Bad Heilbrunn 1994.

Schäfers, B.: Zum öffentlichen Stellenwert von Armut im sozialen Wandel der Bundesrepublik Deutschland. In: Leibfried, S./Voges, W. (Hrsg.): Armut im modernen Wohlfahrtsstaat. In: Sonderheft der Kölner Zeitschrift für Soziologie und Sozialpsychologie (KZSS) 32/1992.

Scheffler, M.: Pädagogische Aspekte der offenen Arbeit mit jüngeren und älteren Kindern an einem Praxisbeispiel. Dipl. Arbeit Ms. TU Dresden. Institut für Sozialpädagogik und Sozialarbeit Dresden 1996.

Schefold, W.: Die gesellschaftliche Inszenierung. In: Deutsches Jugendinstitut (Hrsg.): Die neue Jugenddebatte. München 1982.

Schefold, W.: Jugendschutz heute - eine soziologische Betrachtung. In: Jugendschutz Heute, Heft 5/1983.

Schefold, W.: Schülersein. In: Böhnisch, L./Münchmeier, R.: Wozu Jugendarbeit? Weinheim und München 1987.

Schefold, W.: Ansätze zu einer Theorie der Jugendhilfe. In: Diskurs, Heft 2/1993.

Schelsky, H.: Die skeptische Generaton. Düsseldorf/Köln 1963.

Scheu, U.: Wir werden nicht als Mädchen geboren, wir werden dazu gemacht. Frankfurt/Main 1977.

Scherpner, H.: Theorie der Fürsorge. Göttingen 1962.

Schindler, H./Wacker, A./Wetzels, P. (Hrsg.): Familienleben in der Arbeitslosigkeit. Heidelberg 1990.

Schlegel, W./Schumacher, J.: Zukunftsprojekt Jugendbeschäftigung. Köln 1991.

Schmechtig, P.: Die soziale Theorie des Lebenslaufs. Dipl. Arbeit Ms. TU Dresden, Institut für Sozialpädagogik und Sozialarbeit 1996.

Schmidt, G.: Drang und Lust. In: Kentler, H. (Hrsg.): Sexualwesen Mensch. Texte zur Erforschung der Sexualität. München 1988.

Schmidt, R.: Altern zwischen Individualisierung und Abhängigkeit. In: Kade, S. (Hrsg.): Individualisierung und Älterwerden. Bad Heilbrunn 1994.

Schmidt, R.: Kontinuität und Entwicklung. Das Werkhaus Anti-Rost als Beispiel für gestaltende Umweltaneignung. In: Schweppe, C. (Hrsg.): Soziale Altenarbeit. Weinheim und München.

Schmitz, E./Tietgens, H.: Vorwort. In: Enzyklopädie Erziehungswissenschaft. Band 11, Erwachsenenbildung (1984). Stuttgart/Dresden 1995.

Schnack, D./Neutzling, R.: Kleine Helden in der Not. Reinbek b. Hamburg 1990.

Schneider, A./Töpfer, L.: Jugendkultur Techno. Jeder tanzt für sich allein? Dipl. Arbeit. Ms. TU Dresden, Institut für Sozialpädagogik und Sozialarbeit 1996.

Schröer, A.: Kollektivität als Ressource? Die Veränderungen kollektiver Lebensformen durch junge Erwachsene in Ostdeutschland. In: Walter, A. (Hrsg.): Junge Erwachsene in Europa. Opladen 1996.

Schulze, G.: Die Erlebnisgesellschaft. Kultursoziologie der Gegenwart. Frankfurt/Main, New York 1992.

Schwarz, G.: Sozialmanagement. München 1994.

Sechster Jugendbericht. Verbesserung der Chancengleichheit von Mädchen in der Bundesrepublik Deutschland. Hrsg.: Der Bundesminister für Jugend, Familie und Gesundheit. Bonn 1984.

Seifert, Th.: Der Strukturwandel der Jugendphase in Ostdeutschland und seine Folgen für die Jugendarbeit. Diss. TU Dresden. Dresden 1995.

Shorter, E.: Die Geburt der modernen Familie. Reinbek bei Hamburg 1977.

Shorter, E.: Die große Umwälzung in den Mutter-Kind-Beziehungen vom 18. bis zum 20. Jahrhundert. In: Martin, J./Nitschke, A.: Zur Sozialgeschichte der Kindheit. Freiburg/München 1986.

Sielert, U.: Jungenarbeit. Weinheim und München 1989.

Simmel, G.: Soziologie. Leipzig 1908.

Skiba, E.G.: Einführung. In: Lukas, H./Mees-Jacobi, I./Schmitz, I./Skiba, E.G. (Hrsg.): Sozialpädagogik/Sozialarbeit - Eine Einführung. Berlin 1977.

Skowronek, H.: Psychologie des Erwachsenenlernens. In: Enzyklopädie Erziehungswissenschaft Band 11, Erwachsenenbildung. Hrsg. von E. Schmitz und H. Tietgens (1984). Stuttgart/Dresden 1995.

Sloterdijk, P.: Im selben Boot. Versuch über Hyperpolitik. Frankfurt/Main 1993.

Specht, W.: Jugendkriminalität und mobile Jugendarbeit. Neuwied 1979.

Specht, W.: Theorie und Praxis stadtteil- und gemeinwesenorientierter Konzepte in der Sozialarbeit. Bad Boll (Evangelische Akademie) 1985.

Specht, W.: Mobile Jugendarbeit. In: Eyferth, H./Otto, H.U./Thiersch, H. (Hrsg.): Handbuch Sozialarbeit und Sozialpädagogik. Neuwied und Darmstadt 1984.

Specht, W.: Die gefährliche Straße. Bielefeld 1987.

Spengler, P.: Jugendfreizeit zwischen Kommerz und Pädagogik. Weinheim 1994.

Spiegel, H.v.: Teenies. Die Lebenswelt der 9-14jährigen. Hrsg. vom Fachverband für Offene Arbeit mit Kindern e. V. Unna 1988.

Spohr, B.: Was hat Ecstasy mit Glück zu tun? In: Sozialmagazin Heft 3/1996.

Stark, W.: Empowerment. Neue Handlungskompetenzen in der psychosozialen Praxis. Freiburg i. Breisgau 1996

Stauber, B./Walther, A.: All different, all equal? Erkundung des Geländes für einen europäischen Diskurs 'Junge Erwachsene'. In: Walther, A. (Hrsg.): Junge Erwachsene in Europa. Opladen 1996.

Staudinger, U.M./Dittmann-Kohli, F.: Lebenserfahrung und Lebenssinn. In: Baltes, P.B./Mittelstraß, I./Staudinger, U.M. (Hrsg.): Alter und Altern. Berlin 1994

Stein, O.: Trinkgewohnheiten. Stuttgart 1985.

Stich, J.: Herd, Acker, Fabrik - Wie sich die Erwerbsstrukturen von Frauen und die Lebensformen gewandelt haben. In: Deutsches Jugendinstitut (Hrsg.): Wie geht's der Familie? München 1988.

Stierlin, H.: Zentrifugale und zentripedale Ablösung in der Adoleszenz. In: Döbert, R., u.a. (Hrsg.): Entwicklung des Ichs. Köln 1977.

Stimmer, F.: Lexikon der Sozialpädagogik und der Sozialarbeit. München/Wien 1994.

Tews, H.P.: Neue und alte Aspekte des Strukturwandels des Alters. In: Naegele, G./Tews, H.P (Hrsg.): Lebenslagen im Strukturwandel des Alters. Opladen 1993.

Thiersch, H.: Zum Verhältnis von Sozialarbeit und Therapie. In: Neue Praxis, Sonderheft 4/1978.

Thiersch, H.: Die Erfahrung der Wirklichkeit. Perspektiven einer alltagsorientierten Sozialpädagogik. Weinheim und München 1986.

Thiersch, H.: Professionalität und Persönlichkeit. In: Rudolph, M./Wolf, B./Böhnisch, L.: Lebensort Jugendarbeit. Weinheim und München 1998.

Thiersch, H./Wertheimer, J./Grunewald, K. (Hrsg.): ... Überall in den Köpfen und Fäusten. Auf der Suche nach Ursachen und Konsequenzen von Gewalt. Darmstadt 1994.

Thomae, H.: Altersstile und Altersschicksale. Ein Beitrag zur differentiellen Gerontologie. Bern 1983.

Thomae, H.: Kompetenzen älterer Menschen und ihre Bedeutung für die Familie. In: Kompetenz und soziale Beziehungen im Alter. Materialien zum Vierten Jugendbericht. Band 2. München 1987.

Tietgens, H.: Biografisches Lernen zum Älterwerden. In: Kade, S. (Hrsg.): Individualisierung und Älterwerden. Bad Heilbrunn 1994.

Tillmann, K.J.: Sozialisationstheorien. Reinbek bei Hamburg 1990.

Tillmann, K.J.: 'Spielbubis' und 'eingebildete Weiber' - 13-16jährige in der Schule und peer-group. In: Tillmann, K.J. (Hrsg.): Jugend weiblich - Jugend männlich. Opladen 1992.

Tokarski, W.: Lebensstile: Ein brauchbarer Ansatz für die Analyse des Altersstrukturwandels. In: Naegele, G. /Tews, H.P. (Hrsg.): Lebenslagen und Strukturwandel des Alters. Opladen 1993.

Uhle, R.: Über die Verwendung des Generationen-Konzepts in der These von der 89er- Generation. In: Liebau, E./Wulf, Ch.: Generation. Versuche über eine pädagogisch-anthropologische Grundbedingung. Weinheim 1996.

Ulich, D./Kapfhammer, H.P.: Sozialisation der Emotionen. In: Hurrelmann, K./Ulich, D. (Hrsg.): Neues Handbuch der Sozialisationsforschung. Weinheim und Basel 1991.

van den Boogaart, H.: „Familialgebändigt" - Zu den Auswirkungen moderner Familienpolitik auf Frauen. In: Karsten, M.-E./Otto, H.-H. (Hrsg.): Die sozialpädagogische Ordnung der Familie. Weinheim und München (veränderte Neuauflage) 1996.

Vierter Familienbericht. Die Situation der älteren Menschen in der Familie. Hrsg.: Der Bundesminister für Jugend, Familie und Gesundheit. Bonn 1982.

Voges, W.: Soziologie des höheren Lebensalters. Augsburg 1993.

Wahl, K.: Die Modernisierungsfalle. Frankfurt/Main 1989.

Walther, A.: Junge Erwachsene in Europa - Jenseits der Normalbiografie. Opladen 1996.

318

Weber, A.: Kapital und Arbeit. Tübingen 1930.

Wellendorf, F.: Schülerselbstbefreiung. Frankfurt/Main 1972.

Wendt, W.R.: Geschichte der Sozialen Arbeit. Stuttgart 1990.

Wernado, M. (Hrsg.): Therapie an, mit und für Frauen. Fredeburger Hefte Nr. 2. Fachklinik Fredeburg 1992.

Westermann, L.: Kontrollaufträge in der Familien- und Einzelhilfe. In: Fritzsche, B. u.a. (Hrsg.): Wenn der Berg nicht zum Propheten kommt ... Tübingen 1994.

Willems, H./Winter, R.: '.. damit Du groß und stark wirst.' Beiträge zur männlichen Sozialisation. Schwäbisch Gmünd und Tübingen 1990.

Winkler, M.: Eine Theorie der Sozialpädagogik. Stuttgart 1988.

Winnicot, D.W.: Reifungsprozesse und fördernde Umwelt. München 1974.

Winter, B.: Jungen im Blick. Beobachtungen zu Jungen im Waldorfkindergarten. In: Winter, R./Willems, H. (Hrsg.): Was fehlt, sind Männer. Schwäbisch Gmünd 1991.

Wolf, K. (Hrsg.): Entwicklungen in der Heimerziehung. Münster 1995.

Wolffheim, N.: Psychoanalyse und Kindergarten und andere Arbeiten zur Kinderpsychologie. Hrsg. von G. Biermann. München/Basel 1973.

Wulf, Ch.: Alter und Generation. In: Liebau, E./Wulf, Ch. (Hrsg.): Generation. Versuche über eine pädagogische und anthropologische Grundbedingung. Weinheim 1996.

Wulfers, W.: Schulsozialarbeit. Hamburg 1996.

Zeiher, H.: Die vielen Räume der Kinder. Zum Wandel der räumlichen Lebensbedingungen seit 1945. In: Preuss-Lausitz, U., u.a.: Kriegskinder, Konsumkinder, Krisenkinder. Weinheim 1983.

Zeiher, H.: Über den Umgang mit der Zeit bei Kindern. In: Fölling-Albers, M. (Hrsg.): Veränderte Kindheit - veränderte Grundschule. Frankfurt/Main 1989.

Zeiher, H.J./Zeiher, H.: Orte und Zeiten der Kinder. Weinheim und München 1994.

Zeltner, R.: Kinder schlagen zurück. Jugendgewalt und ihre Ursachen. München 1996.

Ziehe, Th.: Pubertät und Narzißmus. Frankfurt/Main 1975.

Zinnecker, J.: Straßensozialisation. In: Zeitschrift für Pädagogik. Heft 3/1979.

Zinnecker, J.: Soziologie der Kindheit oder Sozialisation des Kindes. In: Honig, M.S./Leu, H.R./Nissen, U.: Kinder und Kindheit. Weinheim und München 1995.

Zinnecker, J.: Pädagogische Ethnographie. Ein Plädoyer. Weinheim und München 1995. In: Behnken, I./Jaumann, O. (Hrsg.): Kindheit und Schule. Weinheim und München 1995.